BERATEN UND BEGLEITEN –

HANDBUCH FÜR DAS SEELSORGLICHE GESPRÄCH

Herausgegeben von
Konrad Baumgartner und Wunibald Müller

HERDER
FREIBURG · BASEL · WIEN

CIP-Titelaufnahme der Deutschen Bibliothek
Beraten und Begleiten: Handbuch für das seelsorgliche Gespräch / hrsg. von Konrad Baumgartner u. Wunibald Müller. – Freiburg im Breisgau; Basel; Wien: Herder, 1990
ISBN 3-451-21695-7
NE: Baumgartner, Konrad [Hrsg.]

Alle Rechte vorbehalten – Printed in Germany
© Verlag Herder Freiburg im Breisgau 1990
Satz: F. X. Stückle, Ettenheim
Druck und Einband: Freiburger Graphische Betriebe 1990
ISBN 3-451-21695-7

Vorwort

Es gab Zeiten, da standen die Theologen und Seelsorger der Psychologie und Psychotherapie skeptisch und abwehrend gegenüber: voller Berührungsängste oder mit dem Gefühl der Überlegenheit. Später „entdeckten" sie die Psychologie als Zubringerwissenschaft und Hilfe für ihre eigene Praxis: Was in das theologische System paßte und was für die seelsorgliche Praxis anwendbar erschien, wurde oft ohne viel zu fragen einfach solchermaßen etikettiert.

Inzwischen hat es sich herumgesprochen: Theologen und Psychologen müssen nicht wie konkurrierende oder gar wie feindliche Geschwister zueinander stehen. Sie können zu einer gelungenen und hilfreichen Kooperation kommen, wenn sie in das konstruktiv-kritische Gespräch miteinander das je Eigene einbringen und zugleich den Partner in seinen Anliegen, mit seinen Inhalten und Methoden wahr- und ernstnehmen.

Das vorliegende Handbuch für das seelsorgliche Gespräch ist einer so gerichteten Zusammenarbeit von Theologen und Psychologen, von Seelsorgern und Therapeuten verpflichtet. Geht es doch in der Begegnung von Seelsorgern und Seelsorgerinnen mit suchenden und fragenden Menschen um eine helfende, beratende und begleitende Beziehung, die Seele und Leib, Psyche und Geist, persönliche Existenz und soziales Umfeld von Gesellschaft und Gemeinde bzw. Kirche in Korrespondenz mit dem Evangelium Jesu zu bringen sucht und dadurch zu einem gelingenden Leben verhelfen möchte. Das seelsorgliche Gespräch lebt aus diesen verschiedenen Dimensionen: aus der menschlich stimmigen Zuwendung, aus dem liebenden Verstehen und miteinander Sich-auf-den-Weg-Machen, aus der Begleitung und wechselseitigen Bestärkung im Lichte des Glaubens, aus der gemeinsamen Suche nach den Spuren der Gegenwart Gottes im Leben der Gesprächspartner und auf der gemeinsam zurückzulegenden Wegstrecke.

Beraten und begleiten sind dabei die Schlüsselworte, zu denen im Blick auf die konkreten Anfragen von Menschen Theologen und Seelsorger wie auch Psychologen und Psychotherapeuten entscheidend Gültiges einzubringen haben.

Für die Bereitschaft zur Zusammenarbeit danken wir all den Frauen und Männern, die ihre pastorale, theologische, psychologische, therapeutische oder sozialpädagogische Kompetenz in das vorliegende Werk eingebracht haben. Die verlegerische Begleitung dieses Handbuches leistete von den ersten Überlegungen bis zur Fertigstellung Herr Dr. Peter Suchla, theologischer Lektor des Herder-Verlages; für seine konstruktive Hilfe in Rat und Tat möchten wir besonders danken.

Wir wünschen uns, daß durch dieses Buch das seelsorgliche Gespräch in der Praxis der Gemeinden an Substanz gewinnt — sowohl in theologischer wie in psychologischer Hinsicht. Seelsorger und Seelsorgerinnen möchten wir einladen und ermutigen, noch offener zu sein für seelsorgliche Gespräche.

Regensburg/Freiburg im August 1990 *Die Herausgeber*

Inhalt

Vorwort 3
Autorenverzeichnis 8
Einführung 9

TEIL I
GRUNDLEGUNG:
SEELSORGE ALS BEGLEITUNG UND BERATUNG

1. Heute Seelsorger/Seelsorgerin sein 12
   KONRAD BAUMGARTNER
2. Beratung und Begleitung im Kontext von Seelsorge 20
   WUNIBALD MÜLLER
3. Beratung – ein Zankapfel zwischen Caritas und Pastoral? .. 31
   ROLF ZERFASS
4. Quellen der seelsorglichen Beratung und Begleitung 42
   JÜRGEN BLATTNER
5. Allgemeine Ziele der seelsorglichen Beratung und Begleitung 51
   WERNER NIDETZKY

TEIL II
FORMEN UND DURCHFÜHRUNG DER
SEELSORGLICHEN BERATUNG UND BEGLEITUNG

1. Pastorale Diagnose und Klärung der Zuständigkeit 62
   ISIDOR BAUMGARTNER
2. Personzentrierte seelsorgliche Beratung und Begleitung
   2.1. im Einzelgespräch 74
   2.2. in der Gruppe 83
   PETER F. SCHMID
3. Seelsorgliche Beratung und Begleitung als Krisenintervention 92
   JOSEFINE HEYER

4. Intensivformen der geistlichen Begleitung 101
   ANSELM GRÜN

5. Beichtgespräch und beratendes/geistliches Gespräch 111
   KONRAD BAUMGARTNER

TEIL III
SEELSORGLICHE BERATUNG UND BEGLEITUNG FÜR BESONDERE ZIELGRUPPEN

1. Eheleute und Familien 122
   LORENZ WACHINGER

2. Wiederverheiratete Geschiedene 130
   BERNHARD LISS

3. Nicht-eheliche Lebensgemeinschaften 138
   HEINZ JOACHIM MÜLLER

4. Alleinerziehende 147
   MARIA PLANK

5. Ältere und alte Menschen 156
   CORNELIA KNOBLING

6. Psychisch kranke Menschen 165
   MARTIN HAGENMAIER

7. Ehren- und hauptamtliche Mitarbeiter und Mitarbeiterinnen
   in der Gemeinde 176
   ANDREA SCHWARZ

8. Interessenten für kirchliche Berufe 187
   KLEMENS SCHAUPP

9. Priester und Ordensleute 198
   DIETER FUNKE

TEIL IV
SEELSORGLICHE BERATUNG UND BEGLEITUNG IM KONTEXT VON EXISTENTIELLEN GRUNDPROBLEMEN

1. Bei jungen Menschen auf der Schwelle zum Erwachsenenalter ... 212
   WUNIBALD MÜLLER

2. Bei Krisen in der Lebensmitte 221
   THERESIA HAUSER

3. In existentiellen Verlustsituationen 232
   KONRAD BAUMGARTNER

4. Bei Schuld und Schuldgefühlen 241
   LORENZ WACHINGER

5. Als Hilfe zur moralischen Entscheidung 249
   PHILIPP SCHMITZ

6. Bei Menschen mit sexuellen Problemen 258
   UDO RAUCHFLEISCH

7. Bei religiös-kirchlicher Desorientierung 266
   WERENFRIED WESSEL

8. In existentiellen Glaubensfragen 274
   HERMAN ANDRIESSEN

TEIL V
SEELSORGLICHE BERATUNG UND BEGLEITUNG
FÜR BESONDERE LEBENSSITUATIONEN

1. In Hoch-Zeiten des Lebens 286
   HUBERT WINDISCH

2. Im Katechumenat 295
   BÄRBEL BLATTNER

3. Im Krankenhaus 302
   KARL JOSEF LUDWIG

4. Bei Abhängigkeit von Suchtmitteln 311
   HEINZ BRUNNER

5. Bei Suizidgefährdung 321
   ARTUR REINER

Personenregister 332
Sachregister 334

AUTORENVERZEICHNIS

BAUMGARTNER, KONRAD, Dr. theol., Professor für Pastoraltheologie, Regensburg

MÜLLER, WUNIBALD, Dr. theol., Dipl.-Psych., Leiter des Referates Pastoralpsychologie und Praxisberatung, Institut für Pastorale Bildung, Freiburg

ANDRIESSEN, HERMAN, Dr. theol., Dozent für Pastoralpsychologie, Supervisor, Nijmegen

BAUMGARTNER, ISIDOR, Dr. theol., Dipl.-Psych., Pastoralpsychologe am Priesterseminar Passau

BLATTNER, BÄRBEL, Gemeindekatechetin, Schwetzingen

BLATTNER, JÜRGEN, Dr. theol., Dipl.-Psych., Klinischer Psychologe, Psychotherapeut, Ravensburg

BRUNNER, HEINZ, Dr. theol., Dipl.-Psych., Klinischer Psychologe und Psychotherapeut, Miltach

FUNKE, DIETER, SMM, Dr. theol., Psychoanalytiker, Leiter des psychotherapeutischen Beratungsdienstes für kirchliche Berufe, Düsseldorf

GRÜN, ANSELM, OSB, Dr. theol., Cellerar, Abtei Münsterschwarzach

HAGENMAIER, MARTIN, Pastor am Landeskrankenhaus, Neustadt/Holstein

HAUSER, THERESIA, ehem. Fachbereichsleiterin der Frauenseelsorge, Erzbistum München-Freising

HEYER, JOSEFINE, IBMV, Dr. theol., Professorin für Pastoralpsychologie, Bistum Limburg

KNOBLING, CORNELIA, Dr. phil., Fortbildung für Altenarbeit, Preetz

LISS, BERNHARD, Dr. theol., Familienseelsorger der Diözese Linz

LUDWIG, KARL, Dr. theol., Dozent am TPI (Theologisch-Pastorales Institut), Mainz

MÜLLER, HEINZ JOACHIM, Dr. theol., Professor für Moral- und Pastoraltheologie, Hennef (Sieg)

NIDETZKY, WERNER, Dr. theol., theol. Fortbildung, Bamberg

PLANK, MARIA, Pastoralassistentin, Referentin für Frauenseelsorge, Bistum Regensburg

RAUCHFLEISCH, UDO, Dr. phil., Professor für Klinische Psychologie an der Universität Basel

REINER, ARTUR, Dr. theol., Leiter des Instituts für Klinische Seelsorge-Ausbildung, Heidelberg

SCHAUPP, KLEMENS, SJ, Dr. theol., Lehrbeauftragter am Institut für Pastoraltheologie, Innsbruck

SCHMID, PETER F., Dr. theol., Pastoralpsychologe und Psychotherapeut in Wien und Linz

SCHMITZ, PHILIPP, SJ, Dr. theol., Professor für Moraltheologie, St. Georgen, Frankfurt

SCHWARZ, ANDREA, Supervisorin, Schriftstellerin, Ettenheim

WACHINGER, LORENZ, Dr. theol., Dipl.-Psych., Ehe-Partner-Therapeut, München

WESSEL, WERENFRIED, OFM, Leiter des Katholischen Forum, Dortmund

WINDISCH, HUBERT, Dr. theol., Gefängnisseelsorger, Privatdozent, Regensburg

ZERFASS, ROLF, Dr. theol., Professor für Pastoraltheologie, Würzburg

Einführung

> Selbst ratlos sein
> und doch viele beraten können.
> Selber gebrochen sein
> und doch vielen als Halt dienen.
> Selbst Angst haben
> und doch Vertrauen ausstrahlen.
> Das alles ist Menschsein,
> ist wirkliches Leben.
>
> *Martin Gutl*
> (aus: Ich begann zu suchen.
> Graz: Styria ³1990)

Bedürfnis und Verlangen nach Beratung und Begleitung haben in den letzten Jahren offensichtlich zugenommen. Dies ist ein allgemeingesellschaftliches, aber auch ein innerkirchliches Phänomen. Innerhalb des kirchlichen Bereichs versucht man zwar, mit Hilfe offizieller Beratungsstellen diesem Bedürfnis und Verlangen gerecht zu werden, läuft dabei aber große Gefahr, den genuin seelsorglichen Aspekt zu übersehen, den Beratung und Begleitung haben können. Doch selbst dort, wo dieser Aspekt im seelsorglichen Alltag wahrgenommen wird, sind Seelsorger und Seelsorgerinnen oft hilflos: mangelnde seelsorgliche Ausbildung, Überlastung, einseitige Akzentuierung und Seelsorge sind u. a. als Gründe dafür zu nennen. Ferner gibt es immer noch Vorbehalte gegenüber einer stärkeren Hinwendung zu Beratung und Begleitung im seelsorglichen Tun. Nicht wenige sehen darin die Gefahr, sich auf diese Weise modischen Trends anzupassen oder der psychologischen bzw. therapeutischen Dimension von Seelsorge zuviel Bedeutung einzuräumen.

Dabei ist zu erinnern, daß Beratung und Begleitung in der Kirche eine alte und bewährte Tradition haben. Solche Traditionen aufzugreifen, sie mit der heutigen Problemlage zu vermitteln und das Moment der beratenden/begleitenden Seelsorge wieder stärker in das Bewußtsein und in die Praxis der Gemeinden hineinzunehmen, ist ein dezidiertes Anliegen dieses Handbuches für das seelsorgliche Gespräch. Es möchte den verschiedenen in der Seelsorge tätigen, ehrenamtlichen wie hauptamtlichen Mitarbeitern und Mitarbeiterinnen eine fundierte und praktische Hilfe bieten für die unterschiedlichen, im unmittelbaren Alltag vorkommenden Situationen von Beratung und Begleitung: sei es in der zwischenmenschlichen Begegnung, in spontanen oder vereinbarten Beratungssituationen, sei es in Formen der längerfristigen Lebens- und Glaubensbegleitung. Seelsorger und Seelsorgerinnen sollen mit Hilfe des Handbuches ihre eigenen Fähigkeiten wahrnehmen und zu verbessern suchen mit dem Ziel, sich auf seelsorgliche Beratung und Begleitung einzulassen, aber auch die Grenzen der eigenen Kompetenz kennenzulernen.

In diesem genannten Sinn strebt das Handbuch folgende Ziele an:
– Es möchte den selbstverständlichen und berechtigten Platz, den Beratung und Begleitung von einzelnen und von Gruppen in der Seelsorge haben, herausstellen. Dabei soll auch deutlich werden, daß Beratung und Begleitung immer schon einen zentralen Platz in der Seelsorge eingenommen haben und heute mehr denn je einen unverzichtbaren Teil seelsorglichen Tuns ausmachen.
– Es möchte die theologischen bzw. spirituellen *und* psychologischen Quellen von Beratung und Begleitung stärker ins Bewußtsein rücken. Seelsorger sind heute oft versucht, der psychologischen Dimension in der Beratung und Begleitung solches Gewicht einzuräumen, daß ihr ureigenes spirituelles Anliegen dabei vernachlässigt wird. Andererseits gibt es die Versuchung, Seelsorge exklusiv spirituell-theologisch zu begreifen, ohne die bewährten Erkenntnisse und Erfahrungen der Psychologie und Psychotherapie einzubeziehen.
– Es möchte zeigen, daß Beratung und Begleitung im engen Kontext von Seelsorge stehen. Zwar lassen sich bei der seelsorglichen Beratung und Begleitung viele Parallelen zu Erkenntnissen und Praktiken beispielsweise der psychotherapeutischen Beratung aufzeigen. Begleitung und Beratung durch den Seelsorger sollten aber ausdrücklich im Kontext der üblichen Seelsorge, im Deutehorizont religiöser Sinngebung und im Lebenszusammenhang des christlichen Glaubens erfolgen.
– Es möchte die natürlichen kommunikativen Fähigkeiten (Charismen) von Seelsorgern und Seelsorgerinnen herausstellen und dazu ermutigen, sie im Kontext ihrer seelsorglichen Arbeit einzubringen. Auf der anderen Seite will es auch auf die Grenzen dieser Kompetenz hinweisen. Daher wird der Diagnose sowie der evtl. erforderlichen Weitervermittlung von Ratsuchenden an fachlich spezialisierte Beratungsstellen die nötige Aufmerksamkeit geschenkt.
– Es möchte den Bezug von seelsorglicher Beratung und Begleitung zu den anderen Diensten und Aufgaben der Seelsorge herausstellen. Damit soll deutlich werden, daß sie gleichsam eingebettet sind in die anderen Vollzüge der seelsorglichen Praxis und daher auch eine gegenseitige Beeinflussung und Bereicherung gegeben und gewünscht sind.
– Es möchte die Bedeutung der Gemeinschaft der Gläubigen und der einzelnen Gemeinde für die seelsorgliche Beratung und Begleitung hervorheben. Aus diesen Gemeinschaften kommen in der Regel die Ratsuchenden. Im Rahmen dieser Gemeinschaften finden Beratung und Begleitung statt, und es sind diese Gemeinschaften, die im Idealfall eine zu Ende gegangene Begleitung und Beratung unter anderen Bedingungen fortführen.

TEIL I

GRUNDLEGUNG: SEELSORGE ALS BEGLEITUNG UND BERATUNG

1. Heute Seelsorger / Seelsorgerin sein

KONRAD BAUMGARTNER

1. Die Subjekte der Seelsorge

Der protestantische Theologe und Pfarrer Reinhold Gestrich (1990) benennt sein Buch zur Seelsorge in der Gemeinde „Hirten füreinander sein". Er versteht Seelsorge als „begleitende und behütende Zuwendung zu den Menschen im Namen Gottes" und möchte alle Glieder der Gemeinde dazu ermutigen, einander seelsorgliche Begleitung zu geben. Denn: „Wir sind alle Schaf und Schäfer gleichzeitig, und es ist *ein* Hirte über uns Hütern und Herden, das ist Christus" (11). Der Aufbau des gesamten Buches folgt den Versen von Psalm 23 „Der Herr ist mein Hirte"; der Autor findet darin die entscheidenden Symbole vom menschenfreundlichen Handeln Gottes und interpretiert sie als Leitbilder der Seelsorge heute.

In der katholischen Theologie und Pastoral hatte Jesu Wort „Ich kenne die Meinen und die Meinen kennen mich" (Joh 10, 14) eine wichtige Bedeutung im Sinne der entscheidenden Voraussetzung, daß jeder Seelsorger „seine Herde genau kennen müsse" und daß Pfarreien deshalb von „überschaubarer Größe" sein müßten. In Verbindung damit wurde und wird die Aufgabe des Hirtenamtes (und damit das Verständnis von Seelsorger-Sein) vorrangig, ja zuweilen exklusiv als Sache der Amtsträger und damit des Klerus verstanden – die Verordnung einzelner bundesdeutscher Diözesen im Jahre 1984 reklamiert ein solches verengtes Verständnis von Seelsorger-Sein: „Der Titel ‚Seelsorger' ist geschützt... Niemand von den im pastoralen Dienst stehenden Mitarbeiterinnen und Mitarbeitern im Laienstand... darf den Titel ‚Seelsorger(in)' in Anspruch nehmen. Dieser Titel ist den Priestern vorbehalten". Andererseits wiederum wird im katholischen Bereich Seelsorge in einem weiten und diffusen Sinn verstanden: als Gesamt aller kirchlichen Tätigkeiten in Verkündigung, Sakramentenspendung, caritativer Arbeit, im Gemeindeaufbau ebenso wie in der kirchlichen Verwaltung. Inzwischen freilich wird dann statt von Seelsorge von „Gesamtpastoral" gesprochen.

Man könnte geneigt sein, solche Differenzen als nebensächliche Spitzfindigkeiten abzutun. Es geht aber um die Grundperspektive, welche das Zweite Vatikanische Konzil so formulierte: „Die Christgläubigen sind auf ihre Weise des priesterlichen, prophetischen und königlichen Amtes teilhaftig. Sie üben zu ihrem Teil die Sendung des ganzen christlichen Volkes in der Kirche und in der Welt aus" (Dogmatische Konstitution Nr. 31). Oder wie es die Synode von Würzburg formulierte: Das ganze Gottesvolk ist verantwortlich für die Sendung der Kirche. Sicherlich kann man unterscheiden zwischen Ämtern und Diensten in der Kirche und damit in der Seelsorge, zwischen haupt- und ehrenamtlichen Mitarbeitern, zwischen „Heilsdienst" und „Weltdienst" – wobei diese letztere Unterscheidung inzwischen als äußerst problematisch angesehen wird. Wichtig aber scheint: Seelsorger-Sein und seelsorgliches Wirken meint zunächst nicht eine Rolle oder eine Funktion, sondern vorrangig eine innere Dimension des Lebens und Handelns der an Christus Glaubenden. Diese kann und soll seelsorglich wirksam werden für die Menschen.

Grundgelegt ist ein solches (weites) Verständnis von Seelsorger-Sein in den durch Taufe und Firmung verliehenen Charismen, die freilich der Entfaltung durch die persönliche und gemeinsame Spiritualität („geistliche Erfahrung") bedürfen. Schon Johann Michael Sailer (1751-1832) hat diese Sicht ausformuliert: „Jeder sei sein ‚Selbst-Sorger'; jeder sei des anderen Seelsorger". Obwohl Sailer damit eine Sicht des Seelsorger-Seins anzielt, die jeden Christen in seiner Heilsverantwortung für sich und seine Mitmenschen anspricht und damit eigentlich schon eine für alle Getauften gültige „Spiritualität der Weltverantwortung" eröffnet, bleibt er, nach dem zeitbedingten Verständnis des Priesters als des „eigentlichen" Seelsorgers, doch bei der Vorstellung von der „kirchenamtlichen Seelsorge" durch die „von der Kirche bevollmächtigten und angewiesenen öffentlichen Personen".

Mit der protestantischen Theologie, die betont: „Seelsorge ist Aufgabe jedes Christen ... und überall, wo Menschen miteinander als Christen reden oder handeln, und auch wenn sie es mit Nichtchristen zu tun haben, kann Seelsorge geschehen" (E. R. Küsow), dürfen wir sagen: Es geht bei der seelsorglichen Tätigkeit um die Sorge für das (gegenwärtige und zukünftige) Heil des Menschen in umfassender Weise, um die Eröffnung oder Vertiefung der Begegnung mit Gott durch die Begegnung mit glaubenden Menschen; Seelsorge ist dann „der umfassende Versuch, eine fruchtbare Begegnung zwischen dem konkreten Menschen und dem Evangelium herzustellen" (W. Friedberger).

Daß Seelsorger-Sein nicht eine Domäne und ein Privileg der Männerkirche, sondern inzwischen in überzeugender Weise auch das Charisma von Frauen ist, beweisen die in den verschiedenen Seelsorgebereichen tätigen Gemeinde- und Pastoralreferentinnen zur Genüge und nicht zuletzt auch Katechetinnen, Religionslehrerinnen und Ordensfrauen, ohne deren Einsatz Seelsorge vielerorts nicht mehr vorzustellen ist. Auch die seelsorgliche Tätigkeit im pastoralen Team oder in der geistlichen Erneuerungs-Bewegung, vor allem auch in Exerzitien, hat durch Seelsorgerinnen an Weite und Tiefe gewonnen – selbst Priesterexerzitien haben eine neue spirituelle Tiefendimension durch Frauen als Begleiterinnen erhalten.

2. Biblische Fundamente

Uns ist klar: Den Begriff „Seelsorge" oder „Seelsorger" gibt es in der Heiligen Schrift nicht, wohl aber Tätigkeiten und Haltungen, die als seelsorglich zu bezeichnen sind: das Trösten (Röm 12, 8), das Ermutigen (1 Thess 5, 14), das Raten (Kol 3, 16), das Ermahnen und Zurechtweisen (Tit 2, 15), das Beherbergen und Sorgetragen für den Zerschlagenen (Lk 10, 34), das Gewähren von Gastfreundschaft als seelsorgliche Grundhaltung (Röm 12, 13; Hebr 13, 2), die ja nach Rolf Zerfaß ein Modell seelsorglichen Handelns überhaupt darstellt. Und schließlich geht es bei der seelsorglichen Existenz darum, wie Jesus „das Leben einzusetzen für die Brüder und Schwestern" (vgl. 1 Joh 3, 16). Dies meint auch die Bildrede vom Guten Hirten, vom Weiden, Behüten, Mitgehen und Sorge-tragen für die Herde. Wie Paulus sein Seelsorger-Sein verstanden hat, offenbart das Wort im Brief an die Christen von Rom: „Ich sehne mich danach, euch zu sehen; ich möchte euch geistliche Gaben vermitteln, damit ihr dadurch gestärkt werdet, oder besser: damit wir, wenn ich bei euch bin, miteinander Zuspruch empfangen durch euren und meinen Glauben" (Röm 1, 12). Seelsorge ist also wie die Gastfreundschaft keine Einbahnstraße, sondern ein wechselseitiges Geben und Empfangen, eine menschlich geistliche Interaktion in der wirksam geglaubten Gegenwart des Geistes Gottes.

Die fundamentale Orientierung für das Seelsorger-Sein aller Getauften, insbesondere aber der amtlichen Mitarbeiter und Hirten in der Kirche, ist und bleibt das *diakonein*, wie es Jesus selbst durch sein Wort, durch sein Handeln und seine Lebenshingabe den Seinen vor Augen gestellt hat.

3. Diener-Sein: Urgeste Jesu und der Seelsorger/innen

Diakonisches Handeln gilt im Bewußtsein unserer Gemeinden nach wie vor eher als Vorfeld der „eigentlichen" pastoralen Arbeit, worunter man für gewöhnlich die liturgisch-sakramentalen Vollzüge versteht. Doch diakonisches Handeln ist ein so fundamentaler christlicher Lebensvollzug, vor allem auch für die Amtsträger in der Kirche, daß ohne ihn Christsein nicht denkbar ist; Seelsorger-Sein ist grundgelegt und muß sich bewähren im *diakonein*.

Das christliche Handeln des einzelnen wie der Gemeinden und der Kirche als ganzer muß immer neu Maß nehmen an Wort und Tat Jesu Christi: an seiner Verkündigung und an der zeichenhaften Gegenwärtigsetzung der Herrschaft Gottes. Deshalb ist die Frage nach der Herrschaft Gottes kritisches Prinzip und Vision allen Handelns und aller Hoffnung der Christen, konkretisiert in der gläubigen Nachfolge Jesu, in der Übernahme seines „Lebensgesetzes der Gottesherrschaft", der Gottes- und Nächstenliebe, in der Urgeste der Solidarität mit Armen und Sündern, mit Kranken und Ausgestoßenen in einer „heilenden Seelsorge" im Geiste Jesu. Seelsorger/innen haben sich inhaltlich als Mitarbeiter und Wegbereiter des „Kommens seines Reiches" zu verstehen und sie müssen sich je neu an der Diener-Existenz Jesu und an seiner Hingabe „für die Vielen" orientieren (vgl. Mt 20, 28).

Im *diakonein* (griech. = dienen, bedienen, Sklave sein), wie es Jesus verkündet und selbst eingelöst hat, werden Gottes- und Nächstendienst eins: Es ist die Verwirklichung seiner göttlichen Sendung, sein „Gottesdienst", die Erfüllung des „Willens des Vaters", bestätigt in seiner Auferweckung und in der Sendung des Geistes, der die Jünger an alles erinnern wird, was Jesus ihnen gesagt und vorgelebt hatte (vgl. Joh 14, 26). Das *diakonein* wird so zum Prinzip aller Nachfolge Jesu (vgl. Joh 12, 26): Wo Menschen so leben und handeln, entsteht der Raum, in dem sich Gottes Herrschaft und Reich hier und heute bereits entfalten (vgl. Lk 17, 21). Die Begegnung zwischen Menschen im Geiste des *diakonein* wird damit zur fundamentalen Beziehungs- und Handlungsstruktur des Christlichen; in ihr ereignet sich Gottes Werk „zwischen" den Menschen, erfüllt sich grundlegend die Sendung und Aufgabe des Volkes Gottes. *Diakonein* ist deshalb der umfassende Begriff für die Grundhaltung des Christen und für die Grundgesten von Kirche und Gemeinde, die Dimension alles Christlichen, dessen Inhaltlichkeit bestimmt wird von Subjekt-Beziehung, Solidarität, Gewaltverzicht, Option für die Armen und Geringsten.

Jesu *diakonein* läßt sich ausfalten in Grunddienste, die die wesentlichen Dimensionen dieses fundamentalen Lebensvollzugs alles Christlichen zeigen. Üblicherweise werden dafür die Begriffe *martyria* (Dienst der Verkündigung in Wort und Leben), *diakonia* (Dienst am notleidenden Nächsten), *leiturgia* (Gottesdienst) und *koinonia* (Dienst in und an der Glaubensgemeinschaft und über die Grenzen des christlichen Glaubens hinaus) verwendet. In Anlehnung an die Rede von Jesus als dem Ursakrament und der Kirche als dem Grundsakrament können wir vom *diakonein* als der Urgeste und von *martyria, leiturgia, diakonia* und *koinonia* als den Grundgesten sprechen. In der Grundgeste der *martyria* muß Kirche das Evangelium immer wieder neu entdecken und weitererzählen, in der Grundgeste der *diakonia* die Not der Menschen mittragen und versuchen, sie zu beseitigen, in der Grundgeste der *leiturgia* Dank sagen für die göttliche Heilsinitiative und das Geheimnis der liebenden Hingabe Jesu feiernd vergegenwärtigen sowie in der Grundgeste der *koinonia* einen Ort des geschwisterlichen Miteinanders bauen.

Wir halten fest: alles kirchliche Tun, das des einzelnen wie der Gemeinschaft, hat dienenden Charakter, geschieht für die Menschen. Denn nur so kann es die vorbedingungslose und unverdienbare Liebensinitiative Gottes fortführen und abbilden. Der Handlungsvollzug, bei dem dies am deutlichsten zum Ausdruck kommt, ist die Diakonie. Denn in ihr geschieht Solidarität mit den ersten Adressaten der christlichen Botschaft, ohne Vorleistung und Rekrutierungsabsicht. Hier vollzieht sich also genuin und ursprünglich

Gottesdienst. Seelsorger-Sein und Sozialarbeiter-Sein im christlichen Geiste erschließen sich wechselseitig, sie sind die beiden Seiten der einen Münze Diakonie. Deshalb dürfen wir auch Beratung und Begleitung im Bereich von Caritas/Diakonie nicht als „bloße Sozialarbeit" abqualifizieren. Und umgekehrt darf aus der Seelsorge der Gemeinden beratende und begleitende Seelsorge nicht ausgeklammert werden.

4. Die Bedeutung der personal-redemptiven Kompetenz der Seelsorger

Von Jesu Urgeste des diakonein geht, wie Hermann Stenger betont, „eine Nachfolge-Aufforderung aus, deren Befolgung sich in der personal-redemptiven Kompetenz niederschlägt ... Wenn der Priester (und ich meine jeder Seelsorger, jede Seelsorgerin, *K. B.*) in der Nachfolge Jesu den Anschluß an das Leben und Handeln Jesu gewinnt, kann er die Zuversicht haben, daß auch seine Art, sich selbst, den Menschen und Gott zu begegnen eine redemptive Wirkung haben wird" (1982, 172).

Bei dieser Kompetenz, von der nach Stenger die pastorale Handlungsfähigkeit der Kirche auf Zukunft hin entscheidend abhängt, handelt es sich um „ein Charisma zum Aufbau eines lösend-erlösenden, befreiend-heilenden, heilbringenden Milieus ... um eine lebens- und lerngeschichtlich erworbene und zugleich gnadenhaft verliehene ‚Zuständigkeit', die grundsätzlich jeden Christen auszeichnet, aber für den Priester (und jeden Seelsorger, jede Seelsorgerin) von besonderer Bedeutung ist" (ebd. 170f). Die fundamentale Quelle, der Urgrund dieser Kompetenz, ist in der Ermächtigung in der Kraft des Geistes, Jesus nachzufolgen, in einer lebendigen, seinen persönlich-individuellen Bedingungen angemessenen „Übersetzung" seines Vorbildes zu sehen. Vollmacht, Sendung und Nachfolge sind damit die theologisch-spirituellen Fundamente der Kompetenz eines jeden bewußt lebenden Christen, besonders aber der Seelsorger. Im Sinne einer „fundamentalen Kompetenz" ist „geistliche Vollmacht" durch Taufe und Firmung allen Christen gegeben: in der Vielfalt der Charismen zum Aufbau der Gemeinde. Diese geistgewirkten Charismen der Getauften mitten im Alltag des Lebens zu entdecken, sie zu ermutigen, sie zu entfalten – und ihnen Raum zu geben in unseren Gemeinden, das ist eine entscheidende Aufgabe in der Kirche: Alle Christen sollen ermutigt und befähigt werden, anderen erlösend-helfend zu begegnen, eine Atmosphäre der Versöhnung und der Geschwisterlichkeit in Gesellschaft und Kirche anzustiften, seelsorglich in den Lebensräumen von Familie, Nachbarschaft, Arbeitsplatz, Freizeit und politischer Öffentlichkeit zu wirken. Die Kompetenz der „geistlichen Vollmacht" des Priesters kommt aus dem Sakrament der Weihe und wird eingelöst durch die „Zuständigkeits-Kompetenz" des Amtes. Diese verliehene Kompetenz kann aber nicht der erworbenen Kompetenzen entbehren oder sie vernachlässigen: Eine qualifizierte theologische Aus- und Fortbildung sowie die pastorale Befähigung im Sinne einer sozial-kommunikativen Kompetenz sind unverzichtbar. Die ehren- und hauptamtlichen Mitarbeiter und -innen in der Kirche haben zusätzlich zu ihrer durch Taufe und Firmung gegebenen „primären Kompetenz" durch Beauftragung und Sendung Anteil an der geistlichen Vollmacht der Kirche im besonderen. Sie sind aber auch in besonderer Weise gehalten, die Nachfolge Jesu persönlich und beruflich einzulösen. Aus Vollmacht, Sendung und Nachfolge soll die heilend-sorgende Begegnung mit den Menschen sich vollziehen, wie sie in der Lebens- und Hingabepraxis Jesu vorgebildet ist.

5. Begleiter-Sein auf dem Glaubensweg

So verstanden meint Seelsorger-Sein: „Einzelne und Gruppen auf ihrem individuellen Glaubensweg zu begleiten, besonders in kritischen Übergängen von heute nach morgen – im Sinne einer zeitlich begrenzten, auf Konflikt- und Krisensituationen konzentrierten Zuwendung" (R. Zerfaß 1988, 1117), die wir in diesem Handbuch ausgeweitet haben auf die für das persönliche Wachstum besonders günstigen Phasen und die Hoch-Zeiten des Lebens, damit Seelsorge nicht nur als an den Negativpunkten des Lebens angesiedelt erscheint.

Solche Begleitung kann sich aus der nachgehend-betreuenden Seelsorge ergeben: wenn Seelsorger/innen von sich aus initiativ werden, etwa bei Hausbesuchen, im Krankenhaus, im Zusammenhang der Vorbereitung und Feier der Sakramente, als Krisenintervention bei ihnen bekanntgewordenen Problemsituationen von Gemeindegliedern u. a.

Beratend-begleitende Seelsorge kann sich aber auch aus der Initiative von Rat- und Begleitung-Suchenden selbst ergeben, wenn sie in Konflikten oder Krisen von sich aus Seelsorger aufsuchen.

In beiden Begleitungssituationen geht es um die Erhellung und Deutung der konkreten Lebenssituation aus dem Glauben: durch aufmerksames, einfühlendes Zuhören, durch die gemeinsam verantwortete Suche nach Lösungsmöglichkeiten, durch die gläubige Suchbewegung nach dem Anruf Gottes, den diese Situation enthält. Solche beratend-begleitende Seelsorge hat zum Ziel, dem anderen immer mehr „die Herrlichkeit und Freiheit der Kinder Gottes" (Röm 8,21; Gal 5,13) als Lebensprinzip des Christseins zu erschließen: ohne Bevormundung und Gängelung, ohne vorschnelles Besserwissen, ohne Be- oder gar Ver-Urteilen, sondern letztlich in der Haltung des gemeinsamen Stehens vor dem lebendigen Gott, der um unsere Armut weiß und vor dem wir die Wunden des Lebens nicht verstecken müssen – auch als Seelsorger/innen nicht.

Ereignen kann sich seelsorgliche Beratung mitten im Alltag: bei einem „zufälligen" Gespräch auf der Straße („Fußgänger-Pastoral"), als Seelsorge am Telefon, durch einen seelsorglich gestalteten Brief (wir haben leider die „Briefpastoral" verlernt; ich kenne Menschen, die einen menschlich-geistlichen Brief immer wieder lesen, obwohl sie ihn schon auswendig kennen, und dieses Papier wie ein Amulett mit sich tragen), durch den teilnehmenden Blickkontakt und den einfühlsamen Händedruck in einer bewegenden Lebenssituation. Sie kann sich auf eine einmalige Begegnung beschränken, kann sich aber auch als immer wieder neu aufgenommener Kontakt über Jahre hin ausfalten – für viele Menschen in Not sind Seelsorger wie Strohhalme, an die sie sich klammern. Oft haben diese Menschen nicht den Mut und die Kraft, die benötigten Fachleute aufzusuchen, wohl auch, weil sie zuweilen bewußt oder unbewußt spüren: Dort werde ich nicht ganzheitlich wahrgenommen – als Mensch mit Leib, Seele und Geist, dessen Leben im Horizont des Glaubens oder der Sinnsuche nach dem Geheimnis Gottes steht.

Seelsorge als strukturierte und kontinuierliche Beratung und Begleitung auf dem Lebens- und Glaubensweg ist eine Weggemeinschaft, die von einer fundierten menschlich-psychologischen und geistlich-theologischen Kompetenz getragen sein muß, die sich sowohl auf die Diagnose wie auch auf angemessene Wege der Beratung und Begleitung sowie gegebenenfalls der Heilung versteht.

Von vielen wird auch die „Seelsorge durch die Gruppe" (D. Stollberg) als hilfreich erlebt: Seelsorger haben dabei die Aufgabe, den Mitgliedern der Gruppe bei ihrer Selbst-, Du- und Wir-Findung zu helfen sowie aus dem Evangelium für ihre Lebensprobleme gemeinsam Lösungen zu finden und diese durch gegenseitige Stützung und gemeinsamen Erfahrungsaustausch zu wagen.

6. Seelsorger-Sein – eine zentrale Aufgabe für Kirche und Gesellschaft

Während binnenkirchlich orientierte Christen bei der Seelsorge eher an die liturgisch-sakramentalen Vollzüge denken, erwarten distanzierte Christen mehr die personale Begegnung mit den Seelsorgern. Nicht nur deshalb führt der Weg von der Seelsorge als einer „vergessenen Aufgabe" zur Seelsorge als einer „attraktiven Aufgabe" (J. Goldbrunner 1971/1990). Im Grunde geht es dabei um die Rückbesinnung auf den Primat der Seelsorge am einzelnen und in der Gruppe angesichts einer überhandnehmenden Anonymität in Kirche und Gesellschaft. Denn: „Das Wort ist Fleisch geworden und hat unter uns gewohnt" (Joh 1,14). Seelsorge bereitet solche „Wohnräume Gottes": für die Menschen und mit ihnen.

Literatur

BAUMGARTNER, KONRAD: Leben, wie er gelebt hat ... (1 Joh 2,6). Zur Theologie und Praxis der „personal-redemptiven Kompetenz". In: E. Garhammer (Hrsg.): Unnütze Knechte? Priesterbild und Priesterbildung. Regensburg: Pustet 1989, 129 – 143.

BÄUMLER, CHRISTOPH/METTE, NORBERT (Hrsg.): Gemeindepraxis in Grundbegriffen. München: Kaiser/Düsseldorf: Patmos 1987.

DIETERICH, MICHAEL: Handbuch Psychologie und Seelsorge. Wuppertal-Zürich: Brockhaus 1989.

GESTRICH, REINHOLD: Hirten füreinander sein. Seelsorge in der Gemeinde. Stuttgart: Quell 1990.

GOLDBRUNNER, JOSEF: Seelsorge – eine vergessene Aufgabe. Freiburg: Herder [3]1974.

– : Seelsorge – eine attraktive Aufgabe. Bausteine zu einer Pastoraltheologie. Würzburg: Echter 1990.

HOBELSBERGER, HANS. Ministrantenarbeit zwischen Liturgie und Jugendarbeit. Regensburg: Pustet 1990 (bes. S. 49 – 59).

Lebendige Seelsorge: Themenheft „Seelsorge als Begegnung". Würzburg: Echter 1983.

– : Themenheft „Einzelseelsorge". Würzburg: Echter 1988.

– : Themenheft „Geistliche Begleitung". Würzburg: Echter 1989.

STENGER, HERMANN: Die Sorge um die Kompetenz des Priesters. In: Lebendige Seelsorge 33 (1982) 170 – 177.

– (Hrsg.): Eignung für die Berufe der Kirche. Klärung – Beratung – Begleitung. Freiburg/Basel/Wien: Herder 1988.

STOLLBERG, DIETRICH: Seelsorge durch die Gruppe. Göttingen: Vandenhoeck & Ruprecht 1971.

VAN DER GEEST, HANS: Unter vier Augen. Beispiele gelungener Seelsorge. Zürich: Theologischer Verlag [3]1986.

WINDISCH, HUBERT: Seelsorge für die Menschen. Die Erneuerung der Pastoral durch das seelsorgliche Gespräch. Würzburg: Echter 1989.

ZERFASS, ROLF: Menschliche Seelsorge. Freiburg: Herder [4]1988.

– : Seelsorge/Seelenführung: In: Christian Schütz (Hrsg.): Praktisches Lexikon der Spiritualität. Freiburg: Herder 1988, 1117 – 1120.

2. Beratung und Begleitung im Kontext von Seelsorge

Wunibald Müller

1. Die Seelsorge entdeckt die Beratung

Man mag fragen: Wozu eigentlich seelsorgliche Begleitung und Beratung angesichts vielfältiger Angebote von Beratung und Psychotherapie außerhalb der Seelsorge? Hinter einer solchen Fragestellung mag vielleicht die Annahme stehen, Beratung/Therapie sei die Domäne von Psychiatrie und Psychologie, und das sei selbstverständlich. Richtig daran ist, daß entscheidende Entdeckungen, die wir heute der Beratung und Psychiatrie zuschreiben, von Vertretern/Vertreterinnen der Psychiatrie und Psychologie gemacht wurden, daß sich dort Institutionen in Forschung und Lehre sowie Berufssparten entwickelt haben, die inzwischen ausgezeichnete Arbeit leisten. Dagegen wurde von kirchlicher bzw. theologischer Seite, wenn nicht schroffe Ablehnung, so doch wenig Interesse an solchen Entwicklungen gezeigt. Es gab nur wenige, die bereits in den 30er, schließlich vermehrt in den 40er und 50er Jahren die theologische und spirituelle Dimension der Therapie bzw. der Beratung wahr- und ernstnahmen.

Zu den wenigen zählte Seward Hiltner, der als einer der ersten den von Carl Rogers entwickelten personbezogenen Therapieansatz für die seelsorgliche Beratung und Begleitung brauchbar und fruchtbar machte (vgl. Müller 1989 a, 40 ff.). Das war u. a. deshalb möglich, weil Carl Rogers bei seinem Ansatz die personale, menschliche Begegnung in der Beratungssituation für wichtiger erachtete als professionelles Können allein. Carl Rogers nahm weiterhin der Therapie ihren falschen Zauber und holte sie aus der Domäne der Psychiatrie, in deren Kontext Therapie vielfach sofort und einzig mit Pathologie in Zusammenhang gebracht wurde. Er stellte heraus, daß in der Therapie lediglich in einer dichteren Weise stattfindet, was auch im alltäglichen Leben möglich ist: eine Begegnung, die von Empathie, bedingungsloser Akzeptanz, Sorge und Echtheit geprägt ist. Beratung stellt also im Grunde genommen den höchsten Gipfel, die höchste Form einer von einfühlendem Verstehen, Akzeptanz und Echtheit gekennzeichneten Begegnung dar. Mit dieser Erkenntnis eröffnete Carl Rogers den Blick für das, was die Grundlage jeder heilenden, also therapeutischen Beziehung ausmacht: die Sorge für den andern, für den „etwas Gutes, eine Förderung angestrebt wird" (Lehmann 1990, 49).

So wichtig es war, daß sich Theologen für die psychodynamische Psychologie interessierten und versuchten, sie in der Seelsorge anzuwenden, so vollzog sich die Transferierung psychologischer Theorie und Praxis methodisch doch oft in einer zum Teil kritiklosen und unhinterfragten Anwendungen dieser Praxis auf die Seelsorge und die seelsorgliche Beratung. Erst in den letzten zehn bis fünfzehn Jahren gibt es unter der Federführung von Pastoraltheologen und -psychologen Versuche, stärker als bisher die theologische, religiöse und spirituelle Seite und Besonderheit seelsorglicher Beratung herauszustellen. Ohne die Einsichten der psychodynamischen Psychologie aufgeben zu wollen, geht es in diesem Zusammenhang u. a. darum, den theologischen und spirituellen Reichtum, den die Kirche und die Seelsorge kraft ihrer eigenen Quellen und dank ihrer eigenen Tradition anzubieten haben, wieder in Erinnerung zu rufen und für die konkrete seelsorgliche und somit auch für die beraterische Arbeit fruchtbar zu machen. Dabei finden auch die Werte und Überzeugungen eine stärkere Berücksichtigung als bisher, die sich aus diesen Quellen der Tradition ergeben und die dementsprechend in einer sich christlich nennenden und auch als spirituell zu verstehenden seelsorglichen Arbeit eine Rolle spielen sollen. Diese Neubesinnung auf religiöse, theologische und spirituelle Quellen seelsorglicher Beratung und Begleitung ist ebenso wichtig wie die Reaktivierung theologischer Sprache in der seelsorglichen Beratung oder Anstrengungen, das Eigenständige des seelsorglichen Beraters herauszustellen.

Im folgenden seien daher einige Kennzeichen des seelsorglichen Beraters bzw. der seelsorglichen Beratung genannt. Ich verzichte dabei darauf, zwischen Berater und Begleiter bzw. zwischen Beratung und Begleitung zu unterscheiden. Sicher gibt es Gründe, beide Begriffe klarer auseinanderzuhalten; beiden ist aber gemeinsam, daß es hier um Begegnungen innerhalb der Seelsorge geht, die intensiver sind, als das üblicherweise der Fall ist. Sie können sporadisch sein, können auch die Form einer länger angelegten Begleitung durch den Seelsorger oder die Gestalt einer Gesprächsreihe mit drei bis sechs Gesprächen annehmen. Für die Kombination der Begriffe spricht weiter, daß bei allen diesen Begegnungen in der Regel Beratung als Begleitung und nicht etwa als direktive Führung verstanden wird. Damit soll nicht gesagt werden, daß es in der seelsorglichen Beratung nicht auch Momente und Situationen gibt, in denen der Seelsorger oder die Seelsorgerin konkreten Rat geben oder für eine bestimmte Zeit auch stärker leitend in Erscheinung treten.

Den hier entwickelten Kennzeichen des seelsorglichen Beraters und Begleiters liegen aber vor allem die Vorstellungen von Begleitung und Beratung zugrunde – sei es im Einzelgespräch oder in der Gruppe – , wie sie im seelsorglichen Gespräch, das eine bestimmte Form kennt, praktiziert werden. Sie lassen sich entsprechend auf die in den folgenden Beiträgen besprochenen Weisen und Situationen seelsorglicher Begleitung und Beratung übertragen. Sie gelten vor allem dann, wenn vom Seelsorger als seelsorglichem Berater im Sinne des *pastoral counseling* die Rede ist. In diesem Fall gilt es in besonderer Weise, die Nähe zur Psychotherapie, aber auch das Eigenständige der seelsorglichen Beratung gegenüber der Psychotherapie herauszustellen.

2. Seelsorger und Seelsorgerin wohnen mitten unter den Menschen

Der Messias sitzt, wie es in einer alten Legende im Talmud heißt, „bei den Armen und erneuert seine Wundverbände einen nach dem andern in Erwartung des Augenblickes, in dem man ihn braucht. So verhält es sich auch mit dem Seelsorger ... Er ist dazu berufen, Arzt zu sein, der selbst verwundet ist, der seine eigenen Wunden behandeln, dabei aber bereit sein muß, die Wunden anderer zu heilen" (Nouwen 1987, 120). Mit dem Bild vom allzeitbereiten Messias, der mitten unter den Menschen wohnt, nennt Henri Nouwen ein wichtiges Kennzeichen des *seelsorglichen* Beraters.

Seelsorgliche Begegnung, seelsorgliche Begleitung und Beratung können in verschiedenen Situationen und bei ganz unterschiedlichen Ereignissen stattfinden. Es gehört zu den Besonderheiten des Seelsorgers und der Seelsorgerin, daß sie vielfach direkter und unmittelbarer ansprechbarer sind als beispielsweise der Berater im Beratungszentrum oder der Psychotherapeut in seiner privaten Praxis. Der Seelsorger lebt in der Regel mehr mit und unter den Menschen, ist näher an ihrer Situation und bietet sich, sofern er eine entsprechende Offenheit und Bereitschaft dafür ausstrahlt, als mögliche Vertrauensperson an (vgl. Müller 1990, 13 ff.). Er ist weiterhin einer – und das unterscheidet ihn ganz entscheidend vom üblichen Berater oder Psychotherapeuten-, der die *Initiative* ergreifen kann und sie gegebenenfalls auch ergreifen soll, der den ersten Schritt auf den andern zu macht, um ihn wissen und spüren zu lassen: Ich sehe, Du bist in Not und ich bin bereit, Dir zu helfen (vgl. Oglesby 1980, 45 f.).

Der Seelsorger steht bereit, und zwar nicht nur in seinem Büro, er steht auch vor der Tür, kommt auch zum andern und klopft an. Hört der andere, versteht er, um was es dem Seelsorger geht, ist das etwas, was ihn interessiert, was für ihn wichtig ist, ja etwas, nach dem er sich zutiefst sehnt, dann läßt er ihn herein. Er läßt ihn ein in sein Haus, in sein Leben. Er läßt ihn einkehren in sein Inneres, und beide lassen die Türe, die sie bisher trennte, hinter sich. Das ist der Moment in der seelsorglichen Begegnung, der den Seelsorger und seinen Gesprächspartner zusammenbringt. Es ist der Moment der Kontaktaufnahme, die Eröffnung einer echten Begegnung, die die Gestalt einer Begleitung oder einer Beratung annehmen kann.

Angesichts ihrer vielen Verpflichtungen verschwinden auch die Seelsorger und Seelsorgerinnen zunehmend aus der vordersten Front, wo sie die Menschen am meisten brauchen. Die Folge ist, daß diese unmittelbare und direkte Begegnung mit ihnen genauso schwierig, wenn nicht unmöglich wird, wie bei so vielen anderen helfenden Berufen. Sicher ist es für den

Seelsorger wichtig zu lernen, sich abzugrenzen, auch auf sich und seine Bedürfnisse zu schauen – ginge diese notwendige und wichtige Sorge um das eigene Wohlergehen aber auf Kosten der unmittelbaren und direkten Verfügbarkeit, wäre das ein schmerzlicher Verlust für die Seelsorge und vor allem für die seelsorgliche Begleitung und Beratung. Der Seelsorger würde damit eine ganz zentrale Funktion, ein elementares Kennzeichen seiner Rolle und seiner Arbeit verlieren.

3. Seelsorgliche Beratung und Begleitung werden von der Seelsorge her bestimmt

Werden Seelsorger und Seelsorgerin als Begleiter oder Berater angesprochen oder bieten sie sich selbst als solche an, dann geschieht das als Teil ihrer Seelsorge, dann ist das letztlich dasselbe, wenn auch möglicherweise intensiver und auf eine eigene Weise, was sie in all ihren anderen seelsorglichen Aufgaben tun und intendieren. Als Seelsorger wollen sie u. a. Menschen helfen, „daß sie alle zu einer lebendigen Mitte und lebendiger gegenseitiger Beziehung stehen, und daß sie untereinander in lebendig gegenseitiger Begegnung stehen" (Buber 1984, 47). Auf dem Weg dahin wollen sie auch, wo das notwendig ist, Menschen begleiten und beraten. Ihre Begleitung und Beratung stehen unter der Perspektive dieses Zieles, von dort her erhalten sie ihre Begründung und Zielsetzung. Beratung und Begleitung des Seelsorgers und der Seelsorgerin erhalten gerade durch eine solche Eingrenzung eine spezielle Ausrichtung und Profilierung. Das ist zum einen eine Herausforderung, nämlich der Beratung und Begleitung in diesem Sinne wirklich den ihr gebührenden Platz in der Seelsorge einzuräumen. Zum andern geht von einer solchen Eingrenzung aber auch etwas Beruhigendes aus, da vom Seelsorger nicht etwas erwartet wird, für das er eigentlich nicht da und letztlich auch nicht kompetent ist. Das Eingebundensein von Begleitung und Beratung des Seelsorgers in die „normale" Seelsorge garantiert, daß der beratende Seelsorger nicht in einen Bereich abdriftet, etwa den des rein Therapeutischen, für den er nicht, zumindest nicht zuallererst, zuständig ist. Weiter vermag eine solche Einordnung der seelsorglichen Beratung in die Seelsorge zu verhindern, daß „der Begriff der Seelsorge mehr auf die personale Zuwendung zum einzelnen eingeengt und ... infolgedessen mehr und mehr als individuelle Lebenshilfe aus dem Glauben verstanden" wird, mit der Folge, daß der „einzelne Mensch in seinen Entwicklungsmöglichkeiten als Maßstab aller Seelsorge" (Lehmann 1990, 50) erscheint. Beratende Seelsorge, die sich als selbstverständlicher Teil der Seelsorge versteht, mag dann zwar eine „Sondersituation" innerhalb der sonstigen seelsorglichen Tätigkeit darstellen; ihr kommt aber nicht eine besondere Stellung zu, die gegenüber den anderen seelsorglichen Aktivitäten den Anspruch erhebt, so etwas wie die Krönung der Seelsorge zu sein.

Der Kontext der üblichen seelsorglichen Arbeit, die von der „radikalen Mitte des Evangeliums" (Lehmann 1990, 52) her bestimmt wird, wird auch das Vorgehen des Seelsorgers in den besonderen Situation der Beratung mitgestalten. Er ist auch hier Seelsorger, nicht Psychotherapeut. Er ist immer zuerst Seelsorger, mag er auch in seinen seelsorglichen Beratungen therapeutische Verfahren mitberücksichtigen und über psychologisches Wissen verfügen – was ja nicht nur wünschenswert, sondern mitunter sogar notwendig ist.

4. Seelsorgliche Beratung ist eine befristete Partnerschaft

Bei der Begleitung und in der Beratung nimmt sich der Seelsorger mehr Zeit, weil dies von der Situation her gefordert ist. Bei dem Menschen, der zu ihm gekommen ist oder auf den er zugegangen ist, mag das übliche „Angebot" der Seelsorge augenblicklich nicht genügen oder überhaupt nicht „greifen". In einem Fall etwa bedarf jemand der Beratung, weil er über den Verlust eines geliebten Menschen nicht hinwegkommt; in einem anderen Fall mag eine Begleitung eines Menschen, der im Prozeß der Identitätsfindung steht, die in dieser Situation möglichen Wachstumschancen fördern. Begleitung und Beratung werden so zur Sondersituation, zur „befristeten Partnerschaft" (Zerfaß 1983, 150) mit dem Ziel, den Ratsuchenden mit der Zeit wieder in die Regelsituation der Seelsorge zu entlassen. William Oglesby (1980, 42f.) zieht dafür einen Vergleich aus der Berufswelt der Astronauten heran: Für die Zeit ihres Ausflugs in den Weltraum bedürfen sie, um überleben zu können, besonderer Vorrichtungen. Die Umstände und die Bedingungen, die ihren Ausflug in das Weltall ermöglichen – man denke an die aufwendige und komplizierte Ausstattung einer Raumfähre und eines Astronautenanzuges –, sind außergewöhnlich.

Größere Vertrautheit und Nähe, als sie normalerweise in der Seelsorge möglich sind, werden damit zu wichtigen Kennzeichen seelsorglicher Beziehung im Kontext von Begleitung und Beratung. In der Begleitung und Beratung, die, bezogen auf Zeit, Ort und Dauer der Begegnung, in der Regel bestimmte Rahmenbedingungen kennt, stehen der einzelne bzw. die Gruppe und sein bzw. ihr Anliegen und Problem im Vordergrund. Das trifft im Falle der Psychotherapie noch stärker zu. Anliegen und Probleme, die in diesem Kontext zur Sprache kommen, sind von solcher Art, daß sie nur im Rahmen eines länger andauernden Gesprächs, das in der Regel klare Bedingungen kennt, in einer angemessenen Weise angegangen und bearbeitet werden können. Vertrautheit und Nähe werden hier, nicht zuletzt durch die Dauer des Zusammenseins und die erstrebte Offenheit und Echtheit in der Begegnung, noch mehr intensiviert als in der Begleitung und Beratung. Die Grenzen zwischen seelsorglicher Beratung und Psychotherapie sind dabei nicht in jedem Fall klar zu ziehen. So kennt z. B. eine Beratung, die sich als geistliche Begleitung versteht, auch Elemente, die in der Psychotherapie eine Rolle spielen. Entscheidend ist, daß der seelsorgliche Begleiter und Berater um seine Grenzen weiß, die von seiner Ausbildung und von seiner eigenen persönlichen Entwicklung mitbestimmt werden.

Der Seelsorger und die Seelsorgerin werden normalerweise immer nur einige wenige Menschen über eine längere Zeit begleiten und beraten können, auch weil sie, wie der talmudische Messias am Stadttor, offen und bereit sein wollen für andere, die mit ihren Wunden zu ihnen kommen. Das heißt: So wie der Messias bei sich selbst immer nur einen einzigen Verband ablegt und gleich wieder erneuert, werden auch sie bei den Menschen, die zu ihnen kommen, in der Regel immer nur einen einzigen Verband abnehmen können, nur eine einzige Wunde behandeln können, sie manchmal auch nur vorläufig und notdürftig versorgen können, um sich dann wieder anderen zuzuwenden. In einem Fall mag der Seelsorger zwei bis drei Gespräche, in einem anderen Fall einige Gespräche über einen Zeitraum von einem halben Jahr, in wieder einem anderen Fall vereinzelte Gespräche über den Zeitraum einiger Jahre mit Ratsuchenden führen. Entscheidend ist, daß der Seelsorger offen ist für solche intensivere seelsorgliche Kontakte und ihnen einen selbstverständlichen Platz in seiner seelsorglichen Arbeit einräumt. Das gilt vor allem dann, wenn diese intensiven Kontakte sich aus seiner sonstigen Tätigkeit heraus ergeben: etwa im Falle einer Frau, die über den Tod ihres Mannes nicht hinwegkommt und die für eine bestimmte Zeit über das hinaus, was der Seelsorger üblicherweise bei der Begegnung mit Leid und Verlust anbieten kann, seiner Nähe und Sorge bedarf. Merken der Seelsorger, die Seelsorgerin, daß hier eine Situation vorliegt, die ihre Aufgabe, ihre Kompetenz und ihre Zeit überfordert, werden sie auf andere Helfer, z. B. den psychologischen Berater, Therapeuten oder Ärzte verweisen.

Aber auch dann, wenn ein Zusammenhang mit der seelsorglichen Arbeit zunächst nicht gesehen wird oder ein solcher Zusammenhang anscheinend nicht naheliegt, kann ein intensiverer seelsorglicher Kontakt in Form einer Begleitung oder Beratung angebracht sein. So mag ein psychisch beeinträchtigter Mensch ganz bewußt den Seelsorger aufsuchen, weil er sich gerade von ihm eine Hilfe verspricht. Zwar wird der Seelsorger in einem solchen Fall oft auf den psychologischen Berater, Therapeut oder Arzt verweisen und gegebenenfalls verweisen müssen bzw. sogar den Kontakt dahin selbst vermitteln. Aber es können dieser Begegnung mit dem Seelsorger weitere Begegnungen folgen, in denen der Seelsorger jetzt unbelastet von den Fragen, die den Therapeuten oder den Arzt interessieren, sich auf die Bereiche konzentriert, die mit seiner Aufgabe zu tun haben und für die er kompetent ist (vgl. Müller 1990, 23 f.).

5. Seelsorgliche Berater und Begleiter können sich einfühlen, da auch sie der Schwachheit unterworfen sind (vgl. Hebr 5,2)

Was Joseph Ratzinger über den Priester sagt, gilt auch für den seelsorglichen Berater: „Er muß vor allem auch fähig sein, den Menschen im Schmerz beizustehen – im körperlichen Leiden wie in allen Enttäuschungen, Erniedrigungen und Ängsten, die keinem erspart werden. Wie soll er dies, wenn er es nicht zuerst selbst gelernt hat?" (Ratzinger 1990, 17).

Als seelsorgliche Berater und Begleiter sind vor allem Männer und Frauen befähigt, die sensibel sind für die Probleme anderer; die in ihrem Leben selbst schon mit Problemen konfrontiert worden sind; die sich einfühlen können, da auch sie der Schwachheit unterworfen sind (vgl. Hebr 5,2); die die Palette menschlicher Gefühle am eigenen Leib gespürt haben; die sich selbst gut kennen, einschließlich ihrer Schwächen und Stärken; die in ihrem Leben die Erfahrung gemacht haben, anderen Menschen Wärme, Liebe und Fürsorge schenken zu können (vgl. Müller 1989 b, 50).

Solche existentielle Grunderfahrungen im Leben, die es überhaupt erst ermöglichen, daß die Seele in das Fleisch, das Fleisch in die Seele einzudringen vermag, sind Voraussetzung dafür, um sich in andere einfühlen zu können. Diese Fähigkeit stellt eine ganz entscheidende Fertigkeit eines jeden Beraters dar, sei er nun Seelsorger oder Psychotherapeut. Diese Fähigkeit ermöglicht es zusammen mit der Fähigkeit, echt zu sein, und der Fähigkeit, den anderen voraussetzungslos zu bejahen, wirklich personbezogen kommunizieren zu können (vgl. Stenger 1989, 56 f.). Die genannten Fähigkeiten sind im Grunde genommen für jede Art gelingender Beziehung notwendig. Der Ehepartner, der seiner Partnerin nicht zuhören kann, wird sie nie ganz verstehen können; dadurch wird aber auch verhindert, daß sich in ihrem Leben eine sich gegenseitig befruchtende und zugleich korrigierende Korrespondenz entwickelt. Der Chefarzt, der weit und breit als Fachmann anerkannt ist, in der Begegnung mit dem Patienten aber völlig außer acht läßt, daß hier ein Mensch mit einer Psyche vor ihm sitzt oder liegt, eliminiert mit seiner Unfähigkeit, personbezogen kommunizieren zu können, eine entscheidende – auch heilende – Dimension seines ärztlichen Tuns. Der Seelsorger, der die Menschen „totpredigt", der ihre Nöte und Probleme nicht auf sich wirken läßt und nicht auch von daher und daraufhin seine Antworten, seine Verkündigung bestimmen läßt, dahinein Gottes Wort spricht, ein solcher tut sich selbst, den Menschen und seinem Auftrag einen schlechten Dienst, auch wenn das, was er sagt, formal stimmt und korrekt ist.

Die Fähigkeit, personbezogen kommunizieren zu können, meint hier, als Seelsorger und demzufolge auch als seelsorglicher Berater/seelsorgliche Beraterin unmittelbar in Beziehung zu den Menschen und zu Gott treten zu können; „den anderen, der ihn nötigt, *eine* Meile Wegs mit ihm zu gehen, *zwei* Meilen weit zu begleiten (Mt 5,41), ihn nicht zu richten, gleich, was er sagt (Mt 7,1)..." (Drewermann 1990, 724); wach zu sein für das, was Gott und die Menschen sagen, von mir wollen; mir immer wieder bewußt zu sein, daß das, was ich sage und tue, ich auf einen personalen Gott, auf konkrete Personen hin sage und tue. Es meint: das, was ich sage und tue, mit meiner Person zu sagen und zu tun, es also nicht *nur* amtlich und im Auftrag, gar losgelöst von mir, meiner Person, meiner Überzeugung, meinem Herzen zu sagen und zu tun. Auch wenn es amtlich, auch wenn es im Auftrag geschieht, soll es etwas mit mir zu tun haben. Denn, so Goethe im Faust: „Doch werdet ihr nie Herz zu Herzen schaffen, wenn es euch nicht von Herzen geht."

Mancher Seelsorger mag aufgrund seiner natürlichen Befähigung und seiner Lebenserfahrungen ein guter Begleiter und Berater sein, den Menschen gerne aufsuchen und dabei, ohne daß er das so nennen würde, viele Einstellungen und Verhaltensweisen zum Ausdruck bringen, die in der Sprache der Psychotherapeuten u. a. „aktives Zuhören", „bedingungslose positive Wertschätzung" oder „Echtheit und Kongruenz" genannt werden. Nicht von ungefähr sagt Carl Rogers: Wenn man lernen will, was es heißt, ein guter Berater zu sein, soll man schauen, zu wem es die Menschen, die nach Beratung verlangen, zieht, und was es ist, das sie dort vorfinden und erleben. Auf der anderen Seite sollten solche Fähigkeiten bei Seelsorgern und Seelsorgerinnen nicht grundsätzlich als gegeben vorausgesetzt werden.

Vom Seelsorger, der als Berater und Begleiter tätig ist, darf erwartet werden, daß seine Fähigkeit, sich in einen anderen Menschen einfühlen zu können, mit ihm personbezogen kommunizieren zu können, sich positiv abhebt von einer Durchschnittskompetenz in diesem Bereich, die für den alltäglichen Umgang, auch seelsorglichen „Umgang" gerade noch vertretbar ist. Dazu bedarf es keiner psychotherapeutischen Ausbildung. Es empfiehlt sich aber die Teilnahme an Kursen, die zum Ziel haben, mit sich selbst besser vertraut zu werden und das eigene emotionale Wachstum zu fördern; die Grundelemente personenbezogener Kommunikation, wie Empathie, bedingungslose Akzeptanz und Echtheit, theoretisch und erfahrungsmäßig kennenzulernen und für die Beratung und Begleitung, sei es in der Einzelbegegnung oder in der Gruppenberatung, anzuwenden (vgl. Müller 1989 b, 51 f.).

6. Der seelsorgliche Berater als glaubwürdiger Zeuge des Bundes Gottes

„Wenn ein Seelsorger bei seinem Kontakt mit Menschen wirklich hilfreich wirken will, muß er beruflich qualifiziert sein und über spezielle Kenntnisse, eine spezielle Ausbildung und spezielle Fertigkeiten verfügen. aber wenn er die Ketten unserer Welt voller Manipulationen durchbrechen will, muß er über rein berufliches Können hinauskommen und in Selbstverleugnung und Kontemplation ein glaubwürdiger Zeuge des Bundes Gottes mit den Menschen werden" (Nouwen 1989, 105). Das gilt auch für den seelsorglichen Berater und Begleiter bzw. die seelsorgliche Beraterin und Begleiterin. Über alle theologische und psychologische Ausbildung hinaus ist der seelsorgliche Berater jemand, der von seiner innersten Mitte, von seiner Seele, seinem Herzen her Menschen begegnet und zuallererst und letztendlich von daher auf ihre Fragen, Anliegen und Probleme eingeht. Seine Offenheit für das Geheimnisvolle und Mystische, seine lebendige, persönliche Beziehung zu Gott (die natürlich nicht im luftleeren Raum und an den Menschen vorbei gelebt und gepflegt werden kann), machen das Kernstück seiner Identität aus. Von daher gesehen ist es geradezu selbstverständlich, daß der seelsorgliche Berater dieses Kernstück nicht vernachlässigt und nicht müde wird, z. B. durch Beten, Meditieren, das Feiern der Eucharistie, durch Exerzitien und Glaubensgespräche seine Identität als Seelsorger zu erhalten, mit Leben zu füllen und zu vertiefen. Sein kirchlicher *Auftrag* als Seelsorger stützt seine Identität als Seelsorger und garantiert seinem Tun in Beratung und Begleitung einen selbstverständlichen Platz in der Seelsorge der Kirche.

Die „mystische Fähigkeit" des Seelsorgers, sein Betroffensein und im guten Sinn „Besessen-sein" von Gott, soll, wenn er ein seelsorgliches Gespräch führt, zum Tragen kommen; erst dann wird es ja zum seelsorglichen Gespräch. Seine Fähigkeit, personbezogen kommunizieren zu können, und seine beraterische Kompetenz sorgen dafür, das *diese* ihn zutiefst prägende Grundhaltung der Situation entsprechend zum Ausdruck kommt – zum Nutzen und Segen der Ratsuchenden. Es ist diese Grundhaltung, von der seine Antworten letztlich ihren Ausgang nehmen. Von ihr gehen der Impuls, das Wort, die Kraft aus, die es vermögen, im anderen jene Seiten zum Klingen zu bringen, die sonst stumm bleiben, die scheinbar sinn-losen Ereignissen einen Sinn zu geben vermögen; den anderen wieder mehr mit seinem eigenen mystischen Grund in Kontakt bringen können.

Er darf und soll sich dabei der Sprache bedienen, die auch sonst seine Sprache ist, die eine Chiffre ist für das, wofür er steht; die in den Herzen der Menschen die Welt erstehen und dann auch die Kraft in ihnen zu wecken vermag, welche sich mit den großen christlichen Heilsworten „Vergebung", „Tröstung", „Rettung" und „Heimat" verbindet. Er darf und soll die Sprache verwenden, die wirklich hineinführt in die Glaubenswelt des Ratsuchenden, um diese wieder herzustellen und herzurichten, auf daß sie erneut in der Lage ist, den Ratsuchenden zu tragen. Dann kann dieser aus der Sondersituation entlassen werden, um in der wiederhergestellten Verbindung mit der lebendigen Mitte und mit den anderen Menschen der Gemeinde seine Geschichte mit Gott auf diese Weise fortzuschreiben (vgl. Müller 1990, 112f.).

Solange Seelsorger und Seelsorgerin als Begleiter und als Berater in Kontakt mit ihrem religiösen Grund bleiben, der vor allem von ihrer lebendigen Beziehung zu Gott geprägt ist, und solange sie ihre seelsorgliche Begleitung und Beratung als einen Teil ihres seelsorglichen Tuns im Kontext der christlichen Gemeinde verstehen, brauchen sie keine Angst zu haben, in Beratung und Begleitung ihre Identität als Seelsorger zu verlieren. Sie werden dann auch nicht vergessen und außer acht lassen, daß sie über ihre beraterische Fähigkeit und Kompetenz hinaus „mit heiligem Gnadengut oder doch heiligem Wortschatz" (Buber 1951, 10) ausgestattet sind, im wahrsten Sinne des Wortes einem Gut und einem Schatz, der ihre Begleitung und Beratung in einen besonderen Kontext und unter eine einzigartige Perspektive stellt.

7. Seelsorgliche Begleitung und Beratung vollzieht sich im Kontext einer christlichen Gemeinde

Seelsorgliche Begleitung und Beratung vollziehen sich im Kontext einer christlichen Gemeinde. Der besondere Kontext seelsorglicher Begleitung und Beratung profiliert *seelsorgliche* Begleitung und Beratung gegenüber anderer Beratung. Das gilt auch, wenn die christliche Gemeinde heute oft nicht mehr im Sinne von Ortsgemeinde verstanden werden kann. Es darf auch all das miteinbezogen werden, was über besondere Einrichtungen und die Menschen in diesen Einrichtungen − z. B. der Caritas − und darüberhinaus im Namen des Christentums und in der Gestalt der christlichen Kirchen auf ganz verschiedene Weisen an Sinn Stiftendem, Horizont Schaffendem und die Beziehung zu Gott Anregendem und Förderndem angeboten wird. Der „Idealfall" ist eine Gemeinde, eine Gruppe, eine Schar von Christen, die sich kennen und, wie es Martin Buber sagt, „zu einer lebendigen Mitte und lebendiger gegenseitiger Beziehung stehen"; die von dort her ihr Leben gestalten und in diesem Kontext zu bestimmten Zeiten und über eine bestimmte Phase seelsorgliche Begleitung und Beratung erfahren, um dann wieder allein von dem leben zu können, was die Gemeinde oder Gruppe anzubieten vermag.

Literatur

BAUMGARTNER, KONRAD (Hrsg.): Das Seelsorgegespräch in der Gemeinde. Würzburg: Echter 1982.
BUBER, MARTIN: Heilung an der Begegnung. In: Trüb, Hans: Heilung an der Begegnung. Stuttgart: Ernst Klett 1951.
− : Das Dialogische Prinzip. Heidelberg: Lambert Schneider [5]1984.
CLINEBELL, HOWARD: Theorie und Praxis der wachstumsorientierten Beratung in Erziehung, Seelsorge und psychischer Lebenshilfe. München: Christian Kaiser 1982.
− : Modelle beratender Seelsorge. München: Christian Kaiser [5]1985.
DREWERMANN, EUGEN: Kleriker. Psychogramm eines Ideals. Olten / Freiburg: Walter [7]1990.
GERKIN, CHARLES: The Living Human Document. Re-Visioning Pastoral Counseling in a Hermeneutical Mode. Nashville: Abingdon 1984.

KENNEDY, EUGEN: On Becoming a Counselor. A Basic Guide for Non-Professional Counselors. New York: Continuum 1980.
LEHMANN, KARL: Seelsorge als Aufgabe der Kirche. In: Lebendige Seelsorge, Heft 1/2 (1990), 48–53.
MÜLLER, WUNIBALD: Menschliche Nähe in der Seelsorge. Mainz: Grünewald ²1989a.
– : Gemeinsam Wachsen in Gruppen. (Reihe Heilende Seelsorge) Mainz: Grünewald 1989 b.
– : Erkennen – Unterscheiden – Begegnen. Das seelsorgliche Gespräch. (Reihe Heilende Seelsorge) Mainz: Grünewald 1990.
NOUWEN, HENRI: Geheilt durch seine Wunden. Freiburg i. Br.: Herder 1987.
– : Schöpferische Seelsorge. Freiburg i. Br.: Herder 1989.
OGLESBY, WILLIAM: Biblical Themes for Pastoral Care, Nashville: Abington 1980.
POMPEY, HEINRICH: Theologisch-psychologische Grundbedingungen der seelsorglichen Beratung. In: Lade, Eckhard: Christliches ABC heute und morgen. Handbuch für Lebensfragen und kirchliche Erwachsenenbildung. Bad Homburg: DIE 1978.
RATZINGER, JOSEPH: Perspektiven der Priesterausbildung heute. In: Hillenbrand, Karl (Hrsg.): Unser Auftrag. Besinnung auf den priesterlichen Dienst. Würzburg: Echter 1990, 11–38.
SCHMID, PETER F.: Personale Begegnung. Der personzentrierte Ansatz in Psychotherapie, Beratung, Gruppenarbeit und Seelsorge. Würzburg: Echter 1989.
STENGER, HERMANN (Hrsg.): Eignung für die Berufe der Kirche. Klärung, Beratung, Begleitung. Freiburg i. Br. Herder ²1989.
WICKS, ROBERT u. a. (Hrsg.): Clinical Handbook of Pastoral Counseling. New York: Paulist Press 1985.
ZERFASS, ROLF: Die Verantwortung der Kirche für den einzelnen. Vorlesungsskript. Würzburg: Fachschaft Theologie 1983.

3. Beratung – ein Zankapfel zwischen Caritas und Pastoral?

ROLF ZERFASS

Problemstellung

Wenn wir, die Autoren und die Leser dieses Handbuches – herausgefordert durch den immensen Orientierungsbedarf unserer Gesellschaft – der seelsorglichen Beratung und Begleitung ihren alten, ursprünglichen Rang im Leben der Kirche und ihrer Gemeinden zurückgeben wollen, können wir dies nur tun, indem wir uns gleichzeitig zur zeitgenössischen Therapie- und Beratungsszene und zu den eigenen geistlichen Traditionen in Beziehung setzen. Ein solches Unternehmen hat ohne Frage Pioniercharakter – und doch dürfen wir nicht übersehen, daß es seit gut 25 Jahren bereits ein immer qualifizierteres und ausdifferenzierteres Beratungswesen in der Kirche gibt, das freilich von der Seelsorge nicht oder nur mißbehaglich wahrgenommen wurde: die breite Beratungsarbeit im Caritasbereich (Kalbfuss 1976). Es wäre daher höchst verhängnisvoll, würde die Wiederentdeckung und Förderung seelsorglicher Beratung und Begleitung ungewollt zu einer neuerlichen Zementierung des unseligen Nebeneinanders von Caritas und Pastoral führen, indem der Caritas ein weiteres Mal die seelsorgliche Dimension abgesprochen würde und der Seelsorge ein weiteres Mal ihr diakonischer Charakter verborgen bliebe.

Diese Sorge ist nicht aus der Luft gegriffen. Es gibt eine beklemmende Wand des Schweigens zwischen Gemeindepfarrern und ihren Kindergärtnerinnen, zwischen Beichtvätern und Eheberatern, zwischen Krankenseelsorgern und Krankenschwestern, die sich, beide im Auftrag der Kirche, um dieselben Kinder bzw. deren Eltern, um dieselben Ehepartner und Scheidungsopfer, um dieselben Kranken und ihre hilflosen Angehörigen „kümmern". Wie ernst ist es mit diesem „Kummer" bestellt, wenn wir einander nur im Engagement um diese Menschen ablösen, gewissermaßen einer dem anderen die Klinke in die Hand drücken, ohne miteinander darüber zu sprechen, was uns denn bewegt, auf die Not der Menschen einzugehen; was wir als ihre eigentliche Not betrachten, was wir selber in der Konfrontation mit fremder Not erleben, wie wir einander einschätzen und welche Arbeitsteilung wir dabei unausgesprochen einander unterstellen? Wo reden wir darüber, daß es auch Mißtrauen und Rivalitätsgefühle zwischen uns gibt, Angst, man könnte uns in die Karten schauen, Profilierungsbedürfnisse der jeweils eigenen Berufsgruppe und alle damit zusammenhängenden Impulse, die „Konkurrenz" abzuwerten?

Wie wird man im Caritasbereich das Erscheinen dieses Handbuches aufnehmen? Mit der Genugtuung derer, die sich seit langem den hier ausgebreiteten Problemen widmen („Endlich ziehen die nach!")? Mit dem kritischen Blick der Professionellen („Wo wird gesalbadert? Wo wird trotz aller Lippenbekenntnisse die methodische Disziplin der Beratung den missionarischen Interessen geopfert?") oder mit der berufspolitischen Sorge um den eigenen Arbeitsplatz und die eigene Autonomie („Jetzt versuchen sie, uns auch auf noch unserem ureigensten Feld dreinzureden!")?

Die folgenden Überlegungen wollen verhindern helfen, daß eine wachsende Kultur seelsorglicher Beratung und Begleitung (unbeabsichtigt) zu einer Säkularisierung der Caritasarbeit führt; sie werden deshalb (1) die Gemeinsamkeiten herausstellen, die der Unterscheidung zwischen seelsorglicher und caritativer Beratung zugrundeliegen, (2) herausarbeiten, was beide voneinander lernen können, um (3) fruchtbare Ansatzpunkte und Schritte für den Austausch zu benennen.

1. Was verbindet und was unterscheidet Caritas und Pastoral auf dem Feld der Beratung?

In den „Erzählungen der Chassidim" (Buber 1949, 71) wird von Rabbi Hirsch berichtet, er habe zu seinen Chassidim gesagt: „Wenn ein Mensch zu mir kommt und mich angeht, um sein Bedürfen in dieser Welt für ihn zu beten, der eine wegen einer Pachtung und der andere wegen eines Ladens, in jenem Augenblick kommt die Seele dieses Menschen zu mir wegen der Erlösung in der oberen Welt. Mir aber liegt es ob, beiden zu antworten mit einer einzigen Antwort." Welche Wahrnehmungen und welche Optionen für kirchliche Beratungsarbeit stecken in dieser Geschichte?

Es gibt eine gemeinsame Aufgabe

Rabbi Hirsch hat in seinem Dorf irgendwo in der Ukraine noch nicht unter der Kluft zwischen Caritas und Pastoral zu leiden. Die Leute kommen zu ihm mit der Bitte, er möge für sie beten. Aber es sind verteufelt profane Anliegen, die sie bedrängen, finanzielle Sorgen, wie sie heute etwa von der Schuldnerberatung des Caritasverbandes betreut werden. Rabbi Hirsch läßt sich aber durch den materiellen Charakter der vorgetragenen Not in keiner Weise von seiner Wahrnehmung abbringen, daß darin, wo immer ein Mensch ernsthaft in Bedrängnis gerät, sehr viel weitrechendere Dinge zum Durchbruch kommen: die Angst um die „eigene Existenz" (wie wir heute noch tiefsinnig zu sagen pflegen, wo es ums wirtschaftliche Überleben geht), die Sorge um die Zukunft der Familie, die Trauer um fehlgeschlagene Investitionen, die Frage nach dem Sinn des Ganzen. Rabbi Hirsch weiß, daß aller ernsthaften Not eine religiöse Dimension innewohnt.

Auch heute sucht ein Asylant mehr als eine Matratze und eine Rentnerin mehr als ein warmes Essen. Die Frage ist nur, ob wir noch, wie Rabbi Hirsch, fähig sind, im Gestrüpp sozialstaatlich definierter Hilfsmaßnahmen und konzentriert auf die Disziplin unserer beraterischen Konzepte, „die Seele dieses Menschen" wahrzunehmen mit ihrer Sehnsucht nach „Erlösung in der oberen Welt". Wo wir dies aber nicht mehr wahrnehmen können, unterschreiten wir nicht nur irgendwelche Standards kirchlich organisierter Beratung, sondern das Niveau und die Würde dessen, der sich in seiner Not an uns wendet. Dies ist jedenfalls die Überzeugung der biblischen Überlieferung, die Gott nicht als Seelentröster für die Kategorie von Menschen begreift, die dergleichen brauchen, sondern als „Retter" aus jeder Knechtschaft, allem Elend, allem Unrecht und Leid: „Er hat mich gesandt, den Armen eine gute Nachricht zu bringen, den Gefangenen Entlassung, den Blinden das Augenlicht; die Zerschlagenen in Freiheit zu setzen und ein Gnadenjahr des Herrn auszurufen", sagt Jesus, als er seine eigene Aufgabe in der Synagoge seiner Heimatstadt im Anschluß an Jes 61, 1 umschreibt (vgl. Lk 4, 18f.). Was soll hier die Unterscheidung zwischen Caritas und Pastoral? Und was soll sie angesichts der Verheißung, wie Jesu Werk und alle Wege Gottes mit uns Menschen an ein Ende kommen werden: „Und er wird alle Tränen abtrocknen von ihren Augen. Der Tod wird nicht mehr sein, keine Trauer, keine Klage, keine Mühsal. Denn das Frühere ist vergangen" (Offb 21, 3)? Der Gott der Bibel interessiert sich nicht für die Sünden der Menschen, sondern für ihr Leid (und insoweit auch für ihre Sünden). Die Not der Ratsuchenden als solche ist die große gemeinsame Herausforderung, die tiefste theologische Legitimation aller Beratungsarbeit in Caritas und Seelsorge. Und allenfalls die Eigenart, die Vielgestalt und der Dringlichkeitsgrad konkreter Notlagen legitimiert die Existenz unterschiedlicher Beratungseinrichtungen.

Es gibt eine Gemeinsamkeit der Methode

Aber die Pointe der Geschichte steckt freilich erst in ihrer Option, auf beide Notlagen „zu antworten mit einer einzigen Antwort". Wenn die Not unteilbar ist, kann man auch die Hilfe nicht in „horizontale" (sozialarbeiterische, psychotherapeutische) und „vertikale" (seelsorgliche, spirituelle) Maßnahmen splitten. Wie man freilich die eine, integrative Antwort gibt, verrät Rabbi Hirsch uns nicht. Hier bleibt die Geschichte offen; diese ihre „narrative Leerstelle" ist freilich kein Ausdruck der Verlegenheit, sondern der Impuls, lebenslang zu suchen nach einer Weise des Antwortens im Sinne des Rabbi Hirsch.

Die neuere Beratungstheorie mit ihrem Akzent auf der nondirektiven Haltung, auf dem Vertrauen in die Kraft des Klienten, und ihr Verzicht, ihm Interpretationen und Ratschläge aufzudrängen, setzt damit gewiß klare Akzente gegen eine missionarische, dirigistische, bevormundende Seelsorgspraxis in allen christlichen Kirchen; die neuere Beratungspraxis hätte aber niemals im kirchlichen Raum ein so breites Echo finden können, hätte sie nicht an uralte biblische Haltungen und Glaubensüberzeugungen von der Gegenwart Gottes im Armen, von der schöpferischen Macht des Geistes, der weht, wo er will (...), anknüpfen können, so wie an die besten Traditionen seelsorglicher Begleitung etwa durch die Mönche der alten Kirche (Gärtner 1982) oder im ursprünglichen Konzept ignatianischer Exerzitien (Sudbrack 1988). Wir sind erst dabei, diese großen Traditionen, angeschärft durch die therapeutische Qualität des modernen Beratungswesens, wieder zu entdecken, auch den Rang schweigender Präsenz, wortloser Solidarität im Durchtragen dessen, was uns die Sprache verschlägt (Mayer-Scheu 1977).

Vermutlich gibt es ja die „eine einzige Antwort" überhaupt nicht auf der sprachlichen Ebene, sondern nurmehr auf der Ebene der Person, die sich auf die komplexe Not des anderen so einläßt, daß sie sie von innen her mitträgt, und das heißt dann für einen gläubigen Berater unter Umständen auch, daß er sie als übernommene Not, als eigene Anfechtung im Gebet vor Gott hinträgt, in das Schweigen Gottes hineinhält. Je mehr er sich selber und seinen Klienten in diesem Horizont Gottes sieht, um so freier ist er, es der Situation (theologisch gesprochen: der Führung des Geistes) zu überlassen, wieweit dieser Horizont des Glaubens im Beratungsgespräch thematisiert werden soll; darüber entscheidet zuerst der Klient, und ihm diese Freiheit zu lassen, ist ein guter Grund neben anderen, nicht alle kirchliche Beratungsarbeit schon vom Firmenschild her als seelsorgliches Angebot zu präsentieren. Von hierher legitimiert sich auch der höhere Grad an Spezifizierung und Professionalität im Caritasbereich, die je nach Notlage und Klientel strengere methodische Disziplin im Vergleich zur Seelsorge.

Es gibt bei aller Differenzierung ein gemeinsames Berufsbild und gemeinsame berufliche Risiken

Um mit dem letzteren zu beginnen: Caritasleute und Seelsorger leiden in ihrer Beratungsarbeit an denselben Krankheiten: die Disposition zu idealistischer Selbstüberforderung, ein Altruismus, der zum „Ausbrennen" (Schmidbauer 1977; Identität 1988; Pines 1985) führt, die Gefahr zur Resignation angesichts der eigenen Ohnmacht gegenüber makrogesellschaftlichen Verhältnissen (in Staat und Kirche), die ständig verhindern und zerstören, was wir mit hoher Aufmerksamkeit und Geduld aufzubauen versuchen – alle diese bitteren Berufserfahrungen verbinden uns. Sie basieren auf einem gemeinsamen Berufsethos, das gefährliche messianische Züge entwickelt, weil es den Beruf von einer Berufung herleitet, deren theologischer Charakter nebulös bleibt, ein Tummelplatz elitärer, narzißtischer Fantasien (Schmidbauer 1980; Drewermann 1989).

Um so heilsamer ist die biblische, von der Pastoralkonstitution ins heutige Bewußtsein gerückte Sicht, daß jedem Menschenleben eine unveräußerliche, einzigartige Berufung zugrundeliegt; daß die Begabung, zu raten und zu trösten, eine unter vielen Gaben ist, die den Reichtum des Volkes Gottes, die Verschiedenheit der Glieder am Leibe Gottes, die „Buntheit" der Gnade Gottes (1 Petr 4, 10) ausmachen. Deshalb kann hier einer des anderen Last tragen (Gal 6,2), und keiner braucht sich zugrunde zu richten (Bach 1980, 70 – 83; ders. 1986, 29); deshalb machen weder die höheren Weihen des Klerikers noch die höheren Weihen therapeutischer (am besten in den Vereinten Staaten empfangener) Zusatzqualifikationen die Identität des Beraters aus; weder in der Seelsorge, noch in der Caritasarbeit darf er sich so sehr von seiner Profession her verstehen, daß er es nötig hat, sich von den „Laien" her zu definieren (d. h. abzugrenzen). Alle professionelle Qualifikation kann allenfalls ein Charisma, das wir „umsonst" empfangen haben, kultivieren. Die neue Sensibilität für die Rolle der Ehrenamtlichen im Caritasbereich korrespondiert daher innerlich mit der Rehabilitation der Laien in ihrer Bedeutung für das Leben der Kirche und für jede Form der Seelsorge.

2. Was können wir als Berater im Bereich von Caritas und Seelsorge voneinander lernen?

Ich möchte nicht theoretisieren, sondern, da ich mich selber als Seelsorger verstehe, zunächst einige Charakteristika benennen, die nach meiner Wahrnehmung Caritasleute den Seelsorgern voraus haben:
— Caritasleute sind von Haus aus eher bereit, *in das Souterrain der Gesellschaft herunterzusteigen.* Wenn beratende Seelsorge nicht von Anfang an die „feinere" Beratung sein will, kann sie hier eine Menge lernen. Wer immer in Not ist, ist „arm" dran (wie unsere Alltagssprache treffend sagt), d. h. unfähig, sich selbst herauszuhelfen. Über diesem gemeinsamen Innenaspekt seelischer wie körperlicher, materieller wie religiöser Not vergessen wir jedoch zu leicht, daß Notlagen auch ihre Außenseite haben. Sie reißen die „Armen" aus ihrem bisherigen Kontaktkreis, drücken sie ins Abseits, an den Rand, zu ihresgleichen, und das ist meistens „unten". Wer arm ist, ist innerlich und äußerlich „down".

Hier, scheint mir, haben Caritasleute von Haus aus mehr Mut, diesen „descensus ad inferos" mitzuvollziehen. Ihre hohe berufliche Spezialisierung ist insoweit und theologisch betrachtet, Folge und Ausdruck ihrer Bereitschaft, wie Jesus „den letzten Platz" (Lk 14, 1) einzunehmen, den Platz der Fußwaschung (Joh 13, 5). Wer heute acht Stunden in der Station für desorientierte alte Menschen oder in einem Heim für Mehrfachbehinderte aushält, hat jedem akademischen Theologen einen Leidens- und Erfahrensvorsprung voraus, der in Theologie und Kirche Gehör verdient. Er besitzt eine Autorität, die ihm kein Diplom und keine Weihe zu geben vermag. Von ihm bzw. ihr kann man nur lernen!

– Caritasleute sind von Haus aus bereiter, *die Sprachlosigkeit menschlicher Not zu teilen*. Mit ihren „outcasts" weiß unsere Gesellschaft und unsere Kirche auch deshalb nichts anzufangen, weil wir für ihr Verhalten „keine Worte mehr haben", d. h. keinen Interpretationsrahmen mehr besitzen. Not macht sprachlos: nicht nur den Sterbenden, sondern auch seine Angehörigen, nicht nur den Jugendlichen, der in die Szene abrutscht, sondern auch seine schlauen, mundfertigen Lehrer. Diese Sprachlosigkeit macht Angst. Aber von ihr lassen sich, nach meiner Wahrnehmung, Caritasmitarbeiter/innen weit weniger irritieren als Seelsorger/innen. Sie können auf eine eindrucksvolle Weise wortkarg helfen. Diese Schweigsamkeit wird theologischerseits längst nicht als das gewürdigt, was sie doch ist: als die Sprachlosigkeit der Liebe, die hilft, ohne zu kommentieren, zu urteilen, zu erklären. Theologen und Seelsorger sind demgegenüber geneigt, Probleme für gelöst zu halten, wenn sie besprochen und verstanden worden sind; sie haben große Mühe im Verstummen der Caritasleute das Verstummen Christi wieder zu erkennen, von dem die Passionsgeschichte erzählt (Mk 14, 61; Mt 27, 14; Lk 23, 9), eine Gestalt seiner Entäußerung (Phil 2, 7). Auch hier hat beratende Seelsorge zu lernen.

– Caritasleute fasziniert von Haus aus *die Ausnahme mehr als die Regel*. Dies mag nun auch für seelsorgliche Berater gelten und wäre insofern eine gute Basis für eine innerkirchliche Minderheitenfraktion gegenüber der Mehrheit mit ihrer Begeisterung für Balance, Gesetze, Prinzipien, Ordnung. Aber Ordnung ist nur das halbe Leben! Das ganze, das wirkliche Leben, kommt deshalb unvermeidlich mit ihr in Konflikt und unter ihre Räder. Wer Anwalt beschädigten Lebens sein will, braucht dazu auf Dauer nicht nur Heldenmut, sondern auch etwas von der heimlichen Sympathie des guten Hirten für die verlorenen Schafe und ihre Extratouren. Diese Sympathie wird schnell als Prinzipienlosigkeit verleumdet, aber sie ist nur ein lebendiges Zeugnis für die paradoxe Großmut Gottes, der allen Prinzipien zum Trotz seine Sonne nicht nur über den Äckern der Gerechten, sondern auch über denen der Ungerechten scheinen läßt (Mt 5, 45). Auch davon wissen speziell Caritasleute ein Lied zu singen – aber wer will es hören?

Nicht weniger fruchtbar ist ein Austausch zwischen Caritas und Seelsorge in der umgekehrten Richtung. Und wenn Theologen erst gelernt haben, die Erfahrungen von Caritasleuten ernst zu nehmen, finden sie auch selber Gehör.

– Theologen können helfen, die Beobachtungen, Einsichten und Ausweglosigkeiten heutiger Beratungs- und Sozialarbeit *an den Erfahrungsschatz menschheitlicher Überlieferung* und – darin eingeschlossen – der weisheitlichen Traditionen der Bibel und der großen Gestalten kirchlicher Diakonie *anzuschließen*. Sie können dadurch verhindern helfen, daß die Faszination gegenwärtiger Beratungs- und Therapiekonzepte in einen schlechten Methodenmessianismus umschlägt, der sich allmächtig und allzuständig dünkt, statt sich bescheiden in die Generationenkette einzuordnen, die gegen Leid und Unsinn ankämpft, seit der Mensch zu denken vermag.

– Caritasmitarbeiter/innen leiden nach meiner Wahrnehmung innerkirchlich nicht wenig unter dem Interpretationsmonopol einer Theologie, zu der sie im Rahmen ihrer Ausbildungsgänge und Ausbildungseinrichtungen kein Verhältnis entwickeln konnten. Es ist dann meist eine Frage des Temperaments bzw. der eigenen Persönlichkeitsreifung, ob sie sich eines Tages von der Theologie überhaupt verabschieden, oder zu ihr eine vorsichtige Offenheit behalten, ob diese von Vertrauen getragen oder von der Angst vor Überfremdung und Bevormundung geprägt ist. Was etwa rund um die kirchliche Schwangerschaftsberatung an Konflikten angesiedelt ist, bedürfte dringend *solidarischer Begleitung durch Seelsorger und Theologen*, die den nötigen Freiraum und die angemessene Sprache für eine Gewissensbildung zu gewinnen helfen, die diesen Namen verdient.

– Caritasleute haben aus vielerlei Gründen große Mühe, ihren Ort in der Kirche zu finden. Von Herkunft und Ausbildung sind sie keineswegs mehr kirchlich sozialisiert; berufspolitisch und konzeptionell orientieren sie sich mehr an den Standards ihrer Profession als an der Weltanschauung ihres Arbeitgebers, der sie seinerseits auch theologisch (z. B. mit der verblasenen Formulierung „Weltdienst") eher „zwischen" Kirche und Gesellschaft plaziert und sich nur gelegentlich, wenn es ihm paßt, daran erinnert, daß sie Kirche sind, d. h. in der Kirche Hausrecht besitzen. Wo haben solche Caritasmitarbeiter/innen die Chance, einer Theologie zu begegnen, die ihren Status würdigt, ohne daß sie gleich wieder fürchten müssen, vereinnahmt und ausgenützt zu werden? Hier wäre eine beratende Seelsorge dringend nötig, die *die vorhandene Motivation und die vorhandene Beziehung zur Kirche theologisch würdigt* und parallel zur beruflichen Entwicklung solcher kirchlicher Mitarbeiter/innen begleitet, so daß Reifung und Wachstum möglich sind.

3. Konkrete Ansatzpunkte

Wenn wir nicht in abstrakten Postulaten steckenbleiben wollen, gilt es, konkrete Ansatzpunkte und erste Schritte zu benennen.

Die eigenen Ressourcen vor Ort nutzen

Die fruchtbarste Ebene für einen Austausch zwischen Caritas und Seelsorge ist – soviel wissen wir mittlerweile immerhin – weder das Bistum noch die einzelne Pfarrei, sondern die mittlere pastorale Ebene (Region, Dekanatsverband, Kreis). Kaum jemand nimmt wahr, welche Ressourcen heute bereits auf dieser Ebene bereitstehen, besonders wenn man – wie in den Feiertagsreden immer proklamiert – eine ökumenische Bestandsaufnahme machen würde: die Beratungsstellen beider Konfessionen, ihre Krankenhaus-, Schul-, Gefängnis- und Jugendseelsorger, ihre Mitarbeiter/innen in der Telefonseelsorge, schließlich die Pfarrgeistlichen und die haupt- und ehrenamtlichen Mitarbeiter/innen der Gemeinden (z. B. die unterschiedlichen Besuchsdienste) sind alle in der oder der Weise mit der Begleitung von Menschen befaßt und dazu auch kompetent – wenn man die Verschiedenheit der Charismen wirklich gelten läßt und sie nicht gleich über den Leisten professioneller Standards schlägt. Alle diese Menschen sind zugleich der Beratung und Begleitung bedürftig, sollen sie in ihrer Arbeit selber wachsen. Wo es hier – z. B. durch langfristige Kooperation zwischen der Kreiscaritas und dem Regionaldekan – gelingt, einen regelmäßigen Austausch zu installieren, kommt es nicht nur zu wichtigen wechselseitigen Informationen über das vorhandene Beratungsangebot und die dadurch mögliche Entlastung, sondern es kommt auch zu einer tieferen wechselseitigen Wahrnehmung und Wertschätzung. Wenn hier – von einzelnen Ausnahmen abgesehen – bisher leider noch verhältnismäßig wenig geschieht, so scheint dies nicht zuletzt an der törichten Einstellung zu hängen, nur der von weit angereiste Professor wisse Wesentliches zu sagen. Der Prophet im eigenen Land – die Fachberatung für die Kindergärtner/innen, der Leiter der Eheberatung oder der Telefonseelsorge – gilt nichts. Wir werden erst Kirche vor Ort werden, wenn wir die Charismen vor Ort entdecken und zum Zug kommen lassen.

Den Austausch zwischen Seelsorgs- und Caritaserfahrungen ermöglichen

Zu dem abstrusen Luxus deutscher Ordinariate und Diözesancaritasverbände gehört bis zur Stunde, daß sie sich je ihre eigenen Fortbildungsreferenten leisten, die ihrerseits, fein säuberlich auf der institutionellen Schiene weiterdenkend, ihre Angebote zielgruppenspezifisch ausbrüten und durchziehen. Mit einem Blick nach rechts oder links sind sie schlechthin überfordert. So wird auf vielfachen Wunsch der eigenen Gruppe z. B. die Ehepastoral zum Thema der Priesterfortbildung gekürt, aber es ist schon fast ein Glücksfall, wenn dort auch ein Eheberater auftreten darf, der in aller Bescheidenheit darauf aufmerksam macht, daß er existiert und sich vor allem fragen lassen muß, wie viele Ehen er gerettet hat.

Wieviel fruchtbarer könnten demgegenüber Fortbildungstage sein, für die man Seelsorger und Caritasmitarbeiter zu einem bestimmten Problemfeld – z. B. Kinder in unserer Gesellschaft, Kirche und Jugend, Umgang mit Geschiedenen usw. – in paritätischer Besetzung einlädt, so daß sie miteinander und voneinander lernen könnten, wie komplex die anstehenden Probleme sind und welche Art Zusammenarbeit den Menschen am meisten dienen könnte? Statt dessen bewegt man sich in den eigenen berufsspezifischen Denkbahnen und beklagt das „Versagen" der jeweiligen anderen Gruppe mit dem Effekt, daß vor Ort, z. B. zwischen dem Pfarrer und seinen Kindergärtnerinnen, die Mauer des Schweigens weiter bestehen bleibt und sogar wächst. Wo sind die Priesterräte und die Mitarbeitervertretungen, die solcher Art Fortbildung einfordern und durchsetzen?

Wechselseitige Praxisbegleitung von Seelsorgern/Seelsorgerinnen und Caritasmitarbeitern und -mitarbeiterinnen

Wo die Praxisbegleitung für Berufsanfänger in der Seelsorge schon Fuß gefaßt hat, hat man in den Bistümern häufig auf der Suche nach geeigneten Supervisoren auf entsprechend qualifizierte Eheberater, Krankenhausseelsorger und auch Sozialpädagogen aus dem Caritasbereich zurückgegriffen. Und unversehens hat sich dieser Notfall als Tugend herausgestellt: Die pastorale Perspektive wurde durch die therapeutische und diakonale angeregt und erweitert; es bildete sich Vertrauen untereinander und es wuchs die Bereitschaft und Fähigkeit, die Perspektive und die Sprache des andern zu nutzen, um sich selber besser zu verstehen. Ähnlich positive Ergebnisse hat ein zweijähriges Projekt der Fortbildungsakademie des Deutschen Caritasverbandes gezeitigt, das Supervisionsgruppen für Caritasmitarbeiter/innen so arrangierte, daß zusätzlich zum Supervisor ein Theologe die Gruppe begleitete. Er sollte bei Bedarf den Teilnehmern Hilfestellungen geben, nach Brücken zwischen ihrem Caritasalltag und ihrer Glaubensbiographie zu suchen, d. h. der vielfach tabuisierten Frage Raum zu geben: Was bedeutet es für mich, in einer kirchlichen Einrichtung zu arbeiten? Nach anfänglichen Befürchtungen, hier werde theologische Kontrolle ausgeübt und kirchliche Loyalität eingepaukt, empfanden die Caritasleute die Präsenz des Theologen durchwegs als Hilfe zur Klärung ihrer beruflichen Identität, zum Abbau falscher Feindbilder, zur Entwicklung einer frei verantworteten und darin auch verbindlichen Beziehung zu ihrem kirchlichen Träger (Zerfaß 1988; 1989).

In beiden Richtungen verspricht also das Gespräch zwischen Caritas und Seelsorge, wenn man erst die organisatorische Ebene verläßt und die eigenen Erfahrungen thematisiert, großen Gewinn; vielleicht ist es der entscheidende Schritt hin zu einer Kirche der Armen. Den Beratern im Caritas- und Seelsorgsbereich kommt hier m. E. aufgrund ihrer spezifischen Kompetenz eine Schlüsselrolle zu.

Auf dem Weg zu einem gemeinsamen theologischen Horizont für Caritas und Pastoral

Je mehr Seelsorger und Caritasmitarbeiter miteinander sprechen, um so mehr wird deutlich, daß wir, um den Herausforderungen der Gegenwart gewachsen zu sein, neue Leitbegriffe und Horizonte benötigen. Das Konzil hat sie in der Pastoralkonstitution entwickelt; Paul VI. und die Kirchen der Dritten Welt haben sie mit dem Leitwort der „Evangelisierung" beschrieben. Beide Dokumente haben bei uns in Deutschland bezeichnenderweise kein ernsthaftes Echo gefunden (Klinger 1984; 1987). Die deutsche Kirche wehrt sich gegen den darin zugemuteten Paradigmenwechsel. Sie denkt immer noch, es gehe – wie im 19. Jh. – um die Präsenz der Kirche in der Gesellschaft; in Wahrheit geht es heute um „Gott und die Welt". Nicht die Kirche kann darum den letzten Horizont unseres Denkens bilden, sondern allein das Reich Gottes (Zerfaß 1985; 1989, 169). Erst in diesem Horizont erscheinen Caritas und Pastoral, mögen sie auch unterschiedliche Sprachen sprechen und aus unterschiedlichen Töpfen finanziert sein, gleichrangig als Orte der schöpferischen Gegenwart Gottes in der Welt. Je mehr wir für unseren Dienst an den Menschen von dorther eine Spiritualität entwickeln, um so mehr wird sie die Mitarbeiter/innen in Pastoral und Caritas verbinden. Vielleicht sind wir eines Tages dann auch bereit, in unsere Sorge und Fürbitte für die kirchlichen Berufe auch die Kindergärtnerinnen und Sozialarbeiter, die Berater und Therapeuten so selbstverständlich einzubeziehen wie die Priester und Diakone und ihnen den Geist Gottes zu erbitten, damit sie den Nöten dieser Zeit zu entsprechen versuchen, und zwar – wie Rabbi Hirsch und wie Rabbi Jesus – „mit einer einzigen Antwort".

Literatur

BACH, ULRICH: Boden unter den Füßen hat keiner. Göttingen: Vandenhoeck & Ruprecht 1980.
– : Kraft in leeren Händen (Herder-Bücherei 1023). Freiburg i. Br.: Herder 1983.
– : Dem Traum entsagen, mehr als ein Mensch zu sein. Auf dem Wege zu einer diakonischen Kirche. Neukirchen-Vluyn: Neukirchener Verlag 1986.
BUBER, MARTIN: Die Erzählungen der Chassidim. Zürich: Manesse 1949.
DREWERMANN, EUGEN: Kleriker. Psychogramm eines Ideals. Olten: Walter 1989.
GÄRTNER, HANS WERNER: Individualseelsorge in der alten Kirche. In: Wege zum Menschen 34 (1982) 95–101.
Identität in der Krise? Mitarbeiter im caritativen Dienst zwischen beruflichen, kirchlichen und persönlichen Ansprüchen. Tagungsbericht, hrsg. vom Verband kath. Einrichtungen für Körperbehinderte in Deutschland e. V. Freiburg i. Br.: Caritasverband 1988.
KALBFUSS, HEINRICH: Wer hilft wo? Beratungsstellen in der Bundesrepublik Deutschland, Österreich und der Schweiz (Herder-Bücherei 559). Freiburg i. Br.: Herder 1976.
KLINGER, ELMAR: Die Kirche der Basisgemeinden. Der Mensch als Prinzip der Ekklesiologie. In: Die Basisgemeinden – ein Schritt auf dem Weg zur Kirche des Konzils, hrsg. v. Elmar Klinger/Rolf Zerfaß. Würzburg: Echter 1984, 43–57.
– : Der Laienkatholizismus – die Kirche der Laien. In: Die Kirche der Laien – eine Weichenstellung des Konzils, hrsg. v. Elmar Klinger/Rolf Zerfaß. Würzburg: Echter 1987, 15–24.
MAYER-SCHEU, JOSEF: Seelsorge im Krankenhaus. Mainz: Grünewald 1977.
PINES, AYALLA M. u.a.: Ausgebrannt: vom Überdruß zur Selbstentfaltung. Stuttgart: Klett 1981.
SCHMIDBAUER, WOLFGANG: Die hilflosen Helfer. Reinbek: Rowohlt 1977.
– : Alles oder nichts. Über die Destruktivität von Idealen. Reinbek: Rowohlt 1980.

SUDBRACK, JOSEF: Exerzitien. In: Praktisches Lexikon der Spiritualität, hrsg. v. Christian Schütz. Freiburg i. Br.: Herder 1988, 363 – 366.
ZERFASS, ROLF: Was sind letztlich unsere Ziele? In: Erfahrungen mit Randchristen, hrsg. v. Katholische Glaubensinformation. Freiburg i. Br.: Herder 1985, 43 – 64.
– : „Einer trage des andern Last" (Gal 6, 2). Theologische Überlegungen zu den Kirchlichkeitskriterien der Caritas in Deutschland (BRD). In: Diakonisches Handeln, hrsg. v. Inés Cremer/Dieter Funke. Freiburg i. Br.: Lambertus 1988, 116 – 134.
– : Die Funktion der Caritas und ihrer Einrichtungen für die Kirche. In: Creatio ex amore. Festschrift für Alexandre Ganoczy, hrsg. v. Thomas Franke u. a. Würzburg: Echter 1989, 154 – 176.

4. Quellen der seelsorglichen Beratung und Begleitung

JÜRGEN BLATTNER

Vorüberlegungen

Angesichts einer unentfalteten, auch unbekannten, ja eher belächelten „therapeutischen Dimension des Glaubens" (Biser 1975, 123) wird heute Heilung von Krankheiten am Leben weithin außerhalb der traditionellen Pfarrhäuser gesucht. Das humanitäre Geschehen von Beratung und Begleitung wanderte aus der Kirche aus, zunächst unbemerkt, inzwischen auch mit Neid beargwöhnt.

Immer mehr Seelsorger nehmen als Folge dessen in den letzten Jahren Zuflucht zu psychotherapeutischen Ausbildungsangeboten, um sich auf dem Markt der Beratung ihrerseits neu zu präsentieren. Ich selbst bin seit vielen Jahren in der beratenden/therapeutischen Weiterbildung von seelsorglichen Mitarbeitern und Mitarbeiterinnen tätig und freue ich mich über die zunehmende Willigkeit, sich zusätzliche Kompetenzen anzueignen. Und doch sehe ich auch ein drohendes Verhängnis. Indem man sich von dem Markt der psychotherapeutischen Methodenangebote Rettung erwartet, lauert die Gefahr eines Identitätsverlusts des Seelsorgers als Seelsorger. Wird die eigene Wohnung als ungastlich und defizitär erlebt, ist es reizvoll, sich im augenscheinlich attraktiveren Haus des Nachbarn (Psychotherapeuten), zumindest gedanklich, zu beheimaten. Nur droht so aber auch für eine Kultur des Beratens und Begleitens das seelsorglich Eigene verloren zu gehen – was immer dies auch im Konkreten bedeutet.

Ich sehe Beratung und Begleitung wesentlich nicht als Regelhaftigkeiten von Handlungsstrategien. Ich betrachte sie vielmehr als je nach innerer Beheimatung verschiedene Seinsweisen im Umgang mit leidenden Menschen. Methoden sind hierbei wichtig, und doch verwesentlicht sich Beratung und Begleitung nicht in diesen Methoden, sondern in der persönlichen, glaubwürdigen Kompetenz des Helfers im zwischenmenschlichen Geschehen mit dem Hilfesuchenden. Es ist letztlich die im Handeln konkret werdende Philosophie des beratenden Individuums, die Beratung und Begleitung erst verwurzelt, glaubwürdig, damit aber auch wirkkräftig macht. In dieser hintergründigen Ebene sehe ich unser Thema „Quellen der seelsorglichen Beratung und Begleitung" verankert. Es geht um die Frage, aus was, von woher das seelsorgliche Handeln, wie immer es sich im konkreten Tun entfaltet, „gespeist" wird, so wie ein Rinnsal, ein Fluß, ein Meer aus zumeist ungekannten und übersehenen Anfängen quillt.

Ich gehe davon aus, daß eine wesentliche Quelle der seelsorglichen Beratung und Begleitung ausmacht, was dem einzelnen Seelsorger/der einzelnen Seelsorgerin an operationaler Philosophie aus seinem Glauben „zufließt". Dieser Quelle wende ich mich näher zu. Indem sie sich allerdings in die individuelle Glaubensweise des Beraters/Begleiters vereinzelt, scheint es mir angemessener, meine eigene Person zu befragen als summarisch perspektivische Glaubens- und Beratungsmuster als mögliche Quellen aufzuweisen.

An anderer Stelle skizzierte ich die drei „theologischen Tugenden" Glaube, Hoffnung und Liebe als meine Wegzeichen einer christlichen Kultur der Beziehung (vgl. Blattner 1985, 386ff.). Ich werde mich an diese Ausführung anlehnen und aufzeigen, wie Glaube, Hoffnung und Liebe als Quellen auch mein seelsorgerliches Beraten und Begleiten bestimmen. Ich werde dies so tun, daß ich jeweils meine persönliche „Glaubens-, Hoffnungs- und Liebesgestalt" skizziere und sie dann mit meiner beratenden/begleitenden Praxis verbinde.

2. Gelassenheit in Glaube

Die Glaubensgestalt des Lassens

Es ist die zunächst gewohnte Sichtweise, in der Glaube als Zustimmung, als Festhalten und Bewahren von gemachten Erfahrungen verstanden wird. Man umschließt diese Erfahrungen und gibt sie als Bündel weiter, läuft dabei allerdings Gefahr, diese Erfahrungen zu ent-geschichtlichen und die Dynamik des immer neu angebotenen Heilsgeschehens zu verlieren. Ihr gegenüber steht eine andere Form des „Festgemachtseins in Gott", „die nicht auf die anklammernden Züge dieser Glaubensgestalt abhebt, in der vielmehr der Glaubende durch seinen personalen Bezug zu dem, auf dessen Wort oder Zusage er glaubt, einen anderen Akt vollzieht, nämlich den des ‚Loslassens'" (Mayer-Scheu 1980, 131). Aus der Erfahrung der von Gott jederzeit getragenen Vergangenheit und Gegenwart stellt er sich mit offenen Händen der Zukunft. Er läßt los im Glauben an die Heilsgeschichte als Geschichte der Bundestreue Gottes, die nie bloße Wiederholung ist, sondern immer neue Erfahrungen ermöglicht auf dem Weg zu ihrer endgültigen Vollendung.

Diese Geste der offenen Hand, einer Hand, die sich nicht verschließt, um etwas gegen die Gnade des Beschenktwerdens festzuhalten, berührt die Beziehung des Christen zu Gott, nicht weniger auch die zu sich selbst wie zum Nächsten. Für alle diese Beziehungen gilt der paradoxe Zusammenhang der biblischen Frohbotschaft, daß nur der, der losläßt und hingibt, gewinnen wird (vgl. Lk 17, 33).

An der Wende zum 13. und 14. Jahrhundert erschloß der Mystiker Meister Eckhart diesen inneren Zusammenhang von Glaube und Gelassenheit in einer Weise, die von vielen Menschen heute neu entdeckt wird. Dem Menschen des Glaubens ist nach Eckhart die Offenbarung über sich selbst nicht gegeben, sondern wird von Gott immer neu zugesprochen. Folglich kann er seines Innersten nur zuteil werden, indem er sich freimacht von allen Bindungen und Besitzstrukturen und sich freiläßt, auf das im Wort Gottes gemachte Unverfügbare zu hören.

Immer wieder ruft Meister Eckhart in seinen Predigten dazu auf, sich zu lösen von den Fesseln, mit denen Menschen die Gebilde der Welt festzuhalten pflegen. Diese Gebilde der Welt dienen zur eigenen Sache, zum eigenen Gedanken, zur eigenen Sorge. Mit ihnen versucht der Mensch die Verhältnisse der Welt zu fesseln, der inneren wie äußeren Welt. Anders der Mensch, der sich in und für Glaube läßt: er will nichts anderes, als was Leben ist und dessen Wille. Freiheit und Weite der Welt entstehen anstatt Bindung und Enge.

Im gleichen Maße entfaltet sich Gott in dem, daß und was die Dinge der Welt sind. Nichts anderes kann in der Schöpfung hervortreten, als was aus Gott kommt. Selbst Uneinheit, Böses, Sünde gehören in diese Finalität, mit der Gott dort am Werke ist, wo er die Welt immerfort erbildet und wirkt. Jede Bewegung von Natur und Kreatur, insofern sie frei ist, ist ein Lauf von Gott her zu Gott hin (vgl. Meister Eckhart 1971, 867ff.). Die Leere, in die der Mensch hinein losläßt, ist so immer nur denkbar im Zusammenhang mit der Fülle des Guten. Im angstfreien Vertrauen der Glaubenserfahrung, die der Mensch im Herzen trägt, folglich im Loslassen liegt die Zusage der Menschwerdung des Menschen (vgl. Mieth 1972, 122).

Gläubige Gelassenheit in Beratung und Begleitung

In seiner wohl kühnsten Predigt, der Predigt 52, formuliert Meister Eckhart in einer kurzen, dreidimensionalen These, was er unter Gelassenheit im Glauben versteht. Gelassen ist der Mensch, der nicht will und nicht weiß und nicht hat (vgl. Meister Eckhart 1971, 727). Es ist reizvoll, diese Beschreibung für eine Kultur der Beratung und Begleitung auszuzeichnen.

Es deckt sich mit meiner eigenen Erfahrung im beratenden Umgang mit Menschen, daß ich, je weniger ich *will*, um so mehr lassen kann und paradoxerweise um so mehr geschieht. Der Raum der Beratung und Begleitung ist üblicherweise gefüllt mit unzähligen Zieldefinitionen. Bei allem Gutdünken solchen Vorwollens geht hier eine Weisheit des Beratungs- und Begleitungsgeschehens verloren: daß helfendes Nichtwollen kein leeres Vakuum ist, in dem nichts geschieht, vielmehr ein gefüllter Raum des Werdens in Freiheit. Je mehr es gelingt, vom Ratsuchenden nicht zu wollen, daß er dieses oder jenes will, anstrebt, ordnet, erlebt, um so mehr erfahre ich, wie Ratsuchende beginnen, ihr eigenes Wollen zu entdecken und ihm vertrauen zu lernen, als Richtung und Kraft innerer wie äußerer Bewegungen. Es geht nicht darum, menschliches Wollen zu verdammen, vielmehr zu bedenken, welche Verengung dem Leben droht durch gewollte Bahnen.

Was vom Wollen gilt, gilt auch vom Wissen. Je weniger ich *weiß*, um so mehr kann ich lassen und paradoxerweise um so mehr geschieht. Jede Ausbildung vermittelt Wissen um Theorien, um Erklärungen, um Methoden, um Strategien. Jahrelang habe ich selbst mit diesem Wissen gekämpft. Immer wieder stand zwischen dem Erleben von Ratsuchenden und meiner Zuwendung irgendeine Hypothese, ein theoretischer Gedanke, empirisches Wissen, über die ich wie über eine Hürde hinweg mußte, um zum Ratsuchenden zu gelangen.

Es ist zweifelsohne spannend, Bedingungen im menschlichen, und vor allem zwischenmenschlichen Leben einsehen und verstehen zu können. Und doch lauert auch da still eine Gefahr. Es heißt nicht nur: Wissen ist Macht, es gilt auch: Wissen macht ... und läßt nicht.

Eng verflochten ist eine dritte Erfahrung: Je weniger ich *habe*, um so mehr kann ich lassen und paradoxerweise um so mehr geschieht. In der mystischen Sprache bedeutet dieses Haben: „etwas vor-haben, vor der Bereicherung durch das Leben". Ich bin überzeugt, daß es dem Prozeß einer Beratung schadet, je mehr der Berater oder die Beraterin etwas mit diesem Prozeß vor-hat. Ratsuchende spüren diese Einengung, sie verschließt ihnen Bewegungsmöglichkeiten, Richtungswechsel in der eigenen Suche. Ich kenne bei mir Momente der Ungeduld, bin immer wieder damit gescheitert und lerne so zunehmend, daß es nichts nützt, etwas mit dem Ratsuchenden vorzuhaben, was dieser nicht als seinen Entwurf im Augenblick hat.

Solche Gelassenheit ist anderes denn Nichts-tun, Unengagiertheit, Passivität, Beschaulichkeit. Die Kunst des Nicht-tuns, die geschehen läßt, ist eine Seinsweise, die das beratende Geschehen aus vorwollenden, vorwissenden und vorhabenden Überlegungen und Planungen losläßt in die gefüllte Leere des Ratsuchenden hinein und der Beziehung zwischen ihm und mir. Ich kann diesen Glauben an die innere Dynamik und Richtungskraft des Guten im Menschen, sofern dieser Mensch gelassen wird, nicht beweisen. Es ist mein „Festgemachtsein in Gott", meine Glaubensgestalt, die Quelle meiner Weise der seelsorglichen Beratung und Begleitung. Sie entbindet mich, Wächter des anderen zu sein, Wächter seiner gefährlichen, unvermögenden, destruktiven Impulse. Sie ermöglicht mir, ein gelassener Mitbewohner seines inneren Lebens zu werden, wegzukommen davon, dem Leben des anderen eine Ordnung geben zu müssen, hinzugelangen dazu, mit ihm zusammen die Ordnung in seiner Welt zu entdecken: seinen Gott in ihm.

3. Vertrauen in Hoffnung

Die Hoffnungsgestalt des tragischen Optimismus

Hoffnung könnte – so man den Gott der Christen als „Gott der Hoffnung" (Röm 15,13) ernst nimmt, als Gott des Anfangs auf eine gute, gottbesorgte Zukunft hin – das Aktivpotential des Christen für eine neue Lebenskultur im Großen wie im Kleinen sein. Nüchtern müssen wir bekennen, daß es um sie gerade gegenwärtig sehr schlecht bestellt ist. Die Kirche ist an Haupt wie Gliedern durchtränkt von Argwohn und Mißtrauen, von einem Denken und Empfinden in engen, teilweise engsten Zeiträumen.

Seit den Tagen Abrahams kennen wir Glaube als Aufruf ins Unbekannte hinein, als Exodus, immer gestützt auf die Verheißungen des Jahwe-Gottes, der zusagte, daß der Weg des Menschen durch alle Dunkelheit hindurch Heilsweg sei. Der Gott der Christen ist als Horizont der Geschichte „keine starre Grenze", sondern etwas, in das man hineinwandert und das mitwandert (vgl. Gadamer 1960, 231f.). „So viele Verheißungen Gottes es auch gibt, in Christus Jesus ist das Ja" (2 Kor 1,19f.).

Dabei ist dieses Ja auch für den Christen keine sichere Verfügbarkeit der Zukunft. Auch im christlichen Glauben ist und bleibt Hoffnung Wagnis und Kampf. Auch für den Christen wird es weiterhin den Karfreitag geben, die Erfahrung des Kreuzes. Und doch, was in Christus Jesus endgültig offenbar wurde, war die Überwindung dieses Karfreitags im Ostergeheimnis – und die Verheißung an den, der an ihn glaubt, daß auch für ihn das Kreuz nicht das letzte Wort sein wird (vgl. Röm 8,11).

Diese Hoffnung ist nun nicht der allerletzte Atemzug erschöpfter Möglichkeiten, sondern der erste Lebenshauch im Umgang mit Gegenwart und Wirklichkeit. Christliche Hoffnung verlebendigt sich im Vertrauen und der getragenen Zuversicht, daß dieses individuelle Leben in all seinen Vollzügen ein konstruktiver Faktor hinsichtlich der von Gott eröffneten Zukunft für Mensch und Welt ist. Ich weiß, wie nahe es liegt, diese Lebensgestalt von Hoffnung als blauäugigen Optimismus anzufragen, ja abzutun. Im rationalen Diskurs scheint ausgemacht, daß solche Leichtgläubigkeit die Welt verkürzt, Leid und Scheitern nicht gebührend ernst nimmt. Doch ich ignoriere nicht die Schattenseiten des Lebens, Brüche, Tränen, Verzweiflung – zu existenziell kenne ich diese Gefühle aus meinem eigenen Leben; ich empfinde nicht die Naivität, als gäbe es hier und jetzt nur die Möglichkeit des Guten schlechthin. Was ich mit Hoffnung meine, ist das „Dennoch-Vertrauen", das Wagnis zu einem „tragischen Optimismus" (Teilhard de Chardin), tatkräftig darin, daß es sich ins Dunkel hinein wagt und überzeugt ist, dort eigenes Licht zu finden: Hoffnung als „Dramaturgie des guten Ausgangs" (Blattner 1985, 400), als Vertrauen, daß es im christlichen Leben keine Verstrickung, keine Sünde und kein Sterben gibt, aus dem die Liebe Gottes nicht eine Situation der Gnade schaffen könnte.

Hoffendes Vertrauen in Beratung und Begleitung

Weit verbreitet sind Lebensphilosophien, die behaupten, es wäre notwendig und entscheidend, den Menschen zu kontrollieren, ihn vor sich selbst zu bewahren, weil, wenn man ihn losließe, er der Macht unkontrollierter, inhumaner, destruktiver Kräfte und Willkürlichkeiten überlassen bliebe. Ihnen gegenüber ist es meine Überzeugung als Christ, aber auch meine Erfahrung als Berater, daß es sich im letzten lohnt, dem Menschen zu vertrauen. Ich bin überzeugt, daß letztlich über den „Erfolg", die „Güte" der Beratung und Begleitung entscheidet, wieweit der Seelsorger/die Seelsorgerin dem Ratsuchenden gefüllt zusprechen kann: Ich vertraue dir, daß du selbst in der Lage bist, dein Leben zu entscheiden, daß du um deine innere Ordnung mehr wissen kannst als jeder andere Mensch von außen. Ich traue dir zu, das dir gemäße Leben zu entdecken, daß es gut sein wird, du wählst es, auch wenn es mit meinem Entwurf von gutem Leben erst einmal nicht zu übereinstimmen scheint. Ich glaube dich von einer inneren, göttlichen Kraft getragen, die dir Richtung wie Dynamik deines Lebens geben wird, soweit du dich ihr letztlich überläßt. Es ist mein Wunsch, dich darin zu unterstützen, dir selbst zu vertrauen.

Eine junge Frau beschrieb dies in einem Bild: „Als ich mir hier langsam zumutete, mich meinen Gefühlen zu überlassen, war mir dies, als würde ich in einen Fahrstuhl eintreten, der immer schneller nach unten fuhr. Ich erinnere mich, daß es immer wieder Punkte gab, an denen ich versucht war, diese Fahrt anzuhalten. In diesen Momenten war es mir ungemein wichtig, wie ich Sie neben mir spürte. Solange ich Sie ruhig spürte, so als ob uns beiden letztlich nichts passieren könne, ging es mir auch mit meiner Angst gut. Unwohl wurde es mir immer dann, wenn ich mir ihres inneren Vertrauens nicht mehr ganz sicher war".

4. Freimut in Liebe

Die Liebesgestalt der Angstfreiheit

„Im Besitz solcher Hoffnung nun treten wir mit großem Freimut auf" (2 Kor 3,12). Paulus beschreibt sehr prägnant diesen inneren Zusammenhang: Um so mehr ich von Hoffnung getragen bin, auf die Macht des Guten vertrauen kann, um so mehr kann ich auch mich und den anderen freilassen, das Wagnis einer Freiheit gewährenden Beziehung eingehen.

Freimut heißt für mich ein zweifaches. Es umschreibt zum einen den Mut, der frei ist, frei von Bindungen und Fesseln. Dieser Mut hängt nicht an äußeren oder inneren Konditionen, an Vorbehalten und Bedachtheiten. Freimut ist das Wagnis, sich in die Beziehung fallen zu lassen in der Hoffnung und in dem Vertrauen, daß in der gewagten Situation auch neue

Chancen des Lebens und der Kraft zum Leben liegen werden. Der Trumpf des Freimuts ist nicht das beruhigende Wissen um Absicherungen für bereits abgewogene Risiken; sein Trumpf ist der Mut zum Sich-Überlassen an freigesetzte Möglichkeiten von Lebendigkeit, Frische und Phantasie.

Als freigesetzter Mut ist Freimut allerdings auch Mut zur Freiheit. Der freimütige Mensch kann es sich leisten, mit Andersartigkeit zu leben, eben mit Freiheit, der eigenen wie der des anderen. Er braucht nicht die Welt und die Situation nach seinem Entwurf; er liebt das Wagnis, sich Neuem und Unbekanntem zu öffnen, sich von anderem Leben berühren und auch verändern zu lassen.

Im Panorama gegenwärtiger Kirchlichkeit wie im Profanethos gelebter Beziehungen scheint weithin ausgemacht, daß Freimut blind und gefährdend ist. Mißtrauen und Angst prägt Denken und Empfinden, die Angst, sich im Großen wie im Kleinen zu verlieren, Eigenes und Eigentliches nicht bewahrt zu erhalten, den Boden zu verlieren, auf dem nur sicherer Stand möglich scheint.

Ich erinnere mich an die Apostel auf dem See, die in einer ähnlichen Wagnissituation waren, von sicheren Ufern weg hinein in die Gefahren der Wellen. Auch sie hatten Angst, drohten unterzugehen: „Herr! Rette! Wir gehen zugrunde!" (Mt 8, 25). Nicht nur in dieser Perikope erzählt die Bibel von Menschen, die sich an die Angst verloren hatten und dann von einem Gott, der ihnen zusagt: „Fürchtet euch doch nicht!". Allein im Neuen Testament begegnet man mehr als siebzig Mal diesem Aufruf gegen die Angst. Offenkundig war Angst schon den Christen jener frühen Jahrzehnte ein Stachel im Fleisch und eine Provokation ihres Lebens und Glaubens.

Wie aber läßt sich dieser Urgeißel der Menschheit beikommen, Angst und Enge überwinden? Im 1. Johannesbrief findet sich eine kantige Antwort: „Furcht ist nicht in der Liebe, sondern die vollendete Liebe treibt die Furcht aus" (1 Joh 4, 17 f.). Seit fast zweitausend Jahren liegt in diesem kleinen Satz des Neuen Testamentes die Erfahrung verborgen, daß, je mehr sich Menschen der Liebe überlassen, sie um so mehr Gefühle der Angst und Furcht überwinden können.

Dieser provozierende Satz, daß Angstfreiheit durch Liebe wird, steht für eine geglaubte Erfahrung des Göttlichen, nicht weniger aber auch für eine psychologische Erfahrung des Menschlichen. In eindrucksvoller Weise hatte vor Jahren der Psychoanalytiker Pfister die Angst des Christentums wie des einzelnen Christen zu verstehen gegeben als Folge begrenzter, zurückgehaltener Liebe. Angeregt von den Sätzen des ersten Johannesbriefes deutete er die Angst des Menschen als Folge von Liebesstörungen, genauer besehen als Folge von Liebeshemmungen. Seine ganze Angstanalyse konzentrierte er auf diese Erfahrung der biblischen Sätze, überprüfte sie an allen klassischen Theorien der Angst und kam letztendlich zu dem Schluß: „Ich wüßte keinen einzigen Psychologen, der gegen die johannäische Ableitung der Angst aus der Liebe Einspruch erheben könnte, nur daß der biblische

Satz den Begriff der Angst geistiger ... als die moderne Psychologie faßt" (Pfister 1975, 23). Und folglich war auch seine psychologische Antwort auf die Angstfrage die klassisch-theologische: Es war das Wort von der Liebe, in Jesu Wesen letztlich offenbar. Hier war Liebe befreit von Opportunität, von Bedingtheit, von Vorbehalten, von „Wenn und Aber". Sie lebte befreit für Begegnung in aller Breite und Tiefe, für Not und Solidarität, für Risiko und Vertrauen, für Heilung und Heil. Christliches Leben kennt die Angst; es kennt aber auch Gegenkräfte gegen diese Angst, als da sind Mut, Vertrauen, Hoffnung, Glaube und im letzten Liebe (vgl. Riemann 1981, 7).

Freimut in Beratung und Begleitung

Es ist meine Erfahrung über Jahre hinweg, wie schwer sich gerade Seelsorger und Seelsorgerinnen tun, Menschen in Beratung und Begleitung frei zu lassen und frei zu wollen. Zu eindeutig scheint ausgemacht, daß er/sie als Vertreter der Kirche und in deren Auftrag weiß, wie richtiges Leben gelingt, wie Leben zu ordnen ist, damit es gelingt. Woher aber nehmen wir letztlich die Überzeugung, daß der andere ein Leben wählen sollte, wie wir es am besten für ihn hielten? Die Überzeugung, besser zu wissen, was für den anderen als Lebensweise stimmt, als er selbst, mag mit Sorge für ihn verbunden sein. Im letzten ist es allerdings ein Akt der Besitznahme für eigenes Denken und Empfinden, kein Ausdruck freiwollender und freilassender Liebe. „Freimut in Liebe", das heißt als Quelle von Beratung und Begleitung: dem Ratsuchenden freies Handeln ermöglichen, ja, ihm zu seiner Freiheit erst verhelfen. Die Bereitschaft, für sich selbst Verantwortung zu übernehmen, wächst nur in dem Maße, in dem Menschen sich freigelassen und bestätigt darin fühlen, zu eigener, kreativer Entwicklung und Entscheidung fähig zu sein.

Es ist uns durchaus gewohnter, um mit Meister Eckhart zu sprechen, Mäntel anderer auszuleihen, statt uns an eigenen Gedanken zu wärmen. Es ist uns vertrauter, danach zu leben, wie wir von anderen gelernt haben, wie man leben soll und muß. Es ist ein mühsamer Schritt, Freiheit zu lernen. Es bedeutet Abschied von alter Sicherheit, Vertrautheit, Stabilität. Es kostet Tage, Wochen, manchmal Monate der inneren Orientierungslosigkeit und Haltsuche. Es ist tückisch gefährdend für den Berater/die Beraterin in dieser offenen Situation, dem leidenden Menschen in wissender Hybris anscheinend Gutes zu tun, indem er/sie ihn für die eigene Lösung der Situation gewinnt. Und doch ist es ein großer Ausdruck von Liebe, gerade jetzt sich nicht aufzuerlegen, sondern den Mut zur Freiheit zu haben.

Diese Lebenseinstellung, Freiheit zuzumuten, ist anderes als Passivität und Gleichgültigkeit. In meinem eigenen Leben erfahre ich, wieviel Kraft, wieviel innere Auseinandersetzung und Vertrauen es kostet, jemanden frei zu wollen und doch in naher Beziehung mit ihm zu sein. Ja, ich glaube es ist die höchste und schwerste Form von Liebe, den anderen Menschen frei zu wollen und so mit ihm zusammen Leben zu riskieren. Es ist diese nicht besitzenwollende Liebe, die ihn in seiner Individualität erst bestätigt und ihm das Bewußtsein vermittelt, so gewollt zu sein, wie er ist.

Vor einigen Wochen stieß ich auf einen weisen Spruch: „Diejenigen Menschen lieben uns wirklich, die uns helfen, unseren eigenen Weg zu finden". In dichter Weise drückt er aus, was mir mein Leben im Privaten wie im Beruflichen als Erfahrung anbietet. An das Gute im Menschen zu glauben, auf seine inneliegenden Möglichkeiten und Kräfte zu hoffen, ihn zu lieben, so wie er ist, ist meine innere Ausrichtung für seelsorglich-beratendes Handeln. Wie dabei Glaube, Hoffnung und Liebe als religiöse Quellen dieses Handeln „nähren", das zu beschreiben war mein Ziel.

Literatur

BISER, EUGEN: Das Heil als Heilung. Aspekte einer therapeutischen Theologie. In: Heilkraft des Heiligen. Freiburg i. Br.: Herder 1975, 102 – 139.
BLATTNER, JÜRGEN: Toleranz als Strukturprinzip. Ethische und psychologische Studien zu einer christlichen Kultur der Beziehung (Freiburger theologische Studien Bd. 129). Freiburg i. Br.: Herder 1985.
MEISTER ECKHART: Predigten, hrsg. v. Quint, Josef (Meister Eckhart: Die deutschen und lateinischen Werke. Die deutschen Werke, Bd. 2). Stuttgart: Kohlhammer 1971.
GADAMER, HANS: Wahrheit und Methode. Grundzüge einer philosophischen Hermeneutik. Tübingen: Mohr 1960.
MAYER-SCHEU, JOSEF/KAUTZKY RUDOLF (Hrsg.): Vom Behandeln zum Heilen, Wien: Herder/Göttingen: Vandenhoek u. Ruprecht, 2. Aufl. 1982.
MIETH, DIETMAR: Christus – das Soziale im Menschen. Texterschließung zu Meister Eckhart. Düsseldorf: Patmos 1972.
PFISTER, OSKAR: Das Christentum und die Angst. Olten/Freiburg: Walter, ²1975.
RIEMANN, FRITZ: Grundformen der Angst. Eine tiefenpsychologische Studie. München/Basel: Reinhardt, 1981.

5. Allgemeine Ziele der seelsorglichen Beratung und Begleitung

WERNER NIDETZKY

1. Die Gewinnung theologischer Kriterien für die Zielsetzung seelsorglicher Beratung und Begleitung anhand neutestamentlicher Begegnungserzählungen

Seelsorgliche Beratung und Begleitung als besondere Verantwortung der Kirche für den einzelnen ist zu verstehen und zu gestalten im Rahmen der Zielsetzung kirchlicher Praxis insgesamt. Ihre inhaltliche Bestimmung sowie ihren letztgültigen Maßstab erhält diese vom Selbstverständnis und von der Praxis Jesu, die sich in seiner Verkündigung und in seinem Heilshandeln konkret ausweisen.

Im Neuen Testament finden sich zahlreiche „Begegnungserzählungen". Sie bieten für die inhaltliche Bestimmung dessen, was als spezielle Zielsetzung seelsorglicher Beratung und Begleitung gelten soll, einen anschaulichen Ansatz. Es sind teils unerwartete, teils gesuchte Begegnungen leidender, entmutigter, ihrer selbst entfremdeter Menschen mit Jesus. Die Art und Weise wie er sich ihnen zuwendet, läßt sie erfahren, daß in ihm die Güte und Menschenliebe Gottes, unseres Retters erschienen ist (vgl. Tit 3,4). Die Begegnung mit ihm wirkt auf sie weg-weisend, befreiend und heilend; sie entbindet Kräfte der Selbstverwirklichung. Zu den durchgängigen Merkmalen solcher Jesus-Begegnungen gehört (vgl. Steiner/Weymann 1978, 13 ff.): daß es zu einem Gespräch zwischen Jesus und seinem Partner kommt, das sich in verschiedenen Redegängen vollzieht; daß die Gesprächspartner Jesu im Verlauf der Begegnung beachtlich viel Farbe und Profil gewinnen; daß Jesu offenes Auftreten eine Situation der Entscheidung schafft, in welcher seine Partner die Chance eines erfüllteren Lebens erfassen oder verpassen können; daß Jesus im Verlauf der Begegnung als einer spricht und handelt, „der sein Gegenüber für neue Einsichten und Lebensmöglichkeiten gewinnen will. Er sucht den Partner aus seiner Isolierung und Verkrampfung, die dieser oft mit Vorurteilen, Feindbildern und fixierten Vorstellungen schützt, herauszulösen und ihn für neue Denk- und Lebenswege zu öffnen. In der Begegnung läßt Jesus ihn ‚Evangelium' (Frohbotschaft) erfahren, denn er zeigt ihm, wie er sich und seine Mitmenschen von Gott her, der durch Jesu Wort und Verhalten in die Welt hineinwirkt, neu verstehen und erleben kann ... Was Evangelium heißt, wird in diesen Erzählungen nie in einer Predigt abgehandelt, sondern ereignet sich in der Art, wie Jesus auf seinen Partner eingeht" (ebd. 15). Ferner gehört zu den Merkmalen, daß bei den Gesprächspartnern Jesu, mindestens andeutungsweise, innere Prozesse zu erkennen sind; die Begegnung mit Jesus hat sie verändert.

Im folgenden werden einige neutestamentliche Begegnungserzählungen exemplarisch herausgegriffen, um an ihnen modellhaft die wesentlichen allgemeinen Ziele seelsorglicher Beratung und Begleitung darzustellen.

Als „allgemein" gelten dabei solche Ziele, die für jeden Menschen, in welcher persönlichen Situation er sich auch befindet, grundsätzlich Gültigkeit haben − in diesem Sinn also „allgemeingültig" und von übergreifender Bedeutung sind. Solche allgemeinen Ziele stehen auch noch bei der seelsorglichen Beratung und Begleitung besonderer Zielgruppen (Kap. III), im Kontext existentieller Grundprobleme (Kap. IV) bzw. besonderer Lebenssituationen (Kap. V) − welche eine spezielle Zielsetzung wie auch eine spezifische Vorgehensweise erforderlich machen − als umgreifende Perspektive gültig im Hintergrund.

2. Globalziel: Kommunikativer Dienst an der Menschwerdung des Menschen im Glauben

„Denn der Menschensohn ist gekommen, um zu suchen und zu heilen, was verloren ist" (Lk 19,10).

Menschen, die den Beruf des Zöllners ausübten, waren nicht grundlos verachtet und ohne Ansehen, beuteten sie doch berufsmäßig die anderen aus und manövrierten sich dadurch ins gesellschaftliche Aus. Um so größer ist die Überraschung bei Zachäus wie auch bei der Volksmenge, als Jesus an ihm nicht achtlos vorbeigeht, ihn vielmehr ansieht, mit Namen anspricht und sich sogar als Gast zu ihm einlädt. Die Reaktion des Zachäus auf dieses Verhalten Jesu ist nicht weniger überraschend; mehrfach gestattet er Erpreßtes zurück, sein Vermögen halbiert er und teilt es mit den Armen (siehe Lk 19, 1 − 10).

Was hat sich bei Zachäus verändert und woher kommt diese radikale Umgestaltung seines Lebens? Welches Ziel wird darin seelsorglicher Beratung und Begleitung vorgegeben?

Die dargestellte Begegnungsszene schildert die „befreiende Zuwendung Jesu zu einem Menschen, bei dem Lebenszerstörung an anderen und an ihm selbst ineinandergreift, der ausgestoßen wird, sich aber zugleich selbst ausschließt und in sich gefangen ist" (Steiner/Weymann 1978, 27). Diese seine „Verhältnis-losigkeit" zu sich selbst und zu seinen Mitmenschen gerät dann in Bewegung, als ihm einer „in überraschender Unbefangenheit und erstaunlicher Freundschaft begegnet. Das Geheimnis Jesu liegt darin, daß er Zachäus etwas zutraut, was andere nach allem ihm nicht mehr zutrauen können und was er selbst verloren hat: dem Bedrohlichen wird Brüderlichkeit, dem in sich Gefangenen Freiheit zugetraut" (ebd. 28).

Gleichsam als Höhepunkt der Begegnung wird dem notorischen Sünder die Zusage gegeben, daß er trotz seiner Gottlosigkeit „ein Sohn Abrahams" ist, also unter der Verheißung und damit auch bedingungslosen Barmherzigkeit Gottes steht (vgl. Lk 15, 1-32). „Jesus macht also den Zachäus auf die Möglichkeiten aufmerksam, die auch Zachäus von Gott her noch hat. Und damit setzt er ihn frei, sich von sich selber zu distanzieren, umzukehren, ein neuer Mensch zu werden; jemand, der sich selber achten und deshalb über sich verfügen und deshalb umkehren kann und deshalb statt andere auszurauben, andere beschenken kann" (Zerfaß 1985, 84).

Dieser Umgangsstil ist typisch für Jesu Sendung und das dahinterliegende Geheimnis. Als Gottes geliebter Sohn selber vom Vater absolut angenommen, gewinnt er die Freiheit, die Menschen spüren zu lassen, daß auch sie trotz Grenzen und Schuld von Gott bedingungslos geliebt sind. In ihm, dem „eschatologischen Höhepunkt der geschichtlichen Selbstmitteilung Gottes" (K. Rahner), hat Gott sich als der absolut Zuverlässige, als der unüberholbare Heilbringer des Menschen zu erkennen gegeben. In seiner Person, seiner Verkündigung und Lebenspraxis bringt er dem Menschen Gott als dessen eigene Vollendung in vergebender Liebe nahe. „Sein Gott ist ein Gott, der den Menschen Beachtung schenkt" (Schillebeeckx 1975, 126) und der sie freisetzt zum Subjektsein und der sich so als „Garant menschlicher Selbstverwirklichung" (Eisenstein 1989, 26) erweist. Jesu Lebenspraxis – als Ausdruck der „auf Menschlichkeit bedachten Gottesherrschaft" (Schillebeeckx 1975, 124) – ist gekennzeichnet durch ein „sorgendes Verweilen bei Menschen" (ebd. 159), durch einen „befreienden und frohmachenden Umgang mit den Menschen" (ebd. 177), vor allem mit den Schwachen und Leidenden, den Ausgestoßenen und Sündern, mit all denen also, um deren Lebenschancen es schlecht bestellt war (vgl. Lk 4, 16 – 21).

Für die seelsorgliche Beratung und Begleitung wird an obiger Begegnungsgeschichte modellhaft ablesbar, was ihr oberstes und globales Ziel sein muß: kommunikativer Dienst an der Menschwerdung des Menschen im Glauben oder, um ein hoffnungsträchtiges, wenn auch schillerndes Schlüsselwort unserer Epoche aufzugreifen: dialogische Hilfe zur „Selbstverwirklichung".

In „herrschaftsfreier Kommunikation" (Zerfaß) und Begegnung, gründend in Jesus Christus, in der Umsetzung der grundlegenden christlichen Glaubenszusage, „absolut geliebt und endgültig anerkannt zu sein – und dies unabhängig von religiösen, moralischen oder sonstigen Vor- und Nachleistungen" (Fuchs 1982, 168), kann der Mensch „unter den Augen Gottes" Subjekt werden, das eigene Selbst freisetzen, seine eigentliche Würde und Bedeutung entdecken, Kind und Ebenbild Gottes zu sein.

Verkürztes und gefährdetes Menschsein wird heil und ganz (vgl. Kahlefeld 1974). Von anderen aufgezwungene wie auch selbst verschuldete Distanz – zu den Mitmenschen, zu Gott, wie auch zu sich selbst – wird überwunden; Selbstannahme und Selbstachtung werden möglich bzw. gesteigert. Die Einsicht in die Komplexität und damit auch Widersprüchlichkeit des eigenen Lebens wächst, ohne bedrohlich zu werden. Entwicklungs- und Reifungsprozesse werden zugelassen, Veränderung im Sinne von Persönlichkeitsentfaltung wird gefördert. Neuer Lebensraum wird geschaffen, Zukunft eröffnet, Lebensfreude geschenkt. Erlösung als Geschenk Gottes wird erfahrbar. Übergang vom Tod zum Leben ereignet sich, indem der Mitmensch solidarisch geliebt statt egoistisch ausgebeutet wird (vgl. 1 Joh 3, 14).

Seelsorgliche Beratung und Begleitung „im Namen Jesu" und „im Heiligen Geist", die sich als „freiraumschaffende Weise der Zuwendung zum anderen" (Zerfaß 1985, 24) begreift – und darin trifft sie sich in wesentlichen Punkten mit dem, was C. R. Rogers in seinem Konzept der „Personzentrierten Psychotherapie„ (vgl. unten den Beitrag von Peter F. Schmid) als „bedingungslose positive Zuwendung" bezeichnet –, wird zum Abbild der Menschenfreundlichkeit Gottes und zum Angebot seiner erlösenden Liebe. Sie ist „praktische Vergegenwärtigung der Heilszusage Gottes: in Jesus Christus bei uns zu sein als Beistand, Helfer und Tröster, der Einsicht schafft und bewußtwerden läßt, was wir zu tun haben" (Pompey 1974, 14).

Wo Menschen sich nach der Art Jesu an-sehen, den anderen als einzelnen liebend ernstnehmen, ihn bedingungslos annehmen und ihm darin helfen, in Freiheit sich selber zu verwirklichen, setzt sich Gottes Herrschaft durch, geht Jesu Sendung weiter, wird er im Heiligen Geist gegenwärtig, wird Gott selber geehrt und verherrlicht. Irenäus von Lyon hat dies in den beglückenden Satz gefaßt: „Die Ehre Gottes ist der lebendige Mensch; das Leben des Menschen aber besteht in der Erfahrung (im An-sehen) Gottes" (Adv. haer. IV, 20.7).

3. Teilziele

Im weiteren soll das Globalziel seelsorglicher Beratung und Begleitung „kommunikativer Dienst an der Menschwerdung des Menschen im Glauben" aufgefächert werden in drei Teilziele. Es handelt sich dabei um nichts Zusätzliches oder Neues; vielmehr werden dadurch einige Aspekte herausgehoben, so daß ihnen beim Vollzug seelsorglicher Begleitung bewußter Aufmerksamkeit geschenkt werden kann.

Zum Wagnis sinnvolleren Lebens aufrufen

„Jesus schaute ihn an, gewann ihn lieb und sagte ihm: Eines fehlt dir noch..." (Mk 10, 21).

Die Frage dieses Menschen geht aufs Ganze: Was muß ich tun, um das tiefere, volle, das „ewige Leben" zu gewinnen? Was bisher von ihm als „gebotenes" Leben mit erstaunlicher Konsequenz befolgt wurde, ist nun fraglich geworden und genügt nicht mehr. Es bricht in ihm die Ahnung auf, daß erfülltes Leben das bisherige Tun sprengt und Neues erfordert. Jesus bestätigt schließlich dieses noch vage verspürte Ungenügen: „Ja, eines fehlt dir noch ...", und er eröffnet diesem Menschen die für ihn erfüllendere Lebenspraxis: „Geh hin, verkaufe, was du hast ... und dann komm und folge mir nach!" (siehe Mk 10, 17 – 22).

Zwar werden nur wenige Menschen heute von sich sagen, daß sie allen religiös-moralischen Anforderungen bereits von Jugend auf entsprochen haben. Dennoch bricht, manchmal erst nach einer langen Phase der Stagnation, das dumpfe Gespür des Ungenügens und der Sinnleere durch. In ihnen meldet sich der Wunsch nach dem größeren Leben zu Wort, das letzte Sinnerfüllung gibt und in dem ein Mensch zu sich selber findet (vgl. Joh 4, 1 – 42). Aufgabe seelsorglicher Beratung und Begleitung ist es dann, dieses zuweilen nur sehr zurückhaltend zu Wort gebrachte Ungenügen und Sehnen nicht zu beschwichtigen – etwa durch den vertröstenden Hinweis, daß die religiös-moralische Leistung ohnehin schon überdurchschnittlich sei – oder zu ignorieren, sondern darin „sinn-sorglich" den Anruf zu dem größeren, reicheren Leben zu erkennen, zu diesem Wagnis aufzurufen und bei dessen Umsetzung behilflich zu sein.

Ziel müßte also sein: zur „möglichsten Konzentriertheit" (Frankl) eines Lebens beizutragen, indem die Frage nach dem „ewigen Leben" ernstgenommen und aufgegriffen, manchmal sogar erst angestoßen wird; ferner: eine neue Dimension von Lebenspraxis zu eröffnen; statt bei der perfekten Erfüllung von Gebotenem stehen zu bleiben, sich auf einen Weg einzulassen, der seinen Anfang nimmt in der von Jesus geschenkten Beziehung und der sich im Vollzug der Nachfolge Christi als „der" Weg der Sinnverwirklichung und darin gelingender Selbstverwirklichung erweist; des weiteren: einzuladen zu individueller Ausformung und Differenzierung des Lebens im Sinne von: „Werde, der einzig und allein du sein kannst und sein sollst – im Angesprochensein von Gott!"

Beachtenswert ist, wie Jesus auf die Suchbewegung nach dem größeren, sinnerfüllten Leben eingeht. Zunächst erinnert er den Fragenden an das, was er schon kennt und nimmt so ernst, was dieser mit großem Einsatz auch schon praktiziert hat. Dem folgt im Text der Hinweis auf die liebende Beziehung, in welche Jesus den Ratsuchenden hineinnimmt. „Er schaute ihn an, gewann ihn lieb ..." Erst dann spricht Jesus die Einladung aus, über das Bisherige hinauszugehen: „Eines fehlt dir noch ...".

Jesu Herausforderung auf der Basis vorbehaltloser Liebe und Achtung respektiert dabei den Freiraum eigenverantwortlicher Stellungnahme und Entscheidung. Er drängt sich dem Ratsuchenden nicht auf, noch läuft er ihm werbend nach, als er traurig davongeht und die not-wendende Veränderung in seiner Lebenspraxis – wenigstens jetzt – nicht wagt.

Im Unterschied zum Verhalten Jesu wird der Seelsorger/die Seelsorgerin dem suchenden Menschen nur in den seltensten Fällen auf den Kopf zusagen können und dürfen, was für ihn erfüllteres Leben konkret bedeutet.

Keinesfalls sollte er/sie der Versuchung erliegen, den anderen nach seinen eigenen Vorstellungen und Wünschen dirigistisch zu leiten. Vielmehr wird er/sie zusammen mit dem Ratsuchenden – dessen Recht auf freie Entscheidung voll respektierend – in einer dialogischen Suchbewegung zu erspüren und zu entdecken versuchen, was ihm an „ewigen Leben" noch fehlt und welche ganz persönlichen Möglichkeiten eines erfüllteren Lebens Gott ihm anbietet (vgl. 1 Sam 3, 1 – 21). Damit Ratschläge, auch wenn sie erbeten werden, sich nicht als Fehlschläge oder gar Tiefschläge auswirken, damit Konfrontation den Mitmenschen nicht in seiner menschlichen Substanz schädigt, muß jede Herausforderung zu intensiverem, bewußterem und damit reicherem Leben eingebettet sein in die bedingungslose Annahme und liebende Wertschätzung seitens des Seelsorgers/der Seelsorgerin (vgl. dazu die 10 Grundregeln einer sittlich und damit auch seelsorglich verantwortbaren Konfrontation, in: Stich 1977, 200 – 220).

Im sprechenden Sich-Mitteilen für die ganze Lebenswirklichkeit offen werden

„Was sind das für Geschichten, die ihr da auf dem Wege so eifrig beredet?" (Lk 24, 17)

Breiten Raum in der Schilderung der beiden Jünger, die unterwegs sind nach Emmaus, nimmt der Hinweis ein, daß sie miteinander über all das sprechen, was geschehen ist, daß ihr Gespräch hin und her geht. Zur Sprache kommen ihre „Geschichten", die aufs engste verwoben sind mit Jesus von Nazaret, dessen Leben im Fiasko endet. Nicht weniger Raum nimmt der Fremde ein, der sich ihnen auf dem Weg anschließt und der sie veranlaßt, ihre Erfahrungen mit dem wort- und tatgewaltigen Propheten auszusprechen. Er hört ihnen zu; tadelt sie aber auch, weil ihre Augen und Herzen gefangen sind in dem, was sie in den letzten Tagen miterleben mußten. Dieser Fremde bringt sich selber schließlich ein in einer Art und Weise, die ihr Herz höher schlagen läßt, wie sie später bekennen, und er erschließt ihnen aus den Hl. Schriften, wie Gott mit den Menschen Geschichte macht. Er läßt sich von ihnen einladen. Beim Brot-Brechen und -Teilen erkennen sie schließlich, daß der fremde Weggefährte Jesus selber ist, der sich ihnen dann aber auch schon wieder entzieht. Sie drängt es zurück nach Jerusalem in die Gemeinschaft der Brüder und Schwestern (siehe Lk 24, 13 – 35).

In dieser biblischen Begegnungsgeschichte stoßen wir in beeindruckend dichter und anschaulicher Weise auf eine „Wirk"-lichkeit, die vielfältige sprachphilosophische Reflexionen und kommunikationspsychologische Untersuchungen belegen: Personales Leben ist in all seinen Bereichen grundsätzlich dialogisch strukturiert. Erst im Sprechen erschließt sich zunehmend menschliches Leben in seiner ganzen Wirklichkeit. Ohne die Möglichkeit – wie auch die Fähigkeit – eines Menschen, seine bedeutsamen Erlebnisse und Erfahrungen aussprechen, einem anderen mitteilen zu können und ihn daran teilnehmen zu lassen, kann sich ein Mensch nur sehr schwer entfalten. Sprachlosigkeit und Sprachohnmacht auf Dauer gehen Hand in Hand mit „Werde-Verlust" und psychischer Erkrankung. „Ich werde, wenn ich mit dir spreche." Mit diesem prägnanten Satz von J. P. Sartre ist gesagt, daß das Gespräch für die Selbstverwirklichung des Menschen konstitutiv ist.

Gleiches gilt für das Gottesverhältnis des Menschen. Ein Glaube, der nicht ins Wort kommt, der vielmehr sprachlos bleibt, kann nur schwerlich sich befreiend, heilend und identitätsstiftend auf das Leben des Menschen auswirken. Glaubenskrisen, über die nicht gesprochen werden kann oder darf, führen leicht zu Stagnation oder gar Regression im religiösen Leben.

Daran wird deutlich, worauf seelsorgliche Beratung und Begleitung – aufgrund ihres Gesprächscharakters – abzielen muß: einen Begegnungs- „Raum" zu schaffen, in dem Menschen im sprechenden Sich-Mitteilen und Mitgeteilt-Bekommen angeregt und ermutigt werden, ihre Erfahrungen zu reflektieren, blockierende Ängste und versagte Hoffnungen wahrzunehmen, tiefere Einsicht in Lebenszusammenhänge und in die darin enthaltene Glaubenswirklichkeit zu gewinnen – also „Wirk"-lichkeit wachstumsfördernd freizusetzen. Dafür hat C. R. Rogers in der von ihm systematisch entwickelten Methode bzw. Haltung der „hilfreichen Beziehung" ein Instrumentarium mitmenschlicher Hilfeleistung erschlossen, das die Selbstexploration eines Menschen – und damit zunehmende Selbsterfahrung und umfassendere Selbsterkenntnis – ermöglicht und fördert, die Aufarbeitung von Krisen vorwärtsbringt und die Voraussetzungen für persönlichkeitsformende Entscheidungsprozesse schafft.

Seelsorglicher Beratung und Begleitung als „geistlichem Gespräch" wird es vor allem darauf ankommen, in Form persönlicher Zuwendung zum einzelnen Menschen – wobei das „aktive Zuhören", das „Zuhören mit herzlicher Anteilnahme" eine wichtige Rolle spielt – die „geistliche Kraft der Erinnerung" (Nouwen 1984) zu aktualisieren, näherhin durch Erinnern zu heilen, Halt zu geben und zu führen. So verstanden heißt sowohl Sprechen wie Sprechen-Lassen tatsächlich lieben (vgl. Windisch 1989).

Wesentliche Elemente, die Seelsorge insgesamt vom Motiv der „Gastfreundschaft" her bestimmen – in humaner wie auch theologischer Perspektive –, werden ins Spiel kommen müssen: sich wechselseitig mit dem zu beschenken, was wir leben, wissen und hoffen, sowie die elementare Chance, den „Fremden" – sei es aus der Position des Ratsuchenden wie der des Seelsorgers/der Seelsorgerin – als einen „möglichen Ort der Offenbarung Gottes" (Zerfaß 1985, 19) zu erfahren. Dem voraus geht freilich die grundsätzliche Entscheidung, seelsorgliche Beratung und Begleitung als einen kairologischen Ort heutiger Seelsorge anzuerkennen und deshalb der „Zeit für Gespräche" (Goldbrunner 1975) einen hohen Stellenwert einzuräumen.

Die Begegnung der beiden Jünger mit dem Auferstandenen weist schließlich auf weitere, nicht unbedeutende Aspekte seelsorglicher Beratung und

Begleitung hin. Übereinstimmend mit der psychotherapeutischen Praxis ist dieser Dienst am „Mensch werden durch das Wort" (Windisch 1989, 69) als ein „zeitlich befristetes Angebot" (Zerfaß 1985, 28) zu gestalten. Ziel muß sein, den anderen zu ermutigen, in eigener Verantwortung sein Leben zu gestalten – im Vertrauen darauf, daß der Auferstandene in neuer Weise gegenwärtig bleibt. Ebenfalls wird seelsorgliche Beratung und Begleitung darauf achten, die „Jünger" – wahrscheinlich schrittweise – dazu zu befähigen, wieder nach „Jerusalem" zur Gemeinschaft der Brüder und Schwestern zurückzugehen und am Ort der Geschehnisse neu Geschichte zu machen, ihre Welt aus der geschenkten Erfahrung zu gestalten – gerade auch in Widerständigkeit gegenüber den das Leben und den Glauben bedrohenden Mächten.

Hoffnung ermöglichen wider alle Hoffnung

„Seid ihr ohne Furcht ... er ist auferweckt worden" (Mt 28, 5 f).

Vor den Begegnungen der Jünger und Frauen mit dem Auferstandenen selber berichtet der Evangelist vom machtvollen Erscheinen eines Engels als Verkünder und Zeuge der geschehenen Auferstehung Jesu. Sperren fallen durch den Boten Gottes: Der Stein wird vom Grab weggewälzt, die Wächter erbeben und sind wie tot. Die Frauen, die Jesus, den Gekreuzigten, suchen – selbst noch ohne Zugang zum Auferstehungsgeschehen – bekommen gesagt: „Seid ihr ohne Furcht ... Er ist von den Toten auferweckt worden ... er geht euch nach Galiläa voran." Auf dem Weg zu den Jüngern gibt sich der Auferstandene selber den Frauen zu erkennen und wiederholt den Auftrag des Engels (siehe Mt 28, 1 – 10).

Im Engel, dem Boten Gottes, stellt sich dar, was wesentlich christliches Ziel seelsorglicher Beratung und Begleitung ist: dem anderen Menschen ein „Engel" der Ostererfahrung zu sein, Hoffnung zu ermöglichen wider alle Hoffnung. Dies geschieht dadurch, daß die Verheißung einer letzten, nicht mehr überbietbaren Sinnerfüllung in Gott zur Sprache gebracht wird, damit der Gesprächspartner nicht bei der Sinnlosigkeit der Kreuzigung „hängen" bleibt und „den Lebenden bei den Toten sucht" (Lk 24, 5); damit er sich nicht von Trauer und Resignation überwältigen läßt „wie die anderen, die keine Hoffnung haben" (1 Thess 4, 13).

Engel der Ostererfahrung sein bedeutet ferner, in „dialogischer Diakonie" die blockierenden Steine der Hoffnungslosigkeit wegzuwälzen, nach und nach wenigstens. Es beinhaltet auch die Aufforderung, dem anderen Rechenschaft zu geben über die eigene Hoffnung als Christ (vgl. 1 Petr 3, 15); daß nämlich das Leben weitergeht trotz der Zusammenbrüche, weil der Gekreuzigte auferweckt wurde und weil in ihm alle Menschen zu bleibendem Leben erweckt werden (vgl. 1 Kor 15, 22).

Engel der Ostererfahrung sein schließt auch das Bemühen ein, hinter dem Vordergründigen des zerstörerischen Todes das Hintergründige, bleibendes Leben nämlich – und darin das tiefste Geheimnis, Gott selber –, aufscheinen zu lassen, das uns einlädt, unseren „Himmel" einzusehen: daß uns nämlich in Jesus von Nazaret, dem auferstandenen Gekreuzigten, endgültiges Heil von Gott her zukommt.

Engel der Ostererfahrung sein kann auch darin bestehen, die menschlich nicht mehr erhellbare Sinnlosigkeit einer Situation oder gar eines ganzen Lebens aushalten und durchstehen zu helfen in freier, liebender Annahme der Unbegreiflichkeit Gottes im Vertrauen auf Gottes treue Anwesenheit (vgl. Rahner 1977).

Die Botschaft des Engels an die Frauen, daß der Auferstandene ihnen „voran"-geht, darf vom Seelsorger/von der Seelsorgerin zudem als Hinweis darauf verstanden werden, daß er/sie mit einer entlastenden „Vor-gabe" rechnen darf; daß sein/ihr Bemühen, „Hoffnung zu eröffnen wider alle Hoffnung", auf der „Voraus-setzung" aufbauen kann, daß Gott all unserem Tun mit seiner Gnade zuvorkommt (vgl. Zulehner 1987).

Dieses zentral christliche Ziel seelsorglicher Beratung und Begleitung wird von Wilhelm Willms (Der geerdete Himmel 1986, 4.5) bezugnehmend auf den Boten Gottes am Grab des auferstandenen Gekreuzigten als österliche Zusage und als aktuelle Anfrage an uns in das folgende Gedicht gekleidet:

    welcher engel wird uns sagen
    daß das leben weitergeht
    welcher engel wird wohl kommen
    der den stein vom grabe hebt
          *

    welcher engel wird uns zeigen
    wie das leben zu bestehen
    welcher engel schenkt uns augen
    die im keim die frucht schon sehn
          *

    welcher engel öffnet ohren
    die geheimnisse verstehn
    welcher engel leiht uns flügel
    unsern himmel einzusehn

    * wirst du für mich
    werd ich für dich
    der engel sein

Literatur

EISENSTEIN, GEORG M.: Selbstwerdung und geistliche Begleitung. In: Lebendige Seelsorge 40 (1989) 23 – 28.

FUCHS, GOTTHARD: Roter Faden Theologie – eine Skizze zur Orientierung. In: Katechetische Blätter 107 (1982) 165 – 181.

GOLDBRUNNER, JOSEF: Zeit für Gespräche. Schöpferische Schritte auf dem Weg zu sich selbst. Freiburg i. Br.: Herder 1975.
HERMS, EILERT: Pastorale Beratung als Vollzug theologischer Anthropologie. In: Wege zum Menschen 29 (1977) 202 – 223.
JASCHKE, HELMUT: Psychotherapie aus dem Neuen Testament, Freiburg i. Br.: Herder 1987 (Herderbücherei Nr. 1347).
KAHLEFELD, HEINRICH: Jesus als Therapeut. In: Concilium 10 (1974) 678 – 681.
NIDETZKY, WERNER: Mensch werden im Glauben. Dimensionen einer christlich geformten Selbstverwirklichung als kritische Perspektive seelsorglicher Begleitung. Diss. Würzburg 1985.
NOUWEN, HENRI J. M.: Von der geistlichen Kraft der Erinnerung. Freiburg i. Br.: Herder 1984.
POMPEY, HEINRICH: Das seelsorgliche Gespräch und die Methode des Pastoral Counseling. In: Diakonia 5 (1974) 5 – 16.
RAHNER, KARL: Die menschliche Sinnfrage vor dem absoluten Geheimnis. In: Geist und Leben 50 (1977) 436 – 450.
STEINER, ANTON/WEYMANN, VOLKER: Jesus-Begegnungen. Basel: Fr. Reinhardt/Zürich-Köln: Benziger: 1978 (Bibelarbeit in der Gemeinde: Themen und Materialien Bd. 1).
STICH, HELMUT: Kernstrukturen menschlicher Begegnung. Ethische Implikationen der Kommunikationspsychologie. München: Johannes Berchmanns 1977 (Pullacher Philosophische Forschungen Bd. XII).
WILMS, WILHELM: der geerdete himmel. Kevelaer: Butzon & Bercker [7]1986.
WINDISCH, HUBERT: Sprechen heißt lieben. Eine praktisch-theologische Theorie Theorie des seelsorgerlichen Gesprächs. 2. Aufl., Würzburg: Echter 1989 (Studien zur Theologie und Praxis der Seelsorge; Bd. 1).
ZERFASS, ROLF: Menschliche Seelsorge. Für eine Spiritualität von Priestern und Laien im Gemeindedienst. Freiburg i. Br.: Herder 1985.
ZULEHNER, PAUL M.: Denn du kommst unserem Tun mit deiner Gnade zuvor. Zur Theologie der Seelsorge heute. Paul M. Zulehner im Gespräch mit Karl Rahner, 3. Aufl., Düsseldorf: Patmos 1987.

TEIL II

FORMEN UND DURCHFÜHRUNG DER SEELSORGLICHEN BERATUNG UND BEGLEITUNG

1. Pastorale Diagnose und Klärung der Zuständigkeit

ISIDOR BAUMGARTNER

1. Ein Fallbeispiel

In einer Supervisionsgruppe für Seelsorger/innen berichtet ein Kaplan von einem „schwierigen" Beratungsgespräch: „Vor einiger Zeit rief mich eine Frau an, sie möchte einen Gesprächstermin vereinbaren. Leider könne sie am Telefon nichts Genaueres zu ihrem Anliegen sagen. Wie abgesprochen kommt sie einige Tage später in meine Wohnung. In der Tür steht eine hagere, dunkelhaarige Frau, ich schätze sie auf etwa 25 Jahre. Nach der Aufforderung Platz zu nehmen, entschuldigt sie sich, mich zu belästigen, aber ihr Problem sei von großer Wichtigkeit. Sie beginnt ganz unvermittelt mit der Frage: ‚Herr Pfarrer, was halten Sie von Magie und vom Tische-Rücken?' Als ich daraufhin sehr direkt zurückfrage: ‚Haben Sie damit zu tun?' erzählt sie: Gestern sei ihr Mann ganz aufgeregt zu ihr in den Imbißstand, wo sie arbeitet, gekommen und habe, noch ganz bleich im Gesicht, ihr vorgestammelt, daß sich zu Hause das Bild ihres Sohnes über dem Sofa plötzlich zu einer Teufelsfratze verzerrt und nach einiger Zeit wieder entzerrt habe. Noch am selben Abend habe sie daraufhin in einer spiritistischen Sitzung ihren vor einigen Jahren verstorbenen Opa befragt. Als sie glaubten, ‚ihn dran zu haben', meldete sich der Teufel: ‚Dein Kind gehört mir!' Die Angst stand ihr ins Gesicht geschrieben, als sie mich fragt: ‚Herr Pfarrer, ich möchte jetzt von Ihnen wissen: Gibt es einen Teufel und kann der über mein Kind verfügen?' Mir ist klar, daß es hier nicht vorrangig um eine theologische Erörterung gehen kann, sondern um die tieferen Beweggründe, die diese Frau so fragen lassen. Deshalb bitte ich sie, erst einmal noch mehr von sich, ihrem Sohn, ihrem Mann und ihrem verstorbenen Opa zu erzählen. Sie berichtet: Ihr Sohn komme dieses Jahr zur Erstkommunion, und sie beobachte, wie er am Religionsunterricht überhaupt kein Interesse zeige. Auch weigere er sich hartnäckig, mit ihr und ihrem Mann zur Kirche zu gehen oder die häuslichen Tischgebete mitzubeten. Sie habe wegen ihres Sohnes zusammen mit ihrem Mann schon mehrere Wallfahrten unternommen, ohne daß sich etwas gebessert hätte. Des weiteren berichtet sie, sie sei in zweiter Ehe ‚gut' verheiratet. Der Sohn stamme jedoch vom ersten Mann. Sie ‚mußten' damals heiraten, weil das Kind unterwegs war. Ihr erster Mann habe aber von Anfang an ein ‚gestörtes Verhältnis' zu seinem Kind entwickelt, ganz im Gegensatz zu ihrem jetzigen Mann, der ein

‚gutes Verhältnis' zu diesem habe. Die Frau schloß diese längere Erklärung mit der Feststellung: ‚Wir haben weiter keine Probleme außer diese fürchterliche Angst, unser Sohn könnte vom Teufel besessen sein!'"

Gewiß eine bizarre und zugleich beklemmende Geschichte, die einem Seelsorger gottlob nicht alle Tage begegnet. Gerade an einem solchen „Grenzfall" wird deutlich, wie wohl jeder Ratsuchende dem Seelsorger vor allem am Beginn, aber auch in den späteren Begleitungsphasen die Aufgabe stellt, folgende Fragen für sich zu klären:

– Worin besteht der Kern des Problems, das diesem Menschen so ausweglos erscheint, daß er mich zu Hilfe ruft? (Diagnose?)

– Für welche Problembereiche und Lebensfragen bin ich als Seelsorger zuständig? Wo liegen die Grenzen meiner Zuständigkeit? (Kompetenz?)

– Was ist bei einer Überweisung an Fachleute zu bedenken und zu beachten? (Überweisung?)

2. Pastorale Diagnose

Verstehen statt Diagnostizieren

In der Regel steht den haupt- und ehrenamtlichen Seelsorgern und Seelsorgerinnen kein ausgefeiltes psychodiagnostisches Instrumentarium, wie Tests oder Fragebögen zur Lebensgeschichte (Anamnese) und zum aktuellen Problem (Exploration), zur Verfügung, mit deren Hilfe sie eine genaue Diagnose erstellen und überprüfen könnten (vgl. Benesch 1981, Bd. 2, 83 – 90). Gewöhnlich wird dies auch nicht ihre Aufgabe sein. Vielmehr werden sie als oft erste Ansprechpartner eines Ratsuchenden eine zumindest generelle, vorläufige Orientierung über das Problem und die Person des anderen anzielen.

Eine pastorale Diagnose dieser Art wäre freilich mißverstanden, wollte man sie als das einzige Ziel eines Erstgesprächs sehen und damit womöglich gar eine distanzierende Diagnostiker-Haltung verbinden, wo dem anderen Krankheitsetiketten wie „neurotisch", „depressiv" oder „pathologisch" offen oder verdeckt aufgeklebt werden. Es würde der Frau im angeführten Beispiel nicht helfen, ihr zu sagen, sie leide an einem Teufelswahn. Recht verstanden bleibt die pastorale Diagnose im Erstgespräch und in den späteren Begleitungsphasen immer eingebunden in die primäre Zielsetzung, dem andern wirkungsvoll, ohne Hintergedanken und in der Achtung vor der Würde seiner einmaligen, individuellen Persönlichkeit zu helfen. Dies bedeutet, daß ein distanziertes Erfragen von Daten, Fakten und Informationen sich verbietet. Vielmehr wird es darauf ankommen, den mit den berichteten Vorgängen verbundenen subjektiven Bedeutungen, also Gefühlen der Angst und der Hoffnungslosigkeit, des Zorns und der Trauer, der Schuld und der Minderwertigkeit Raum zu geben, so daß Angestautes abfließen und Überlastendes losgelassen werden kann. Pastorale Diagnose ist somit ein integraler Aspekt einer verstehend-helfenden seelsorglichen Begegnung, verpflichtet einer geschwisterlich-symmetrischen Beziehung zwischen Ratsuchendem und Seelsorger, Element der wechselseitigen Mitteilung, nie endgültig abgeschlossen, nie Festlegung des andern auf ein unveränderbares Bild (vgl. Kennedy 111 ff.).

Auch wenn ein natürliches Interesse an Mitmenschen, eine intuitive Menschenkenntnis und eine gewisse soziale Intelligenz die Grundlagen bilden, so sind für die recht verstandene pastorale Diagnose Kenntnisse in ausgewählten psychologischen Theorie-Elementen sehr zielführend. Das Instrumentarium des Verstehens wird dadurch geweitet und geschärft, denn wer nur einen Hammer hat, hält alles, was ihm begegnet, für einen Nagel. Daher die folgenden Hinweise.

Einschätzung des Suizidrisikos

Es gehört zu den unumgänglichen Erste-Hilfe-Maßnahmen seelsorglicher Beratung, ein mögliches Suizidrisiko des Ratsuchenden einzuschätzen und entsprechend präventiv tätig zu werden (vgl. unten den Beitrag von Artur Reiner). Als Warnsignale gelten in der psychiatrischen Fachliteratur (Pohlmeier 1983; Pöldinger 1968; Ringel 1984): „akute Angst, anhaltende und schwere Depressivität, Schulderleben und Selbstbezichtigungen, bittere Äußerungen über die Aussichtslosigkeit des Lebens und auch starke latente Aggressivität, die ihr Ziel nicht erreicht, weiterhin frühere Selbstmordversuche des Patienten und Suizidhandlungen in der Familie oder näheren Umgebung" (Tölle 1985, 120). Diese Indizien lassen sich bündeln auf die drei Hauptsymptome eines „praesuizidalen Syndroms" (Ringel 1984): Einengung in Wahrnehmung, Denken und Beziehungsfähigkeit; Hemmung der Aggression (Aggressionsstau); Suizidphantasien. Erhöht gefährdet erscheinen auch bestimmte Personengruppen wie ledige und aus anderen Gründen isolierte Menschen, Personen in Scheidungssituationen und sozialer Notlage, Flüchtlinge und andere Entwurzelte, Verfolgte, unheilbar Kranke und Süchtige, manche Kriminelle (vgl. Tölle 1985, 120 f.).

Kriterien psychischer Erkrankung

Auch wenn vom Seelsorger nicht erwartet werden kann, daß er sich im komplexen Gebiet der seelischen Krankheiten (Nosologie) differenziert auskennt (vgl. Tölle 1985; Benesch 1981; Vogel 1971) und womöglich exakte psychiatrische Diagnosen stellen kann, sollte er doch um bestimmte Anhaltspunkte für psychotische Krankheitsprozesse wissen, und für die notwendige Überweisung an den Fachmediziner sorgen. Als mögliche, vom psychodiagnostischen Laien erkennbare Kriterien für Psychosen, die freilich dann ärztlicher Überprüfung bedürfen, gelten (vgl. Tölle 1985, 165 ff.;

Benesch 1981 Bd. 2, 206-211; Pongratz 1983, 133 ff.; Aktion psychisch Kranke, 1984):
– *Schweregrad:* Die psychische Störung und Beeinträchtigung erreicht einen starken Ausprägungsgrad.
– *Wahn/Realitätsverlust:* Häufig sind wahnhafte Zustände, Realitätsverlust (Halluzination), als „fremdgesteuert" empfundene Ich-Einschränkungen, Gedächtnisstörungen, Zerfahrenheit und ähnliches besonders auffällig.
– *Ganze Person betroffen:* Im Gegensatz zu anderen psychischen Störungen wirken sich Psychosen auf die meisten psychischen Funktionsebenen, wie Denken, Gedächtnis, Wahrnehmung, Emotion, Motorik, Sprache etc. aus. Die ganze Person scheint in Mitleidenschaft gezogen, wobei freilich einzelne Symptome stärker hervortreten können.
– *Mangelnde Krankheitseinsicht:* Dem Psychotiker fehlt häufig die „Krankheitseinsicht". Es ist ihm kaum möglich, zu sich und seiner Störung reflexiv Stellung zu nehmen.
– *Alltäglichen Lebensanforderungen nicht gewachsen:* Psychotisch Kranke sind oft nicht mehr in der Lage, den alltäglichen Lebensanforderungen (berufliche Tätigkeit) nachzukommen.
– *Nicht mehr nachvollziehbar:* Vom „normal" empfindenden Seelenleben her erscheint psychotisches Verhalten als unverständlich und nicht mehr nachvollziehbar.

Im angeführten Fallbeispiel sind zweifellos auch Wahnsymptome zu erkennen, die den Seelsorger hellhörig machen sollten. Wer Bilder an der Wand „sich verzerren" sieht, den verstorbenen Opa als Teufel reden hört und seinem eigenen Kind so schnell Besessenheit unterstellt, der läßt eine doch erhebliche psychische Störung erkennen, die sich hier vielleicht sogar zu einer Art Familienwahn (vgl. Richter 1970) ausgewachsen hat.

Psychosen treten in unterschiedlichen Formen auf. Man unterscheidet je nach Überwiegen der verursachenden Faktoren endogene Psychosen, wie Schizophrenie oder endogene Depressionen, und exogene Psychosen, die in Folge bestimmter organischer Erkrankungen entstehen. Von den Psychosen werden die als Neurosen bezeichneten, mitunter leichteren seelischen Erkrankungen abgegrenzt, die im Verständnis der Klinischen Psychologie fließende Übergänge zum normalen Seelenleben und zu charakterlichen Ausprägungen aufweisen (vgl. Pongratz 1973; Riemann 1985). Neurosen wie Zwangshandlungen, unrealistische Ängste (Bakteriophobie), psychosomatische Störungen (Herzneurose) und neurotische Depressionen gelten als vorwiegend sozialbedingt (frühkindliche Beziehungsstörungen, Verlusterlebnisse). Sie wirken sich nicht so nachhaltig wie die Psychose auf die ganze Persönlichkeitsstruktur aus, sondern manifestieren sich in erster Linie in den Bereichen der Motivation, der Emotion und der Beziehungsgestaltung. Neurotisches Leiden kann durch psychotherapeutische Behandlung und eine daran orientierte seelsorgerliche Beratung gelindert werden.

Im konkreten Einzelfall lassen sich seelische Störungen freilich nicht immer eindeutig der Psychose oder Neurose zuteilen. Viele Störungen werden heute als „auf der Grenze liegend", als „Borderline-Fälle" eingestuft, wo sich, wie vielleicht in unserem Beispiel, Psychotisches und Neurotisches mischen, so daß wahnhafte Halluzinationen und unverarbeitete Scheidungstraumata, Realitätsverlust und Projektion abgewehrter Aggressivität, okkulter Teufelsglaube und Sündenbock-Mechanismen nebeneinander anzutreffen sind.

Kleine Charakterkunde

Psychologische Grundkenntnisse (vgl. Baumgartner 1990 b; Rebell 1988; Schwermer 1987) sind für den Seelsorger nicht nur zur Wahrnehmung psychischer Krankheitssymptome hilfreich, sie erlauben auch ein differenziertes Verstehen von Menschen in Konflikten und Lebenskrisen. Erkenntnisse etwa zum Verlauf der Trauer, wo nach einer Schockphase das Hereinbrechen eines emotionalen Chaos mit widersprüchlichen Gefühlen zu erwarten ist, geben dem Seelsorger eine gewisse Orientierung, solche Gefühle beim anderen zu erspüren und aufkommen zu lassen (vgl. Kast 1982; Spiegel 1973; Bärenz 1983). Das Wissen um die Zusammenhänge von Frustration und Aggression (Benesch 1981 Bd. 1, 52 – 68) läßt ihn danach Ausschau halten, wie Menschen nach schweren Enttäuschungen in der Partnerbeziehung, im Beruf oder im Freundeskreis ihren Zorn kanalisieren: nur nach außen als Anklage anderer? Nur nach innen als Selbstbeschuldigung? Oder sind Gefühle des Zorns zum Schaden der psychischen Integrität vollständig tabuisiert? Ein nicht unproblematisches Hilfsinstrument pastoraler Diagnose bieten die verschiedenen persönlichkeitspsychologischen Konzepte, wie Extraversion-Introversion oder die Persönlichkeitstypologien. So unterscheidet man etwa die vier „Angsttypen": Schizoid-distanzierter Typ, depressiv-helfender Typ, zwanghaft-ordnender Typ, hysterisch-schwungvoller Typ (Riemann 1985; Langmaack/Braune-Krickau 1985, 121 ff.). Zwar vermag der theoretische Hintergrund solche Typologien dem Seelsorger wichtige Verstehenshinweise für die innerseelische Dynamik bei seinem Gesprächspartner zu geben, doch gerät er dabei leicht in Gefahr, den anderen auf das typische Bild des Depressiven oder Zwanghaften festzulegen, ihn als neurotisch oder psychotisch zu stigmatisieren, und seine Individualität, seine ganz untypischen Erlebnisweisen zu übersehen. Noch problematischer, weil empirisch-psychologisch nicht untermauert, sind psychodiagnostische Schlüsse auf Grund des Körperbaus (Kretschmer 1977; Sheldon 1954; Schneewind 1982 und 1984). So weisen leptosom-schmalwüchsige Menschen entgegen dem theoretischen Konstrukt nicht mehr und nicht weniger schizoide Charakterstrukturen auf als andere auch.

Hingegen teilt der Gesprächspartner dem Seelsorger sehr wohl Wesentliches durch seine Psychomotorik, durch Mimik und Gestik mit. Im Zusammenhang mit den inhaltlichen Botschaften gewinnen das nonverbal, „zwischen den Zeilen" Gesagte, die Sitzhaltung, der Blickkontakt, die Bewegungsunruhe, das Rauchen, das Schweigen oder das pausenlose Reden hohe Aussagekraft. Weil solche Botschaften freilich immer mehrdeutig sind, ist auch hier nur im Dialog mit dem anderen behutsames Entschlüsseln der zum Teil unbewußten nonverbalen Botschaften anzuraten. Rücksichtsloses Aufdecken fordert mit Recht den Widerstand des Gesprächspartners heraus. Es bedarf der Kunst der einfühlenden Konfrontation, den anderen beispielsweise auf einen Widerspruch zwischen seinem inhaltlich Gesagten (belastender Konflikt, große Angst) und dem nonverbalen Kommentar dazu (entspanntes Lächeln) aufmerksam zu machen (vgl. Watzlawick u. a. 1969).

Wahrnehmungsfehler

Da „pastorale Diagnose" sich auf Daten stützt, die in der „teilnehmenden Beobachtung" des Gesprächs mit dem Betroffenen gewonnen werden, ist auf seiten des Seelsorgers eine selbstkritische Haltung gegenüber möglichen Wahrnehmungsfehlern geboten. So liegt es auf der Hand, daß der Seelsorger sich im angeführten Beispiel nicht so ohne Weiteres die Diagnose der Frau zu eigen machen kann, der Sohn sei der einzige Problemträger in der Familie. Er wird auf dem Hintergrund seiner teilnehmenden Beobachtung die ganze Familie als beratungs- und behandlungsbedürftig erkennen. Fehlerquellen bei der Wahrnehmung liegen aber nicht nur in der unkritischen Übernahme von verzerrten Fremdbeobachtungen und -diagnosen. Der Seelsorger kann seine unreflektierten „naiven Persönlichkeitstheorien" (Weber 1986, 49 f.), wie „Dicke sind gemütlich!" oder „Probleme beruhen auf mangelndem Wissen!", in den andern hineinlesen. Er kann unzutreffende Eigenschaftskomplexe konstruieren, wie „schlank – willenstark – ehrlich", die den wirklichen Zusammenhängen nicht entsprechen. Zudem wäre es ein verhängnisvoller Trugschluß anzunehmen, Eigenschaften würden gänzlich unabhängig von situativen Bedingungen existieren (Pervin 1988). Insbesondere eigene unverarbeitete Probleme, unerfüllte Erwartungen und verdrängte Enttäuschungen führen mit ihrer unbewußten Dynamik der Angst zur fatalen Verzerrung, Selektion oder Abwehr von Mitteilungen des andern. Der Seelsorger überhört und überzeichnet dann, er „projiziert" in den Gesprächspartner Dinge hinein, die mehr in ihm selbst als im andern sind.

Die drei „magischen" Fragen

Um bei der recht verstandenen pastoralen Diagnose, sei es im Erstgespräch oder in den späteren Begleitphasen, auf Kurs bleiben zu können, ist es hilfreich, sich an drei grundlegende Prinzipien zu halten. Sie werden als „magische Fragen" (Scharfenberg 1985, 71) bezeichnet, weil sie zum einen alles Wesentliche des personalen Wahrnehmens bündeln, zum andern den Seelsorger in eigentümlicher Weise ganz zum andern und zugleich zu sich selbst bringen.

Die erste dieser Fragen lautet: *Was will mir der andere durch seine Worte, aber auch durch seine Mimik, Gestik und nonverbalen Signale eigentlich mitteilen? Was bewegt ihn innerlich am stärksten?* Ich werden deshalb im obigen Beispiel auf Schlüsselworte wie „Tische-Rücken", „Teufel" oder „Bild des Sohnes" achten und versuchen zu erspüren, welche Bedeutungen sie für diese Frauen haben. Ich werde ihr äußeres Erscheinungsbild, ihre Sitzhaltung und ihre Art zu sprechen wahrnehmen und es in Zusammenhang mit dem inhaltlichen Gesagten bringen. Ich werde mich fragen: Warum braucht sie ihren Sohn in der Rolle des „Teufelskindes", des Sündenbocks? Bei all dem kommt es darauf an, nach den tieferen Bedeutungen und Zusammenhängen der vordergründigen Fakten und Worte Ausschau zu halten. Verlangt ist eine Art „symbolische Kompetenz", ein Sensorium für die wesentlichen unsichtbaren Gründe und Abgründe einer Psyche. Zugleich geht es darum, einen Fokus zu finden für das Rätsel, das die eigene Person dem andern aufgibt, das Wesentliche um einen roten Faden zu bündeln, so daß der Betroffene sich selbst wieder erkennen kann.

Sodann ist eine zweite diagnostische Frage im Auge zu behalten: *Warum teilt mein Gesprächspartner das, was er sagt, gerade jetzt mit?* Die Frage zielt auf die besonderen Vorfälle oder Umstände, die in jüngster Zeit in dessen Leben eingetreten sind, und ihm den (letzten) Anstoß gaben, eine Beratung aufzusuchen. Wichtig ist also zunächst im Hier und Jetzt, im gegenwärtigen Lebenshaus des Gesprächspartners zu verweilen. Nur so lassen sich eventuell sofort erforderliche Kriseninterventionen einleiten, nur so läßt sich der akute Leidensdruck mindern.

Und schließlich sollte als dritte Frage beständig mitschwingen: *Warum teilt er das gerade mir mit, von dem er weiß, daß ich so etwas wie eine „religiöse Figur" (Theologe, Pfarrer, Mitarbeiter einer kirchlichen Einrichtung) bin?* Auf unser Beispiel hin wäre so zu bedenken, ob es da nicht doch einige problematische Erwartungen der Frau an den Theologen gibt, die ihn unversehens zum verstärkenden Mitspieler in einem religiös-pathologischen Szenario machen. Wenn der Theologe auf die Frage nach der Existenz des Teufels eingeht, also die seelsorgliche Beratung als theologisch-dogmatischen Diskurs mißversteht, dann kann die Frau doch gemäß ihrer inneren Logik alle Schuld, allen Zorn, alle Verantwortung auf das „Teufelskind" schieben und sich selbst von allem freisprechen. Gerade der Theologe, sollte er sich denn in der von ihr erwarteten Weise zeigen, agierte dann mehr krankmachend als heilend. An dieser Stelle wird deutlich, wie über den gesamten Weg der pastoralen Diagnose solide Supervision und Praxisbegleitung für den Seelsorger unverzichtbar sind. Nur so vermag er die „blinden Passagiere" an Bord seiner Helferpersönlichkeit zu erkennen und sich im gefährlichen Gelände der wechselseitigen unbewußten Übertragungen und Erwartungen einigermaßen zurechtfinden.

3. Klärung der Zuständigkeit

Zuständig als Christ

Bei allen problematischen Nebenmotiven hat die Frau im Fallbeispiel doch wiederum ganz recht, wenn sie sich an einen Seelsorger wendet. Geht es doch hinter allem Teufelswahn und spiritistischer Praxis um die entscheidenden Lebensfragen, wie sie angesichts der zerbrochenen ersten Ehe, ihrem Versagen als Mutter, der zu Lebzeiten mißglückten Beziehung zum Großvater und der dumpf schwelenden Konflikte in ihrer jetzigen Ehe, wie sie mit all den verdrängten und bedrängenden Gefühlen der Schuld, des Zorns, der Ablehnung und des Abgelehntseins leben darf. Wie sich selbst annehmen, wenn so vieles mißlungen scheint? Solche Grundfragen nach der Erlaubnis als endlicher Mensch, auch mit allem fragmenthaft Gebliebenem, den aufrechten Gang wagen zu dürfen, können gewiß auch mächtig vorangebracht werden durch die „bedingungslose Wertschätzung" (Rogers) des profanen Therapeuten. Letztendlich weist jedoch das unendliche Bedürfnis nach Integrität und Angenommensein über den Raum der begrenzten mitmenschlichen Zuwendungsfähigkeit hinaus auf den, der absolut zuverlässig, unbeirrt auch angesichts der Bruchstücke des Lebens zu einem sagt: „Du bist mein geliebter Sohn, an dir habe ich Gefallen gefunden!" (Mk 1, 11).

Insofern sind Menschen gerade angesichts ihres Grundleidens, sich nicht selbst annehmen zu können, beim Seelsorger, beim Christen, der aus diesem Glauben an den menschenfreundlichen Gott lebt, im Prinzip an der richtigen Adresse. Dies bestätigt auch C. G. Jung (1973, 362), wenn er über seine psychotherapeutische Praxis resümiert: „Unter allen meinen Patienten jenseits der Lebensmitte, das heißt jenseits 35, ist nicht ein einziger, dessen endgültiges Problem nicht das der religiösen Einstellung wäre ... Und keiner ist wirklich geheilt, der seine religiöse Einstellung nicht wieder erreicht."

Aber es gibt die religiöse Frage nicht abgehoben vom Magengeschwür, vom Erziehungsproblem, ohne den Kontext des gelebten Lebens. So bleibt letztendlich der Christ und der Seelsorger weiterhin zuständig, auch wenn er einen Menschen wie diese Frau an den Facharzt überwiesen hat. Er wird mit ihr Kontakt halten, sie besuchen und für das Gespräch offen sein. Wird mit ihr auch über das Unheilvolle spiritistischer Praktiken reden und sie und ihre Familie im Gebet der Macht Gottes anheimstellen. Bei diesen Begegnungen wie bei seiner sonstigen Begleitungspraxis wird er bestrebt sein, wenigstens ansatzhaft jenes jesuanische Heilklima aufkommen zu lassen, wo Menschen aufatmen und ihrer Endlichkeit zustimmen können, weil sie zu erahnen beginnen, daß Gott selbst ihrem endlichen Menschsein längst zugestimmt hat. Für diese Art von Heilung ist der Christ und Seelsorger von seiner undelegierbaren Sendung her zuständig: „Er sandte sie aus, das Reich Gottes zu verkünden und zu heilen!" (Lk 9,2). Wir fangen in der Theologie wieder an zu begreifen, daß „den Glauben weitergeben" in erster Linie meint, zum andern ein Tat-Wort der Heilung und des Heils zu sprechen, und daß die Glaubensgeschichten der Bibel wie die kommunikativen Symbolhandlungen der Sakramente ungehobene Heilkräfte angesichts des menschlichen Grundleidens enthalten (Baumgartner 1990).

Kriterien der Zuständigkeit

Der elementaren Zuständigkeit des Seelsorgers für die mit dem endlichen Menschsein gegebenen Nöte und Ausweglosigkeiten entspricht nun nicht eine grandiose Selbstüberschätzung als Begleiter, sondern die Fähigkeit, dem Ratsuchenden Wege zu Fachleuten und speziellen Institutionen zu weisen. Der Seelsorger weiß, daß seine Hilfsmöglichkeiten von seiner Ausbildung, seinem Können und seiner Persönlichkeit her vielfach eingegrenzt sind und daß mitunter anderswo besser geholfen werden kann. Gleichzeitig vergißt er nicht, daß er auch dann noch eine wichtige Aufgabe zu erfüllen hat.

Welche Kriterien lassen im Regelfall eine Weitervermittlung angezeigt erscheinen (vgl. Switzer 1975, 78ff; Clinebell 1971, 176ff.)?

– *Organisch Kranke, Suizidgefährdete, Psychotiker* (siehe „pastorale Diagnose") und *Menschen, die durch ihre Gewaltneigung andere ernsthaft gefährden*, bedürfen spezieller (fachärztlicher) Hilfen, die durch die seelsorgliche Beratung allein nicht zu leisten sind.

– Überweisung ist auch dann angezeigt, wenn *vor Ort wirkungsvollere Hilfseinrichtungen* als die seelsorgliche Beratung bestehen. Damit sind die Grenzen angesprochen, die für den Seelsorger auf Grund seiner Ausbildung, Erfahrung, Finanzmittel und Zeit bei der Begleitung etwa von Suchtkranken, Nichtseßhaften, Fürsorgefällen oder von Jugendlichen aus geschädigtem Milieu gegeben sind. Man sollte allerdings gerade bei neurotischen Konflikten und Lebenskrisen die Wirkungsmöglichkeiten der professionellen Therapeuten nicht überschätzen (vgl. Schwermer 1983, 108).

– In Erwägung zu ziehen ist eine Weitervermittlung an einen kompetenten Seelsorgekollegen oder einen anderen Berater bei einem offensichtlich *ungünstigen Beratungsverlauf*. Er ist dann mit einiger Sicherheit anzunehmen, wenn nach etwa fünf Gesprächssitzungen keinerlei Besserung eingetreten ist, wenn der Gesprächspartner nicht mehr motiviert ist oder den Seelsorger offen ablehnt, wenn der Seelsorger seinerseits keine emotionale Wellenlänge zum andern findet (Gegenübertragung) und sich mit ihm auch bei größter Bemühung nicht auskennt. Bei einem günstigen Beratungsverlauf (Schwermer 1983) wird der Gesprächspartner Feststellungen zustimmen wie: Während des Gesprächs – und auch jetzt noch – fühle ich mich körperlich entspannt! Nach dieser Stunde bin ich eigentlich optimistischer, was die Lösung meiner Probleme angeht! Heute sind wir irgendwie weitergekommen! Ich habe durch dieses Gespräch mehr Vertrauen zu mir selbst gewonnen!

Sich Riskieren statt Abschieben

Zwar legt die Statistik des Deutschen Caritasverbandes und anderer Einrichtungen (vgl. Simon u. a. 1989) den Schluß nahe, daß Gemeindeseelsorger zu wenig überweisen – z. B. wurden nur 0,8 % der Suchtkranken, die in die Beratung kommen, dazu von einem Seelsorger motiviert. Doch steht m. E. dahinter nicht das Problem der beraterischen Selbstüberschätzung und mangelnden Delegation, sondern das nicht minder beunruhigende Phänomen, daß Gemeindeseelsorger offensichtlich niemand zum Überweisen haben. Sie werden von vielen Menschen nicht (mehr) als Ansprechpartner in Lebensnöten gesehen. Zu den vielfältig miteinander verflochtenen Bedingungen, die zum Rückzug von den Seelsorgern führten, gehören zweifellos unbearbeitete Ängste bei den Seelsorgern selbst. Sie übersehen und überhören Hilferufe oder bleiben im seelsorglichen Gespräch auf Distanz und halten sich für nicht zuständig, weil sie unbewußt fürchten, das Problem des andern könnte ihnen zu nahe kommen. Erfahrene Seelsorger und Berater wissen demgegenüber, daß jede Beratung für den Seelsorger riskant ist, daß er selbst massiv angefragt wird und daß eine Beratung für ihn selbst zum Exodus aus seinen Selbstverständlichkeiten werden kann. Seelsorgliche Überweisung angesichts solcher Exodus-Angst zielt dann mehr auf die Beruhigung des Seelsorgers als auf Hilfe für den andern. Die Gefahr besteht, daß auf diese Weise mit den existentiellen Nöten der Menschen aus dem Lebenshaus des Seelsorgers, der Gemeinde und der Kirche insgesamt hinausdelegiert wird, was Gott durch die Nöte der Ratsuchenden sagen will. Wenn das Leben der Menschen mit seinen Krisen in der Gemeindeseelsorge nicht mehr zur Sprache kommt, dann erstarren auch Verkündigung und Liturgie zur leeren Hülse, weil sie ihr Pedant, die Diakonie, verloren haben. Seelsorge verdient dann ihren Namen nicht mehr. Deshalb bedeutet Klärung der Zuständigkeit vor allem auch, sich zu fragen, ob ich den anderen überweise, weil es ihm dient oder damit er mich nicht beunruhigt.

4. Wohin und wie überweisen?

Neben persönlichen Kontakten zu Ärzten, Psychologen und Beratern vor Ort ist es für den Seelsorger hilfreich, wenn er sich eine Art „Beratungsführer" mit den wichtigsten Einrichtungen anlegt. In manchen Orten existiert auch ein kirchlicher oder/und kommunaler „Beratungsführer" mit den wichtigsten Adressen. Insbesondere über die kirchlichen Beratungsstellen, wie Ehe- und Familienberatung, Psychosoziale Beratung, Beratung für Mütter in Konfliksituationen, Erziehungsberatung, Telefonseelsorge, Behindertenhilfe und über Einrichtungen wie „Haus für das Leben", „Herberge für Nichtseßhafte" u. ä. sollte man Bescheid wissen und Auskunft geben können.

Damit eine Überweisung vom Gesprächspartner akzeptiert werden kann (vgl. Clinebell 1971, 183 ff.), ist es wichtig, ihn entsprechend darauf einzustimmen, seine emotionalen Blockaden zu bearbeiten, ihn über die andernorts zu erwartende Hilfe zu informieren und womöglich für ihn den ersten Kontakt herzustellen. Er sollte wissen, daß er auch nach einer Überweisung des Interesses und der Bemühung von seiten des Seelsorgers sicher sein kann.

Literatur

AKTION PSYCHISCH KRANKE (Hrsg.): Gestörte Einheit. Informationen über seelische Störungen. Bonn 1984.
BÄRENZ, REINHOLD: Die Trauernden trösten. Für eine zeitgemäße Trauerpastoral. München: Kösel 1983.
BAUMGARTNER, ISIDOR: Psychologie in der Seelsorge? Von der Notwendigkeit, in der Pastoral ‚etwas von der Seele zu verstehen'. In: Fürst, Walter/Baumgartner, Isidor: Leben retten. Was Seelsorge zukunftsfähig macht. München: Kösel 1990.
– : Pastoralpsychologie. Einführung in die Praxis heilender Seelsorge. Düsseldorf: Patmos 1990.
BENESCH, HELLMUTH: dtv-Wörterbuch zur Klinischen Psychologie. 2 Bde., München: Deutscher Taschenbuch Verlag 1981.
CLINEBELL, HOWARD J.: Modelle beratender Seelsorge. München/Mainz: Kaiser/Grünewald 1971.
JUNG, CARL GUSTAV: Gesammelte Werke Bd. 11. Olten/Freiburg: Walter ²1973.
KAST, VERENA: Trauern. Phasen und Chancen des psychischen Prozesses. Stuttgart/Berlin: Kreuz 1982.
KENNEDY, EUGEN: Handbuch der Lebensberatung. Graz/Wien/Köln: Styria 1978.
LANGMAACK, BARBARA/BRAUNE-KRICKAU, MICHAEL: Wie die Gruppe laufen lernt. Anregungen zum Planen und Leiten von Gruppen. Weinheim/Basel: Beltz 1985.
MÜLLER, WUNIBALD: Erkennen – Unterscheiden – Begegnen. Das seelsorgliche Gespräch (Reihe Heilende Seelsorge). Mainz: Grünewald 1990.
PERVIN, LAWRENCE A.: „Bin ich Ich oder bin ich die Situation?" – Eigenschaftstheorie, Situationismus und Interaktionismus. In: Nolting, Hans Peter/Paulus, Peter: Psychologie lernen. Eine Einführung und Anleitung. München/Weinheim: Psychologie Verlags Union 1988, 179 – 198.
PÖLDINGER, WALTER: Die Abschätzung der Suizidalität. Bern/Stuttgart/Wien: Huber 1968.
POHLMEIER, HERMANN: Selbstmord und Selbstmordverhütung. München: Urban und Schwarzenberg ²1983.
PONGRATZ, LUDWIG J.: Lehrbuch der Klinischen Psychologie. Psychologische Grundlagen der Psychotherapie. Göttingen: Verlag für Psychologie 1973.
– : Hauptströmungen der Tiefenpsychologie. Stuttgart: Kröner 1983.
REBELL, WALTER: Psychologisches Grundwissen für Theologen. München: Chr. Kaiser 1988.

RICHTER, HORST EBERHARD: Patient Familie. Entstehung, Struktur und Therapie von Konflikten in Ehe und Familie. Reinbek bei Hamburg: Rowohlt 1970.
RIEMANN, FRITZ: Grundformen der Angst. München/Basel: Ernst Reinhard 1985.
RINGEL, ERWIN (HRSG.): Selbstmordverhütung. Bern/Stuttgart/Wien: Huber ²1984.
SCHARFENBERG, JOACHIM: Einführung in die Pastoralpsychologie. Göttingen: Vandenhoeck & Ruprecht 1985.
SCHNEEWIND, KLAUS A.: Persönlichkeitstheorien, 2 Bde. Darmstadt: wiss. Buchgesellschaft 1982 und 1984.
SCHWERMER, JOSEF: Das helfende Gespräch in der Seelsorge. Paderborn: Bonifatius 1983.
– : Den Menschen verstehen. Eine Einführung in die Psychologie für seelsorgliche Berufe. Paderborn: Bonifatius 1987.
SIMON, ROLAND/BÜHRINGER, GERHARD/HELAS, IRENE/SCHMIDTOBREICK, BERNHARD/ZIEGLER, HERBERT: Jahresstatistik 1988 der ambulanten Beratungs- und Behandlungsstellen für Suchtkranke in der Bundesrepublik Deutschland (Berichtszeitraum 1.1.1988 bis 31.12.1988). EBIS-Berichte Bd. 11. Freiburg/Hamm/Kassel/München 1989.
SPIEGEL, YORICK: Der Prozeß des Trauerns. Analyse und Beratung. München/Mainz: 1973.
SWITZER, DAVID K.: Krisenberatung in der Seelsorge. Situationen und Methoden. München/Mainz: Kaiser/Grünewald 1975.
TÖLLE, RAINER: Psychiatrie. Berlin/Heidelberg/New York/Tokyo: Springer ⁷1985.
VOGEL, GUSTAV L.: Seelenleiden und Seelsorge. Leitfaden der Psychopathologie für den Seelsorger. Freiburg i. Br.: Seelsorge-Verlag 1971.
WATZLAWICK, PAUL/BEAVIN, JANET H./JACKSON, DON D.: Menschliche Kommunikation. Formen, Störungen, Paradoxien. Bern/Stuttgart/Wien: Hans Huber 1969.
WEBER, MAXIMILIAN: Grundfragen der Psychologie. Eine Einführung. München: Bardtenschlager ²1986.

2.1. Personzentrierte seelsorgliche Beratung und Begleitung im Einzelgespräch

PETER F. SCHMID

1. Das Problem oder die Person im Mittelpunkt?
Oder: Beraten hat nichts mit Ratschlägen zu tun

Als ich Pastoralassistent in einer Wiener Studentengemeinde war, kam ein Studentenheimbewohner, den ich vorher nie gesehen hatte, zu mir mit der Frage: „Was muß ich tun, wenn ich kirchlich heiraten will? Meine Freundin ist evangelisch, ich bin katholisch." Irgendetwas hielt mich davon ab, ihm eine Erklärung über sein erforderliches Vorgehen für die konfessionsverschiedene Eheschließung zu geben. Statt dessen sagte ich spontan: „Du willst heiraten?", worauf er seufzte: „Ja, wenn ich das wüßte!" Und dann entwickelte sich ein langes Gespräch über die Beziehung zu seiner Freundin und seine Zweifel, ob er sich dauerhaft mit ihr einlassen wolle. In dem Gespräch spielte die anfangs gestellte Frage nie mehr eine Rolle.

Es ging also bei seiner Gesprächseinleitung nicht um eine (inhaltliche) Auskunft, sondern um eine (emotionale) Kontaktaufnahme. Der Student wollte über sein Problem reden, war sich aber nicht sicher, ob ich der richtige Gesprächspartner für ihn sei. Deshalb wählte er einen unverfänglichen Einstieg. Man kann sich unschwer vorstellen, welche Irrwege das Gespräch mit einer sachlichen Beantwortung genommen hätte.

Wer in der Seelsorge tätig ist, kennt das aus eigener Erfahrung: Die Probleme liegen im persönlichen Bereich, nicht im theoretischen, auf der Gefühls- nicht auf der Wortebene. Bleibt man im Sachlichen, Inhaltlichen, Theologischen, findet man keinen Zugang zur Person, ihren Gefühlen, ihrer Lebenseinstellung und ihrem Glauben. Oft ist schon der Einstieg dazu nicht so einfach wie im oben geschilderten Beispiel, wo der Hilfesuchende unter ziemlichem Problemdruck stand. Es bedarf der behutsamen und kompetenten Herstellung einer hilfreichen Beziehung, des Wachsens von Vertrauen, der Erfahrung echten und annehmenden Interesses für die *Person* dessen, der ein *Problem* hat, und nicht der Zuwendung zum Problem an sich.

Die Frage, wie man jemandem tatsächlich hilft, der sich mit einem Problem um Hilfe an einen wendet oder den man daraufhin anspricht, weil man überzeugt davon ist, daß er Hilfe braucht, beantworten viele mit einer Vorgangsweise, wie sie aus der ärztlichen Therapie vertraut ist: Man versucht, möglichst genau herauszubekommen, was der andere für ein Problem hat (Diagnose), um ihm dann einen oder mehrere geeignet erscheinende Lösungsvorschläge zu machen (Therapie), geht also *problemzentriert* vor.

Ein Beispiel aus der Telefonseelsorge mag dies erläutern. Verbittert und aggressiv klagte eine Frau: „Die Pfarrer predigen immer von der Liebe. Aber ich kenne nur welche, die sich selbst nicht an das halten, was sie sagen. Ich bin in einem katholischen Internat aufgewachsen. Dort ging es um nichts als um Strenge und Macht und darum, wer sich durchsetzt. Da habe ich fürchterliche Erlebnisse gehabt. Gelernt habe ich dort nur Gehorsam, Disziplin und Unterordnung. Aber geredet wurde immer vom *lieben* Gott. Das macht mich ganz wütend und krank, wenn ich nur daran denke. Ich kenne keinen einzigen Priester, der ein heiligmäßiges Leben führt. Ich kann nicht mehr an Gott glauben. Das ist alles falsch und erlogen."

Viele Gesprächsreaktionen sind darauf denkbar. Etwa: „Priester sind auch nur Menschen und selten Heilige. Sie müssen versuchen, zwischen den Fehlern der Menschen und dem Glauben an die Liebe Gottes zu unterscheiden." Oder: „Früher war der Erziehungsstil in vielen Internaten ganz anders als heute. Sie dürfen nicht wegen einiger schlechter Erfahrungen ihren ganzen Glauben ablegen." Oder: „Was waren denn das für schlimme Erfahrungen, die Sie in dem Internat gemacht haben?" Oder: „Vielleicht können Sie auch Verständnis für die Priester aufbringen. Die haben es ja auch oft nicht leicht." Oder: „Sie sollten sich vielleicht einmal mit dem Glauben als Erwachsener auseinandersetzen. Da wird sich dann manches vermeintliche Problem als kindliche Vorstellung erweisen." Oder: „Das ist leider recht häufig, daß schlechte Kindheitserfahrungen so nachwirken. Auch ich bin in einer konfessionellen Schule gewesen und habe viel Schreckliches erlebt. Aber heute weiß ich, daß es auch andere Priester gibt." Oder: „Gott ist die Liebe. Aber er nimmt uns nicht den freien Willen. Daher sind wir alle auch Sünder." Oder: „Vielleicht sollten Sie einmal mit einem Priester darüber sprechen, dem Sie vertrauen können. Das könnte Ihnen darüber hinweghelfen." Oder: „Gibt es einen konkreten Anlaß, warum Ihnen das jetzt wieder eingefallen ist und weswegen Sie anrufen?" usw. Man sieht: es gibt eine Fülle von Möglichkeiten. Allen genannten ist jedoch eines gemeinsam: Sie ignorieren konsequent die deutlich zum Ausdruck gebrachten Gefühle der Frau (Wut, Bitterkeit, Enttäuschung usw.) und das Beziehungsangebot, das in dem Anruf steckt. Sie wenden sich dem Problem und nicht der Frau zu.

Ein *personzentrierter* Gesprächsbeitrag würde ganz anders ansetzen: „Ich spüre, daß Sie nicht an einen lieben Gott glauben können, wenn sie bei Menschen, die sich auf ihn berufen, immer nur Macht und Unterdrückung erlebt haben." Oder: „Sie sehnen sich sehr nach Liebe, aber Sie haben immer nur Enttäuschungen erlebt." Oder: „Diese bitteren Erfahrungen ärgern Sie noch heute." Oder: „Nach diesen Erfahrungen spüren Sie wohl wenig Vertrauen mehr" u. ä. Die Antwort wird nicht zuletzt davon abhängen, wie

75

der Berater oder die Beraterin am Telefon als Person selbst auf die Anruferin reagiert und welche Gefühle er oder sie besonders wahrnehmen. Alle Reaktionen aber haben gemeinsam, daß nicht ein vermeintlicher Experte (für Apologetik, Krisenbewältigung, Lebensfragen, Glauben o. a.) das Problem herauszufinden sucht, um es dann einer Lösung zuzuführen, sondern daß ein vom Gehörten und Gefühlten angesprochener und betroffener Mensch eine emotionale Beziehung herstellt. Statt um Diagnosen, Interpretationen, Vertröstungen, moralisierende oder generalisierende Kommentare oder Ratschläge geht es um eine Beziehung von Person zu Person.

2. Der personzentrierte Ansatz: eine Lebenseinstellung, keine Technik

Der personzentrierte (auch: klientenzentrierte, früher fälschlicherweise auch: gesprächstherapeutische) Ansatz, vom amerikanischen Psychotherapeuten Carl R. Rogers (1902 – 1987) entwickelt und anderen Ansätzen der Pastoral Counseling Bewegung in den USA (vgl. Stollberg 1970) verwandt, ist ein Weg, sich selbst und andere als Personen ernstzunehmen, statt sich den Problemen isoliert von den Betroffenen zuzuwenden.

Der Ansatz hat – besonders wegen seiner Anthropologie, Praxisnähe, Erfahrungsorientiertheit und Verständlichkeit – ausgehend von der Psychotherapie in so gut wie allen helfenden Berufen und besonders auch im pastoralen Bereich eine weite Resonanz und Verbreitung gefunden. Er ist nicht nur durch empirische Forschung gut überprüft, sondern auch ohne lange theoretische Vorbildung erlernbar. Vor allem wegen seines aus existentieller Betroffenheit und sorgfältiger Beobachtung stammenden Menschenbildes, das oft eine beachtliche Nähe zu biblischen Aussagen über den Menschen ausweist, kann der personzentrierte Ansatz hervorragend als Grundlage für die Reflexion über zwischenmenschliches Handeln in der Seelsorge dienen. Leider wurde er dabei nicht selten einfach „christlich vereinnahmt" und oft simplifiziert und mißverständlich zu einer Art leicht erlern- oder trainierbarer Technik verkürzt, also geradezu in sein Gegenteil verkehrt.

Personzentrierte Beziehungen sind hingegen der Ausdruck einer Lebenseinstellung. Sie sind nicht das Resultat einer Reihe von Methoden, sondern der Niederschlag einer Grundhaltung zu sich selbst und zu anderen. „Der personzentrierte Ansatz ist in erster Linie eine Seinsweise (a way of being), die ihren Ausdruck in Einstellungen und Verhaltensweisen findet, die ein wachstumsförderndes Klima schaffen. Wenn diese Philosophie gelebt wird, hilft sie der Person, die Entwicklung ihrer eigenen Kapazitäten zu erweitern" (Rogers 1986).

Daher ist die zentrale Frage die nach der Anthropologie. Personzentrierte Beratung und Begleitung fördert Persönlichkeitsentwicklung. Sie ist die Verwirklichung konkreter Einstellungen und Handlungen aus einem bestimmten Menschenbild. Die grundlegende Annahme dabei ist, daß die Person unermeßliche Ressourcen zum Verständnis ihrer selbst und für konstruktive Veränderungen hinsichtlich Lebenseinstellung und Verhaltensweisen besitzt. Solches Persönlichkeitswachstum wird durch bestimmte, genau beschreibbare Einstellungen – den personzentrierten Grundhaltungen – von seiten der hilfreichen Person in Gang gesetzt und gefördert (vgl. Rogers 1980).

3. Das Menschenbild: die Erfahrung der grundsätzlichen Konstruktivität der menschlichen Natur in der personalen Begegnung

Die zentrale Hypothese lautet: Die menschliche Natur tendiert von sich aus zu konstruktiver Entwicklung, zu Selbstverständnis und Selbstverantwortung, zu immer größerer Reife, zu Selbstbestimmung und Selbstgestaltung des Lebens *(Aktualisierungstendenz),* wenn sie wenigstens ein Mindestmaß an geeigneten Bedingungen – d.h. vor allem personalen Beziehungen – vorfindet. Sie ist vertrauenswürdig und zuverlässig, schöpferisch und konstruktiv, sozial und auf Reife hin ausgerichtet. Der Mensch „hat die Tendenz, seine Möglichkeiten zu werden" (Rogers 1973, 340). Theologisch bedeutet dies ein radikales Ernstmachen mit dem Glauben an die Erlösung, eine Auseinandersetzung, die auch in der Entwicklung von Rogers' eigenem Menschenbild einen wesentlichen Anteil hatte.

Fehlen – aus welchen Gründen immer – die geeigneten Bedingungen für personales Wachstum, kann es zu Störungen und Beeinträchtigungen kommen. Durch die Erfahrung einer personzentrierten Beziehung kann der Prozeß wieder in Gang gesetzt bzw. weiter gefördert werden. Ein Berater wie ein Seelsorger ist, so verstanden, einem Gärtner vergleichbar, der die optimalen Bedingungen für das Wachstum seiner Pflanzen herzustellen sucht, dieses Wachstum (und noch weniger die Art seiner werdenden Pflanzen) aber selbst nicht „machen" kann. In Geduld wartet er schließlich auf die Reife. Dabei steht er aber auch nicht beziehungslos daneben, sondern ist vielmehr höchst aktiv. Seine Tätigkeit ist genau umschreibbar. Ganz ähnlich kann der Berater in einem guten Gespräch die geeignete Atmosphäre für das Wachstum der Person bereiten. Er begleitet den Prozeß aktiv. Die Entwicklung bzw. Veränderung der Person ist aber Aufgabe des Betroffenen selbst. Voll Vertrauen in die Konstruktivität der menschlichen Natur wird ihm der Begleiter Geduld und Respekt entgegenbringen. So wird – bei aller Hilfsbedürftigkeit – Abhängigkeit von vornherein weitestgehend vermieden. *Ziel* ist die „sich selbst verwirklichende und voll verantwortliche Persönlichkeit", der kreative, zu Selbständigkeit und Anpassung fähige, mündige Mensch, der sein Menschsein in personalen Beziehungen – als ein Leben im Sinn des johanneischen „zoe" (vgl. Joh 10, 10) – aus seinen Fähigkeiten und Möglichkeiten heraus immer neu gestaltet.

Der beschriebene Prozeß baut auf zwei wesentlichen Elementen auf: es ist ein erfahrungs- und ein beziehungsorientierter Ansatz. Die *Erfahrung* der *Beziehung* zwischen den beiden Personen gibt dem Hilfesuchenden die Möglichkeit, sich selbst umfassender wahrzunehmen, zu spüren und zu verstehen und so neue Einsichten zu gewinnen und neue Möglichkeiten für sich zu sehen. Er kann in der Zuwendung zum aktuellen gegenwärtigen Erleben in der Beziehung, das ihm angstfreier möglich gemacht wird als sonst, sich auf neue Gefühlswahrnehmungen und Erfahrungen einlassen, um mehr „der zu werden, der er ist" (vgl. Pindar, Kierkegaard). So geschieht eine korrektive Erfahrung. Die Beziehung zwischen den beiden ist nicht die Voraussetzung, auf der dann „die eigentliche Hilfe" durch den Fachmann aufbauen kann; die Beziehung ist nicht Mittel zum Zweck. Die Erfahrung personaler Begegnung *ist* die Hilfe. Die Person bringt sich selbst ins Spiel, nicht Mittel oder Methoden. „Alles wirkliche Leben ist Begegnung", drückt es Martin Buber aus. „Alles Mittel ist Hindernis. Nur, wo alles Mittel zerfallen ist, geschieht Begegnung" (Buber 1974, 18f.). Theologisch gesehen geschieht in einer solchen Haltung die Fortsetzung des Beziehungsangebotes Gottes als Fundament einer als Begegnung und nicht als Belehrung und Betreuung verstandenen Seelsorge.

4. Die Grundhaltungen personzentrierter Beziehungen: Wahrhaftigkeit, wertschätzende Anteilnahme, einfühlendes Verstehen

Die personzentrierten Grundhaltungen, die eine solche Beziehung prägen, sind eine Konsequenz aus der skizzierten Anthropologie. Zusammen bilden sie als Einstellung die Basis für hilfreiches Verhalten und somit für konstruktive Persönlichkeitsentwicklung. Dabei ist entscheidend, daß diese Haltungen von der Person des Beraters nicht nur seinem Gesprächspartner, sondern auch sich selbst gegenüber eingenommen werden und so die Beziehung beider zueinander und jedes der beiden zu sich selbst prägen. Sie sollen hier kurz zusammen mit ihrer praktisch-theologischen Relevanz skizziert werden.

Die zweifellos wichtigste Haltung in der personalen Begegnung ist die *Wahrhaftigkeit,* ja sie konstituiert eine solche eigentlich erst: Ein aufrichtiger, offener, transparenter Mensch ist kongruent, d.h. bei ihm stimmen inneres Erleben und äußeres Verhalten überein; er trägt keine (z.B. professionelle) Fassade zur Schau, spielt und macht sich und anderen nichts vor, zeigt sich als der, der er ist; kurz: er wird als glaubwürdig erlebt. Nicht die Funktion, die Rolle, das Amt oder die Aufgabe stehen im Vordergrund, sondern die Person in ihrer Authentizität. Eine solche Haltung der Echtheit wirkt ansteckend und nimmt die Angst davor, sich bloßzustellen, sich mit der Wahrheit zu konfrontieren, Gefühle und Einstellungen bewußt werden zu lassen. Sie fördert Kreativität und Verantwortungsbewußtsein. Ein hohes Ausmaß an Bewußtheit und Selbsterfahrung sind die unabdingbaren Voraussetzungen für Glaubwürdigkeit. Es ist die Wahrheit, die freimacht (Joh 8,32).

Die beschriebene Haltung möglichst weitgehender Kongruenz ist aber nur möglich, wenn die Person ihre eigenen Einstellungen und Gefühle, ebenso wie die des anderen anzunehmen, ja mehr noch: zu schätzen bereit ist. Diese Grundhaltung der *wertschätzenden Anteilnahme* bedeutet, daß eine bedingungslose und positive Zuwendung zur Person stattfindet und sie akzeptiert wird, wie sie ist. Eine solche nichtbesitzergreifende Wärme vermindert Abwehr und Angst und fördert Vertrauen (und damit Glauben), (Selbst-)Akzeptanz und Selbstwertgefühl. Akzeptieren schließt moralische Beurteilungen ebenso wie diagnostizierendes oder interpretierendes Verhalten aus. Die Andersartigkeit des anderen (bzw. eigener bislang unbekannter Einstellungen) wird nicht als bedrohliche Fremdheit abgewehrt: Nicht nur als positiv eingeschätzte und erwünschte Verhaltensweisen und Einstellungen, sondern alle, auch die defensiven, verletzlichen, „negativen" Gefühle werden angenommen, ja anerkannt – im Vertrauen darauf, daß das Potential zum Wachstum der Person zu weiterer und differenzierter Selbstwahrnehmung und dadurch zu Veränderung führt. Diese Achtung vor der Person bedeutet aber auch mehr als „bloße" Sympathie oder Toleranz; sie duldet das Anderssein des anderen nicht nur, sie erlebt es als Bereicherung der eigenen Person. Rogers selbst hat diese Haltung mehrfach mit der christlichen Agape verglichen (vgl. Schmid 1989, 282). Und nicht weniger als „einander anzunehmen, wie Christus uns angenommen hat, zur Ehre Gottes" (Röm 15, 7) ist im Kontext der Seelsorge gefordert und damit das „in Christus an uns ergangene Ja Gottes" (2 Kor 1), die in Christus bereits geschehene Versöhnung (2 Kor 5) auszusprechen.

Ein solches „An-Teil-Nehmen" und eine solche „Wert-Schätzung" sind aber wiederum nur möglich, wenn durch *einfühlendes Verstehen* ein Zugang zur inneren Erlebenswelt ermöglicht wurde und diese Empathie dann auch kommuniziert (d. h. bei einem Gespräch meist: verbalisiert) wird. Und umgekehrt: Das Akzeptieren fördert Empathie – eine Grundhaltung, die im Hebräerbrief dem Hohenpriester Christus zugeschrieben wird: Er kann „mitfühlen, da er auch selbst der Schwachheit unterworfen ist" (5,2). Voraussetzung für Empathie ist das „aktive Zuhören", das heißt ein Zuhören, das auf die eigenen Gefühle und Empfindungen wie auf die des anderen hört und nicht auf der Sachebene stehenbleibt. Es hört darauf, was jemand meint und eigentlich kommunizieren will und nicht bloß darauf, was jemand mit Worten sagt. Das so auf der emotionalen Ebene Wahrgenommene wird durch die Verbalisierung dem Bewußtsein weiter zugänglich: Die Gefühle kommen zur Sprache. (Dieser empathische Prozeß wurde in krassem Mißverständnis als Rezept mißinterpretiert und als eine „Technik des Spiegelns" in Form einer Art Wiederholung des vom Gesprächspartner Gesagten propagiert. Dagegen wurde der berechtigte Einwand erhoben, daß dies keinen Dialog, sondern in Wahrheit eine sich selbst distanzierende Einstellung anzeige). Der Versuch, einen anderen von innen heraus („aus dem inneren Bezugsrahmen") so zu verstehen, wie er sich selbst sieht, statt ihn von außen her zu beurteilen, enthält ein gewaltiges Veränderungspotential, weil er dazu führt, daß der andere sich selbst gegenüber eine ähnliche Haltung einnimmt: Durch immer stärkeres Interesse für die Wahrnehmung der jeweils unmittelbar gegenwärtigen eigenen inneren Erlebensvorgänge *(„Selbstexploration")* kommt es zur vermehrten aktiven und lebendigen Selbst-Wahrnehmung und Selbst-Erfahrung und damit auch zur Mobilisierung des Potentials an Selbsthilfe durch Bewußtwerden eines größeren Spielraums an Möglichkeiten, mit seinen Konflikten und seinem Leben insgesamt umzugehen – eine Hilfe zur Selbsthilfe, wie sie auch das II. Vatikanum (Apostolicam Actuositatem 8) fordert.

Die beschriebenen personzentrierten Einstellungen bilden eine Einheit und sind nur in ihrem Zusammenwirken hilfreich als *eine* Grundhaltung der Person. Jedenfalls werden sie nur dann als hilfreich erlebt, wenn sie von einer als echt wahrgenommenen Person erfahren werden.

5. Personzentriertes Lernen
oder: Sich ändern, um andere zu ändern

Jeder Seelsorger fände es grotesk, wenn einer auf den Gedanken käme, pastorale Handlungen wie etwa Sakramentenspendung oder Predigt könnten in einem Wochenendkurs oder aus einem Buch erlernt werden. Und wer über den Witz lacht, daß es unverständlich sei, warum die Ausbildung zum Priester jahrelang dauere, wo doch das Messelesen nicht so kompliziert sei, daß man es nicht auch in ein paar Tagen erlernen könne, lacht dabei über die Unterstellung, man bräuchte nur ein paar Handlungsanweisungen zu erhalten und schon würde man das Geschehen beherrschen. Doch gerade im Bereich der pastoralen Beratung gibt es – wohl auch unter dem Druck von Anforderung und Erwartung – immer noch weit verbreitet die Ansicht, Gesprächsführung und Beratung sei eine Ansammlung einiger Methoden und Techniken und könne in Kurzseminaren oder gar aus Büchern erlernt werden.

Aus den Überlegungen zum personzentrierten Menschenbild und seinen Beziehungseinstellungen ist aber wohl deutlich geworden, daß das Lernen personzentrierter Haltungen eine Frage der *Entwicklung der eigenen Person* ist. Es kann nicht darum gehen, was man auf welche Frage sagt oder wie man auf ein bestimmtes Problem am besten eingeht, sondern darum, wie man seine eigene Person ins Spiel bringen und eine als hilfreich erfahrbare Beziehung herstellen kann. Es gilt nicht, sich Methoden anzueignen, sondern sich selbst in einem kontinuierlichen Lernprozeß zu ändern. Und wie für die Hilfe für andere gilt für die „Selbst-Erfahrung", daß *Verändern durch Verstehen* geschieht. Auch hier trifft zu: „Um zu handeln, muß man sein", ein Lao-tse-Zitat, das Rogers gerne gebrauchte (z. B. Rogers 1973, 64).

Um es noch einmal am Beispiel der Telefon-Anruferin zu zeigen: Wird sie jemanden finden, der sich ihren Gefühlen zuwendet, ihrer Verbitterung, ihrer aufgestauten Wut, ihren schlechten (und natürlich dann auch ihren guten) Erfahrungen? Wird sie jemanden finden, bei dem sie die Liebe, die sie entbehrt hat, erlebt – als „eine Art der Zuneigung, die Kraft hat" (Rogers 1977, 186) – oder nur jemanden, der schön davon spricht, aber letztlich der Serie ihrer Enttäuschungen eine weitere hinzufügt?

6. Hinweise, Ausbildung, weiterführende Literatur

Aufgrund der gebotenen Kürze kann hier auf vieles nicht eingegangen werden (u. a. Prozeßbeschreibungen personzentrierter Beratungen, Probleme bei längerfristigen Beratungsbeziehungen, theoretische Aspekte, empirische Untersuchungen und Forschungsergebnisse, Kritik am personzentrierten Ansatz, theologische Auseinandersetzung, die beispielhafte Analyse einer Beratung) und muß dem Verweis auf einschlägige Literatur überlassen bleiben. Zur Einführung werden insbesondere Rogers 1973, Kroeger, Mearns/Thorne, Merry und Schmid (mit ausführlichen Literaturangaben, auch zu Einzelthemen) empfohlen.

Fundierte einschlägige Ausbildungen dauern Jahre; das im pastoralen Bereich dafür eigens entwickelte „Klinisch-pastorale Training (CPT)" kann dabei entscheidende Impulse liefern. Für den pastoralen Berater ist eine regelmäßige begleitende Supervision zur Reflexion des eigenen Handelns und der Person unabdingbar. Informationen über solche Aus- und Fortbildungen gibt es bei der Deutschen Gesellschaft für Pastoralpsychologie (D-6000 Frankfurt/M. 71, Im Mainfeld 8), der GwG (D-5000 Köln 1, Richard Wagner Str. 12), der SGGT/SPCP (CH-8400 Winthertur, Brühlbergstr. 56), der ÖGwG (A-4020 Linz, Marienstr. 4) sowie der apg (A-1050 Wien, Castellig 5).

Literatur

ARBEITSGEMEINSCHAFT PERSONENZENTRIERTE GESPRÄCHSFÜHRUNG (Hrsg.): Persönlichkeitsentwicklung durch Begegnung: das personenzentrierte Konzept in Psychotherapie, Erziehung und Wissenschaft. Wien: Deuticke 1984.
BUBER, MARTIN: Ich und Du. Heidelberg: L. Schneider [8]1974.
KROEGER, MATTHIAS: Themenzentrierte Seelsorge. Stuttgart: Kohlhammer [3]1983.
MEARNS, DAVE/THORNE, BRIAN: Person-centred counselling in action. London: Sage 1988.
MERRY, TONY: A guide to the person-centred approach. London: AHP 1988.

ROGERS, CARL: Entwicklung der Persönlichkeit. Stuttgart: Klett 1973.
— : Die zwischenmenschliche Beziehung: das tragende Element in der Therapie. In: Therapeut und Klient. München: Kindler 1977, 180–196.
— : Client-centered psychotherapy. In: Kaplan/Sadock/Freedman (Hrsg.): Comprehensive textbook of psychiatry III. Baltimore: Williams & Wilkins 1980, 2153–2168.
— : A client-centered/person-centered approach to therapy. In: Kutash/Wolf (Hrsg.): Psychotherapist's casebook. San Francisco: Jossey Bass 1986.
SCHMID, PETER F.: Personale Begegnung: der personzentrierte Ansatz in Psychotherapie, Beratung, Gruppenarbeit und Seelsorge. Würzburg: Echter 1989.
STICH, HELMUT: Kernstrukturen menschlicher Begegnung. München: Johannes Berchmans 1977.
STOLLBERG, DIETRICH: Therapeutische Seelsorge. München: Kaiser 1970.

2.2. Personzentrierte seelsorgliche Beratung und Begleitung in der Gruppe

PETER F. SCHMID

1. Gemeindearbeit ist Gruppenarbeit

Man kann sich das Pfingstgeschehen im Kreis der Zwölf als ein Gruppen-Erlebnis vorstellen: Die zuvor Verschüchterten, Verängstigten und Verstreuten waren zusammengekommen, um einige Zeit intensiv miteinander zu verbringen, zu beraten und zu beten. Und in der Folge geschah es: Aus mutlosen und sprachlosen Menschen wurden auf einmal mutige und sprachgewaltige Prediger. Aus unverständigen Männern und Frauen wurden plötzlich Redner, deren Zeugnis in verschiedenen Sprachen verstanden wurde. Etwas wie Wind und Feuer hatte sie ergriffen, und ein neuer Geist beseelte sie. Sie waren von diesem Geschehen so euphorisch und berauscht, daß man sie glatt für betrunken hielt. Wer ihre Worte hörte, war tief betroffen und wurde angesteckt von ihrem Geist. Und es war für die Beteiligten keine Frage, daß es heiliger Geist war (Apg 1 f.). Das Erlebnis hatte bei aller Ernüchterung schließlich nachhaltige Wirkung. Aus dieser Kleingruppe wuchs die Kirche.

Die Seelsorger als Nachfolger dieser von der Dynamik der Gruppe Ergriffenen haben immer schon in und mit Gruppen gearbeitet. Kirche ist nicht eine Menge einzelner Glaubender; Kirche als Gemeinde ist Gruppe. Sie ist ein Ort der Begegnung (engl. „encounter"). Niemand der von dieser pfingstlichen Dynamik Belebten kam auf die Idee, bei der „Selbst-Erfahrung" stehenzubleiben: Der Geist, der sie ergriffen hatte, drängte selbstverständlich nach weiterer Kommunikation, Begegnung, Verkündigung. Kein Wunder, daß sie denen, die sie tauften, bekehrten, begeisterten und heilten, den Auftrag gaben, selbst Gemeinden, also Gruppen zu bilden – eine Einrichtung, die sich bewährte und als heilsam erwies: Sie war nicht nur Mittel gegen Einsamkeit, Vereinzelung und Einheitlichkeit; sie war auch der Ort für alles Tun in Liturgie, Verkündigung und Diakonie, die Quelle für Heiligung, Heil und Heilung.

Nicht ganz zweitausend Jahre später entdeckte letzteres auch die Psychotherapie. Und in der Kirche begann man, sich alter Erfahrungen zu besinnen.

2. Gruppen-Dynamik als Chance und Gefahr für die Person

Es mag trivial klingen: Der Unterschied zwischen einem Gespräch zu zweit und einem Gespräch in der Gruppe ist die Anzahl der Personen und damit die der möglichen Beziehungen. Nimmt man aber den Ansatz ernst, daß es nicht das Fachwissen eines Experten, sondern die als korrektiv erfahrbare Beziehung ist, die Persönlichkeitsveränderung möglich macht (vgl. dazu den vorangehenden Beitrag über personzentrierte Beratung im Einzelgespräch), so wird deutlich, um wieviel mehr Veränderungspotential in einer Gruppe als in einer Einzelbeziehung steckt. Dies birgt Chancen und Gefahren für den Gruppenteilnehmer.

Es gibt zahlreiche – meist aus schlechten Erfahrungen stammende – Vorbehalte gegenüber der „Gruppendynamik". Unter anderem wird damit manipulierendes Verhalten des Gruppenleiters, Gruppendruck und Zwang zur Gleichförmigkeit, Verantwortungslosigkeit („Jeder ist nur für sich selbst verantwortlich"), „Seelenstriptease" (eine Art öffentlicher Beichte) und psychische Überforderung des einzelnen (wenn Probleme „angerissen", aber nicht aufgearbeitet werden) u.ä. assoziiert. Natürlich ist Gruppe nicht gleich Gruppe, und es hängt wesentlich vom Leitungsstil (und dem ihm zugrundliegenden Menschenbild) ab, wie die Gruppe arbeitet und wie die Teilnehmer miteinander umgehen, *welche* Dynamik also in der Gruppe gefördert wird.

Tatsächlich gibt es nicht wenige Menschen, die in solchen Gruppen verletzt wurden und denen sie mehr geschadet als genützt haben. Dies hängt u.a. damit zusammen, daß gruppendynamische Veranstaltungen, gerade oft auch im kirchlichen Raum, von nicht oder nur unzureichend Ausgebildeten als Spielwiese für ihre Selbstbestätigung verwendet werden. Dabei wird manchmal dogmatisch nach sogenannten Gruppenregeln unter Mißachtung der Personwürde umgegangen; allerlei „gruppendynamische Spiele" bieten Gelegenheit zu Manipulation und Schein-Einsichten. Bei geeigneten Bedingungen jedoch kann eine Gruppe weiterreichendere Chancen für Persönlichkeitsentwicklung bieten, als dies eine Einzelberatung vermag: durch die Vielzahl an Beziehungen, durch die an die Familie erinnernde Geborgenheit, durch die relative Sicherheit, die Mut zum Risiko gibt, durch den Verstärkungseffekt und die (beschränkte) Öffentlichkeit, die ihr im Unterschied zu der „isolierten" Beratungsbeziehung zu zweit zukommt (was man in der Gruppe sagt, setzt man damit gleichzeitig einer gewissen Öffentlichkeit, d.h. möglichen unmittelbaren Reaktionen der anderen Gruppenmitglieder, aus) u.a. In der Gruppe kann der dialogisch-partnerschaftliche Charakter der Beratung besonders deutlich zum Ausdruck kommen.

Ein weiterer Unterschied zum Einzelgespräch: In eine Gruppe, wie immer sie sich nennt, kommen Menschen auch dann, wenn sie sich nicht unbedingt als Hilfsbedürftige erleben, während ein Berater meist nur bei ausgesprochenem Leidensdruck aufgesucht wird. In der Gruppe kommen die Menschen, um zu lernen – über sich und über andere. Auch und gerade in der Kirche und ihrem Umfeld.

3. Die Gruppe als Beziehungsgemeinschaft

Die Gruppe ist ein hervorragender Ort menschlicher Begegnung. Im Amerikanischen heißen solche Gruppen, deren Ziel die Bereicherung und Erweiterung der eigenen Entwicklung in Beziehungen ist, „Encounter-", also „Begegnungsgruppen" (vgl. Rogers 1974), ein Ausdruck, der unmißverständlicher ist als das bei uns gebräuchliche „Sensitivity-Training" oder „Selbsterfahrungs-Gruppe" (der man dann als Zweck den „Ego-Trip" unterstellt).

Jede Gruppe ist eine Beziehungsgemeinschaft: Beziehungen wirken ansteckend. Herrscht in einer Gemeinschaft oder Gruppe allgemein ein verschlossenes oder durch Mißtrauen geprägtes Klima, so wird sich dies auf den einzelnen ebenso übertragen, wie im umgekehrten Fall: Ein Klima der Offenheit und weitgehenden Angstfreiheit bietet die Voraussetzung für konstruktive Veränderungen der Personen in dieser Gemeinschaft.

Die Gruppe bietet eine hervorragende *Lernmöglichkeit für personzentrierte Einstellungen* in Beziehungen. Wenn die Gruppenteilnehmer einander als Personen („jenseits" ihres Geschlechts, ihres Standes – Kleriker oder Laien –, ihrer Lebensform – zölibatär, verheiratet usw. –, ihres Bildungsgrades, ihrer Berufe, Funktionen, Ämter usw.) akzeptieren, haben sie es nicht länger notwendig, defensive Fassaden aufrechtzuerhalten und können einander wahrhaftiger als die Personen begegnen, die sie sind – eine befreiende Erfahrung. Die gegenseitige Wertschätzung und Achtung wird gesteigert, und eine offenere Kommunikation findet statt. Sie schließt den Austausch über das emotionale Erleben mit ein. Es wird erfahrbar, daß die Beziehung von Person zu Person nicht nur in der speziellen Einzelbeziehung mit einem extra dafür ausgebildeten Berater möglich ist, sondern von jedem und jeder in der Gruppe zueinander hergestellt werden kann.

Eine in einer verständnisvollen Beziehung stattfindende echte Kommunikation über unmittelbar gegenwärtige Gefühlsreaktionen ist dann auch eine Form des *„feedbacks"* (Rückmeldung darüber, wie andere einen erleben), das meist nicht als bedrohlich erlebt wird und daher nicht abgewehrt werden muß. Gleiches gilt für Rückmeldungen der eigenen Person gegenüber *(Selbstwahrnehmung und Selbsterfahrung).* „Das eigene unmittelbare Erleben, die lebendige Einsicht, ist eine fähige Autorität, auf die man zurückgreifen kann, um dem Sinn des eigenen Lebens näherzukommen." (Wood 1988, 141). Kairologisch verstanden: Die rechte Zeit zu einem Neubeginn, zur Umkehr (Mk 1, 15) ist immer im Hier und Jetzt (2 Kor 6, 2).

Die dadurch gegebene Möglichkeit zu einer *unstrukturierten und freien*

Interaktion ist tatsächlich eine seltene Gelegenheit in unserer Gesellschaft (inklusive der vielen „Gruppendynamik-Seminare"). Sie basiert auf dem gegenseitig von den Gruppenmitgliedern (den „Leiter" eingeschlossen) einander entgegengebrachten Vertrauen, fähig und willens zu sein, offen und konstruktiv miteinander umzugehen. Deshalb sind solche Gruppen so weit wie möglich ohne vorgegebene Struktur: Es gibt kein vorbestimmtes Thema, keine Tagesordnung, keine Rednerliste, keinen Organisationsplan. Die Gruppenmitglieder selbst sind das Thema. Sie können „in einer zutiefst aufrichtigen und relativ unzensurierten und subjektiven Weise zueinander in Beziehung treten" (Wood 1988, 140). Beziehungen können dann authentisch und autonom gestaltet werden, wenn sie nicht nach einem vorgegebenen Muster oder Schema abzulaufen haben. Es bedarf allerdings einigen Mutes, sich auf die dafür erforderliche unstrukturierte Arbeitsweise der Gruppe einzulassen. Die Versuchung, Führung zu verlangen oder die Führungsrolle zu übernehmen, ist, besonders wenn Schwierigkeiten drohen, groß. Hier setzt eine der Hauptaufgaben eines verantwortungsvollen Gruppen-„Leiters" ein.

4. Die Gruppe als Erfahrungs- und Lerngemeinschaft

Die Gruppe bietet als *Erfahrungsgemeinschaft* die Möglichkeit zu einer Reduktion der Abwehr und zu größerer Freiheit des Ausdrucks durch ein Klima relativer Sicherheit. Durch wachsendes wechselseitiges Vertrauen wird das Erlebnis von Veränderungen als weniger bedrohlich wahrgenommen. Die Fähigkeit, einander zu verstehen und voneinander zu lernen, steigt. Je mehr die Beteiligten einander als Personen akzeptieren, umso offener wird die Kommunikation. Die Wiederholung „eingefahrener" Verhaltensweisen nimmt ab, innovative Ideen und kreatives Verhalten werden geschätzt und nehmen zu; die Teilnehmer beginnen, neues Verhalten auszuprobieren (vgl. Rogers 1974, 14 f.).

Wenn sich die Gruppenteilnehmer einander mitteilen (statt übereinander zu reden oder einander und den Gruppenprozeß zu interpretieren), so führt das zur Erfahrung von Solidarität *und* Individualität. „Der offene und ehrliche Austausch von Gedanken, Gefühlen, Phantasien und persönlichen Erfahrungen durch die Gruppenmitglieder kann nicht nur eine größere Selbst-Bewußtheit, sondern auch eine gesteigerte Selbstachtung zur Folge haben: Man betrachtet sich nicht länger als anders aufgrund seiner speziellen Schwächen, sondern als einzigartig dank seiner persönlichen Stärken. (Wir Menschen sind selten so gut, wie wir uns einbilden, aber vielleicht besser als wir meinen.)" (Wood 1988, 141).

Egal, ob es in den Gruppen vorrangig explizit um die Beziehung und das Erleben der Teilnehmer zu- und untereinander („hier und jetzt") geht oder ob die Beiträge in der Gruppe in erster Linie Bearbeitungen von Lebensproblemen der einzelnen („dort und damals") gewidmet sind, immer ist das Erleben (in) der Beziehung das „therapeutische" Element – nicht als Grundlage für irgendwelche Deutungen, Interpretationen oder Ratschläge, sondern als korrektives Erfahrungsgeschehen und somit Bestandteil persönlichkeitsverändernder Entwicklung.

All dies zeigt: Eine solche Gruppe wird zur *Lerngemeinschaft*. In der Arbeit einer Gruppe ist – im Unterschied zur Einzelberatung – wesentlich, daß die Möglichkeit besteht, allmählich füreinander hilfreiche Einstellungen und solidarisches Verhalten zu entwickeln und so Gemeinschaft und Gemeindebildung zu lernen. Signifikantes, d. h. auch emotional-affektives und nicht nur rationales Lernen findet statt. Die Person lernt als ganze und die Gruppe lernt als ganze. Deshalb ist die Gruppe auch hervorragend für Ausbildungsveranstaltungen geeignet.

5. Der Gruppen-„Leiter" als Modell und Förderer authentischer Beziehungen

Ein solches Gruppengeschehen setzt allerdings ein ganz anderes Selbstverständnis des Gruppen-„Leiters" voraus, als man es üblicherweise mit diesem Wort verbindet und auch in zahlreichen „gruppendynamischen Veranstaltungen" verschiedenster Orientierung antrifft. Schon die Rede vom „Leiter" ist problematisch, weist sie doch allzu sehr auf traditionelle (direktive) Führungsaufgaben und -qualitäten hin. Leider findet sich im Deutschen kein dem amerikanischen Ausdruck *facilitator* entsprechendes Wort, das darauf hindeutet, daß es seine oder ihre Aufgabe ist, etwas „leichter zu machen" („facilis"), d. h. zu fördern. (Auch „Katalysator" ist unzutreffend, weil man darunter eigentlich etwas versteht, das zwar einen Prozeß ermöglicht, selbst aber nicht mitreagiert.) Rogers beschreibt den „facilitator" als eine aktive, beteiligte, „den Prozeß fördernde Person", „wirkungsvoll in der Kunst der zwischenmenschlichen Beziehungen" (Rogers 1974, 50).

Aufgabe des Gruppen-„Leiters" ist es nicht, durch besondere Techniken, wie Abstinenz oder Interpretationen, Anleitung zu „gruppendynamischen Spielen" und Übungen, gezieltes Schweigen oder sonstige manipulative Verfahren, den Gruppenprozeß zu kontrollieren oder zu lenken. Seine entscheidende Aufgabe (und damit seine Existenzberechtigung) ist es, dem Gruppenprozeß zu vertrauen und damit allenfalls zu verhindern, daß sich einer der anderen Teilnehmer die Rolle des Fachmanns für die Gruppenleitung anmaßt. Darin – also, wenn man so will, als „Experte dafür, Nicht-Experte zu sein" – liegt seine Kunst. Indem er die ihm zugeschriebene Rolle als Fachmann für richtiges Verhalten oder psychologischer Interpret des Gruppengeschehens (eine beliebte Versuchung: da ist einer, der alles durchschaut) ablehnt, gibt er zu verstehen, daß jeder sein eigener Fachmann, selbst kompetenter Experte für die Bewältigung von Problemen, ja des Lebens insgesamt ist. Der Gruppen-„Leiter" selbst ist ebenso Gruppenteilnehmer wie alle anderen; es steht weder außerhalb noch über der Gruppe, sondern ist ein Teil von ihr und beteiligt sich wie alle anderen. Seine Aufgabe ist im besten Sinn des Wortes ein Dienst an der Gruppe, theologisch ein Dienst an der Gemeinde, eine diakonische Aufgabe (vgl. Schmid 1989, 217–226).

So trägt er zu einer Atmosphäre bei, die erfrischend frei ist von Regeln, von der „Tyrannei des Sollens" (Devonshire 1976, 79), d.h. von dem „was man zu tun hat und was man nicht zu tun hat", von Dogmen, Konventionen und Zwängen und daher von Anpassung und Nachahmung. Statt dessen stehen authentisches und innovatives Verhalten im Vordergrund, Risikobereitschaft und Vertrauen, wechselseitige Unterstützung und Solidarität.

Wie beim Berater im Einzelgespräch erreicht er seine Aufgabe besser damit, selbst wahrhaftig, annehmend und einfühlsam zu sein (vgl. die personzentrierten Grundhaltungen im vorangehenden Beitrag) als viel darüber zu reden oder gar dieses Verhalten von den anderen einzufordern. Seine Aufgabe ist das gerade Gegenteil passiven oder unbeteiligten Verhaltens; er hört nicht nur aktiv, d.h. unter Beteiligung seiner eigenen Person inklusive seines emotionalen Erlebens, zu und folgt ebenso aktiv dem Gruppengeschehen; durch seine Art, in der Gruppe zu sein, bietet er geradezu ein *Modell* für die anderen Gruppenteilnehmer. Freilich führt das – autoritätsfixiert, wie viele in Gesellschaft und Kirche nach wie vor orientiert, weil so erzogen, sind – zunächst oft zu Nachahmung und Kopie, oft erst in weiterer Folge zu eigenständiger, kreativer Beteiligung. Aber je weniger der Gruppen-„Leiter" der Versuchung erliegt, dies zu interpretieren (und sich so neuerlich als Autorität aufzuspielen, der gegenüber bevorzugt Unterordnung oder Opposition gewählt werden) und je mehr er statt dessen zu verstehen sucht, umso weniger wird sich das traditionelle Schema von Abhängigkeit und Gegenabhängigkeit, das nicht wenige doktrinär als fixen und notwendigen Gruppenverlauf behaupten, tatsächlich abspielen. Allerdings werden jene Gruppen-„Leiter", die sich, beabsichtigt oder nicht, gern ihre Kompetenz durch andere bestätigen lassen, selbst immer wieder solche Abhängigkeiten provozieren (und sie dann den Teilnehmern als deren Unreife unterstellen).

Die Art, wie der Gruppen-„Leiter" mit der Macht umgeht – „Spielt nicht die Herren über die euch Anvertrauten, sondern seid Vorbild" (1 Petr 5, 3), wie Jesus mit seinem Dienst ein Beispiel gegeben hat (Joh 13, 15) –, ist also die entscheidende Frage. Je ängstlicher er kontrollierend und dirigistisch das Gruppengeschehen zu steuern sucht und je weniger er im Vertrauen auf die konstruktive Potenz des einzelnen und der Gruppe die Potenz allein für sich reklamiert, umso weniger werden die aus Alltag und Gruppe wohlbekannten „Machtspiele" stattfinden. Ist er eine – im besten

Sinn des Wortes – mächtige Person, hat er es nicht nötig, anderen Macht abzusprechen oder nach seinem Gutdünken zuzuteilen. Kann er es sich leisten, auf allerei Spiele und Techniken als Machtinstrumente zu verzichten, so werden auch die Teilnehmer lernen, auf sich selbst und andere als Personen und nicht auf Techniken und Methoden zu vertrauen.

Der Gruppen-„Leiter" – und auch das ist ein nicht zu unterschätzender Vorteil in der Gruppe – kann, weil er nicht einziger Beziehungspartner ist und auch die anderen Gruppenteilnehmer ihr Potential an Hilfe zur Verfügung stellen, sich selbst stärker als im Einzelgespräch als die Person einbringen, die er, auch unabhängig vom aktuellen Gruppengeschehen, ist. So kann er für die Gruppe in noch stärkerem Maß Beispiel für Offenheit und Risikobereitschaft, auch im Umgang mit Fehlern und dem Lernen daraus, sein. Ähnliche Vorteile bietet es, eine Gruppe zu zweit zu „leiten".

6. Gruppen in der Gemeindearbeit: gemeinsam wachsen und solidarisch Verantwortung übernehmen

Es gibt eine Fülle von Möglichkeiten, solche Begegnungsgruppen im Rahmen der Seelsorge zu veranstalten. Dazu bieten sich zunächst einmal die traditionellen Formen der Gruppenarbeit, wie Sakramentenkatechese, Erwachsenenbildung, Gebets- und Meditationsgruppen, Arbeit mit Alters- oder Berufsgruppen usw. an: Ehe- und Familienrunden können auf diese Weise eine neue Dynamik entwickeln, in der etwa längere Zeit bestehende Partnerschaften vertieft werden und zu einer neuen Intimität finden. Oft gelingt es erst und gerade in Gruppen, das gar nicht so leichte und selbstverständliche offene Gespräch zwischen den Partnern (wieder) zu ermöglichen. Ähnliches gilt für Ehevorbereitungsgruppen. Auch sonst in der Kirche gezwungenermaßen ein Schattendasein oder ein erzwungenes Versteckspiel führende Personengruppen, wie beispielsweise unverheiratete Paare oder wiederverheiratete Geschiedene, können in solche Gruppen integriert werden. Selbstverständlich kann auch die Arbeit mit Kindern als eine Begegnung von Mensch zu Mensch statt vorrangig als das Verhältnis Erwachsener-Kind oder Schüler-Lehrer gestaltet werden. Manche dieser Gruppen in der Gemeinde werden stärker thematisch und strukturiert, andere offener und explizit auf die Gruppenbeziehungen ausgerichtet sein. Niemandem – weder dem Gruppen-„Leiter" noch den Teilnehmern – sollte eine Form aufgezwungen werden, die sie überfordert.

Ein weiteres wichtiges Feld für eine auf Begegnung hin offene Arbeit ist die Gruppe der Mitarbeiter in der Seelsorge. Weil Seelsorger und Seelsorgerinnen viel mit Menschen arbeiten, bedürfen sie selbst eines Raumes, in dem sie offen miteinander kommunizieren können und so sein dürfen, wie sie sind. Nicht nur das Austragen der unvermeidlichen Konflikte bei der Zusammenarbeit, sondern auch das Gefühl der Solidarität im pastoralen

Alltag kann auf diese Weise stark gefördert werden. Solche Möglichkeiten, miteinander einfach das Leben zu teilen, sollten tunlichst von Arbeitsgesprächen getrennt werden, damit auch wirklich der Raum für ungeplante Gespräche und „zweckfreie" Kommunikation gegeben ist und diese nicht auf Grund von „Arbeitsnotwendigkeiten" zu kurz kommen. Eine solche Gruppe ist nicht nur ein „Korrektiv gegen Aktionismus und Routine" (Müller 1989, 89), hier passiert auch ein Stück kollegialer Seelsorge am Seelsorger.

Schließlich können erfahrene Seelsorger auch noch in stärkerem Maße unstrukturierte Gruppen (ohne ein anderes Ziel, als Begegnung und Wachstum zu ermöglichen) in ihren Gemeinden anbieten. Bei entsprechender Erfahrung bestehen keine Bedenken, hier könnte pseudotherapeutisch gepfuscht werden – Menschen, die therapeutischer Hilfe bedürfen, sollten diese auch von einem Psychotherapeuten bekommen; dennoch ist gerade für solche Personen in Konfliktsituationen zusätzlich zur therapeutischen Arbeit das Angenommensein in einer Gruppe ein entscheidender Heilungsfaktor.

Für alle Menschen ist es eine wahrhaft erlösende Erfahrung zu erleben, daß man sich tatsächlich als der zeigen kann, der man ist, daß man es nicht länger notwendig hat, sich hinter allerlei Masken und Funktionen zu verstecken, und trotzdem – oder gerade deswegen – von (wenigstens einigen) anderen akzeptiert, geschätzt, geliebt wird. Diese Erfahrung, in einer Gruppe gemacht, kann gerade deshalb überzeugender und damit nachhaltiger wirksam sein, weil sie nicht auf die Beziehung zum Berater oder Seelsorger allein beschränkt ist, von dem man ja mehr oder weniger voraussetzt, daß er verständnisvoll und akzeptierend zu sein hat. Solche Gruppenerfahrungen ermutigen, auch die Beziehungen im Alltag und die tragenden Beziehungen seines Lebens so zu gestalten, weniger defensiv zu sein, mehr „zu sich zu stehen", sich weniger von anderen abhängig zu machen.

Für die Gruppe mit ihren vielfältigen Möglichkeiten zur Gestaltung von Beziehungen gilt in verstärktem Maß: helfen heißt teilen, d.h. an-teilnehmen. „Geteiltes Leid ist halbes Leid, geteilte Freude ist doppelte Freude."

In der Gruppe wird deutlich: Nicht nur der einzelne ändert sich, auch die Gruppe und somit die Gemeinschaft als ganze ist auf Neues hin offen. Von einer Theologie der Gemeinde her, in der sich die Menschen als Subjekt und nicht als Objekt der Seelsorge verstehen, ist es wichtig, daß solche Lernprozesse stattfinden, die von dem Bedürfnis „Einer muß uns ja sagen, was wir hier tun sollen!" über „Was wollen wir hier gemeinsam tun?" zu der Frage „Der Dynamik welchen Geistes wollen wir Raum geben?" führen, die also einen gemeinschaftlichen, solidarischen Lernprozeß an Verantwortung für das Leben der Gemeinde, der Kirche und der Welt darstellen – ein kleines Stück Pfingsten für alle Betroffenen.

7. Hinweise, weiterführende Literatur

Über die vielfältigen Aspekte der Gruppenberatung – unter anderem über Prozeßverläufe, Großgruppen, Ausbildungs- und Supervisionsgruppen, themenzentrierte Gruppen (TZI nach Ruth Cohn) und kritische Auseinandersetzung mit verschiedenen Gruppenkonzepten – gibt es eine Unmenge an Literatur. Zur Einführung informieren am besten *Rogers, Wood, Stollberg, Müller*. Hinweise zur Ausbildung und Supervision finden sich am Schluß des vorangehenden Beitrags.

Literatur

BACHMANN, CLAUS HENNING (Hrsg.): Kritik der Gruppendynamik: Grenzen und Möglichkeiten sozialen Lernens. Frankfurt: Fischer 1981.

COHN, RUTH: Themenzentrierte Interaktion: Ein Ansatz zum Sich-Selbst- und Gruppenleiten. In: Die Psychologie des XX. Jahrhunderts, Bd. VIII. München: Kindler 1979, 873–883.

DEVONSHIRE, CHARLES M.: Anwendung der personzentrierten Philosophie auf die interkulturelle Kommunikation. In: Jankowski, Peter u.a. (Hrsg.): Klientenzentrierte Psychotherapie heute. Göttingen: Hogrefe 1976, 74–80.

MENTE, ARNOLD/SPITTLER, HORST-DIETMAR: Erlebnisorientierte Gruppenpsychotherapie, 2 Bände. Paderborn: Junfermann 1980.

MÜLLER, WUNIBALD: Gemeinsam wachsen in Gruppen. Mainz: Grünewald 1989.

ROGERS, CARL: Encounter Gruppen: Das Erlebnis menschlicher Begegnung. München: Kindler 1974.

SCHMID, PETER F.: Personale Begegnung: der personzentrierte Ansatz in Psychotherapie, Beratung, Gruppenarbeit und Seelsorge. Würzburg: Echter 1989, S. 166–171, 209–257.

STOLLBERG, DIETRICH: Seelsorge durch die Gruppe. Göttingen: Vandenhoeck & Ruprecht 1971.

THOMAS, HOBART F.: Encounter – the game of no game. In: Burton, Arthur (Hrsg.): Encounter: the theory and practice of encounter groups. San Francisco: Jossey Bass 1970.

WOOD, JOHN KEITH: Menschliches Dasein als Miteinandersein. Gruppenarbeit nach personenzentrierten Ansätzen. Köln: Edition Humanistische Psychologie 1988.

3. Seelsorgliche Beratung und Begleitung als Krisenintervention

JOSEFINE HEYER

1. Krisenhilfe im Alltag – ein Beispiel

Situationen, in denen Menschen fragen: „Hast du mal etwas Zeit für mich?" begleiten mich durch mein Leben. – Da ist eine junge Frau, deren Lebenspläne plötzlich in Frage stehen: Sie erwartet ein „ungeplantes" Kind. Ihr Selbstverständnis, ihre Lebenspläne gerieten durcheinander, sie sucht Orientierung. – Besuch bei einer Bekannten, und ich begegne einem Menschen, der in seiner inneren und äußeren Situation den Boden verlor, weil der Verlust eines lieben Menschen ihm Sinn und Perspektive genommen hat. – Durch berufliche Erfahrungen gerate ich an Grenzen und bitte jemand um „Gehör", damit im Gespräch meine Möglichkeiten wieder deutlich werden, in belastenden Situationen Richtung und Lebendigkeit zu entdecken und zu erhalten.

Auf der Straße begegnet mir eine junge Frau, etwa 23 Jahre alt. Sie ist Studentin im letzten Semester, die Diplomarbeit ist eingereicht, und in einigen Wochen geht es in die Abschlußprüfungen. Sie, die sonst einen eher zuversichtlichen, auf andere zugehenden Eindruck macht, wirkt bedrückt und energielos. Wir sprechen kurz miteinander und sie teilt mit, daß sie aufgeben will: Sie fühlt sich überfordert und sieht keinen Weg, der herausführt. Mit Erstaunen nehme ich sie wahr und spüre den Ernst der Situation. Das Angebot zum Gespräch nimmt sie an und kommt zur vereinbarten Zeit.

Das Gespräch ergibt folgende Situation: Jetzt ist gewiß, daß sie schwanger ist, ungewollt. Diese Tatsache stürzt sie in Gefühlsschwankungen, obwohl sofort klar ist: das Kind soll leben. Sie selbst fühlt sich unfähig als Mutter und überrumpelt mit dieser Rolle. Sie hatte andere Pläne für ihr Leben, eine Stelle in Aussicht – aber jetzt? Beruf und Kind, wie soll das gehen? Wie soll sie das Leben finanzieren? Den Vater des Kindes will sie nicht heiraten. Es stellt sich heraus, daß die Beziehung nicht trägt und sich schon wieder löst. Außerdem weiß sie nicht, wie sie das ihrer Mutter zuhause beibringen soll. Sie fürchtet viele Vorwürfe und einen „Rausschmiß" – gerade jetzt, wo sie ihre Unterstützung bräuchte, sich auf die Mutterrolle und die Erfahrungen von Schwangerschaft und Geburt einzustellen. „Allein überrennt mich alles." In dieser verwirrten Gefühlslage, der physischen Belastung der ersten Schwangerschaftsmonate und der Orientierungs- und

Perspektivlosigkeit für die Zukunft kann sie unmöglich Prüfungen machen. Das ist alles zuviel. Ob sie es nach der Geburt des Kindes wieder aufgreifen kann, ist ihr zweifelhaft, denn sie wird jetzt den Studienort verlassen müssen.

Dieses erste Gespräch dient der Erfassung der Situation und der unterschiedlichen Konfliktebenen, der möglichen Stützungsquellen und der Abschätzung der sozialen Beziehungen. Vor allem geht es um eine erste emotionale Entlastung. Es war möglich, durch Verständnis und Vertrauen die Beziehung tragfähig zu machen, so daß ein erster Hoffnungsschimmer ein weiteres Absinken in Trostlosigkeit und Gefühlchaos verhindern konnte.

In einem zweiten Gespräch, das zwei Tage später stattfindet, geht es zuerst darum, ihre Gefühle in Beziehung zu dem Kind und zu sich selbst zu klären und zu stabilisieren, Wut, Ärger, Enttäuschungen zuzulassen und die emotionale Fixierung aufzulösen. Das ist ein wichtiger Schritt, um andere Aspekte und klare Einstellungen wieder zu gewinnen. Erst danach kann die Problemlage auch kognitiv angegangen werden. Zunächst steht die Beziehung zur Mutter im Vordergrund: bisherige Erfahrungen miteinander, Hoffnungen und Enttäuschungen. Wir „erproben", wie das gefürchtete Gespräch verlaufen, welche Ziele angestrebt und mit welchen Worten es gelingen könnte. Sie entschließt sich, es nicht länger hinauszuschieben und kann – gleich wie es enden wird – mit meiner Stützung rechnen. Gleichzeitig will sie Kontakt zu dem künftigen Arbeitgeber aufnehmen. Wir klären, daß sie die Tatsache der Schwangerschaft klar ansprechen will. Sie will sehen, was eine ledige Mutter überhaupt für Chancen erhält und erwägt, eventuell nach der Geburt halbtags zu arbeiten. Das würde zur Finanzierung des Lebensunterhaltes reichen. Sollte das fehlschlagen, werden wir uns gemeinsam weiterbemühen.

Bei einem weiteren Kontakt berichtet sie, daß das Gespräch mit der Mutter hart war. Durch die „antizipierende Erprobung" vorweg hatte sie genügend Sicherheit und Bereitschaft, die berechtigte Enttäuschung der Mutter auszuhalten und ihre Erwartung, Hilfe zur Bewältigung bei der Mutterschaft zu erhalten, auszusprechen. Das gab der Beziehung eine neue tragfähige Basis. Später kann sie sagen, daß sich Mutter und Tochter durch die „Erfahrung Mutterschaft" neu gefunden haben, ohne sich gegenseitig in eine abhängige Beziehung zu begeben. Auch der kirchliche Arbeitgeber hat entgegen ersten Befürchtungen sehr positiv reagiert. Sie kann die Stelle erhalten, wenn sie die Ausbildung abschließt. Es schlägt zu Buche, daß sie dort schon als Praktikantin gearbeitet hatte. Diese Erfolge geben ihr erste Zuversicht, daß die Lebenslage zu bestehen ist und nicht nur negative Erfahrungen für sie bereit hält.

Nun geht es noch um den Abschluß der Ausbildung. Die Zeit drängt, wenn sie in die Examina einsteigen will. Die letzten Wochen, die sie zur Klärung ihrer Lage brauchte, fehlen. Noch fühlt sie sich nicht stark genug und spielt immer mit dem Gedanken aufzugeben. Gemeinsam finden wir

Möglichkeiten, den Prüfungsstoff und die Lernweisen so zu strukturieren, daß es machbar erscheint. Gleichzeitig reduzieren wir im Gespräch das Anspruchsniveau an das Ergebnis. Besser ist es, einen Abschluß zu haben als keinen, wenn auch das Ergebnis niedriger ausfallen könnte als erwünscht. Sie geht in das Examen und paßt die Lernstrategie jeweils neu den Forderungen und ihren Möglichkeiten an, gewinnt zunehmend an Sicherheit und Mut und schafft es mit einem Ergebnis, das vorher nicht erwartet war.

Ein halbes Jahr später kommt Nachricht, daß das Kind gesund zur Welt kam und die Mutter sich mehr und mehr in ihre neue Rolle einfindet, Stützung von ihrer Mutter und von Freunden erfährt. So wächst realistische Hoffnung, ihr Leben auch längerfristig trotz Anstrengung mit Freude leben zu können.

2. Elemente und Phasen einer Krise

Dieses Beispiel kann exemplarisch zeigen, was Krisenintervention ist. Solche „Erste Hilfe" kann aus dem Verständnis erwachsen, daß Seelsorge ganzheitliche Heilssorge ist und der Ruf nach den Fachdiensten erst angebracht ist, wenn Grenzen in den Möglichkeiten der Beteiligten deutlich werden (Heyer 1983).

Als Krise bezeichnet man einen zeitlich abgrenzbaren psychischen Zustand, der von belastenden Situationen, plötzlichen Ereignissen oder Entwicklungen im Lebenslauf ausgelöst und als existenzbedrohend erlebt wird. Das Selbst- und Weltverständnis ändert sich, die Identität gerät ins Wanken. Das Gefühl der Unfähigkeit und des Ausgeliefertseins wächst, weil es momentan keine Möglichkeit zu geben scheint, die Lage mit den bisherigen Verhaltensweisen zu bewältigen. Immer dann, wenn der Mensch seine Grenzen, seine Endlichkeit erfährt in Tod, Krankheit, mißglückter Beziehung, Arbeitslosigkeit, erlebt er unübersehbar, daß er nicht heil ist.

Unter diesem Aspekt gehören Krisen zur natürlichen geschöpflichen Ausstattung des Menschen und sind eine Konsequenz aus der Tatsache, daß der Mensch ein geschichtliches, auf Entwicklung angelegtes Wesen ist. Das zeigt zugleich, daß Krisen nicht nur negative, belastende Ereignisse sind, sondern in sich auch eine Chance zu neuen Möglichkeiten, neuem Lebensniveau enthalten. Ob Ereignisse und Veränderungen zu einer Krise führen oder wie ihr Ausgang ist, hängt vom augenblicklichen Zustand des Betroffenen, seiner Reife, Reflexionsfähigkeit, Frustrationstoleranz und Verhaltensdisposition (Abwehrmechanismen) ab, sowie von dem Maß der hereinbrechenden Ereignisse und Veränderungen.

Theologisch ist eine Krise Ausdruck dafür, daß der Mensch das Leben nicht aus sich selber hat und angewiesen ist auf Sinnfindung und Sinnverwirklichung. Identität und Hoffnung auf Heil haben wir „nur" als schon begonnene Verheißung, nicht als Besitz. So gesehen hat eine Krise eine eschatologische Dimension und ist ein Hinweis für eine noch ausstehende Endgültigkeit mit den Chancen und dem Risiko des Weges. Durch drei Elemente ist eine solche Krise gekennzeichnet: a) durch einen akuten, als extrem erlebten Zustand, b) durch zeitliche Begrenzung, d. h. es geht nicht um eine chronische Erkrankung oder anhaltende Lebensuntüchtigkeit, und c) durch an sich vorhandene Fähigkeiten zur Lebensbewältigung, die nur im Krisenzustand nicht ausreichen oder ungenügend verfügbar sind.

Als Phänomen ist die Krise stets ein Risikoereignis. Sie wird einerseits erlebt als eine Bedrohung, die die Identität verletzt und zu Unruhe, Verwirrung, Angst, Schuldgefühlen und Depressionen führen kann. Deshalb ist das Verhalten der betroffenen Person aktuell desorientiert, ziellos, mit der Neigung zur Flucht vor der Realität und führt oft zu erfolglosem Handeln. Andererseits ist sie auch eine Herausforderung und Chance, die Situation konstruktiv zu bewältigen. Deshalb ist sie zwar angstbesetzt, aber gemischt mit Hoffnung und Zuversicht. Sie kann zu problem- und aufgabenorientiertem Handeln führen, wenn die Lage geklärt ist, die Gefühle akzeptiert sind und unterschieden werden kann zwischen dem, mit dem zu leben man lernen muß, und dem, was adäquat zu verändern ist.

Für die Bewältigung der Krise gelten neben den schon genannten Voraussetzungen der Persönlichkeit als Faktoren: die sozialen Beziehungen wie Freunde, Familie, Partner und die Einstellungen und Erwartungen an Gesellschaft und/oder kirchliche Institutionen.

3. Krisenintervention als Prozeß der „Ersten Hilfe"

Krisenintervention kann heißen: den Betroffenen an die Hand nehmen, damit er durch die Begegnung mit einem Du sich und die Welt neu sehen kann und zu seinen Handlungsmöglichkeiten zurückfindet. Sie ist Begleitung im Prozeß des Sich-einlassens auf die Krise, damit die Chance ergriffen werden kann, die Neuwerden ermöglicht. Krisenintervention setzt heilende Nähe gegen Isolation, Verstehen gegen Unverständnis, Klarheit gegen Verwirrung, Sicherheit gegen Unsicherheit. In ihr wiederholt sich die Exoduserfahrung Israels mit dem mitgehenden Gott (vgl. Heyer 1983). Erstes Handlungsziel für den Helfer in der Krise ist, zunächst eine emotionale Erleichterung zu verschaffen. Krisenhilfe bemüht sich ausschließlich darum, die akuten Konflikte realitätsgerecht zu klären, so daß die betroffene Person ihre Selbstverantwortung im Handeln wiederfindet und notwendige Schritte zur Veränderung der Lage getan werden können und eventuell gestützt werden. Das Schwergewicht des Helfers liegt auf der Hilfe zur Behebung oder Veränderung der Ursachen, die das Gleichgewicht stören. Das soziale Beziehungsnetz sollte einbezogen oder wiederhergestellt werden, da selten ein Mensch allein in eine Krise gerät. Krisenbewältigung ist gleichzeitig ein Zuwachs für den Umgang mit kommenden Krisen.

Wie am obigen Beispiel abzulesen ist, vollzieht sich die Krisenintervention in mehreren Schritten oder Phasen. Wie weit diese zeitlich auseinanderliegen oder sich in einem Kontakt zusammendrängen, ist nicht allgemein zu sagen. Der *erste Schritt* gilt dem Abbau von Angst und Verwirrung sowie der Schaffung von Vertrauen. Die Aktivität des Helfers ist besonders auf das Zuhören gerichtet und auf Äußerungen, die Verständnis vermitteln und Einfühlung in die Situation. Die Krise muß ernstgenommen und darf nicht bagatellisiert werden. Vorsichtiges Fragen nach den Umständen erleichtert das Verständis für das Gesamt der Lage, darf aber nicht zum Ausfragen im Interviewstil werden. Es geht vorrangig um Entlastung. Zuhören ist hier im umfassenden Sinne gemeint: nicht nur hören, was ein Mensch sagt, sondern wahrnehmen, wie er es sagt, welchen Bedeutungsgehalt er dem Gesagten gibt, was er meint. Das eröffnet verstehenden Zugang zu dem, was den aktuellen Ereignissen zugrunde liegt, zu der subjektiven Bewertung der Bedrängnis und zum Werthorizont des Betroffenen, den der Helfer zu berücksichtigen hat.

Der *zweite Schritt* gilt der Erfassung der faktischen Lage, des Problemkerns oder Problemknäuels. Die Aktivität des Helfers richtet sich jetzt besonders auf das Zusammenfassen, Ordnen der belastenden Faktoren, Hinhören auf Ergänzungen und Korrekturen, besonders auch durch den nonverbalen Ausdruck des Betroffenen. Diese Wahrnehmung hilft, sich ein Bild zu machen und gleichzeitig das Augenmerk auf sich selbst zu richten: Was löst das Wahrgenommene im Helfer aus? Das erhöht das einfühlende Verständnis und kann emotionale Blockaden im Helfer verhindern oder abbauen. Hilfreich ist das Ordnen, um den Überblick wieder zu gewinnen und Boden unter den Füßen zu spüren. Wenn es gelingt, Aspekte der Problemlage neu zu definieren (vgl. Anspruchsniveau in obigem Beispiel oder das Recht der Mutter auf Enttäuschung), eine Rolle in neuem Licht zu sehen, etwas Gegebenes in Ansätzen zu akzeptieren, den Blick von den Fixierungen auf die Belastungen und Befürchtungen zu lösen und auf die positiven Seiten des Ereignisses zu lenken, ist schon viel gewonnen. Das kann aber erst gelingen, wenn die emotionale Entlastung Raum hatte und Angst, Ärger, Wut und Enttäuschung ausgesprochen werden konnten. Hilfreich ist auch das Formulieren von Wünschen nach Veränderung: Was soll geändert werden, wie soll die Hilfe aussehen? Es geht um Nahziele. Die objektive Erörterung der Streßsituation eröffnet oft einen größeren Blickwinkel und hilft Alternativen zu entdecken.

Ein *dritter Schritt* ist dann die Suche nach Lösungswegen mit dem Ziel, konstruktiv und kreativ die Identität wieder zu gewinnen. Die Aktivität des Helfers registriert jetzt besonders die Lösungsansätze, Ideen, angesprochenen Richtungen, welche der oder die Ratsuchende selbst einbringt oder die sich in seinen/ihren Äußerungen verbergen. Angebote des Helfens sollten möglichst konkret sein. Dabei muß der Helfer auf seine Möglichkeiten achten und darf sich nicht zu Grenzüberschreitungen hinreißen lassen. Die

Größenphantasie „Ich kann jedem helfen", „Alle müsen mich als Helfer akzeptieren" ist nicht realistisch (vgl. Morgenthaler 1989). Versprechen, die er nicht halten kann oder will, die aus Mitleid und Tröstung entspringen, sind nicht angebracht. Dazu sollte er sich auch nicht aus „christlichem Gewissen" verführen lassen.

Ist im *vierten* Schritt ein Lösungsweg entdeckt, wird er auf die Durchführbarkeit überprüft, konkret bedacht und Anstrengung und Gewinn werden gefühlsmäßig mit Hilfe der Vorstellungskraft erprobt. Wichtig ist es, den Lösungsweg in kleine, für die Betroffenen mögliche Schritte aufzuschlüsseln, damit Handeln zum Erfolg führt. Überforderung tritt ein, wenn es dem Ratsuchenden überlassen bleibt, den Weg insgesamt anzugehen, gleichsam mit Siebenmeilenstiefeln. Eigenanteile und Schwierigkeiten müssen bedacht und realistisch eingeschätzt werden. Teilerfolge sind anzustreben, und als Helfer gilt es, nur solche Schritte zu stützen, zu begleiten, die vom Betroffenen selbst geleistet werden können. Zeigen sich Abwehrmechanismen bei der betroffenen Person, die Verleugnung von Fakten, Flucht vor der Realität usw., so geht der Helfer darauf ein. Das bedeutet, er läßt sie zu, akzeptiert sie, weil sie der Person als Selbstschutz momentan noch notwendig sind. Hier grenzt sich Krisenhilfe vom therapeutischen Vorgehen ab, das dann eher konfrontierend oder sondierend ist. Solches Vorgehen würde in der Krise überfordern und zur erneuten Vertiefung der Krise beitragen. Die Aktivität des Helfers umfaßt jetzt das Fragen nach Schritten, das Aufgreifen von Initiativen. Immer bleibt das Hören wichtig, um latente Ängste wahrzunehmen, Befürchtungen und Angstgefühle erneut auszusprechen, und das Achten auf konkrete und realistische Schritte.

Ein *fünfter* Schritt ist die Begleitung bei der Durchführung der geplanten Handlungen in Stützung der Eigenverantwortlichkeit und der aufkeimenden oder wiedergewonnenen Autonomie des Ratsuchenden. Die Aktivität des Helfers ist das Zusammenfassen, Feststellen von erarbeiteten Möglichkeiten, Hinhören auf Ängste und Zweifel, das Angebot zu neuen Gesprächen, das Stützen, Einbeziehen des sozialen Netzes. Bei mehreren Kontakten gehört dazu auch das Bestätigen der Handlungserfolge, das gemeinsame Erweitern von Perspektiven. Es sollte das Gefühl entstehen: Ich kann wieder etwas. Deshalb müssen die anvisierten Schritte klar, zeitlich umgrenzt sein. Die Begrenzung macht Belastungen aushaltbar. Wichtig ist es, bei mißglückten Handlungsversuchen konkret zu schauen, wie oder wodurch der Erfolg verhindert wurde. Nur von der Fehlerquelle aus sind die Handlungsschritte neu anzugehen. Die Gefahr ist, daß wir – ergebnisfixiert, wie wir sind – nur das Gesamtergebnis gelten lassen, aber die Teilerfolge des Weges übersehen oder unterschätzen und deshalb den Gesamterfolg gefährden. Das kann auch zur Hilfsverweigerung beim Helfer führen, weil der den Mißerfolg fürchtet und deshalb ausweicht oder zögert, wo er zupacken sollte.

Die Beziehung selbst ist das Instrument der Hilfe, das Mittel der Veränderung: als Krisenhilfe wie als Überbrückungshilfe, wenn z. B. Fachkräfte oder Fachinstitutionen einbezogen werden müssen, und als durchtragende Hilfe, wenn sich eine chronisch geschwächte Lebensbewältigung aus der ursprünglichen Krise ergibt, die dennoch das Recht auf seelsorgliche Begleitung hat. Helfend ist nie allein „Für-sorge", sondern immer das Mit-sein. In der Mitsorge ist auch das sachliche Besorgen von Dingen und Informationen begründet, jemanden in liebender engagierter Sorge mitzutragen. Untauglich ist es, dem anderen einfach die Sorge abzunehmen, weil das eher Abhängigkeit als Wachstum bringt und keine dauernde Erleichterung.

4. *Methodische Hinweise*

In der Krisenintervention spielt Zeit eine große Rolle. Deswegen geht es um ungeteilte Aufmerksamkeit in der Begegnung und um ein eng umgrenztes, erreichbares Ziel. Für kurze Zeit übernimmt der Helfer dabei zeitweilig eine aktive, direktive Rolle, nachdem das Problem genauer eingeschätzt ist und der Helfer sich seiner Grenzen und Möglichkeiten bewußt ist.

Insgesamt verlangt Krisenhilfe ein flexibles Vorgehen unter Berücksichtigung des soziokulturellen Milieus von Helfer und Hilfesuchendem. Notwendig ist, wie schon betont, eine tragfähige Beziehung, für die das Helferverhalten eine wichtige Voraussetzung ist. Damit die Spannung und Angst in der Krise die Toleranzgrenze nicht übersteigt, ist neben der Entlastung der emotionalen Blockade eine gleichzeitige emotionale Stützung durch den Helfer notwendig.

Zu den ersten Schritten der Krisenhilfe gehört es auch, emotionale Anlehnungsbedürfnisse zu befriedigen. Diese entstehen aus der regredierten Verfassung des Hilfesuchenden und bedeuten nicht, daß eine abhängige Beziehung entstehen muß, wenn der Helfer rechtzeitig die Autonomie des Betroffenen wieder schrittweise hervorlockt. Je nach Erfordernis gilt es auch zu trösten, emotional dabei zu sein, verläßliche Grenzen festzulegen und Information zu geben.

Besondere Beachtung verdient die emotionale Entlastung des Ratsuchenden. Dabei nimmt der Helfer negative Gefühle an, hilft sie auszudrücken, baut latente Spannungen ab, läßt Aggression und Wut zu und hebt so Blockaden von Urteilskraft und Entschlußunfähigkeit auf. Ist eine Person in der Krise recht antriebsarm oder neigt sie zu großer Verhaltensunruhe, kann eine gezielte Aufgabe oder Beschäftigung, die den Kräften angemessen ist, recht gut helfen, z. B.: „Rufen Sie mich in einer Stunde wieder an, bis dahin tragen Sie dieses weg ...". Insgesamt geht es darum, die Eigenaktivität zu fördern und zu stützen.

Das Anhören, das verstehende Helferverhalten muß von der Einstellung getragen sein, die Person so zu akzeptieren, wie sie ist, ohne zu moralisieren und zu werten. Es geht um Hilfen, nicht um einen Richterspruch! Sollte es im Gespräch angebracht sein, eigene Wertvorstellungen denen des Ratsuchenden gegenüberzustellen, müssen diese klar als solche ausgesprochen werden. Sie sollten als Denkanstoß aufgegriffen werden können, ohne den Anschein des Vorwurfs zu haben. In jedem Falle ist im Gespräch, auch in der Krisensituation, die Intimsphäre des Gegenüber zu wahren. Das erfordert besondere Beachtung beim Stellen von Fragen.

Ein weiterer Aspekt gilt den Erwartungen und Wünschen des Betroffenen, um sich als Helfer nicht in Übertragungsfallen ziehen zu lassen: z.B. Vater-Sohn, Mutter-Tochter. Die Beziehung zum Hilfesuchenden sollte auch in der Krise eine Erwachsenenbeziehung sein und keinen Zweifel lassen an seinen potentiellen Möglichkeiten. Hausbesuche sind – wenn notwendig – mit viel Überlegung und Einfühlung zu machen. Es geht darum, Kontakt und Vertrauen anzubahnen, obwohl man nicht weiß, in welches Beziehungsgeflecht man als Helfer einbricht, wo man einem anderen ungewollt einen Platz wegnimmt, usw.

Fast jedes Krisenverhalten hat auch Aspekte die positiv gesehen und zur Stärkung der Identität benannt werden können. Aggressivität z.B. kann auch als ein Zeichen von noch vorhandener Stärke gelten und die Schuldgefühle über eventuelle Wutausbrüche mindern (vgl. Kast 1987). Ruhig und überlegt wirkende Ratsuchende bedürfen besonderer Einfühlung. Sie werden leicht überfordert, weil sie ja so „vernünftig" sind und der Helfer die inneren Möglichkeiten der Betroffenen schnell überschätzt.

5. Die Bedeutung der Krisenhilfe für die Seelsorge

Krisenhilfe erweitert das Arbeitsfeld des Seelsorgers, der nicht nur für religiöse Krisen zuständig ist, sondern auch für alltägliche Lebenskonflikte, wenn er sich dafür weitergebildet hat. Gegenüber therapeutischen oder sozialpädagogischen Krisenhelfern hat der Seelsorger meist einen großen Vertrauensvorschuß, den er nicht durch Unsensibilität verspielen darf. Darüber hinaus bringt er in seiner Person auch die religiösen Werte ins Spiel, die spezifischen Möglichkeiten seelsorglichen Handelns. Direktes Beten oder das Angebot des Sakramentes der Versöhnung bedürfen sicher ganz besonderer Vorsicht, um den Betroffenen nicht zu vergewaltigen oder durch religiöse „Mittel" die Krisen im menschlichem Bereich und Erleben zu bagatellisieren. Wichtig ist hier die authentische verbale und nonverbale Selbstmitteilung. Nicht nur das Wort aus dem Glauben, sondern auch die Art und Weise der Beziehung macht die gläubige Transparenz des Seelsorgers in der Begegnung aus und ist ein persönlichkeitsspezifischer und wesenhafter Glaubensausdruck. Der Glaube ist durch menschlich-einfühlende und gläubigbegleitende Präsenz wirksam auch da, wo wir die Worte nicht aussprechen können oder wenn auswegslose Situationen Worte sinnlos machen (vgl. Winkler 1978).

Als Repräsentant der Gemeinde kann der Seelsorger Zeichen der Hoffnung auf Rettung und Angenommensein werden. Er kann den Betroffenen auch durch Hausbesuche erreichen, geistliche Ressourcen einsetzen, Gemeindedienste zur Verfügung stellen. Krisenintervention ist Heilshandeln im Zeichen des menschgewordenen Gottes, in dem die Schöpfung Sinn und Ziel hat. Diesen Dienst am Glauben und an den Glaubenden ist nur dem möglich, der ein Ohr hat, das nicht nur sich selber hört, und sich in Hoffnung riskieren kann.

Das bedeutet auch für den Seelsorger in der Krisenhilfe Konfrontation mit den eigenen Grenzen. Wer sie ein wenig kennt und sie annimmt, muß in der Hilfssituation nicht in Schutz- und Abwehrmechanismen flüchten, die die Hilfsmöglichkeiten reduzieren, weil sie die Beziehung zum Ratsuchenden stören. Eine selbstdurchgestandene Krise kann in diesem Sinne ein wertvolles Kapital zur Hilfe sein.

Die Qualität der Hilfe hängt wesentlich davon ab, ob der Helfer in der Situation echt und existentiell anwesend ist, also als Mensch, oder ob er mehr Rolle, vorgegebene Kompetenz darstellt. Nur die Übereinstimmung mit sich selbst, die ausgedrückte Identität macht Reden und Handeln glaubwürdig. Solche Annahme meiner Selbst – als Voraussetzung für die Annahme anderer – geht nur, wenn ich immer auf dem Wege bin, mich anzunehmen. „Man kann nicht ändern, was man nicht annimmt" (C. G. Jung). Deshalb braucht Krisenhilfe eine gewisse Sensibilität, Empathie im Umgang mit Nähe und Distanz bei sich und anderen, Selbstwahrnehmung und existentielle Selbsterkenntnis.

Literatur

AGUILERA, DONNA C./MESSICK, JANICE M.: Grundlagen der Krisenintervention. Freiburg: Lambertus 1977.
CONDRAU, GION: Lebensphasen – Lebenskrisen – Lebenshilfen. In: Christlicher Glaube in moderner Gesellschaft, Bd. 6. Freiburg: Herder 1981, 73–107.
FRÖR, HANS: Konfliktregelung. München: Kaiser 1976.
HEYER, JOSEFINE: Krisenintervention im Seelsorgsgespräch. In: Lebendige Seelsorge, Heft 4 (1983) 126–128.
KAST, VERENA: Der schöpferische Sprung. Vom therapeutischen Umgang mit Krisen. Olten: Walter ³1987.
MORGENTHALER, CHRISTOPH: Grenzen des Helfens in der Seelsorge. In: Wege zum Menschen, Heft 3 (1989) 214–218.
MÜLLER, WUNIBALD: Erkennen – Unterscheiden – Begegnen. Das seelsorgliche Gespräch. Mainz: Grünewald 1990.
STROTZKA, HANS: Krisenintervention. In: Ders.: Psychotherapie: Grundlagen, Verfahren, Indikation, München: Urban & Schwarzenberg 1975, 412–425.
SWITZER, DAVID: Krisenberatung in der Seelsorge. Situationen und Methoden. München: Kaiser 1985.
WINKLER, KLAUS: Krisenberatung in der Seelsorge. In: Pflüger, P. Michael (Hrsg.): Kurzpsychotherapie und Krisenintervention. Fellbach: Bonz 1978, 72–88.

4. Intensivformen der geistlichen Begleitung

ANSELM GRÜN

Um sich auf einen geistlichen und psychischen Prozeß einzulassen, braucht es einen schützenden Raum. Die Alltagssituation bietet vielen nicht die Möglichkeit, sich ungeschützt mit der eigenen Wahrheit zu konfrontieren und sich in Frage stellen zu lassen. Wenn jemand von einem beratenden Gespräch kommt und sofort wieder in seinen Alltag eintaucht, wird er von den täglichen Problemen oft so beherrscht, daß die Beratung wenig heilende Wirkung zeigen kann. Daher suchen Menschen heute oft schützende Räume, in die sie sich für einige Tage zurückziehen können. Klöster sind für viele geeignete Stätten, um sich bewußt auf die Wahrheit des eigenen Lebens einzulassen und um ehrlich und ungeschützt Gott begegnen zu können. Dieses Bedürfnis führt häufig Menschen in die Abtei Münsterschwarzach. Wir bieten den Gästen nicht nur Einzelgespräche an, in denen wir auf ihre Fragen eingehen, sondern wir halten auch Kurse, die eine Atmosphäre schaffen wollen, in denen sich die Teilnehmer ihrer eigenen Wahrheit stellen und sich für die Begegnung mit Gott öffnen können. In den Kursen entfaltet sich ein Raum intensiver geistlicher Begleitung. Die Begleitung geschieht dabei im Geschehen des Kurses selbst, aber zugleich auch im Einzelgespräch mit dem Kursleiter.

1. Beschreibung der Kurse

Die Themen der Kurse, die wir in Münsterschwarzach anbieten, mögen schon zeigen, worum es uns vor allem geht: um eine ganzheitliche Erfahrung des Glaubens, um einen Weg zu Gott, der eine ehrliche Selbstbegegnung mit einschließt, um eine mystagogische Spiritualität, die in die Begegnung des ganzen Menschen mit Gott führt, um eine neue Lebendigkeit des Menschen durch die Begegnung mit Gott, letztlich also um die Lust am Leben, die der hl. Benedikt als Ziel des geistlichen Lebens ansieht. Das Jahresprogramm 1990 bietet folgende Kurse an: Wege ins Schweigen; Fasten und Beten; Träume auf dem geistlichen Weg; Tiefenpsychologische Schriftauslegung; Gesundheit als geistliche Aufgabe; Wege zum Beten; Lebensmitte als geistliche Aufgabe. Alle Themen versuchen, die spirituelle und psychologische Dimension des Glaubens miteinander zu verbinden und dabei nicht nur den Kopf, sondern auch das Herz und den Leib anzusprechen.

In allen Kursen arbeite ich mit Impulsreferaten, die dann in die stille Arbeit führen. In den Impulsreferaten geht es mir vor allem darum, zu zeigen, daß es keinen Weg zu Gott gibt, der nicht über eine ehrliche Selbstbegegnung führt. Daher versuche ich Mut zu machen, sich selbst anzuschauen, wie man ist, die Gefühle und Beürfnisse wahrzunehmen, die Gedanken, mit denen man sein Leben kommentiert, zu beobachten, auf die Träume zu horchen, in denen Gott mich auf die Wahrheit meines Lebens aufmerksam machen möchte, und auf den Leib zu achten, der oft ehrlicher ist als mein Kopf, der mir schonungslos aufdeckt, wo ich Bedürfnisse und Wünsche verdrängt habe. Dabei geht es mir nicht um ein Beurteilen, nicht um Analysieren, sondern um Wahrnehmung. Ich soll einfach anschauen, was ist, ohne es zu bewerten. Vor allem soll ich mich vor moralisierendem Beurteilen hüten, das meistens nur Angst auslöst. Ich brauche vor nichts in mir Angst zu haben. Alles darf sein. Es gibt nichts, was mich von Gott trennen könnte. Vor Gott hat alles seine Daseinsberechtigung. Doch entscheidend ist, daß ich nicht narzistisch um mich selber kreise, sondern alles, was ich in mir entdecke, in die Beziehung zu Gott hineinhalte. In der Beziehung zu Gott darf alles sein, da ist nichts gefährlich. Was ich aber aus dieser Beziehung heraushalte, das fehlt mir an der eigenen Lebendigkeit. Da verschließe ich immer mehr Kammern meines Leibes und meiner Seele und existiere nur noch in engen abgeschlossenen Räumen. Das Ziel des geistlichen Lebens ist nicht die moralische Vollkommenheit, sondern die Begegnung mit Gott. Nicht die Arbeit an mir ist das Wichtigste, sondern die Begegnung mit Gott, die mich verwandelt und heilt.

Nach den Impulsreferaten werden die Teilnehmer mit schriftlich formulierten Aufgaben und Fragen in die stille Arbeit auf dem Zimmer entlassen. Die Teilnehmer sollen z. B. die Gedanken und Gefühle aufschreiben, die sie während eines ganz normalen Arbeitstages haben, sie sollen ihre Grundbefindlichkeit entdecken. Sie sollen sich fragen, woher sie sich selber definieren, ob von Erfolg oder Mißerfolg, von Zuwendung und Bestätigung oder von Gott her. Sie sollen nach ihren tiefsten Bedürfnissen und Sehnsüchten fragen. Wenn sie sich an Träume erinnern können, sollten sie danach fragen, was sie über ihren Zustand aussagen, was Gott ihnen damit sagen möchte. Und sie sollten auf ihren Leib achten, auf die Verspannungen und Beschwerden, die sie wahrnehmen, auf die typischen Krankheitssymptome und auf die Schwachstellen im Leib. Welche verdrängten Bedürfnisse kommen da zu Wort? Was sagt mein Leib über meine Beziehung zu Gott, über meinen Glauben oder Unglauben? Da die Teilnehmer sich diesen Fragen allein in ihrem Zimmer stellen können, gelingt es im Normalfall leichter, sich ungeschützter der eigenen Wahrheit auszusetzen und sie Gott hinzuhalten.

In den Meditationen und Körperübungen wird diese Arbeit fortgesetzt. Die Meditationen führen in die Stille. In der Stille kann alles auftauchen, was sonst verdrängt wird. Die Stille fördert auch Dinge zutage, die durch bewußtes Analysieren (etwa bei der stillen Arbeit) nicht hochkommen würden. Die Stille ist wie ein Ventil, durch das alles Unterdrückte austreten kann. So ist die Stille eine wesentliche Bedingung, daß geistliche Begleitung intensiver wird und nicht bei den vordergründigen Problemen stehen bleibt. Die Schweigemeditation macht sensibel für die Leibarbeit. Sobald wir mit dem Leib arbeiten, hört das Theoretisieren auf. Da kann man sich nicht verstecken. Da wird man von alleine ehrlicher. Da geht es nicht um Theorien, sondern um Erfahrung. Oft versuche ich, bei den Körperübungen von biblischen Texten auszugehen und sie in die Erfahrung zu bringen. So beginne ich etwa damit, sich im Stehen zu spüren. Zuerst stehen wir gerade wie ein Baum, fest verwurzelt, nach oben hin offen. Dann spüren wir uns in die alltäglichen Stellungen hinein. Wie stehe ich, wenn ich mit einem andern rede? Wo habe ich meine Hände? Wie erfahre ich mich so und warum stehe ich gerade so da? Dann testen wir Extremstellungen: die Schultern zusammengezogen, die Füße ganz eng zusammen, und dann das Gegenteil, das breitbeinige Stehen. Und dann üben wir z. B. ganz konkret die Heilung der Frau mit dem gekrümmten Rücken (Lk 13, 10ff.). Wie fühle ich mich, wenn ich meinen Kopf und die Schultern hängen lasse, wenn ich gekrümmt dastehe und in dieser Haltung durch den Raum gehe? Welche Erinnerungen tauchen da in mir auf, wie weit kenne ich so eine Haltung im Alltag? Wo erfahre ich mich so? Nach einiger Zeit des Herumgehens bleibt jeder in seiner gekrümmten Haltung stehen, bis ihn jemand ganz sanft und behutsam berührt, ihm die Hände auf den Rücken legt, das Verspannte streichelt und ihn schließlich aufrichtet. So eine Übung läßt uns erkennen, wie wir in Wirklichkeit sind und wie wir uns oft genug im Alltag erleben. Aber gleichzeitig kann sie zeigen, was Erlösung durch Jesus Christus für mich bedeutet, daß Erlösung zu einer neuen Leiberfahrung und dadurch zu einer neuen Selbsterfahrung führt. Wenn ich mich von Christus aufrichten und an meine unantastbare Würde erinnern lasse, dann gehe ich anders durch das Leben, dann erfahre ich mich anders in meinem Leib.

Auch die eutonischen Übungen mache ich gerne auf dem Hintergrund biblischer Texte. So eignet sich dazu das Bild von der Vertreibung der Händler aus dem Tempel in Joh 2. Ich erfahre mich oft als Markthalle, in der sich die Gedanken gegenseitig überschreien wie die Händler. Markthalle, das ist die Ebene des Vergleichens: Was ist mein Marktwert, wie werde ich auf dem öffentlichen Markt gehandelt, in welcher Währung gewechselt? Und in meiner Markthalle sind Rinder als Bild für meine Triebe, Schafe als Bild für das Oberflächliche in mir, und Tauben als Bild für die herumflatternden Gedanken. In der eutonischen Übung kann ich mich erst einmal im Bild der Markthalle wahrnehmen: Wie erfahre ich dann meinen Beckenraum, meine Beine und meinen Brustraum? Als zweiten Schritt kann ich dann im Ausatmen den Geist Jesu in den Leib strömen lassen und alles heraustreiben lassen, was sich in mich eingeschlichen hat. Und dann könnte ich mir vorstellen, daß ich Tempel Gottes bin. Ein Tempel ist weit, der hat offene Tore, da kann man sich begegnen. Er ist voll von Herrlichkeit und

Schönheit, von Licht und Klarheit. So könnte ich im Bild des Tempels eine neue Selbsterfahrung machen. Ich möchte spüren, wer ich eigentlich bin, was das Geheimnis meines Lebens ist, wer ich durch Jesus Christus geworden bin. Die Eutonie ist dann nicht bloß ein Aufdecken meines jeweiligen Zustandes, sondern auch eine Hinführung zu einer heilsamen Selbsterfahrung, zur Erfahrung der Erlösung durch Jesus Christus. Dabei gibt es zwei verschiedene Wege. Man kann von der reinen Leiberfahrung hinführen zu biblischen Bildern, die man ganz sparsam einfließen läßt. Oder aber man führt von oben nach unten, von den biblischen Bildern in den Leib. Welchen Weg ich gehe, hängt auch von den Teilnehmern ab. Eher kirchliche Gebundene können sich leichter auf solche Körperübungen einlassen, wenn der biblische Hintergrund deutlich da ist. Andere tun sich mit den religiösen Bildern schwer. Daher biete ich die biblischen Bilder als Hilfe an, sich wahrzunehmen, lasse aber jedem den Freiraum, sich ohne Bilder oder mit anderen Bildern wahrzunehmen. Vor allem muß klar sein, daß man die Bilder nicht spüren muß, sondern daß sie nur helfen wollen, sich in neuer Weise wahrzunehmen.

Der Austausch in kleinen Gruppen und dann im Plenum geht vor allem um die Erfahrung bei den Körperübungen und bei der Meditation. Von daher wird dem Theoretisieren Einhalt geboten. Es geht von vornherein um Erfahrung und nicht um Theorien. So werden die Gespräche oft erstaunlich offen und persönlich. Viel geschieht da zwischen den Teilnehmern selbst. Sie weisen einander auf wichtige Defizite hin, sie ergänzen die Aussagen der andern mit den eigenen Erfahrungen und lassen sie so in einem neuen Licht erscheinen. Angst wird abgebaut. Viele bekommen Mut, sich selbst anzuschauen und auch über sich zu sprechen. Im Plenum werden dann Fragen, die alle interessieren, besprochen und einige theoretische Hintergründe aufgedeckt, sofern Interesse dafür besteht.

Die Vorträge, stille Arbeit, Meditationen und Körperübungen machen die Teilnehmer sensibel für ihre Situation und für die therapeutische Dimension des christlichen Glaubens. Daneben werden in den Zwischenzeiten immer auch Einzelgespräche angeboten. Sie bieten die Möglichkeit, die aufgebrochenen Fragen und Ahnungen zu besprechen oder die eigene Schuld und Zerrissenheit in die Beichte einzubringen. Die Voraussetzung zu einem offenen und ehrlichen Gespräch ist bei solchen Tagen dauernden Übens und Schweigens wesentlich anders als bei einem Seelsorgsgespräch im Pfarrhaus. Die meisten kommen sehr schnell zu ihrem wirklichen Thema, zu den eigentlichen Problemen ihres Lebens und zu ihrer Grundsehnsucht nach Gott. So wird in den Einzelgesprächen die intensive geistliche Begleitung von der Gruppe auf den einzelnen gelenkt.

2. Ziel der geistlichen Begleitung bei Kursen

Vor jedem Kurs frage ich mich, was ich den Teilnehmern eigentlich vermitteln möchte. Die Übungen, Vorträge und Meditationen sind ja nur Elemente, aber nicht Ziel der Vermittlung. Um es mit einem Wort des hl. Benedikt zu sagen: ich möchte den Menschen vor allem eine neue Lust am Leben vermitteln. Der spirituelle Weg ist für mich ein Weg in eine größere Lebendigkeit hinein, der Weg zu einer neuen Kunst des Lebens. Dieser Weg führt nur über den ganzen Menschen, über seinen Leib und seine Seele, Verstand und Gefühl, Bewußtes und Unbewußtes, Bedürfnisse und Sehnsüchte. Dabei geht es nicht darum, den ganzen Menschen vollkommen zu machen, sondern ihn in die Begegnung mit Gott hineinzuführen. Christliche Spiritualität ist eine mystagogische Spiritualität und keine moralisierende. Sie führt in die Begegnung mit Gott und dadurch zu einer neuen Begegnung mit sich selbst. Sie will zur Erfahrung des Geheimnisses Gottes lenken und dadurch zu einer neuen Selbsterfahrung, zur Selbsterfahrung des von Christus erlösten und geheilten Menschen. Während es der moralisierenden Spiritualität vor allem um die Fehlerfreiheit geht, geht es der mystagogischen um die Lebendigkeit. Sobald ich nur um meine Fehlerfreiheit kreise, bin ich auf mich fixiert und bin gezwungen, den eigenen Schatten zu verdrängen. Eine mystagogische Spiritualität schließt dagegen den Schatten mit ein und bringt ihn in die Beziehung zu Gott.

Ich möchte den Menschen die befreiende und heilende Wirkung des Glaubens vermitteln. Das gelingt nur über den Ansatz der Mystagogie oder personaler ausgedrückt, über den Ansatz der Begegnung. Ziel des Glaubens ist die Begegnung mit dem lebendigen Gott und nicht das Erreichen eines moralischen Ideals. In die Begegnung mit Gott darf alles hineingenommen werden. Was ich von der Begegnung ausschließe, das fehlt mir an der eigenen Lebendigkeit. Manche Christen verschließen viele Kammern ihres Leibes und ihrer Seele vor Gott, weil sie ihnen nicht schön genug vorkommen. Aber diese verschlossenen Kammern fehlen ihnen an der Lebendigkeit. So leben sie auf reduziertem Niveau, in wenigen engen Kammern ihres Kopfes oder Herzens. Doch dem geistlichen Weg geht es darum, alles in die Begegnung mit Gott hineinzunehmen, damit vor Ihm alles in mir verwandelt und lebendig werden kann.

Ich möchte die Menschen in ihrer tiefen Gottessehnsucht ansprechen. Es genügt mir nicht, eine religiös geprägte Psychologie zu verkünden, die ihnen hilft, besser mit ihren Problemen umzugehen. Die psychologische Dimension des Glaubens ist mir wichtig. Und sie muß stimmen, damit der Glaube als befreiend und therapeutisch verkündet werden kann. Aber ich darf den Glauben nicht auf die psychologische Ebene reduzieren. Daher ist für mich der mystische Weg entscheidend: Ich möchte die Menschen auf den mystischen Weg führen, in die Erfahrung des Gottes, der in unserem Herzen wohnt. Die wahre Befreiung des Glaubens führt in den Ort des reinen Schweigens, in den Ort, zu dem allein Gott Zutritt hat und sonst nichts, weder Menschen, noch Probleme, noch Gedanken und Gefühle. Wenn ich im Schweigen vorstoße zu dem Ort, an dem Gott selber in mir wohnt, dann fühle ich mich befreit von der Macht der Welt. Dann bin ich nicht mehr von den Erwartungen anderer oder von meinen eigenen Ansprüchen beherrscht, dann definiere ich mich nicht mehr von Zuwendung und Bestätigung, von Erfolg und Mißerfolg, sondern von Gott her. Durch die mystische Erfahrung des Einswerdens mit Gott komme ich in eine neue Bewußtseinsebene, auf der die psychischen Probleme nicht mehr so bedrängend sind. Das ist keine fromme Flucht vor den Problemen, sondern eine Relativierung, wie sie die transpersonale Psychologie beschrieben hat. Während die Therapie auf der psychologischen Ebene die Identifizierung ist, das Aussöhnen mit allem, was in mir hochkommt, so ist die Therapie auf der transpersonalen Ebene die Aufhebung der Identifizierung. Ich identifiziere mich nicht mehr mit meinem Ärger, mit meinen Problemen und Ängsten, ich nehme ernst, daß ich durch Christus auf eine andere Ebene versetzt bin, daß ich der Welt gestorben bin, so daß sie keine Macht mehr über mich hat. Der mystische Weg will zu diesem transpersonalen Ort führen, zu dem Ort, den die Mystiker Seelengrund (Tauler) oder Seelenfünklein (Meister Eckehart), innere Zelle (Katharina von Siena) oder innerstes Gemach der Seelenburg (Teresa von Avila) nennen.

Der mystische Weg zum Ort des reinen Schweigens führt aber nur über den eigenen Leib und den eigenen Schatten und durch sie hindurch. Er überspringt nichts, sondern er führt durch die Wahrheit des Leibes und der Seele, des Bewußten und Unbewußten hindurch zu dem Ort jenseits von Verstand und Gefühl, jenseits von bewußt und unbewußt. In der Meditation übe ich mich im Atmen ein in den inneren Ort. Aber im Atmen begegne ich zunächst mir selbst. Da spüre ich, wo ich nicht loslassen kann, wo ich alles selber machen möchte, wo es in mir stockt und wo in mir alles verschlossen ist. Der Weg zu dem Gott, der mich befreit von der Macht der Welt, führt also nur über das Annehmen der Welt, über das Annehmen des eigenen Schattens, der Gedanken und Gefühle, der Ängste und Probleme. Ich kann nichts überspringen, ich muß erst alles anschauen, bevor ich es loslassen kann. Daher muß ich auch beim mystischen Weg immer wieder die psychologischen Strecken durchhalten. Sonst würde ich nie in den Ort der Ruhe vorstoßen. Sonst würden mich die Aggressionen überall hin verfolgen und mich in meiner Ruhe stören. Wahre Stille erfahre ich nur, wenn ich die Fehlhaltungen besiegt habe, wenn ich die sogenannten acht Laster überwunden habe, wenn ich die Hindernisse auf dem Weg zu Gott angeschaut und aus dem Weg geräumt habe.

3. Regeln für die Begleitung bei Kursen

Eine wichtige Grundregel ist für mich, die Leute an die eigene Wahrheit heranzuführen und ihnen nicht meine Wahrheit überzustülpen. Daher frage ich mich öfter, ob es nur meine Probleme sind, die ich in den Vorträgen darstelle und in den Körperübungen angehe. Die Teilnehmer sollen mit sich selbst und mit dem Gott ihres Lebens konfrontiert werden. Meine Erfahrungen können ihnen dabei helfen, aber sie dürfen ihnen nicht den Mut nehmen, eigene Erfahrungen zu machen. Und sie dürfen in ihnen nicht zu hohe Erwartungen wecken und sie dadurch entmutigen.

Eine weitere Regel ist, daß ich den Teilnehmern nicht mehr zutrauen darf, als ich mir selbst zutraue. Ich muß mit den Übungen selbst gearbeitet haben und darf sie nicht an der Gruppe ausprobieren. Und ich brauche ein gutes Gespür dafür, was ich der Gruppe zutrauen und zumuten darf. Ich darf z.B. keine Übungen machen, in denen Existenznöte aufbrechen, die ich später im Laufe des Kurses nicht auffangen kann. Daher braucht es Behutsamkeit, um zu spüren, was dem einzelnen gut tut. Und es braucht Erfahrung, um zu beurteilen, was Übungen in den Teilnehmern bewirken und wo sie gefährlich werden können. Was ich der Gruppe zutrauen kann, hängt von der Größe der Gruppe und von der Dauer des Kurses ab. Wenn die Kurse nur eine Wochenende dauern, darf ich nicht soviel aufbrechen lassen, daß die Teilnehmer dann aufgebrochen und ungeschützt wieder in den Alltag zurückkehren und dort auf die Nase fallen. Als Regel gilt der Grundsatz des hl. Benedikt, so mit der Gruppe umzugehen, daß die Starken herausgefordert und die Schwachen nicht entmutigt werden.

Entscheidend ist die Atmosphäre, die in einem Kurs herrscht. Dazu braucht es erst einmal das Gebet für die Gruppe. Ich versuche, mich vor dem Kurs und beim Vorstellen der einzelnen in jeden hineinzubeten und mir vorzustellen, was er eigentlich braucht. Dieses totale Wohlwollen jedem einzelnen gegenüber ist die Grundvoraussetzung für intensive geistliche Begleitung. Den Teilnehmern muß spürbar werden, daß mit ihnen gut umgegangen wird, daß da nicht ein Hobbypsychologe seine Experimente mit ihnen treibt und die Gruppe dazu als Experimentierfeld benutzt, sondern daß da einer verantwortlich und behutsam mit ihnen umgeht, daß er sie in die Erfahrung der eigenen Wahrheit, aber vor allem in die Erfahrung Gottes hineinführen möchte.

Damit eine Atmosphäre entstehen kann, in der der einzelne den Mut findet, sich auf die Wahrheit seines Lebens und auf den Gott seines Lebens einzulassen, muß der Kursleiter einige Regeln beachten. Er muß gut und aufmerksam zuhören. Er darf nicht begeistert von anderen Kursen erzählen und sie in den Himmel heben. Denn damit macht er die Gruppe nur aggressiv und vermittelt ihr das Gefühl, daß sie eigentlich zweite Wahl seien. Die Behutsamkeit zeigt sich in den äußeren Gegebenheiten, in der Vorbereitung des Raumes, im konsequenten Einhalten der Stille, in der Sorge für die leiblichen Dinge, in der klaren Struktur des Kurses. Der Teilnehmer muß den Eindruck haben, daß da Bewährtes getan wird und daß er sich da guten Mutes einlassen kann. Vor allem aber muß er spüren, daß es um die Begegnung mit dem heilenden und befreienden Gott geht, der allein es uns ermöglicht, das eigene Unheil und die eigene Unfreiheit anzuschauen.

4. Regeln für die Einzelbegleitung

Im Rahmen der Kurse kommen viele zum Einzelgespräch, entweder zum Beichtgespräch oder einfach zu einem seelsorglichen Gespräch. Für diese Gespräche gelten die Regel, wie sie in diesem Band an verschiedenen Stellen für die Einzelbegleitung entwickelt worden sind. Ich möchte nur auf einige Aspekte und Ziele hinweisen, die mir gerade für Gespräche im Rahmen eines Kurses wichtig erscheinen.

Da die Leibarbeit einen sehr stark mit der eigenen Wahrheit konfrontiert, geht es auch im Einzelgespräch um diese Wahrheit. Wie steht es wirklich mit mir? Was ist meine Situation? Wie schätze ich meinen Zustand vor Gott ein? Was sagt mir mein Leib dazu oder wie sehen die Träume meine wirkliche Situation? Welche Bedürfnisse habe ich verdrängt, wo habe ich etwas in mir abgeschnitten? Ich kann den Gesprächspartner selbst berichten lassen und immer wieder nachfragen, damit er auf die Wahrheit seines Lebens stößt. Aber neben seinen Worten muß ich auch der Sprache seines Leibes lauschen. Was sagt mir seine Haltung, seine Stimme, seine Augen? Geben sie eine andere Botschaft als seine Worte? Ich muß versuchen, die Körpersprache zu verstehen, um an den eigentlichen Kernpunkt des Problems zu kommen. Und ich kann ihn nach seinen Träumen fragen. Da wird er dann in Bildern ungeschützter erzählen, wie es wirklich um ihn steht.

Es geht mir im Gespräch nicht nur um die psychischen Probleme, sondern wesentlich um die Beziehung zu Gott. Da ist für mich zuerst die Frage nach den Gottesbildern wichtig. Wie sehe ich Gott, wie weit projiziere ich in Gott meine eigenen Probleme, Ängste, Sehnsüchte? Was ist das für ein Gott, um den ich kreise? Ist es der Gott Jesu Christi oder ein Götze meiner eigenen Projektionen? Benutze ich Gott nur, um besser dazustehen? Ist für mich Gott nur der Garant eines vollkommenen Lebens? Ich kann auch seelisch nur gesund werden, wenn ich meine Projektionen auf Gott aufgebe und zum wirklichen Gott vorstoße. Vor dem wirklichen Gott gehe ich dann anders mit meinen Problemen um. Da liegt es mir nicht mehr daran, alle Fehler zu beseitigen und vollkommen zu werden. Ich möchte nur ehrlich sein, alles Gott hinhalten, um vor Ihm zu erfahren, daß ich sein darf, in mir eine unantastbare Würde habe, die mir niemand zu rauben vermag.

Im Gespräch muß ich spüren, ob da eine rein psychologische Beratung angebracht ist, weil der andere nicht mit seinen Problemen umzugehen weiß, oder ob ich bewußt die psychologische Ebene übersteigen und die religiöse Dimension ansprechen soll. Die psychologische Ebene muß sorgsam und gut behandelt werden. Aber es genügt mir nicht, darauf stehen zu bleiben. Sonst könnte man ja auch zum Psychotherapeuten gehen. Entscheidend ist, was die Probleme meines Lebens für meine Beziehung zu Gott bedeuten, was mir Gott damit sagen möchte und welche Herausforderung er mir mit meinen Alltagssituationen stellt. Die Beziehung zu Gott löst die Probleme nicht, aber sie relativiert sie. Manche benützen den Glauben nur als einen besonders guten psychologischen Trick, um Probleme besser lösen zu können. Doch darum geht es nicht. Es geht vielmehr um einen geistlichen Weg, um einen Weg in immer tiefere Gottesbegegnungen und Gotteserfahrungen, um einen Weg der geistlichen Erfahrung, die Gott im eigenen Herzen erspüren möchte. Zur echten Gottesbegegnung komme ich nur über die ehrliche Selbstbegegnung, also über das Ernstnehmen der psychologischen Ebene. Aber das Ziel ist eben die Begegnung mit Gott. Wenn ich Ihn erfahre, dann bin ich am Ziel, dann wird es in mir heil und hell. Die intensive geistliche Begleitung will zur Erfahrung Gottes führen, zu einer Gotteserfahrung, die befreit und heilt, und die eine neue Selbsterfahrung ermöglicht, die in Berührung bringt mit dem wahren Kern, mit dem Selbst.

Ein anderer Aspekt ist mir beim Einzelgespräch wichtig. Die Teilnehmer sind im Kurs sich selbst begegnet und sie haben etwas vom Geheimnis Gottes in ihrem Herzen erfahren. Aber die Frage ist, wie sie nun von dieser Erfahrung in ihrem Alltag leben können. Sie können und brauchen die Stimmung des Kurses nicht mit nach Hause nehmen. Aber sie sollten die Wirklichkeit, die sie gespürt haben, auch in ihrem Alltag erfahren können. Sie brauchen Erinnerungszeichen, die in ihnen immer wieder die Wirklichkeit Gottes in ihrem Herzen wachrufen. Daher versuche ich, immer ganz konkret den Alltag durchzugehen und zu überlegen, was dem einzelnen helfen könnte, aus der neuen Wirklichkeit heraus zu leben, aus dem Bewußtsein, daß Gott in ihm ist und daß Gott der ist, der ihn befreit von der Macht der äußeren Situationen. Dabei hat es keinen Zweck, sich große Vorsätze zu machen. Es geht vielmehr um einen konkreten Übungsweg, der den inneren Prozeß in Gang hält, der in einem Kurs aufgebrochen ist. Für den einen ist der tägliche Gang zur Arbeit oder die Fahrt im Auto ein Ort der Einübung in die Gegenwart Gottes. Für andere ist es der Glockenschlag, der sie an Gott erinnert und damit an den eigentlichen Kern, an den Ort in ihnen, der von der Welt nicht berührt ist. Einer nimmt sich jeden Morgen die Zeit zur Meditation, ein anderer setzt sich in der Mittagspause in eine Kirche, ein anderer nimmt sich eine stille Zeit am Abend. Ohne konkrete Übung geht der geistliche Weg nicht weiter. Denn wenn wir keine Erinnerungszeichen an Gottes Wirklichkeit in unserem Leben haben, dann hat die Welt zuviel Macht über uns, bestimmen uns Termine und Erwartungen, lassen wir uns von außer her lenken. Geistlicher Weg heißt, immer wieder an den inneren Ort des Schweigens zurückzukommen und dort mit Gott eins zu werden, um dann aus dieser Einheit heraus zu handeln und zu leben.

Schlußbemerkung

Die intensive geistliche Begleitung, wie sie bei Kursen und ihrer Nacharbeit im Einzelgespräch möglich wird, will den Menschen zur Wahrheit seines Lebens und zum Gott seines Lebens führen. Die Begleitung nimmt dabei die psychologische Ebene ernst und fragt nach den Hindernissen auf dem Weg zu sich selbst und zu Gott. Sie sieht diese Hindernisse aber nicht moralisch, sondern mystagogisch. Es geht auf dem geistlichen Weg nicht um eine stets größere Fehlerfreiheit, um ein moralisches Vollkommensein, sondern es geht um die lebendige Begegnung mit Gott. Das Ziel dieser Begegnung ist die Wahrheit des Menschen und seine Lebendigkeit. Lebendigkeit, oder wie Johannes es ausdrückt, ewiges Leben, ist das Kriterium für den geistlichen Weg, der sich auf Jesus Christus beruft, der von sich sagt: „Ich bin gekommen, daß sie das Leben haben und es in Fülle haben" (Joh 10, 10). Zur Qualität des ewigen Lebens, zu der Lebendigkeit Jesu Christi, findet der Mensch aber nur, wenn er alles, was in ihm ist, anschaut und in die Begegnung mit Gott hineinhält. Das Anschauen der psychologischen Ebene ist also die Grundvoraussetzung, daß Gott dann den ganzen Menschen verwandeln kann. Das Ziel aber ist die Verwandlung durch Gott, das Einswerden mit Gott im eigenen Herzen. Intensive geistliche Begleitung ist daher für mich Begleitung auf dem mystischen Weg, Begleitung in eine immer tiefere Erfahrung Gottes, die den Menschen mehr und mehr befreit von sich selbst, von der Macht seiner Probleme, aber auch von seinen eigenen Bedürfnissen und Wünschen. Je mehr der Mensch Gott im eigenen Herzen spürt, desto mehr findet er zu seiner eigenen Wahrheit, desto mehr stößt er vor zum Selbst als dem eigentlichen Personkern. Gott befreit den Menschen von sich selbst und zu sich selbst. Gott allein schenkt ewiges Leben, neue Lebensqualität, Lebendigkeit, Lust am Leben. Je mehr der Mensch Gott erfährt, desto größer wird in ihm die Lust am Leben. Und darum geht es dem hl. Benedikt bei jedem geistlichen Weg: „Wer hat Lust am Leben?", fragt er die, die er in seine Schule des Herrn einlädt. Lust am Leben möchten wir in unserer geistlichen Begleitung vermitteln, damit das Leben Gottes immer mehr alles Tote und Starre in uns aufbricht und die Auferstehung Christi unter uns erfahrbar macht.

Literatur

GRÜN, ANSELM: Dimensionen des Glaubens, Münsterschwarzach: Vier-Türme-Verlag 1987.
– : Träume auf dem geistlichen Weg, Münsterschwarzach: Vier-Türme-Verlag 1989.
JACOBI, JOLANDE: Der Weg zur Individuation. Zürich: Rascher 1965.
JUNG, CARL GUSTAV: Gesammelte Werke, Band 8 und 11. Zürich: Rascher 1963 und 1967.
LOUF ANDRÈ/DUFNER, MEINRAD: Geistliche Vaterschaft, Münsterschwarzach: Vier-Türme-Verlag 1984.

5. Beichtgespräch und beratendes/geistliches Gespräch

KONRAD BAUMGARTNER

1. Erfahrungen und ihre Hintergründe

Eine junge Frau berichtet mir, daß sie in verschiedenen Lebenssituationen die Begegnung mit Seelsorgern gesucht hat, die ihr dabei mit Rat und Tat zur Seite gestanden sind: bei Besinnungstagen, bei Exerzitien und Werkwochen, bei vielen Veranstaltungen im Rahmen der kirchlichen Jugendarbeit, bei Gesprächsrunden. Und sie erzählt von einem beratenden Gespräch in der Begegnung mit einem Priester:

„Ich stand damals in persönlichen Glaubensproblemen. Der Priester half mir zunächst, indem er mich einfach anhörte. Er zeigte große Gelassenheit, hat mich erst einmal ausführlich und eingehend zu Wort kommen lassen. Ich habe das sehr geschätzt, daß er mich zunächst einfach angehört und ernstgenommen und mich nicht sofort mit vorschnellen Rezepten überfallen oder mir unvermittelt geraten hat. Er hat mich zunächst einfach kommen lassen und erst dann vorsichtig Orientierungshilfen angeboten. Letztlich war es ein menschlich-geistliches Verhalten, das ein Stück von der Güte und Liebe Gottes aufscheinen ließ und mich zutiefst froh machte. In diesem Gespräch, das schließlich in ein Beichtgespräch übergegangen ist, haben wir miteinander versucht, einen Text des Evangeliums zu meditieren und auf meine Lebensfragen zu beziehen. Und wirklich: Ich habe mich mit meinen Fragen, Problemen und mit meiner Schuld wiedergefunden in diesem biblischen Text. – Ein andermal haben wir bei einem solchen Gespräch eine Bildmeditation gemacht. Wir versuchten miteinander, eine gemeinsame Antwort auf meine Lebens- und Glaubenssituation zu finden. Wieder ein andermal war es eine Art Lebensbetrachtung, in der wir miteinander Ereignisse und Situationen im Lichte des Glaubens zu verstehen suchten. Der Seelsorger hat von sich aus nur Impulse gegeben, um mein Leben in einem klareren Licht zu sehen. Er hat mir geholfen, mit den Augen des Glaubens zu sehen. Bei all diesen Gesprächen war der Seelsorger gar nicht so sehr ‚beratend' tätig, sondern vor allem klärend, manchmal auch konfrontierend und provozierend. Ich spürte, das Evangelium wirkt nicht nur frohmachend-tröstlich, sondern stellt auch die Praxis des Lebens und der Welt in Frage und provoziert zur Umkehr. Durch das geschwisterlich-partnerschaftliche Verhältnis ist mir all das viel tiefer aufgegangen. Zuweilen waren es die Impulse des Seelsorgers, die mir geholfen haben, daß ich über mein religiöses Leben, meine innersten Empfindungen sprechen konnte. Tief beeindruckt hat mich auch, daß er seine eigene Erfahrung und seine Glaubensexistenz miteingebracht und nicht bloß ein Urteil oder seine Meinung zu meiner Situation abgegeben hat."

In diesem Bericht sind wichtige Aspekte des Beichtgesprächs wie auch des beratenden und geistlichen Gesprächs genannt, auf die wir später zurückkommen werden. Doch zunächst noch einige weitere Berichte.

Ein älterer Mann erzählt über sein erstes Beichtgespräch: „Wir saßen gemeinsam an einem Tisch. Ich berichtete frei und offen über mein Leben, was ich alles falsch gemacht hatte. Ich sprach über meine Schwierigkeiten. Dann sprach der Geistliche zu mir, und zwar nicht so von oben herab oder wie ein Vorgesetzter. Er begegnete mir als Helfender. Er hat mich auch nicht getadelt oder geschimpft oder kein Verständnis dafür gehabt, daß ich so vieles falsch gemacht habe in meinem Leben. Er half mir und gab mir damit zur Beichte ein ganz neues, anderes Verhältnis... Ich meine, der Priester sollte als liebender Freund zu einem sprechen und den anderen ebenso behandeln. Ich möchte nicht einem unbarmherzigen Richter begegnen, von dem ich eine Strafe erhalte. Ich möchte einem Menschen begegnen, der mir in Gottes Namen weiterhilft in meinem Leben und in meinem Glauben." — In einer Zeitschrift lese ich das Erlebnis eines Priesters in Paris: „Eines Samstagnachmittags stand ich während einer Pause an der Tür der Beichtkapelle unserer Kirche. Eine zur Pfarrei gehörige alte Frau kam auf mich zu und fragte, wo der Beichtstuhl sei. Ich erklärte ihr, daß ein Priester vorn in der Kirche ‚im Kasten' säße. Auf ihre Frage, was ich tue, gab ich ihr eine Beschreibung der Beichte, unterstellte aber, daß sie wohl lieber in den gewöhnlichen Beichtstuhl gehen wollte. Ich werde ihr immer dankbar sein für die diskrete Zurechtrückung meiner Vorstellung von dem, was die Leute in der Beichte erwarten. ‚Kommen Sie, junger Mann', sagte die Frau, ‚auf diese Art von Beichte habe ich fünfzig Jahre gewartet!'"

Meine eigene Erfahrung als Priester und Seelsorger ist diese: In meiner Gymnasial- und Studienzeit habe ich regelmäßig bei unserem Spiritual das geistliche Gespräch, die persönliche Beratung und Führung gesucht; meistens, aber nicht immer waren diese Gespräche mit einer persönlichen Beichte verbunden. Heute noch denke ich gerne und dankbar an diese Zeit zurück. Ich gehe regelmäßig zur Beichte, aber geistliche Begleitung erfahre ich in anderen Zusammenhängen: in der Meditation der Heiligen Schrift, in geistlichen Begegnungen in meinem Alltag, in Bibel- und Glaubensgesprächen zu zweit oder in der Gruppe, in Exerzitien. So geht es mir. Kollegen sagen mir: Wir können ohne die regelmäßige geistliche Begleitung, vor allem auch in Gruppen oder Bewegungen, in Bruderschaften, denen Priester und Laien angehören, nicht mehr leben. Beichtgespräch, beratende und geistliche Gespräche gehören inzwischen zu den wichtigen spirituellen Erfahrungen von Seelsorgern und Seelsorgerinnen selbst. Sie erleben in ihnen sozusagen für ihren eigenen Glauben Sternstunden – inmitten eines oft recht mühsam und aufreibenden pastoralen Alltags.

Auf seiten der einen Rat, ein geistliches Gespräch oder ein Beichtgespräch suchenden Christen wächst das Bedürfnis nach Begleitung des eigenen Lebens, nach Klärung und Orientierung angesichts der Überforderungen durch Probleme des eigenen Lebens und der Welt, nach Entlastung von Schuld und Versagen. Das andere Moment ist: Viele Menschen haben einen Hunger nach Gespräch. Darin offenbart sich zunehmend eine Sehnsucht des Menschen nach dem Gelingen seines Lebens. Der Wunsch nach einer Beichte im Rahmen eines menschlich-geistlichen Gesprächs und nach einer möglicherweise sich daraus entwickelnden geistlichen Begleitung hängt auch mit negativen Erfahrungen der üblichen Beichtpraxis zusammen: Immer mehr Menschen leiden am „Routine-Verfahren", am Automatismus und an der anonymen Behandlung im Beichtstuhl; der übliche (Kinder-) Beichtspiegel sagt ihnen nichts mehr, er „trifft" und „betrifft" ihr Leben und die komplexen Zusammenhänge darin nicht. So suchen sie den persönlichen Kontakt mit einem Seelsorger, sie erhoffen sich mehr Zeit, sie möchten sich in einer möglichst freien, ungezwungenen Atmosphäre und in „normaler" Umgebung aussprechen, die Schuldsituationen ihres Lebens im biographischen, sozialen und ekklesialen Kontext verstehen. Sie wollen dabei die tiefere Bedeutung der Gebote Gottes und der Kirche im Sinne der Orientierung für ein sittlich verantwortliches Handeln und der eigenen Gewissensentscheidung sehen; nicht selten erhoffen und brauchen sie auch, daß Seelsorger ihnen „Sprache leihen": bei der Reflexion ihres Lebens, bei der Frage nach den Hintergründen und Zusammenhängen von Vordergründigem, beim Aussprechen ihrer Hoffnungen und Sehnsüchte, ihres Scheiterns und des Schuldiggewordenseins. Oft entwickeln sich dabei aus der „Diskussion von Problemen" Bekenntnisse des Glaubens und Lebens, beichten Menschen, ohne es vorher beabsichtigt zu haben. Das kann so sein, muß aber nicht so sein. Seelsorger dürfen deshalb nicht im Hinterkopf die Absicht haben, immer und in jedem Fall zur Beichte führen zu müssen, wie es eine Richtung protestantischer Seelsorge intendiert. Umgekehrt gibt es die Situation, daß vor allem junge Menschen sich zu einem „Beichtgespräch" anmelden und dann eigentlich nur über Probleme anderer, über politische oder gesellschaftliche Fragen sprechen wollen. Dann darf und muß der Seelsorger mit aller Behutsamkeit auf den Sinn von Beichte hinweisen, aber auch andeuten, daß der Gesprächspartner vielleicht doch auch an eine Beichte im Gespräch gedacht haben könnte.

2. Theologische, psychologische und pastorale Probleme

In der praktisch-theologischen Reflexion werden im Gespräch mit Psychologie und Pastoral viele Fragen deutlich: Wie verhalten sich Beichtgespräch und Ritus zueinander, Gesprächsseelsorge und Liturgie? Können die Priester bei der zunehmenden Überlastung überhaupt noch Beichtgespräche führen, sind sie während der Aus- und Fortbildung dafür befähigt worden? Denn viele Priester und andere Seelsorger fühlen sich dazu theologisch, psychologisch und spirituell überfordert. Nicht wenige Seelsorger stehen in Gefahr, solche Gespräche zu verpsychologisieren, ausgesprochene Schuld herunterzuspielen oder ausreden zu wollen, oft haben sie selbst oder ihre Gesprächspartner überhöhte Erwartungen und werden so möglicherweise enttäuscht. Ein anderes Problem ist: Wie gehören geistliche Begleitung und Therapie zusammen? In welchem Verhältnis stehen Umkehrarbeit und gläubige Annahme des Versöhnungssakraments zueinander? Wie ist der Gerichtscharakter des Sakramentes der Versöhnung zu verstehen, welchen Stellenwert haben christliche und kirchliche Wert- und Normvorstellungen und ihre Vermittlung in solchen Gesprächen?

Die enge Verbindung von „Seelenführung" und Beichte, wie sie bis in die erste Hälfte dieses Jahrhunderts hinein bestanden und sich dann zum Teil wieder aufgelöst hat, hängt zusammen mit dem Stellenwert der „Andachtsbeichte": Man unterstrich den hohen Wert der Sakramentsgnade beim Bemühen um geistlichen Fortschritt und pädagogisierte zugleich das Sakrament der Versöhnung im Blick auf die sittlich-moralische Anstrengung. Die „Seelenführungs-Beichte", wie sie ursprünglich auch und vor allem gegenüber dem nichtklerikalen „Geistlichen Vater" geübt wurde, war zunehmend klerikalisiert und mit der sakramentalen Beichte verbunden worden. Eine spezielle theologisch-spirituelle Ausbildung oder Fortbildung für „geistliche Führung" ist kaum geleistet worden. Zu einseitig und zu einfach setzte man auf die Kraft des Sakramentes, höchstens noch auf den Zuspruch der Beichte, als daß die menschlich-geistliche Befähigung zur geistlichen Führung als ebenso notwendig erachtet worden wäre. Durch die genannte Pädagogisierung und Moralisierung des Sakramentes der Versöhnung wurde das Moment der heilenden Christusbegegnung im Glauben verstellt oder überdeckt. So führte nicht selten eine falsch eingeschätzte oder praktizierte „Seelenführung" und Beichte zu Abhängigkeit, Unselbständigkeit und Bevormundung.

Wenn zudem bei den Seelsorgern selbst keine positive Einstellung zu geistlicher Begleitung oder keine persönliche Wertschätzung der Beichte vorhanden ist, kommt es zu schizophrenen Situationen. So flüchten nicht wenige Seelsorger, wenn sie angefragt werden, ob sie zur geistlichen Begleitung oder zum Beichtgespräch bereit seien, in Ausreden wie: „Ich habe soviel zu tun". Im Grunde aber haben sie Angst und sind unsicher oder haben noch nicht oder nicht mehr den Blick für das eine Notwendige (vgl. die Szene Jesus mit Maria und Martha: Lk 10, 38–42). Überlastung und Überforderung der Seelsorger scheinen diesen Defekt zu legitimieren. Die Vermutung der Gläubigen, dafür habe der Seelsorger sowieso keine Zeit, „entschuldigt" dann beide Seiten – und bringt sie um eine wesentliche Dimension der Seelsorge.

Die Folge ist: Inzwischen vertrauen sich nicht wenige oft recht unkritisch neuen Führern an – nicht nur und zu recht den Fachleuten der Psychologie und Psychotherapie, sondern den Gurus neuer religiöser Bewegungen und Praktiken. Der Ruf nach dem „Meister", dem „Führer", ist unüberhörbar: als Wunsch nach der „starken Persönlichkeit", in deren Suggestivbereich man flüchten möchte.

Das Bedürfnis nach Begleitung des eigenen Lebens, nach Klärung und Orientierung angesichts der Überforderung durch Probleme der Welt und des eigenen Lebens, nach Entlastung von Schuld und Versagen ist also da. Führung wie Beratung müssen freilich zur Annahme des eigenen Selbst, des eigenen Lebens, der je eigenen Möglichkeiten und Grenzen, von Licht und Schatten führen, zur Entdeckung und Wahrnehmung verschütteter Potentiale und Energien. Kein beratendes, geistliches Gespräch, kein Beichtgespräch kann und darf Verantwortung abnehmen („Was würden Sie an meiner Stelle tun?"); es darf auch nicht an das Ersatz-Ich des Begleiters binden, sondern sollte dem Begleiteten „Hilfen bieten, daß er im eigenen Leben einerseits das Wirken des göttlichen Geistes zu entdecken und wahrzunehmen weiß, ebenso aber auch sein Zusammenspiel mit dem in ihm wirkenden Geist Gottes optimal zu gestalten lernt" (A. Falkner 1986, 21). Letztendlich möchten von Seelsorgern geführte beratende, geistliche Gespräche und vor allem das Beichtgespräch zur freien Übergabe des Lebens an Jesus Christus ermutigen und verhelfen, an ihn, den „einen Meister" und Begleiter unseres Lebens. Der Seelsorger ist dabei Mittler und Identifikationsmodell: als „geistlicher Mensch" und „menschlicher Geistlicher".

Geistliche Begleitung und Führung *kann*, wie schon gesagt, mit der sakramentalen Beichte oder dem Beichtgespräch verbunden sein, muß es aber nicht, genau so wenig wie dies bei einem seelsorglichen Beratungsgespräch der Fall ist. Und Beichte heißt zunächst nicht unbedingt geistliche Führung, auch wenn die Momente des Ratens, Tröstens, Orientierens damit verbunden sind. In der sakramentalen Versöhnung geht es vorrangig um das Bekenntnis und die Vergebung der Sünden, vor allem in schweren und belastenden Schuldsituationen. Für die letzteren besteht auch die Verpflichtung zum persönlichen Bekenntnis, während geistliche Führung und Begleitung nie zur Pflicht gemacht werden können. Heutzutage nehmen (wieder) geistlich erfahrene Frauen und Männer geistliche Begleitung wahr: z. B. bei Einzel-Exerzitien. So wird das eigene und eigenständige Profil der geistlichen Begleitung in der Seelsorge deutlich. Freilich werden dem Beichtgespräch wieder wesentliche Momente der geistlichen Führung – auf Zeit oder auf Dauer – zuwachsen. „Je feinfühliger ein Gewissen ist, umso enger kommen Schuldbewältigung und Lebensmeisterung zusammen; dasjenige, was in einem Beichtgespräch gesagt, und dasjenige, was in geistlicher Führung besprochen wird, können gerade bei ehrlich sich mühenden Christen zusammenfallen" (J. Sudbrack 1981, 54). Das Beichtgespräch wird dann zum beratenden, helfenden Gespräch und zum versöhnenden Sakrament: Seelsorge und Liturgie, eine gott-menschliche dialogische Szene in der Kraft des Heiligen Geistes, rückgebunden an die Gemeinschaft der Kirche.

3. Gesprächsseelsorge als geistliche Interaktion

Grundlegend für alle verschieden zu qualifizierenden seelsorglichen Gesprächssituationen ist es, einen Raum von Vertrauen, Geborgenheit und

Glauben zu schaffen, in dem alle Beteiligten des Einzel- oder Gruppengesprächs dafür offen werden, den Anspruch des Evangeliums im Kontext des eigenen Lebens zu hören, und bereit werden, auf ihre Weise darauf zu antworten. Damit wird der Vorstellung begegnet, Gesprächsseelsorge wäre eine Einbahnstraße: hier der Seelsorger als Verkünder, als Glaubenszeuge, und dort der das beratende/geistliche Gespräch oder die Beichte suchende Christ als „Empfänger" der Verkündigung. Im Grunde geht es um eine wechselseitige Glaubenskommunikation im Sinne eines geistlichen Dialoggeschehens gegenüber einer klerikalistisch verengten pastoralen Theorie von Seelsorge als einer klerikal-laikalen Subjekt-Objekt-Beziehung. Die neuen kirchlichen Berufe, die intensiv als seelsorgliche Berufe einzuschätzen sind, machen ein Aufbrechen solch überholter Vorstellungen deutlich. Hans Schilling schreibt dazu: „Die pastorale ‚Spiegelung des Handelns Gottes' (Hermann Stenger) erscheint uns heute nicht mehr als einseitige Subjekt-Objekt-Beziehung, sondern als spezifisch christliche Form einer zwei- bzw. mehrseitigen helfenden Beziehung, so daß der Seelsorger (die Seelsorgerin, *K. B.*) und diejenigen, die ihn als solche beanspruchen, sich miteinander in einem Austauschverhältnis wechselseitigen Gebens und Nehmens befinden" (H. Schilling 1980, 44). Das gilt vor allem für das geistliche Gespräch als „eine im Wort geschehende Begegnung glaubender Menschen, bei der der Mensch selbst in seiner individuellen Ganzheit oder ein existentiell wichtiges Thema in der Weise zur Sprache kommt, daß der Mensch mit seinen persönlichen Tiefenschichten daran beteiligt ist", ein Gespräch, in dem „das Wort des anderen, die geistliche Erfahrung des anderen, seine Deutung des Daseins so sehr zu meinem Leben gehört, daß sie geradezu ein ‚geistliches Existential' wird" (F. G. Friemel 1974, 18 bzw. 20).

In diesem dialogischen Austausch von Glaubenden öffnet sich die geistliche Beziehung auf Gott hin. Das Spezifische eines seelsorglichen Gesprächs liegt also darin, daß alle Lebensfragen, auch die „gewöhnlichen Dinge", mit dem Evangelium konfrontiert und in das Licht des Glaubens gestellt werden. Die Gegenwart des Heiligen Geistes in der menschlichen Beziehung des geistlichen Gesprächs ist nicht bloß ein frommer Gedanke, sondern eine spirituelle Dimension: Gott ist im Seelsorgegespräch auf beiden Seiten am Werk. „Er hat dem Seelsorger durch dessen ‚Klienten' vielleicht genau so viel und genau so Wichtiges zu sagen wie dem ‚Klienten' durch den Seelsorger" (D. Stollberg 1978, 39).

Als Seelsorger/in muß ich mir also stets neu bewußt werden: Jeder Getaufte trägt in sich den Geist Jesu Christi, auch er/sie ist geist-begabt. Ich muß und darf also mit der Geistbegabung meines Gesprächspartners rechnen, mit dem Potential seiner Lebens- und Glaubenserfahrungen, aber auch mit überraschenden Einsichten und Umwandlungen des Herzens, die menschlich nicht machbar sind. Meine geistliche Aufgabe ist und bleibt es, die Kommunikation zu erleichtern, aus dem Glauben heraus zu vertiefen und um eine gemeinsame Sinngebung und Wegfindung im Lichte des Glaubens bemüht zu sein.

Ein neues pastorales Problem stellt die Situation dar, wenn Ehepaare ein gemeinsames Beichtgespräch wünschen (vor der Hochzeit wird eine solche gemeinsame Beichte verlangt). Neu ist auch der Vorschlag, wie er vor allem in charismatischen Kreisen aufgekommen ist, gemäß dem Wort aus dem Jakobusbrief: „Bekennt einander eure Sünden und betet füreinander, damit ihr geheiligt werdet" (Jak 5,16), öffentliche Bekenntnisse und Vergebungsgebete voreinander auszutauschen. Neu ist weiter, daß Teilnehmer von Besinnungstagen oder Exerzitien, die von geistlich befähigten Laien und Ordensleuten allein oder in Zusammenarbeit mit einem Priester abgehalten werden, bei den „Laien-Seelsorgern" nicht nur das beratende und geistliche Gespräch suchen, sondern auch zu beichten wünschen.

Mit solchen pastoralen Situationen ist behutsam umzugehen: Weder Verweigerung noch unüberlegte Gewährung scheinen sinnvoll. In jedem Fall muß darüber das Gespräch gesucht und müssen Klarstellungen vorgenommen werden. Der Wunsch nach gemeinsamer Beichte von Eheleuten könnte differenziert beantwortet werden: gemeinsame Gewissenserforschung, Besinnung, gemeinsames Gebet und abschließende gemeinsame Lossprechung; das Bekenntnis sollte aber doch im Einzelgespräch erfolgen (außer, die Partner lehnen dies ausdrücklich ab). Das öffentliche Bekenntnis und das gemeinsame Gebet in der Gruppe darf nicht zum „geistlichen Exhibitionismus" und zum „freiwilligen Zwang" werden. Hier wie in der geschilderten Situation von Besinnungstagen bzw. Exerzitien ist aber ein fürbittendes Gebet der Lossprechung angebracht (die katholische Theologie unterscheidet bekanntlich zwischen „deprekativer" und „indikativer" Lossprechung). Gemeinsam ist all diesen Situationen: sie sind geistliche Gesprächspartnerschaften und Interaktionen.

4. Praktische Hinweise

Kehren wir noch einmal zu den eingangs genannten Erfahrungen der jungen Frau in seelsorglichen Gesprächssituationen zurück. Sie benennt folgende positive bzw. negative Momente, die sie als hilfreich bzw. behindernd erlebt hat: Sie hat es als sehr hilfreich erfahren, wenn in diesen Gesprächen zunächst eine warme, positive Atmosphäre geschaffen wurde, in der einfach das gegenseitige Zuhören, Verstehen und Annehmen möglich ist und wachsen kann. Es ist sehr wichtig, daß der zwischenmenschliche Bereich positiv gestaltet wird, daß man Vertrauen fassen und sich öffnen kann. Um es im Vergleich zu sagen: Wie eine Knospe sich im Licht der wärmenden Sonne öffnet und sich bei spürbarer Kälte verschließt, so geht es auch im seelsorglichen Gespräch. Wichtig ist auch die Erfahrung, daß nicht nur das verbale Verhalten eine große Rolle spielt, sondern auch, und zwar auf beiden Seiten, das non-verbale. Gegenseitige Annahme oder Distanz kommen auch in Gesten und Mimik zum Ausdruck, im Tonfall, im Schweigen, in den unausgesprochenen, aber spürbaren Emotionen. Auch die Verleiblichung der geistlichen Erfahrung ist wichtig: der Händedruck, der stille Blick, die Handauflegung (nicht nur bei der Lossprechung, sondern auch als fürbittendes Gebet zum Abschluß eines Seelsorgegespräches), die Umarmung. Solche Gesten können zu Abbildern der Zärtlichkeit und Liebe Gottes werden. Negative Momente, die störend wirken können, sind: ein zu oberflächlicher Einstieg in das Gespräch („Wie geht es Ihnen?", besser: „Wie geht es Ihnen zur Zeit?"). Hilfreicher ist, z. B. an das letzte Gespräch anzuknüpfen, es in seinen Inhalten und Zielen nochmals deutlich zu machen. So wird eine gemeinsame Ausgangsbasis für das neue Gespräch geschaffen. Ein anderer Störfaktor ist die Frage der Zeit. Damit das Gespräch in die Tiefe und in die Weite gehen kann, muß man ungestört sein können (Telefon!) und beiderseits wirklich Zeit haben (freilich nicht unbegrenzt, sondern klar vereinbart). Jede Hetze im Vorder- oder Hintergrund macht viel zunichte, sie macht unfrei. Dann wird jede Stille oder jede Pause als peinlich oder störend empfunden, jeder versucht dann, in kurzer Zeit möglichst viel „reinzupacken". Solche Hektik kann wechselseitig sehr blockieren, und die Gefahr, an der Oberfläche zu verbleiben, ist sehr groß. Schließlich ist auf das Problem der Übertragung und Gegenübertragung in der Gesprächssituation hinzuweisen, die auf der einen oder auf beiden Seiten vorhanden sein können. Seelsorger müßten, gegebenenfalls durch Supervision, ihre Erfahrungen im Seelsorgegespräch durcharbeiten und vertiefen können.

Angesichts der zunehmenden Verbürokratisierung von Seelsorge, angesichts des Ausfalls der Einzelseelsorge tut eine quantitative, mehr noch eine qualitative Gegensteuerung not. Die Individual- und Gruppenseelsorge ist ein entscheidender Beitrag dazu, daß das Wort von *Karl Rahner* eingelöst wird: „Es bleibt dabei: der Mensch kann Gott erfahren. Und eure Seelsorge müßte immer bei jedem Schritt dieses Ziel unerbittlich vor Augen haben" (K. Rahner 1982, 16).

Literatur

BACHT, HEINRICH: Erneuerung durch Rückkehr zu den Ursprüngen. Überlegungen zur heutigen Beichtkrise. In: Baumgartner, Konrad (Hrsg.): Erfahrungen mit dem Bußsakrament II. München: Erich Wewel 1979, 166–184.

BAUMGARTNER, KONRAD (Hrsg.): Das Seelsorgegespräch in der Gemeinde. Würzburg: Echter 1982.

–: Aus der Versöhnung leben. Theologische Reflexionen – Impulse für die Praxis. München: Erich Wewel 1990.

FALKNER, ANDREAS: Verständnis und Richtmaß geistlicher Begleitung aus dem Dialog mit grundlegenden Quellen ignatianischer Spiritualität. In: Korrespondenz zur Spiritualität der Exerzitien 36 (1986) 21–35.

5. Beichtgespräch und beratendes/geistliches Gespräch

FRIEMEL, FRANZ-GEORG: Geistliches Gespräch als Heilsgeschehen. Anthropologische und theologische Bemerkungen. In: Diakonia 5 (1974) 16–20.
GARCIA-MONGE, JOSEF: Das geistliche Gespräch und die Therapie. In: Concilium 10 (1974).
GOLDBRUNNER, JOSEF: Dialog/Geistliches Gespräch. In: Schütz, Christian (Hrsg.): Praktisches Lexikon der Spiritualität. Freiburg i. Br.: Herder 1988, 224–226.
RAHNER, KARL: Das Alte neu sagen. Rede des Ignatius von Loyola an einen Jesuiten von heute. Freiburg/Heidelberg: Kerle 1982.
SCHILLING, HANS: Geben und nehmen. Ökonomische Aspekte der pastoralen Beziehung. In: Theologie der Gegenwart 23 (1980) 43–49.
SCHMATZ, FRANZ: Begleitung. Die vergessene Dimension in der Seelsorge. Freiburg i. Br.: Herder 1983.
STOLLBERG, DIETRICH: Wenn Gott menschlich wäre ... Auf dem Wege zu einer seelsorgerlichen Theologie. Stuttgart: Kreuz 1978.
SUDBRACK, JOSEF: Geistliche Führung. Freiburg i. Br.: Herder 1981.
Themenheft Einzelseelsorge, in: Lebendige Seelsorge 39 (1988) Heft 1.
Themenheft Geistliche Begleitung, in: Lebendige Seelsorge 40 (1989) Heft 1.
WINDISCH, HUBERT: Seelsorge für die Menschen. Die Erneuerung der Pastoral durch das seelsorgliche Gespräch. Würzburg: Echter 1989.

TEIL III

SEELSORGLICHE BERATUNG UND BEGLEITUNG FÜR BESONDERE ZIELGRUPPEN

1. Eheleute und Familien

LORENZ WACHINGER

„Das christlich Ehegelöbnis basiert auf der Täuschung, daß sich nichts ändert" (Lederer/Jackson 1972, 73). Sollte dieser Satz eines erfahrenen Paartherapeuten stimmen? Er hätte Recht, wenn wir über dem Scheidungsverbot Jesu oder über dem katholischen Begriff der sakramentalen Ehe die gelebte menschliche Zeit, die Lebensgeschichten vergessen hätten. Das Starre, Unwandelbare eines falsch verstandenen Sakraments, das als „jenseitig" vorgestellt würde, wäre mit dem dumpfen, „stationären", gesellschaftlichen Bewußtsein einer vergangenen Epoche, die in Ständen („Ehestand") dachte, eine unheilvolle Verbindung eingegangen.

Wir erleben heute stärker die Veränderungen durch die gesellschaftlichen Entwicklungen und Wandlungen, bis hin zum leichteren Zerreißen der persönlichen Bindungen. Wir sehen vor uns die länger gewordenen, also mehr Phasen umfassenden Lebenszyklen (Lebenserwartung für die Frau ca. 78, für den Mann ca. 75 Jahre), die dem einzelnen und den Paaren mehr zu bewältigende Übergänge von Altersstufe zu Altersstufe abverlangen. Dafür reichen offenbar das traditionelle Instrument der Sakramentenpastoral oder die soziale Kontrolle durch Dorf und Nachbarschaft nicht mehr aus. Die überall etablierten Eheberatungsstellen zeigen den Bedarf an individueller Begleitung an, bei dem weniger obrigkeitliche Weisungen oder wohlmeinende Ratschläge gefragt sind als das schlichte Zuhören und Mitgehen: ob es sich nun nebenbei ereignet, beim Reden über das und jenes, bei einem Hausbesuch, oder bei genaueren Gesprächen in einer Not oder im Beichtgespräch.

1. Lebensgeschichten ernst nehmen!

Vielleicht liegt in den Veränderungen, die zwei Menschen sich im täglichen Miteinander abfordern, der personale Sinn der Ehe, den eine christliche Ethik und Spiritualität pflegen und bewußter machen kann. Auch die unvermeidlichen Konflikte und Beziehungs-Schwierigkeiten gewinnen in dieser Sicht eine neue, positivere Bedeutung. Und noch das Zerbrechen einer Ehe in Trennung und Scheidung, vor dem wir heute keinesfalls die Augen verschließen dürfen, muß nicht als sinnlos, in Verzweiflung stürzend, erlebt werden. Unzählige Märchen und Geschichten der Weltliteratur zeigen den

Weg des Menschen zu sich und zu seinem Ziel in dem Symbol der Ehe und ihrer Schicksale; sie zeigen diesen Weg als Prozeß, als Weitergehen, auch unter Mühen, oder als umwandelnden, der weh tut, weil er eine lieb gewordene Gestalt des Lebens nimmt, oder als richterlichen Prozeß, in dem, auch öffentlich, gestritten werden muß um das Recht. Dieser Prozeß ist inhaltlich gefüllt mit dem Erleben von Wachstum und Reifen im eigenen Leben wie im Leben des Partners und der Kinder, also mit den unübersehbaren Veränderungen, die darin liegen, auch mit Krisen und mit Entfremdung, mit Kämpfen um die Macht (um das Bestimmen und den Einfluß), eine in Ehen und Familien oft übersehene Dimension; zu dem Prozeß gehört schließlich notwendig das Zurücknehmen von Erwartungen, ob sie nun illusionär waren oder berechtigt, das Verzichten und Entsagen, das aber nicht resigniert im schlechten Sinn zu machen braucht; es kann die Versöhnung mit dem Leben bedeuten, das Einstimmen ins Altwerden und in das Sterbenmüssen.

Seelsorglich über die Ehe und mit Verheirateten reden heißt: den Sachverhalt Ehe, wie er sich uns heute darstellt, vom christlichen Impuls her deuten. Erwachsene wollen nicht gegängelt werden mit Vorschriften und Verboten, aber sie werden sich einer vertiefenden Sicht ihres Lebens, im Gespräch erarbeitet und erschlossen, nicht entziehen. Sie werden am Entdecken auch der symbolischen Dimension ihres Miteinanderlebens (Hohelied, Hosea 1 – 3) Freude haben, wenn sie selber, etwa in Gruppen, suchen, fragen und finden dürfen. Wenn keine Lehrbuch-Sprüche, die nicht vom eigenen, authentischen Erfahren gedeckt sind, sie irritieren, werden sie sich nicht dagegen sperren, ihre Ehe durchsichtig werden zu lassen für das Innerste, für die Geschichte eines Menschen mit Gott.

Das seelsorgliche Reden über die Ehe wird heilend, therapeutisch, wenn es sich traut, die individuellen Lebensgeschichten ernst zu nehmen. Es vertraut darauf, daß im Biographischen sich jenes Andere zeigt und einmischt mit der sanften Kraft der Verwandlung, unmerklich über lange Strecken des Wachsens weg oder plötzlich einbrechend und erschütternd, von dem geredet werden muß und von dem nur unzureichend geredet werden kann. Gott kommt in das individuelle Leben, und Er kommt darin vor, das ist unsere christliche Hoffnung. Lebensgeschichten verstehen und deuten können heißt lebendige Theologie treiben; Lebensgeschichten begleiten heißt seelsorglich handeln, jemandes Lebensmelodie hören können und sie hörbar machen, sowohl in ihrem Vertrauten und Eigenen, als auch in dem Fremden, Anderen und Erschreckenden. So, mit diesem subjektiven und biographischen Ansatz bei der Lebensgeschichte der Menschen, würde die Seele in der Kirche erwachen – die für heute notwendige Ergänzung des berühmten Guardini-Wortes von 1923.

Im Erzählen von Stücken der Lebensgeschichte liegt zugleich der Entwurf der ganzen Biographie, die dem Erzählenden selber noch dunkel ist und nie völlig durchsichtig werden kann. Das aufmerksame und zugewandte Hören hilft die Verwirrungen des Nichtwissens zu lösen; im Hin und Her von Reden und Antwort zeigt sich leichter der Sinn des Lebens, den wir brauchen, um leben zu können. Im Besprechen und Weiterspinnen von Geschichten, auch der Bibel, lockert sich die unersetzbare Lebenserfahrung und meldet sich zu Wort – so in Gruppen, die der Vertiefung des Lebens oder der Verarbeitung von Krisen dienen.

2. Sinn von Ehe und Familie: Wandlung des Lebens und der Identität

Leben heißt sich wandeln und zu sich kommen. Die Märchen lassen ihre Helden oft lange Wege gehen, die großen Epen der Literatur sind ungeheure Weg-Geschichten, an deren Ende der Held ein anderer geworden ist.

Die Entwicklungspsychologie hat die Stadien dieses Wandlungsprozesses zunächst für die Kindheit beschrieben. Wir denken heute die Phasen eines typischen Lebensweges ins Erwachsenenalter weiter, wo er meistens zu zweit und als Familie verläuft, in vielen Fällen auch abrupt wieder ins Alleinleben zurückgeworfen wird, so daß die Sehnsucht nach Zusammenleben schmerzt. Die Frage heißt: Wie bleibt der Mensch im Wechsel der Lebensumstände, der Rollen und der Selbstbilder derselbe und wie kann er dabei zu sich finden? Wie verträgt sich seine Identität mit den vielfachen Veränderungen, die manchmal organisch wachsen, manchmal einschneidend hart sind? Wie verändert sich die Identität selber, die ja nicht statisch, wie etwas Materielles gedacht werden kann? Wieviel Stabilität brauche ich zum Leben und wieviel Wandel vertrage ich?

Damit sind Ehe und Familie nicht als ruhendes Harmonie- und Glücksmodell verstanden, sondern als antinomisch gespannter Zustand, als Fließgleichgewicht zwischen Bleiben und Verändern, das wehtun kann. Die Spannungen, die das Uhrwerk am Gehen halten, sind zunächst positiv zu nehmen („spannend"), wenngleich bewußt bleiben wird, daß sie quälen und zerstören können. Solche Spannungen sind: die grundlegende Polarität von Mann und Frau, von zwei Willen und zwei Leibern also; darin eingeschrieben die andere Polarität von Antrieb, vor allem dem sexuellen, und Anschauung (der Dinge, des Lebens, der Welt); das Problem der Mobilität, der Neugier und der Dauer (Treue), der Zeit also; die Spannung zwischen dem Individuum oder dem Paar und der Gesellschaft, die Druck auf Anpassung hin ausübt und mit Normen ins Leben eingreift. Schließlich das unruhige Problem der Macht, die in der Gesellschaft fast verherrlicht, als männliche Aggressivität und als Angstmachen kultiviert und als Mittel der Konfliktlösung angepriesen wird; sie bleibt eine nicht der logischen Dimension angehörende Dynamik in jeder Beziehung zwischen Menschen, auch in der Ehe und Familie, und es gilt, in einem schmerzhaften Wandlungsprozeß, den Verzicht auf die Macht zu lernen; und die Frage nach dem Leiden, die in unseren westlichen Gesellschaften gerne verdrängt und vermieden wird, auch durch den Aberglauben an die Machbarkeit aller Dinge, die aber Ungezählte im Lauf ihrer Lebensgeschichte einholt. Die christliche Botschaft sagt in vielen Symbolen verschlüsselt, daß es Situationen und Schwierigkeiten gibt, die nur im Durchgang durch Angst, Hölle, Tod zu bestehen sind. Wenn wir von „Sakrament Ehe" reden, ist Tod und Auferstehung Jesu mit ausgesagt sowie das Hineingetauchtsein in seinen Tod und in seine Auferstehung (Taufkatechese in Röm 6); Ehe und Familie sind somit mit hineingenommen in das Geschehen von Sterben und Mitauferstehen – das ist der christliche Sinn des Wandlungsgeschehens Ehe/Familie.

Die Ehe kann am steckengebliebenen oder verweigerten Wandlungsprozeß scheitern, wenn das Aneinander-Sich-Verändern (im Ärger, in den beglückenden Erfahrungen) nicht gelingt und wenn das Neu-Einregeln des Verhaltens (miteinander, zueinander) nicht möglich ist. Seelsorgliche Beratung und Begleitung kann nichts anderes sein, als daß einem oder einer Dritten erzählt und geklagt werden darf, der/die nicht wertet und urteilt, vor allem nicht einseitig eingreift und damit das komplizierte Paar-Gefüge durcheinander bringt. Auch wenn vor dem Seelsorger gestritten wird, kann er vielleicht das Gespräch am Laufen halten. Er kann einen Gegenhalt darstellen, der die Streitenden nicht fallen läßt und nicht verachtet oder sich vor den Aggressionen fürchtet. Im Hören und Antworten vertreten die Seelsorger und Seelsorgerinnen Identischsein mit sich selbst, sind sie den Partnern oder einem einzelnen die Bürgen und Zeugen für die Möglichkeit, sich selber treu zu bleiben in allem Wandel. Sie beruhigen durch das Dabeibleiben die Angst der Menschen vor dem Sie-Verlieren und vermitteln ein Stück Sicherheit, die zum Sich-wandeln-Können gehört. So taucht aus dem Alterungs- und Verbrauchsprozeß einer Ehe, aus der Entleerung einer lang dauernden Beziehung durch Zeit und Gewöhnung die andere Möglichkeit auf: die personale Zeitform, in der es Dauer *und* das Neue, das Überraschende gibt. Und so lassen sich auch die Identitätsbrüche, die eine Scheidung so gut wie immer bedeutet, in die ganze Biographie einholen und verarbeiten.

3. Ehe- und Familienphasen

Es ist üblich geworden, die Ehe und die Familie als eine Abfolge von Zeit-Gestalten zu sehen, Konstellationen also, die im Ablauf der Lebensalter auseinander erwachsen und die Beziehung prägen. Den Veränderungs- und Reifungsweg, in dem zwei und mehr Menschen sich mit- und aneinander „zeitigen", teilt die Familiensoziologie (etwas anders die Entwicklungspsychologie) in ein Schema von einander folgenden Phasen ein. Das Schema ist nützlich um die geschichtliche Dimension des Sakraments Ehe genauer zu denken; die seelsorgliche Begleitung ist auf einen Vorstellungsrahmen angewiesen, in dem sich die Erfahrungen ordnen lassen und der die lebensgeschichtliche Dynamik verstehbar macht.

Sich-Kennenlernen und Paarbildung

Die Ehe beginnt vor der Ehe, nämlich bei der Ablösung eines jungen Menschen von den Eltern und der Hinwendung zu einem Partner. So einfach sich das sagt, handelt es sich doch um einen wichtigen Übergang, eine Entwicklungskrise, die von Unsicherheit und Angst belastet ist und keineswegs selbstverständlich gelingt. Nach der familiären will die neue Beziehungsform gelernt sein: mit ihrer deutlicheren Wechselseitigkeit im Geben und Nehmen und mit dem zum Gelingen der Beziehung notwendigen Austausch von Bestätigen und Bestätigtwerden. In vielen Fällen wird der Durchgang durch die Krise von Enttäuschungen geprägt sein, auch von Versuch und Irrtum, was Enttäuschung beim begleitenden Seelsorger auslösen kann. Es ist wichtig, im Mitgehen, Hören und Zuschauen die Richtung zu wissen und zu vertrauen, Gespräch anzubieten, auch weiterführende Gespräche zu vermitteln, wenn größere Schwierigkeiten auftreten, etwa Jugendberatungsstellen oder pädagogische Hilfen.

Vom Paar zur Familie: Eltern werden

Eine Zweier-Beziehung in eine Dreier-Beziehung zu verwandeln, ist ein grundsätzlicher Schritt oder besser eine Erfahrung, die viele Paare schlecht vorbereitet trifft. Weckt doch das entstandene Dreieck aus Kind, Mutter und Vater eine Beziehungskonstellation wieder auf, durch die die Eltern als Kinder selber gehen mußten und oft nicht leicht durchgekommen und nicht ohne Narben davongekommen sind. Eifersucht, Angst vor dem Zurückgesetztwerden kann auftreten, Ärger auf den störenden Dritten. Das alles neben der Bereicherung und Freude, die ein Kind im Normalfall bedeuten wird: die Befriedigung, für ein Kind sorgen zu dürfen, die eigene Kraft im Geben zu spüren. Im Hergeben der eigenen Substanz, der Zeit für das Kind lernt sich ganz unsentimental, fast selbstverständlich, das „Für-jemanden-Sein", die „Pro-Existenz", wie die Dogmatiker die erlösende Haltung Jesu kennzeichnen.

Seelsorgliche Begleitung wird die Solidarität von Eltern in dieser Phase stärken durch Angebot von Gruppen (Mutter-Kind-Gruppen, Familien-Gruppen), Familienwochenenden, Familien-Gottesdiensten; das schlichte Bestätigen durch Zuhören und Ernstnehmen wird wichtig bleiben.

Die Kinder gehen, die Ehe bleibt

Wenn die Kinder älter werden und anfangen, das Haus zu verlassen, entsteht eine eigenartige Asymmetrie in der familiären Beziehung: Die Eltern hängen mehr an den Kindern als umgekehrt. Die Mütter verlieren eine Aufgabe an den Kindern, die Kinder wollen frei und selbständig werden. Ein Moment, das bisher Spannung in die Ehe gebracht hatte, verschwindet;

Leere und Depression kann (muß nicht!) sich einstellen. Wiederaufgenommene Berufstätigkeit für die Frau, berufliche Erfüllung für den Mann (wichtig: die Unterschiede!) kann mildern, ist aber kein voller Ersatz.

Die Nach-Familien-Phase ist heute, auf Grund der gestiegenen Lebenserwartung, länger, hat also an Bedeutung gewonnen; das Paar ist wieder aufeinander verwiesen, nachdem die Kinder groß sind. Die Aufgabe, das Miteinanderleben neu anzugehen, stellt sich. Wie die hohen Scheidungszahlen in dieser Phase zeigen, scheitern viele hier, besonders weil die individuelle Krise der Lebensmitte zu verarbeiten ist und die Lage erschwert. Seelsorgliche Begleitung wird auf Gesprächskreise und Gruppen setzen, um in ihnen die Deutung dieser Lebensphase und das Zurechtfinden zu fördern. Sie wird dann auf psychologische Beratung verweisen, wenn die Umstände schwieriger sind oder die Partner zu weit voneinander entfernt. Leitend bleibt das Zeithaben für die Menschen, die Mangel an Redenkönnen leiden.

Ehe im Alter

Da immer mehr Menschen alt werden, auch miteinander alt, entsteht ein neues Problem: die Sorge um die alten Ehen, die nicht einfach von selber gut gehen. Schon daß das Macht-Verhältnis sich umkehrt, weil viele Frauen im Alter frischer sind als die Männer, wirft eine Frage auf: Bewältigt ein Paar die daraus entstehenden Veränderungen, die Spannungen, den Neid aufeinander? Wird das Einander-Beherrschen-Wollen neu einsetzen oder schleicht sich Gleichgültigkeit ein oder gelingt das echte Loslassen, so daß beide *ihre* Schritte gehen können, aber in Kontakt miteinander und in Interesse füreinander? Am Ende dieser Phase steht unabweisbar das Bilanz-Ziehen: Was war mein Leben, hat es sich gelohnt, hat das Gute das Schlimme überwogen? Was ist noch zu regeln, wo ist Versöhnung zu leisten – etwa mit einem Sohn, mit einer Tochter? Oder mit den eigenen Eltern, auch wenn sie lange tot sind? Mit sich, mit dem Leben, mit Gott ins Reine zu kommen, ist nicht nur für die Betroffenen wichtig, sondern für die ihnen Nahestehenden, auch für eine Gemeinde. Die Gesellschaft als ganze ist betroffen, die ja durch den Entzug der Berufsarbeit (Pensionierung, Rente) das Altsein definiert.

Die alten Menschen beklagen das Alleingelassensein. Die seelsorgliche Begleitung kann dem Trend der Gesellschaft nachgeben und die unproduktiven Alten an den Rand verweisen; oder sie nimmt die Weisung Jesu auf, daß die am Rand Sitzenden in die Mitte zu holen und zum Dasein und Redendürfen zu befreien sind. Da der alte Mensch durch seine Lebendigkeit „stört", wie es in einem Buch über das Altsein heißt, wird der Seelsorger oder die Seelsorgerin nicht gefügige, leicht lenkbare Konsumenten erwarten dürfen. Die Impulse, die von alten Menschen kommen können, entsprechen den Impulsen aus der Botschaft der Schrift, die freizusetzen sind.

Wird es gelingen, alten Menschen zuzuhören, und so mit ihnen ins Gespräch zu kommen und etwas sagen zu können, auch wenn sie einen umwegigen Gesprächs-Stil haben?

4. Durch- und Übergänge, Stromschnellen

Die Phasen der Ehe und Familie lösen einander nicht immer glatt und ohne Schwierigkeiten ab; die Wandlung des Lebens geschieht auch durch Krankheiten und Brüche hindurch; es ist nicht immer leicht, die Unhaltbarkeit, das Überlebtsein einer Lebenszeit einzusehen und die neue Stufe zu ergreifen. Oft ist das Neue nur wie im Sprung in den Abgrund zu erreichen, ohne die beruhigende Gewißheit, aufgefangen zu werden. Es gibt Krisen, die man schärfer spürt; Durchgänge wie durch einen Tod; Stromschnellen im ohnehin reißenden Fluß des Lebens, wo man zu ertrinken droht. Es gibt das Scheitern, wo das Schiff auf Grund läuft und festsitzt; du mußt es hinter dir lassen und die nackte Haut retten. Das Leben ist mehr als die Ehe, Verzweifeln und Sich-verlieren das Schlimmste. Wo gibt es Hilfen, *rites de passages* wie in urtümlichen Gesellschaften beim Übergang von der Kindheit in das Erwachsenenalter oder vom Leben in den Tod? Was mildert die Angst, die zum Zumachen und Festkrampfen verführt?

Wenn die Ehe heute bei uns „ein dramatischer Vorgang (ist), bei dem zwei Fremde aufeinandertreffen und sich neu definieren" (P. L. Berger/H. Kellner), so wird die Suche nach dem Zu-sich-Kommen, nach der Identität oder der Individuation (im Sinne C. G. Jungs), nach dem Sinn des Lebens oder für den Glaubenden nach der Begegnung mit Gott als Weg umso wichtiger. Wir helfen einander, indem wir im Wandlungsgeschehen der Ehe und der ganzen Lebensreise, wozu auch das Zerbrechen einer Ehe gehören kann, wie in der Geschichte des biblischen Buches Tobit, an den schwierigen Übergängen den Engel, der mitgeht, spürbar machen (Drewermann/Neuhaus 1985). Mehr kann und muß die seelsorgliche Begleitung nicht tun, als im Gespräch die Sprache der Beziehung lebendig halten, die eine Sprache der Wahrheit und der Freiheit ist, darin auch die Sprache des Glaubens und der Liebe, viel mehr als die Sprache des (Kirchen-)Rechts oder der sozialen Konventionen.

Wir *sind* Gespräch (nach einem Hölderlin-Vers), als Menschen überhaupt und als Ehepaare: von der Schöpfung her auf unser Gesprochensein und aufeinander verwiesen. Wir können hören und reden, passiv und aktiv sein, darin sind wir gleich; im Anrühren und Angerührtwerden wirken wir aneinander und arbeiten uns aneinander ab; wir werden einander gegenwärtig, sind füreinander da; wir lassen dem Überraschenden und Nichtvorhersehbaren, dem Kommenden Platz; wir halten den Platz für Gott frei, indem wir die „Spannung in der Näherung" aushalten. So mündet das seelsorgliche Gespräch in das Gespräch der Eheleute ein, gibt ihm Impulse und ist ihm nicht grundsätzlich fremd, vielmehr verwandt in der Grundbewegung des Hörens und Antwortens.

Literatur

BOGENSBERGER, HUGO/ZAUNER, WILHELM (Hrsg.): Kontinuität und Wandel der Ehe (Forum St. Stephan Band 7). St. Pölten/Wien: Niederösterreichisches Pressehaus 1989.
DREWERMANN, EUGEN/NEUHAUS, INGRITT: Voller Erbarmen rettet er uns. Die Tobit-Legende tiefenpsychologisch gedeutet. Freiburg/Basel/Wien: Herder 1985.
GUGGENBÜHL-CRAIG, ADOLF: Die Ehe ist tot – lang lebe die Ehe. Zürich: Schweizer Spiegel Verlag 1980 (jetzt: München: Kösel 1990).
LANGE, JOSEF: Ehe- und Familienpastoral heute. Situationsanalyse, Impulse, Konzepte, Wien/Freiburg/Basel: Herder 1977.
LEDERER, WILLIAM J./JACKSON, DON D.: Ehe als Lernprozeß. Wie Partnerschaft gelingt (Reihe Leben lernen 5). München: Pfeiffer 1972.
WACHINGER, LORENZ: Ehe. Einander lieben – einander lassen. München: Kösel 1986.
– : Paare begleiten (Reihe Heilende Seelsorge). Mainz: Grünewald 1989.

2. Wiederverheiratete Geschiedene

BERNHARD LISS

1. Zugang zum Thema

Pastorale Hilflosigkeit

Meine ersten Erfahrungen mit dem Geschiedenenproblem habe ich als junger Kaplan in den fünfziger Jahren in einer großen Pfarrei in Linz gemacht. So wie in anderen Bereichen auch, stand ich mit meinem erlernten Wissen den Betroffenen hilflos gegenüber. Im direkten Kontakt mit den Menschen empfand ich bald, daß die Grundsätze, die ich in meiner Ausbildung gelernt hatte, nicht anzuwenden waren, denn im Namen Jesu kann nicht Unmenschlichkeit vertreten werden.

Besonders stark habe ich noch die Situation eines Mannes in Erinnerung, der nach der Kriegsgefangenschaft von seiner Frau den Laufpaß bekommen hatte. Er sah damals keine Chance mehr, sie neu zu gewinnen und willigte in die Scheidung ein. Dann kam es wie bei so vielen: Er lernte eine Frau kennen, die gut zu ihm paßte, und heiratete standesamtlich. Beide waren zutiefst davon überzeugt, daß Gott ihnen diese Liebe geschenkt hatte. Eine Schuld war beim Zerbrechen der ersten Ehe auf seiten des Mannes nicht zu entdecken. Das kirchliche Argument, sie müßten aus Rücksicht auf die große Ordnung einen abgesonderten Platz in der christlichen Gemeinde einnehmen, konnten sie nicht begreifen. Sie beugten sich aber der geltenden Disziplin. Als die Sehnsucht nach der Teilnahme am sakramentalen Leben so groß wurde, daß sogar Störungen des ehelichen Lebens zu spüren waren, regelten wir dieses Problem in der einzigen Weise, die damals möglich erschien, nämlich durch das Zusammenleben wie Bruder und Schwester. Wenn ich heute daran zurückdenke, wird mir noch ganz heiß und ich schäme mich für die Kirche, die damals in ihrer eigenen Engherzigkeit gefangen war.

Theologisches Weiterdenken in den sechziger Jahren

Im Konzil ist zwar das gegenständliche Problem nicht direkt bearbeitet worden, die Öffnung für katholisches Denken hat aber dazu geführt, daß in allen Bereichen bisherige Regelungen in Frage gestellt werden konnten. Die Ausrichtung am Evangelium bekam eine besondere Bedeutung.

2. Wiederverheiratete Geschiedene

Bisher war gegenüber den Geschiedenen immer nur die Unauflöslichkeit der Ehe betont worden: „Was Gott verbunden hat, darf der Mensch nicht trennen." Neben dem Jesus, der den Plan des Schöpfers authentisch erläutert, gibt es aber im Evangelium denselben Jesus, der Menschen begegnet, deren Ehe in der wünschenswerten Weise nicht gelungen ist. Ich habe mich später gefragt, warum ich nicht früher über das 4. Kapitel des Johannesevangeliums gestolpert bin. Da begegnet Jesus einer Frau am Jakobsbrunnen und führt mit ihr ein tiefes theologisches Gespräch. Als sich herausstellt, daß sie eine Betroffene im Sinne unseres Themas ist, ändert sich nichts an seinem Respekt. Ja, diese Frau – man könnte auch sagen, eine solche – ist der erste Mensch, dem Jesus offenbart, daß er der Messias ist. Sie bekommt auch noch eine missionarische Aufgabe.

Ich habe dieses Verhalten Jesu mit gängigen Verhaltensweisen guter Katholiken gegenüber wiederverheirateten Geschiedenen verglichen und bin erschrocken. Ich kannte Fälle, in denen die Tatsache, daß jemand nach Scheidung wieder geheiratet hatte, bis zur Vernichtung seiner bürgerlichen Existenz führte. Eine gründliche Bekehrung schien nötig. Der Zugang zu neuen Wegen in der Geschiedenenpastoral ergab sich für mich vor allem durch zwei Situationen, denen ich öfter begegnete: Erstens durch Ehen, die nach dem Kirchenrecht offensichtlich ungültig waren, was aber vor dem kirchlichen Gericht nicht bewiesen werden konnte. Zweitens lernte ich wiederverheiratete Geschiedene kennen, die seit Jahren ein christliches Familienleben führten und bei denen eine Rückkehr zum ersten Partner völlig undenkbar war. Diese Personen befanden sich in einer echten Pflichtenkollision. In beiden Situationen gelangten Betroffene öfter zur Überzeugung, daß sie es vor Gott verantworten können, einen Weg zu beschreiten, der über die kirchlichen Möglichkeiten hinausgeht.

Diözesane Regelungen

1984 wurde im diözesanen Pastoralrat der Diözese Linz die Thematik der wiederverheirateten Geschiedenen aufgeworfen. Die Delegierten forderten eine gründliche Bearbeitung des Problems. Dies führte zu einem gemeinsamen Ausschuß von Pastoralrat, Priesterrat und Dechantenkonferenz. Im Laufe des Jahres 1985 wurde ein Konzept ausgearbeitet, das für die Seelsorge in der Diözese als Orientierung gelten sollte. An der Basis gab es dazu große Diskussionen, deren Ergebnis immer wieder in den Entwurf eingearbeitet wurde. So gelang es, einen Konsens zu erzielen, der von den drei erwähnten Gremien getragen und am 1. April 1986 veröffentlicht wurde. In diesem Text wird die klare Linie der Wahrheit über die Ehe als Dauerbindung durch eine Haltung respektvoller Barmherzigkeit derart ergänzt, daß keine der beiden Wirklichkeiten zu kurz kommt. Es werden Wege aufgezeigt, die der verantwortlichen Entscheidung des einzelnen Christen entsprechen und den Rahmen des geltenden Kirchenrechts nicht sprengen.

Die letzte Bemerkung ist besonders wichtig, weil gelegentlich mit Hinweis auf das „unbarmherzige" Kirchenrecht pastoraler Fortschritt behindert wird. Dabei übersehen viele, daß der neue Codex des Kanonischen Rechts aus dem Jahr 1983 die Strafe der „Infamie" (rechtliche Ehrlosigkeit) für wiederverheiratete Geschiedene nicht mehr kennt und in allen einschlägigen Fragen, z.B. Kommunionempfang oder Patenschaft, viel offenere Formulierungen hat als das frühere kirchliche Rechtsbuch.

Die wesentlichen Punkte der Linzer Orientierungen betreffen
1. ein intensives Engagement für die Stützung der Ehen;
2. ein hilfreiches Verhalten bei Krisen;
3. die Integration der wiederverheirateten Geschiedenen in das kirchliche Leben;
4. eine intensive Gesprächspastoral;
5. die Begleitung von Geschiedenen, die eine standesamtliche Trauung anstreben;
6. die umfassende Bildung der Gemeinden.

2. Die notwendige Grundhaltung: Annahme

Im Rahmen dieses Kapitels geht es um den obigen 4. Punkt, also die Gesprächspastoral. Hier sind in besonderer Weise die Seelsorger herausgefordert. Zwar werden die wünschenswerten Gespräche oft von Laien, die ja einen besseren Zugang zu Betroffenen haben, vorbereitet, letztlich aber liegt es am Engagement des Seelsorgers, ob wirkliche Hilfe gegeben wird. Er muß dem Betroffenen das Gefühl vermitteln, angenommen zu sein, egal welche Probleme in seinem Leben vorhanden sind.

Im Rahmen einer Weiterbildung für Priester in Gesprächsführung habe ich entdeckt, wo der kritische Punkt liegt: Die frühere Ausbildung von Theologen hat besonderen Wert auf exakte Kenntnis des Kirchenrechts gelegt. Der Seelsorger war gehalten, jeden „Fall" genau zu beurteilen, damit er die richtigen Entscheidungen treffen kann. Das Gesprächstraining hat bei den Teilnehmern zur Erkenntnis geführt, daß sie diese Prägung umorientieren müssen: Jetzt kommt es in erster Linie darauf an, daß sich der Gesprächspartner akzeptiert fühlt. Beurteilungen sind demgegenüber nicht in gleicher Weise wichtig. Das Kirchenrecht wird nicht abgeschafft, es steht aber nicht mehr an erster Stelle.

3. Wichtige Inhalte des seelsorglichen Gesprächs

Vergangenheit aufarbeiten

Wenn ein Gespräch mit wiederverheirateten Geschiedenen zustandekommt und die äußeren Voraussetzungen – z.B. der geeignete Raum und genügend Zeit – vorhanden sind, empfiehlt es sich, mit einer möglichst offenen Frage zu beginnen, die das herauskommen läßt, was den Gesprächspartner am meisten bewegt. Äußere Umstände sind nicht so wichtig. Wer gewohnt ist, zunächst büromäßig Daten aufzunehmen, tut gut daran, sich damit zurückzuhalten. Für den Seelsorger ist es in erster Linie erforderlich, daß er einfach zuhört und an allem, was sein Gegenüber sagt, Interesse zeigt. Auf diese Weise wird am ehesten die spezifische Charakteristik der einzelnen Situation klar. Ein lebendiges unverwechselbares Schicksal steht im Mittelpunkt.

In den meisten derartigen Gesprächen zeigt sich schon am Anfang ein Großteil der inneren Not. Geschiedene erleben ja in der Regel auch bei guten Freunden, die ihnen geblieben sind, eine große Zurückhaltung, wenn es um die durchgestandenen Belastungen geht. Davon wollen die meisten nichts hören. So werden Kränkungen und Verletzungen zwar notdürftig zugedeckt, wirken aber störend in das Leben hinein. Beim Seelsorger sollte die Möglichkeit bestehen, alles Schwierige ausführlich darzustellen. Wer dabei nur an eine korrekte „Lösung" denkt, die er am Ende finden muß, wird leicht ungeduldig werden. Zum pastoralen Dienst in diesem Bereich gehört es, die ungehemmte Klage möglich zu machen. Von den Wunden der Enttäuschung ausgiebig reden zu können, ist eine wesentliche Voraussetzung dafür, daß sie schließlich einmal vernarben.

Rechtliche Regelungen erwägen

Während im zunächst beschriebenen ersten Teil vorrangig interessiertes Zuhören wichtig ist, muß jetzt der Seelsorger aktiv werden. Ergibt sich aus der Leidensgeschichte des Gesprächspartners ein Hinweis darauf, daß die erste Ehe möglicherweise kirchenrechtlich nicht gültig zustandegekommen ist, gilt es zu erkunden, ob der Weg zum kirchlichen Gericht begangen werden soll. Wer im pastoralen Dienst steht, muß wenigstens soweit Bescheid wissen, daß er abschätzen kann, ob eine Annullierung überhaupt möglich ist. Das heißt aber noch nicht, daß damit eine entsprechende Empfehlung ausgesprochen werden soll. Zu bedenken sind die konkreten Umstände, besonders die Frage der Beweisbarkeit. Außerdem auch die diözesane Situation: Wie ist das menschliche Klima im Diözesangericht? Wie lange dauern die Verfahren? Gibt es Advokaten, mit denen man gut reden kann? usw. Was rein theoretisch möglich ist, muß noch nicht der richtige Weg für den konkreten Menschen sein.

Allerdings wollen auch heute noch viele den Frieden mit der Kirche in der Weise, daß ihnen mit Urteil, Stempel und Unterschrift der Weg in eine neue Zukunft geöffnet wird. Dabei hat der Seelsorger zu helfen. Wenn er das Vertrauen eines Betroffenen gefunden hat, ist es in einem solchen Fall seine Aufgabe, den Sinn der kirchenrechtlichen Normen zu klären. Niemand sollte etwa von einem pastoralen Gespräch mit dem Eindruck weggehen, kirchenrechtlich ließe sich eine Hintertür öffnen, wenn nur alles, was dazugehört, mit der nötigen Raffinesse geschähe.

Die eigenen Grenzen sehen

Nicht selten taucht im Rahmen der Lebensgeschichte ein Problem auf, das vermuten läßt, wie sehr die konfliktreiche Situation mit Störungen aus der Kindheit zusammenhängt. Wenn Beziehungen dadurch immer wieder behindert werden, ist es notwendig, jene Institutionen ins Spiel zu bringen, die für die Bearbeitung derartiger Schwierigkeiten geschaffen wurden. In erster Linie ist dabei an die Ehe- und Familienberatung zu denken.

Dabei dürfte für den Gesprächspartner nicht der Eindruck entstehen, abgeschoben zu werden. Der Seelsorger muß klarmachen, daß er weiter Ansprechpartner bleibt, daß aber in dieser Situation die bestmögliche Hilfe zugänglich gemacht werden soll.

Manche Seelsorger denken nicht an eine solche Vermittlung, weil sie die genannten Probleme nicht richtig einschätzen und die eigenen Möglichkeiten überschätzen. Es gibt auch Seelsorger, die ein gewisses Mißtrauen gegen die Eheberatung hegen, weil diese den Geruch von „zuviel Psychologie" an sich hat. Wer solche Barrieren in sich entdeckt, sollte sich um der Menschen willen ernsthaft damit auseinandersetzen.

Sakramentenempfang: Zur Gewissensentscheidung verhelfen

Das Leben ist so bunt, daß sich die verschiedenen Ansätze nicht aufzählen lassen, die dazu führen, daß wiederverheiratete Geschiedene in einem vertrauensvollen Gespräch auch die Meinung äußern, sie würden gern zur Kommunion gehen und verstehen eigentlich nicht, warum sie es nicht dürfen. Wenn diese Frage aufgeworfen wird, wäre es unrichtig, vom Dürfen her, also von der Disziplin aus, Antworten zu geben. Es geht vielmehr um Einsicht. Zunächst einmal sollten die Überlegungen, die der Betroffene selbst schon angestellt hat, artikuliert werden. Meistens hängt die ausgedrückte Überzeugung mit konkreten Details aus der Lebensgeschichte zusammen. Dafür muß Verständnis ausgedrückt werden.

Dann aber ist der Seelsorger herausgefordert, die Schwierigkeit der Kirche darzustellen. Schließlich ist es ja nicht ein Gespräch unter irgendwelchen Bekannten, sondern der Betroffene hat sich an den Seelsorger gewandt, um „die Kirche" zu hören. Es ist also nicht zu vermeiden, von der ersten Ehe zu sprechen, die mit dem Willen zu lebenslanger Treue geschlossen wurde, und zwar in feierlicher Weise mit ausdrücklicher Anrufung Gottes. Darüber kann man nicht einfach hinweggehen. Wenn dieser Bund nicht gelingt, handelt es sich um ein schwerwiegendes Ereignis. Beim Heiraten waren Menschen, die für das Brautpaar wichtig sind, als Zeugen geladen. Auch nach dem Scheitern einer solchen Beziehung kann man von der

Umgebung nicht absehen. Wer danach standesamtlich heiratet und einfach zur Kommunion geht, tut so, als wäre nichts gewesen. Das entspricht aber nicht den Tatsachen. Die Kirche, die bestimmte Regeln fürs Heiraten aufstellt, muß den freien Willen, der bei der Hochzeit erfragt wird, auch der Öffentlichkeit gegenüber ernstnehmen.

Bei diesen Überlegungen habe ich noch nie Widerstand erlebt. Wer nach einer Scheidung wieder geheiratet hat, ist ja nicht gegen die Ehe an sich, sondern hat nur die Erfahrung gemacht, daß der Lebensbund mit einem bestimmten Menschen nicht geglückt ist. Das Ernstnehmen von Ehe ist also ganz in seinem Sinn. Damit ist aber auch das Verständnis dafür geöffnet, daß es eine *allgemeine* Zulassung von wiederverheirateten Geschiedenen zu den Sakramenten nicht gibt.

Wichtig ist, daß die genannten Überlegungen nicht in einer kämpferischen Art vorgetragen werden, sondern als ein Problem, das die Kirche als Gemeinschaft der Gläubigen zu bedenken hat, wobei in gleicher Weise das Bemühen um eine angemessene Regelung im Einzelfall spürbar werden muß.

Danach haben die konkreten Umstände, die das Leben des Gesprächspartners kennzeichnen, ihren Platz. Es gilt, alles was von Belang ist, gründlich miteinander durchzudenken. Wichtig sind dabei vor allem die erste Ehe, die neue Beziehung und die Motivation für den Sakramentenempfang. Falls der Betroffene diese Punkte nicht erwähnt, muß sie der Seelsorger von sich aus zur Sprache bringen.

In den meisten Fällen ist eine Rückkehr zum *ersten Partner* weder objektiv noch subjektiv möglich. Die Gefühlslage dem geschiedenen Partner gegenüber ist meistens schon besprochen worden. Jetzt kann an die Aussagen vom Beginn des Gespräches angeknüpft werden. Wenn zum Beispiel herauskommt, daß der Gedanke an den geschiedenen Partner noch von Haß erfüllt ist, ergibt sich vielleicht von selbst die Überlegung, daß noch einiges geschehen muß, bevor der Weg zum Kommunionempfang offen ist. Wenn das Gespräch in dieser Weise gelingt, also ein echtes Glaubensgespräch ist, besteht keine Gefahr, daß die Kirche als unmenschlich, starr und weltfremd erlebt wird.

Im Hinblick auf die erste Beziehung hat der Seelsorger die Frage von Verpflichtungen aufzuwerfen, sei es dem früheren Partner gegenüber, sei es im Hinblick auf vorhandene Kinder. Dieser Teil des Gesprächs verläuft meistens recht sachlich. Es tauchen dabei aber auch gelegentlich Schuldgefühle auf. An diesem Punkt gilt es hellhörig zu sein. Echte Schuld darf man niemandem ausreden. Für Christen ist das auch nicht notwendig, weil es den Glauben an Vergebung gibt. Von echter Schuld sind aber unbegründete Schuldgefühle zu unterscheiden. Mit der Hilfe zu einer solchen Unterscheidung kann für manche Menschen geradezu eine innere Befreiung verbunden sein.

Wenn über die *neue Beziehung,* also über die gegenwärtig bestehende standesamtlich geschlossene Ehe gesprochen wird, geht es in erster Linie um die christlichen Grundsätze eines Ehewillens, der ausschließlich für den einen Partner, und zwar auf Dauer, gilt, wobei die Gemeinsamkeit auf gegenseitiger Liebe beruht. In diesem Zusammenhang gehört auch die Bereitschaft, Kinder christlich zu erziehen. Es kann die Gefahr auftreten, in solchen Gesprächen einen besonders hohen moralischen Anspruch zu erheben. Zu bedenken ist, daß man mit anderen Eheleuten über solche Themen gar nicht ins Gespräch kommt. Wiederverheiratete Geschiedene sind auch nur Menschen bzw. auch nur Christen, und man sollte daher von ihnen nicht mehr verlangen als von anderen.

Die *Motivation* für den Sakramentenempfang muß religiös sein. Es kann seltene Fälle geben, in denen aus irgendeinem Grund das Prestige eines Menschen davon abhängt, daß er sich an der Kommunionbank zeigt. In der Regel ist das heute nicht mehr der Fall. Wenn es so ist, muß der Seelsorger mit viel Fingerspitzengefühl die Würde der Eucharistie verteidigen. Vielleicht ist es notwendig, um die Einsicht des Gesprächspartners zu ringen. Er muß aber spüren, daß es der Kirche um etwas Heiliges geht. Auf keinen Fall dürfte man einem Betroffenen die falsche Motivation unterstellen. Besonders nahe liegt dies, wenn der Wunsch nach der vollen Teilnahme an der Eucharistie im Zusammenhang mit einem besonderen Anlaß, etwa der Erstkommunionfeier eines Kindes, ausgesprochen wird. In einem Pfarrer kann dann leicht das Gefühl aufkommen: Sonst sieht man diese Leute nie im Gottesdienst; jetzt auf einmal werden sie religiös! Wiederum ist zu überlegen, ob man wiederverheiratete Geschiedene strenger behandeln soll als jene Katholiken, die mit ihrer Ehe Glück hatten.

In der gegenwärtigen Situation, in der es keine „Zulassung" von wiederverheirateten Geschiedenen zu den Sakramenten gibt, muß betont werden, daß die Bemühungen des Seelsorgers im Gespräch darauf gerichtet sind, dem Betroffenen eine persönliche Gewissensentscheidung zu ermöglichen. Die Gründe, die aus der Sicht des einzelnen Christen den Kommunionempfang rechtfertigen können, sind vielfältig. In der Regel sind sie aber so gewichtig, daß niemand in einem solchen Fall unterstellen dürfte, Gewissensentscheidung bedeute Beliebigkeit und das Wählen eines bequemen Weges. Es geht darum, daß ein Christ vor dem Angesicht Gottes eine Entscheidung trifft. Ihm Leichtsinn zu unterstellen, heißt ihm den Glauben absprechen.

Durch das Engagement des Seelsorgers, im Gespräch eine verantwortliche Gewissensentscheidung herbeizuführen, erlebt sich der Betroffene auch als wichtig, weil seine individuelle Lebensgeschichte ernstgenommen wird. Außerdem können auf diese Weise alle spezifischen Umstände berücksichtigt werden, z. B. die Einstellung der Umgebung.

Schlußbemerkungen

Was in diesem Kapitel dargelegt wurde, verlangt eine umfassende Geschiedenenpastoral in der Pfarrgemeinde, die bei der „Bekehrung" der aktiven

Christen beginnt und einen gediegenen Bildungsprozeß unter den Gläubigen begleitet, sonst hängen die geschilderten Vorgänge in der Luft (vgl. Liss 1990).

Ich habe mich im Sinne der Zielsetzung dieses Buches auf das beschränkt, was heute in der katholischen Kirche möglich ist. Daneben muß der Denkprozeß weitergehen, der in der Gesamtkirche – wie es schon die Bischofssynode 1980 gefordert hat – die Barmherzigkeit stärker fördert (vgl. Häring 1990) und alle Möglichkeiten ausschöpft, die der Kirche, die von ihrem Stifter um der Menschen willen gegründet wurde, offenstehen.

Literatur

Beilage zu den Informationen des Pastoralamtes der Diözese Linz: Pastoral an wiederverheirateten Geschiedenen. Linz 1986.
HÄRING, BERNHARD: Ausweglos? Zur Pastoral bei Scheidung und Wiederverheiratung. Ein Plädoyer. Freiburg i. Br.: Herder ³1990.
KAISER, MATTHÄUS: Geschieden und wieder verheiratet. Regensburg: Pustet 1983.
KIRCHSCHLÄGER, WALTER: Ehe und Ehescheidung im Neuen Testament. Wien: Herold 1987.
LISS, BERNHARD: Krise – Scheidung – Neubeginn, Pastorale Erfahrungen in einer menschenfreundlichen Kirche. Würzburg: Echter 1990.
ZULEHNER, PAUL M.: Aufatmen. Ostfildern: Schwabenverlag 1989.

3. Nicht-eheliche Lebensgemeinschaften

HEINZ JOACHIM MÜLLER

1. Zur Situation

Genaue Statistiken über nicht-eheliche Lebensgemeinschaften liegen nicht vor. Für die Bundesrepublik bewegen sich die Schätzungen zwischen ein und zwei Millionen. Diese Lebensform wird von der weitaus überwiegenden Mehrheit der bundesdeutschen Bevölkerung als Alternative zur Ehe toleriert, nicht anders als die nicht-ehelichen Rentnerehen, die in der Nachkriegszeit als „Onkelehen" kritisch beurteilt wurden. Sie gelten als Zeichen des modernen, von überkommenen Zwängen freien Menschen. Die nahezu perfekten Möglichkeiten der Empfängsnisverhütung haben eine frühere Zurückhaltung der Frauen weitgehend ausgeräumt. In der Meinung, sie „fänden nichts dabei", stehen sie den Männern nicht nach.

Die Formen nicht-ehelichen Zusammenlebens sind unterschiedlich. Es gibt Paare, die ohne Absicht einer späteren Bindung zusammenleben. Andere lassen die Frage einer späteren Heirat offen. Wieder andere betrachten ihr Zusammenleben als Vor-Ehe; sie haben vor, zu heiraten, wollen aber erst herausfinden, ob sie zueinander passen. Wenn ja, sind katholische Christen auch bereit, sich kirchlich trauen zu lassen.

Auch die Motive zu dieser Lebensform sind unterschiedlich. Befragungen lassen zwei besonders zugkräftige erkennen: Zum einen ist es die Kritik bzw. Ablehnung der Ehe als Institution. Liebe und institutionell „erzwungenes" Zusammenbleiben erscheinen als Widerspruch. Weder Staat noch Kirche haben über das intime Verhältnis von Mann und Frau zu befinden. Zum andern ist es die Sorge oder Angst, ihre Ehe könne scheitern, die viele zurückhält. Das Beispiel gescheiterter Ehen in der Verwandtschaft und Bekanntschaft, vielleicht sogar der eigenen Eltern, führt zu dem Entschluß: Uns soll das nicht passieren! Hinzu kommen bei vielen auch wirtschaftliche und finanzielle Motive. Nicht zuletzt aber ist es der Druck einer in hohem Maß manipulierten öffentlichen Meinung, die die nicht-ehelichen Lebensgemeinschaften als durchaus „normal" hinstellt.

Für die Seelsorge stellen die nicht-ehelichen Lebensgemeinschaften ein nicht geringes Problem dar. Die Lehre der Kirche stößt auf dem Gebiet von Sexualität und Liebe bei den jungen Menschen auf fast einmütige Ablehnung. Wo und wie kann den jungen Christen gesagt werden, daß es in dieser Lehre nicht um Bevormundung und Gängelei geht, sondern um den

Sinn, das Ziel und das Glück ihres Lebens? In der Mehrzahl sind es Eltern, die sich in ihrer Verunsicherung und Not an Vertreter der Kirche wenden. Zu beiden Gruppen, den Jugendlichen und ihren Eltern, sollen im folgenden Beobachtungen und Anregungen festgehalten werden.

2. Zum seelsorglichen Verhalten gegenüber den nicht-ehelich Zusammenlebenden

Auch wenn die (jungen) Erwachsenen von sich aus wohl kaum ein Gespräch suchen, so werden Seelsorger doch nicht selten mit ihrer Situation konfrontiert. Nehmen wir das Beispiel einer Kindergärtnerin im pfarrlichen Kindergarten. Zufällig erfährt der Pfarrer, daß sie seit einiger Zeit mit ihrem Freund zusammenlebt. Vorsichtig daraufhin angesprochen, zeigt sie sich erstaunt, warum man etwas dagegen haben könne: „Heute ist doch alles anders! Wir lieben uns und werden wahrscheinlich auch heiraten. Erst wollen wir aber sehen, ob es mit uns beiden geht." Was sollen Seelsorger sagen? Was tun?

– Unverzichtbar ist *die Bereitschaft zu einem offenen, von jeder Verurteilung freien Gespräch*. Die Meinungen, Motive und Absichten des Gesprächspartners sind, auch wenn man sie nicht billigen kann, ernstzunehmen. Verhalten und Reden der Seelsorger muß das Verständnis für die oft schwierige Situation junger Menschen heute bezeugen, die sich einer verwirrenden Fülle von Meinungen und Praktiken gegenüber sehen, die ihnen ein sachliches, aus christlicher Überzeugung kommendes Gewissensurteil schwer, wenn nicht unmöglich machen. Anderseits darf bei vielen die tiefe Sehnsucht nach Dauerhaftigkeit der Beziehung vermutet werden. Es gibt einen geradezu unausrottbaren Wunsch nach Treue. Haben jene, die zu einer künftigen Heirat entschlossen sind, nicht sogar eine große Hochachtung vor der Ehe? Wenn schon, dann soll ihre Ehe auch Bestand haben.

Wenn das Mißtrauen gegenüber der Institution Ehe und die Angst vor dem Risiko des Scheiterns Hauptmotive nicht-ehelichen Zusammenlebens sind, ist folgendes zu bedenken.

– Die bundesdeutsche Synode hebt in ihrem Dokument „Christlich gelebte Ehe und Familie" eindringlich den *Schutzcharakter der Institution Ehe* hervor (Synode 1.2). Die Ehe bietet eine größere Chance, die Liebe zurückzugewinnen, wenn sie zu erkalten droht. Die angebliche Freiheit nicht-ehelicher Liebe muß mit deutlichen Fragezeichen versehen werden. Gewiß gibt es keine bürokratischen Formalitäten, wenn die beiden auseinander gehen. Ob damit auch die inneren Bindungen, die inzwischen gewachsen sind, ohne Schwierigkeiten abgeschaltet werden können, ist eine andere Frage. Ob eine Liebe, die ständig damit rechnen muß, daß sie nicht mehr erwidert wird und beim Partner zwangsläufig den Gedanken der Trennung aufkommen läßt, jene angstfreie Geborgenheit erfahren läßt, die im Grunde in jeder Liebe gesucht wird, darf auch gefragt werden. Umfragen bestätigen, daß bei unverheirateten Paaren die gleichen Gefühle bei Trennungen vorhanden sind wie bei verheirateten und daß Eifersucht und Untreue keineswegs leichter verarbeitet werden. Da meistens keine rechtlichen Abmachungen getroffen wurden, sind die Belastungen nach der Trennung, zumal für die Frau, nicht zu unterschätzen.

– Es sollte auch die *soziale Dimension der Partnerschaft* zur Sprache kommen. Die personale und daher jedem Zugriff von außen entzogene Einheit von Mann und Frau ist zugleich, wie die Synode einsichtig darlegt, auch eine öffentliche Angelegenheit. Weil Gesellschaft und Staat sich aus ihr regenerieren und auf ihr aufbauen, kann und darf ihnen diese Partnerschaft nicht gleichgültig sein.

– Um so mehr gilt dies für die *Kirche*. Wenn die intime Gemeinschaft von Mann und Frau den Bund Christus – Kirche darstellt und Sakrament der Kirche ist, dann ist die Kirche an ihr nicht nur interessiert, dann ist sie in ihr engagiert. Als Bild für den Bund Christus – Kirche kann diese Lebensgemeinschaft nicht eine „Als-ob-Bindung" sein, die jederzeit aufgekündigt werden kann. Auch wenn dieser Gesichtspunkt wegen unzureichendem Kirchen- und mangelhaftem Sakramentsverständis vermutlich wenig Eindruck auf die jungen Leute macht, in Verbindung mit der Deutung der sakramentalen Eigenart der Ehe darf er nicht ausgeklammert werden (vgl. Synode 1.3).

– Die *Angst vor dem Risiko* läßt sich, so verständlich sie ist, nicht durch einen Test der künftigen Ehe beseitigen. Wie kann man in wenigen Monaten oder Jahren erproben, was eine Ehe an Enttäuschungen und Belastungen, an Sorgen in Krankheit, in beruflichen Schwierigkeiten, an Sorgen um die Kinder und vielem anderen mit sich bringt? In den „Tugenden des Alltags" ein Leben lang, in der Geduld und in der Tapferkeit, auch schwierigste Lebenssituationen gemeinsam zu meistern, in unbeirrtem Entschluß, den Partner nicht fallen zu lassen, und in der Gewißheit, von ihm nicht fallen gelassen zu werden, wird die Liebe erprobt und gefestigt.

3. Liebe meint den ganzen Menschen

Der geeignete Ansatzpunkt für das Gespräch scheint mir die *Liebe* zu sein. Sie kann nicht auf vorübergehende Gefühlserlebnisse und sexuelle Ekstasen reduziert werden. Sie meint nicht etwas am Menschen, sie meint ein „Du" als den ganzen Menschen. „Der Liebende sagt im Grund seines Herzens: Es ist gut, daß es Dich gibt. Ich möchte, daß Du immer für mich da bist, wie auch ich immer für Dich dasein möchte" (Lehmann II 1). Der Liebende bezieht auch die Zukunft des Geliebten ein. Eine auf ungewisse Zeit bezogene Liebe würde sich selbst widersprechen, auch wenn sie einvernehmlich so gemeint wäre. „Denn das Verlangen der menschlichen Person nach einer um-

3. Nicht-eheliche Lebensgemeinschaften

fassenden und treuen Liebe und die symbolische Bedeutung der Geschlechtsgemeinschaft lassen sich durch Absprachen zwar vielleicht ein Stück weit verdrängen, aber nicht aus der Welt schaffen" (Rotter 33). Liebesbeziehungen sind keine Verträge, aus denen man einseitig oder einvernehmlich aussteigen kann, denn wer eine solche Lebensgemeinschaft beendet oder die Aufhebung zugemutet bekommt, fängt nicht wieder am Ausgangspunkt, am Nullpunkt, an. Es gibt die Unumkehrbarkeit einer Lebensgeschichte, in der eine aufgekündigte Liebe als Trauma den künftigen Lebensweg des Partners belasten kann.

Im *Verständis Jesu* ist eine aufkündbare Liebe undenkbar. Eine „Liebe auf Zeit" widerspricht seinem Verständnis von Liebe.

Die Problematik der nicht-ehelichen Lebensgemeinschaft zeigt sich auch *im Ausschluß von Kindern*. Die menschliche Geschlechtlichkeit ist nicht ausschließlich auf Zeugung ausgerichtet, aber sie bleibt darauf hingeordnet. „Das entschiedene, dauerhafte Ja der Eheleute zueinander schafft zugleich den angemessenen Raum für den Empfang eines Kindes und eine Begleitung für dessen Lebensweg. Wer also grundsätzlich bei einem stetigen nichtehelichen sexuellen Verkehr ein Kind ausschließt und so Geschlechtsgemeinschaft radikal von der Ehe lostrennt, verfehlt das, was menschliche Liebe in einem erfüllten Sinn heißt und gewährt" (Lehmann II/3).

Die bundesdeutsche Synode wählte den Wert der „Wahrhaftigkeit" als Kriterium für die Ausdrucksformen vorehelicher Liebe. Sie läßt sich auch auf unser Thema anwenden. So könnte unter dem Gesichtspunkt der Wahrhaftigkeit auch die Frage angegangen werden, ob nicht-ehelich Zusammenlebende eucharistiefähig sind. Offenbar gehen viele von ihnen zur Kommunion. Ich halte dafür, ihnen möglichst in einem persönlichen Gespräch, den Widerspruch vor Augen zu stellen: einerseits in einem wichtigen Punkt gegen die Lehre der Kirche zu handeln, andererseits durch die Teilnahme an der Kommunion volle Einheit mit der Kirche vorzugeben und bei vielen Gläubigen Unsicherheit oder gar Ärgernis hervorzurufen.

Das Gesagte setzt voraus, „daß *die Ehe der einzige Ort zur ganzen Erfüllung der menschlichen Sexualität* ist und von sich aus unwiderrufliche Treue erfordert, die durch das Sakrament bekräftigt und unterstützt wird. Nichteheliche Lebensgemeinschaften widersprechen dieser Grundfigur einer christlich verstandenen Ehe und sind entweder fragwürdige Vorformen oder gar späte Zerfallsformen müder gewordener Kulturen von Ehe. An der Klarheit dieser Grundüberzeugungen darf kein Zweifel sein." Was Bischof Lehmann in seinem höchst lesenswerten Fasten-Hirtenbrief 1984 schreibt (Lehmann III/1 Hervorhebungen von mir), steht im Dokument der bundesdeutschen Synode in gleicher Einsichtigkeit. Die Synode zieht aus den anthropologischen Voraussetzungen der Beziehungen zwischen Mann und Frau, ihren Erwartungen hinsichtlich der unbedingten gegenseitigen Annahme, aus den Erwartungen der Treue als unverzichtbarer Eigenschaft der Liebe und aus der Notwendigkeit öffentlicher Bekundung zum

Schutz der Liebe den wie selbstverständlich klingenden Schluß „Der Ort für die volle sexuelle Gemeinschaft von Mann und Frau ist jedoch die Ehe" (Synode 2.2.1, auch 3.1.3.3).
Es wäre unredlich, wollten wir die Lehre der Kirche verschweigen oder mißverständlich auslegen. Allerdings sollten wir es uns mit der Begründung nicht leicht machen. *Die Krise der katholischen Sexual- und Ehemoral ist nicht die einer radikalen Ablehnung jedweder Normen, sondern eine Begründungskrise.* Es kommt darauf an, den Dienstcharakter sittlicher Normen darzutun. Eine „normenfreie" Sittlichkeit gibt es nicht. Den Menschen von sittlichen Normen „befreien" zu wollen, bedeutet, ihm deren Entlastungsfunktion vorenthalten zu wollen. Die Streichung bisheriger Normen führt erfahrungsgemäß zur Aufstellung neuer Normen, die „zu einem erheblichen Teil auf Sozialzwängen" beruhen, „wenn auch unter umgekehrten Vorzeichen: Verbote von einst verkehren sich in Gebote" (Synode, Arbeitspapier 3.3.3). Den Suchenden und Fragenden ist nicht geholfen, würden wir sie nur auf ihr Gewissen verweisen. Daß sie nach ihrem Gewissen handeln müssen, wissen sie selbst. Sie suchen Hilfe zu einem richtigen Gewissensurteil. Sie suchen, auch wenn sie dies nicht ausdrücklich formulieren, Orientierung und Weisung. Daß sich viele Menschen heute an der öffentlichen Meinung orientieren oder in sehr fragwürdigen Massenblättern Rat holen, kann auch als Enttäuschung an der Kirche gedeutet werden, die angeblich nicht mehr weiß, was gilt, oder uneinsichtige und uneinheitliche Antworten gibt. Der Widerspruch zum Zeitgeist gehört zum unterscheidend Christlichen. Allerdings hat die Kirche im Gespräch mit der Theologie immer wieder zu prüfen, ob ihre Begründungen, unter voller Einbeziehung von humanwissenschaftlichen Erkenntnissen, stichhaltig sind und wie sie einsichtig gemacht werden können.

4. Ermutigung zum Wagnis einer Liebe ohne Vorbehalte

Diese Perspektive und nicht Warnungen und Verbote sollten den Tenor der Gespräche abgeben. Im Glauben an den Gott der Liebe kann solches Wagnis verantwortet werden. Der diese Liebe fordert, Jesus Christus, macht auch dazu fähig. Für den Glaubenden sind die Fragen um die nicht-eheliche Lebensgemeinschaft in die Fragen nach der Antwort auf Gottes Liebe und Treue eingebunden. Die rationalen Argumente werden auf der Basis des christlichen Menschenbildes angesiedelt. Die Rückbildung an jene Liebe, die Gott uns in Jesus vor Augen stellt, bewahrt uns davor, im verständlichen Bemühen um die „Plausibilität" der katholischen Sexualmoral zu verschweigen, daß Liebe auch Selbstbeherrschung und Verzicht einschließt. „Ohne Beherrschung und Zucht kann keine Ehe glücklich und dauerhaft sein ... Solche Zucht müssen die jungen Leute *vor* der Ehe lernen, damit sie sie *in* der Ehe leisten können", so Jakob David, ein des starren Konservativismus unverdächtiger Altmeister in den Bemühungen um eine menschenfreundlich Sexual- und Ehemoral. Er bekennt sich zu der „altmodischen" Auffassung, daß ein voller Sexualverkehr unter Unverheirateten „nicht in Ordnung, abzulehnen" sei (David 240).

Das christliche Verständnis von Liebe ermutigt zum *Anderssein* in einer Zeit und Welt, in der die Liebe so sehr mißverstanden und mißbraucht wird. Das „alternative Leben", das viele junge Menschen heute fasziniert, könnte ein zugkräftiges Argument für das Bekenntnis zur christlichen Ehe sein.

5. Zum seelsorglichen Verhalten gegenüber den Eltern von nicht-ehelich Zusammenlebenden

In der Regel sind es Eltern, meist die Mutter, die sich in ihrer Sorge um ihre Kinder an die Seelsorger/innen wenden und um Rat bitten. Ein typischer Fall unter vielen anderen: Eine Mutter klagt dem Pfarrer, daß ihr Sohn vor kurzem zu seiner Freundin gezogen ist: „Er war doch sonst ein so guter Junge! Er war sogar Meßdiener. Was haben wir falsch gemacht? Wenn ihm nun etwas passiert! Er lebt doch im Zustand der Todsünde. Oder nicht? Denkt die Kirche darüber heute anders? Darf die Freundin uns besuchen? Dürfen die beiden bei uns wohnen?" Unsicherheit, Ratlosigkeit und Trauer sprechen aus diesen und anderen Fragen. Gehen wir den einzelnen nach.

Was haben wir falsch gemacht?

Niemand ist ohne Schuld, auch nicht in der Erziehung. Manch sogenannte gute katholische Erziehung war fragwürdig, weil es nur ein Traditionschristentum war. Aber es gibt Eltern, die aus Überzeugung ihr Bestes getan und vorgelebt haben und doch das nicht-eheliche Zusammenleben ihrer Kinder erleben müssen.

Entscheidend ist nicht die Schuldsuche, sondern die Versicherung, daß nichts von dem, was Eltern an gläubigem Leben in der Familie grundgelegt haben, vergeblich ist. Den Glauben kann man nicht vererben wie ein Haus. Man kann ihn nur in Wort und Tat glaubhaft vorleben und einüben. Was daraus wird, hängt vor allem vom Willen des Heranwachsenden und Erwachsenen ab. Niemand weiß, wann und wie sich einmal auswirken wird, was die Eltern grundgelegt haben. Vielleicht werden sie es nicht mehr erleben. Vergeblich war es nicht. Uns bleibt oft nichts anderes als die Ermutigung zum Vertrauen auf den Gott der Liebe und Erbarmung, der niemanden aus dem Auge läßt und Wege kennt, die uns verborgen sind.

Lebt unser Kind von Gott getrennt?

Lebt es vielleicht gar im Zustand der Todsünde? Hier ist eine wichtige Unterscheidung zu erläutern, die vielen Christen nicht geläufig ist: der Unterschied zwischen objektivem Sachverhalt und subjektiver Gewissensentscheidung. Was sachlich gegen die sittliche Ordnung ist, ist aus diesem Grund allein noch nicht Sünde. Erst die aus überlegter, freier Entscheidung kommende Handlung unterliegt der sittlichen Beurteilung, und zur Todsünde gehört obendrein die bewußte Abkehr von Gott. Es gab Zeiten, in denen in einer uns heute unbegreiflichen Weise objektive sittliche Normen mit Füßen getreten wurden, ohne daß sich Christen, auch maßgeblich verantwortliche, dessen bewußt waren. Man denke an die Sklaverei, an die Hexenprozesse, an den Rassenwahn u. a. Es waren Zeiten einer durch viele Ursachen, natürlich auch durch Schuld, bewirkten Wertverdunkelung und Werterblindung. Ähnliches darf auch von der Einstellung vieler junger Menschen zum Sexualverhalten gesagt werden. Auch kirchlich Engagierte unter ihnen können, wie sie sagen, nicht einsehen, warum ein Zusammenleben ohne Ehe sündhaft sein soll. Sie bekennen sich dazu und meinen, die Kirche werden mit der Zeit ihre überholten Sexualnormen aufgeben.

Die Tatsache der Werterblindung ist kein Grund, sie resigniert hinzunehmen. Es muß behutsam versucht werden, sie aufzuhellen. Wenn dies nicht gelingt, darf nicht gleich auf Verstocktheit geschlossen werden. Die Ehrfurcht auch vor einem irrenden Gewissen verbietet ein voreiliges Urteil. Freilich muß gefragt werden, ob es sich um ein ernsthaft gebildetes Gewissen handelt, das sich redlich mit der gegenteiligen Auffassung auseinandergesetzt hat, ob die jungen Leute diesbezüglichen Gesprächen vielleicht ausgewichen sind, um nicht beunruhigt zu werden, und ob jene, deren Meinung sie folgen, glaubwürdiger sind als ihre Eltern und die Kirche. In der Nichtauseinandersetzung kann Schuld liegen. Aber wer vermag mit Sicherheit darüber zu urteilen? Und wer weiß mit Sicherheit, daß alle nicht-ehelich Zusammenlebenden im Zustand völliger Abwendung von Gott handeln? (Denn nur dann darf man von Todsünde sprechen.) Dies kann den Eltern gesagt werden, ohne die Unordnung der nicht-ehelichen Lebensgemeinschaft zu verschweigen.

In diesem Zusammenhang sei auch an das *Gesetz der Gradualität* erinnert. Es hat auf der Bischofssynode 1980 in Rom eine nicht unerhebliche Rolle gespielt und besagt, daß sittliche Erkenntnis und Motivation dem Wachstum unterliegen. Weil der Mensch ein geschichtliches Wesen ist, sagt der Papst in seinem, auf der Grundlage der Beratungen der Bischofssynode erstellten Schreiben über die Familie, „kennt, liebt und vollbringt er das sittlich Gute auch in einem stufenweisen Wachsen" (Johannes Paul II, Familiaris consortio Nr. 34). Das Gesetz des Wachstums hebt die Wahrheit des zu verwirklichenden Zieles nicht auf. Es berechtigt nicht, an einem bestimmten Punkt des Weges stehen zu bleiben, vielmehr gilt stets, der Einladung Gottes zu einer größeren Liebe zu folgen. Es berechtigt jedoch, auf unser Thema angewandt, diese bestimmte Stufe bei jungen Menschen zu respektieren, ihnen nicht mit Schuldvorwürfen zu kommen, sondern sie behutsam weiterzuführen.

Hat die Kirche sich in ihrer Sexualmoral geändert?

Ist sie nicht mehr so streng wie früher? Hat man uns früher das Leben unnötig schwer gemacht? Die Kirche hat sich nicht geändert, was die Grundaussagen zur Sexualität und Ehe betrifft. Das „Normensystem" der Kirche ist keineswegs „zerbrochen", wie globalerweise, d. h. Grundaussagen und deren wandelbare Konsequenzen in einen Topf werfend, heute behauptet wird. Geändert hat sich vor allem die pastorale Beurteilung gegenteiligen Verhaltens und das Bemühen, die Menschen in ihrer Situation zu verstehen und die sittlichen Normen als Weisungen zu menschenwürdigen Verhalten zu erläutern. Es gilt hier wir im Gesamtbereich des Lebens aus dem Glauben, das Bleibende vom Wandelbaren zu unterscheiden.

Wie sollen sich die Eltern gegenüber ihren Kindern und deren Partner verhalten?

Die Achtung vor der Gewissensentscheidung der erwachsenen Kinder kann nicht bedeuten, sich mit dem Gegebenen abzufinden, weil „heute eben alles anders ist". Die Kinder müssen wissen, wie die Eltern zur Sache stehen. Es wäre unklug, dem Sohn, der Tochter immer wieder Vorhaltungen zu machen. Bei guter Gelegenheit dürfen sie jedoch ihrer Überzeugung Ausdruck geben, um nicht den Eindruck schweigender Zustimmung zu erwecken. Den Kontakt zu ihren Kindern sollen sie nicht abbrechen lassen. Das unbeirrte Dasein für sie, die vielen Möglichkeiten des Rates und der Hilfe, das geduldige Gespräch ohne Vorwürfe, die unerschütterliche Hoffnung und vor allem das beharrliche Gebet sind Wege und Kräfte, die die Spannung zwischen eigener Überzeugung und Toleranz aushalten lassen.

Toleranz ist auch von Seiten der Kinder einzufordern!

Eltern sollten sich dagegen verwahren, daß ihre Haltung abqualifiziert und bespöttelt wird. Sie dürfen verlangen, daß ihre Gefühle nicht verletzt werden. Manche tun sich schwer, den Partner ihres Kindes bei sich im Hause zu sehen. Die Klugheit muß entscheiden, was das Bessere ist. Manches geht über die seelische Kraft der Eltern, etwa das Ansinnen des Paares, in ihrem Haus zu wohnen. Es wäre schlimm, wenn Sohn oder Tochter darauf keine Rücksicht nehmen würden. Es wäre ein Zeichen von Gefühlsverkümmerung. Ein klares Nein könnte die jungen Leute zum Nachdenken bringen; es kann freilich auch den Auszug des/der jungen Erwachsenen vom Elternhaus zur Folge haben. Aber auch dann müssen „Türe und Herz" für ihn/sie offenbleiben.

Die seelsorgliche Beratung und Begleitung im Fall nicht-ehelicher Lebensgemeinschaften hat ihren Platz in der Gesamtpastoral. Sie ist ein Thema nicht nur in der Jugendarbeit, bei pfarrlichen Bildungsveranstaltungen und in der näheren und entfernteren Ehevorbereitung. Diese heute so modern erscheinende Lebensform sollte gelegentlich auch in der sonntäglichen Verkündigung zur Sprache kommen. Dabei sollten die nicht-ehelichen Rentner-Lebensgemeinschaften nicht ausgeklammert werden. Ob in tragischen Fällen geringer Renten eine kirchliche Trauung im Ausland verantwortet werden kann, wo es keine gesetzliche Zwangsziviltrauung gibt, muß im einzelnen Fall geprüft werden – eigentlich steht hier schon längst eine Klärung zwischen Staat und Kirche an!

„Entscheidend ist, daß das positive Zeugnis der christlich gelebten Ehe gestärkt wird. Hier muß die Kirche in Verkündigung, Theologie und Katechese, Religionsunterricht und Erwachsenenbildung noch bessere Kräfte des Arguments und der Überzeugung aufbieten, um die großen Grunderfahrungen des Menschen wie Liebe und Treue, aber auch Trauung und Sakrament der Ehe ohne Entstellungen und Verkürzungen zum Leuchten zu bringen. Eine unübersehbare Bedeutung bekommt das *gelebte Beispiel* der christlichen Ehe" (Lehmann III/1).

Literatur

BEINERT, WOLFGANG: Braucht Liebe (noch) die Ehe? Regensburg: Pustet 1988.
DAVID, JAKOB: Einige spezielle Fragen zur Sexualmoral. In: Anzeiger für die katholische Geistlichkeit 88 (1979) 239 – 240.
ERNST, WILHELM: Ehe als Institution und ihre heutige Infragestellung. In: Internationale katholische Zeitschrift Communio 8 (1979) 393 – 414.
HELLER, ANDREAS: Zusammenleben von Mann und Frau. Kirche und nichteheliche Lebensgemeinschaften. Klagenfurt: Hermagoras 1990.
HILPERT, KONRAD: Nichteheliche Lebensgemeinschaften und Ehe. Ein Plädoyer. Katechetische Blätter 107 (1982) 644 – 658.
JOHANNES PAUL II: Predigt in Köln am 15.11.1980. In: Verlautbarungen des Apostolischen Stuhles Nr. 25 A. Hrsg. vom Sekretariat der Deutschen Bischofskonferenz, 3. Aufl., S. 16 – 22.
– : Apostolisches Schreiben ‚Familiaris consortio' v. 22.11.1981. In: Verlautbarungen. Nr. 33.
KATTE, DIETER: Ohne Trauschein? München: Don Bosco 1982.
KELLER, EDELTRAUT: Ehe ohne Trauschein. In: Die Neue Ordnung 35 (1981) 146 – 151.
KRAMER, HANS: Wie moralisch sind die dokumentenfreien Lebensgemeinschaften? In: StdZt 202 (1984) 579 – 590.
LEHMANN, KARL: Fasten-Hirtenbrief. Mainz: Bischöfliche Kanzlei o. J.
LISS, BERNHARD: Probe-„Ehe". Würzburg: Echter 1990.
NEYSTERS, PETER: Heiraten...? Junge Leute und die Ehe. Würzburg: 1980.
ROTTER, HANS: Vorehe als Experiment? In: Signum 52 (1980) 33 – 36.
SYNODE der Bistümer in der Bundesrepublik Deutschland: Beschluß „Christlich gelebte Ehe und Familie". In: Gemeinsame Synode ...I. Freiburg i. Br.: Herder 1976, 423 – 457.
– : Arbeitspapier „Sinn und Gestaltung menschlicher Sexualität". A.a.O. II, 1977, 163 – 183.
ZAUNER, WILHELM: Ehen ohne Heirat. In: Theol.-Prakt. Quartalschrift 129 (1981) 43 – 50.

4. Alleinerziehende

MARIA PLANK

1. Meine Begegnung mit Alleinerziehenden

Als ich vor zwei Jahren im Referat Frauenseelsorge der Diözese Regensburg mit der Zielgruppe alleinerziehender Frauen zu arbeiten begann, waren mir ihre Situation und ihre Probleme in unserer Kirche und Gesellschaft ziemlich unbekannt.

Um herauszufinden, wer diese Frauen sind und wo/wie sie leben, mußte ich mich auf den Weg zu ihnen machen, sie aufsuchen, mich ihnen zuwenden, ihre Befindlichkeit und Lebenspraxis kennenlernen. Ich fand sie zurückgezogen, mehr am Rande unserer Kirche und ziemlich sprachlos, weil andere es übernommen hatten, über sie zu reden oder sie zu verschweigen.

Auf dem Weg, den ich bis jetzt mit ihnen ging, ließ ich mich anstecken von ihren Fragen und Problemen, von ihren Traurigkeiten und Hoffnungen, und nahm auch ihre Verletzungen, Demütigungen, Verurteilungen und Ängste als Erfahrungen ernst. Dabei ist mir wichtig geworden,
– mit ihnen eine Antwort auf persönliche Lebensfragen zu suchen, Entwicklungen und Prozesse zum Leben anzustoßen;
– ihnen durch Informationen und Weiterbildungsangebote zu mehr Sicherheit im Alltag zu verhelfen und damit zu mehr Selbstbewußtsein;
– ihnen Kontakt- und Begegnungsmöglichkeiten zu vermitteln;
– mit ihnen daran zu arbeiten, daß sie Anerkennung in der Pfarrgemeinde und in der Öffentlichkeit erhalten.

Es gehört manchmal Mut dazu, mich auf die Seite derer zu stellen, die nicht nach den Idealvorstellungen der Kirche leben. Ob der betreffende Mensch in Zukunft nach den Normen der Kirche leben wird, darf kein Kriterium für meine Begleitung sein. Für mich bedeutet es vielmehr eine ständige Herausforderung, in dieser Weise Wegbegleiterin für Frauen und ihre Kinder zu sein, ihre verantwortete Entscheidung zu respektieren und anzuerkennen und ihnen ihren je eigenen Weg zuzugestehen. Die Arbeit mit Alleinerziehenden in diesem Sinne ist nie abgeschlossen oder fertig, sie muß immer wieder neu begonnen, intensiviert, reflektiert und an den Erfahrungen, Bedürfnissen, Anfragen und Interessen Betroffener orientiert werden. Eine positive Entwicklung dieser Arbeit kann dazu beitragen, innerkirchliche Vorurteile gegenüber Getrenntlebenden, Geschiedenen und unverheirateten Müttern/Vätern abzubauen. Es gehört schließlich auch Vertrauen dazu: Vertrauen darauf, daß das, was wir „Leben in Fülle" nennen, für den einzelnen etwas ist, was er im Miteinander von Beratung und Begleitung, in einer Gruppe oder Gemeinde, nach eigenen Überlegungen und in Auseinandersetzungen mit anderen für sein Leben nur selber entdecken kann.

2. Zur Situation von Alleinerziehenden

„Wir sind viele ... und werden immer mehr" – diese spontane Feststellung einer alleinerziehenden Mutter spiegelt die tatsächliche Entwicklung in Kirche und Gesellschaft wider. Die Zahl der Mütter und Väter, die mit ihrem Kind oder ihren Kindern allein leben, wächst. Das statistische Material berichtet bereits 1985 von 1,760 Millionen Eineltern-Familien in der BRD, fast eine Million der alleinerziehenden Mütter und Väter haben Kinder unter 18 Jahren. Der größte Anteil davon sind mit 52,9% die geschiedenen oder getrenntlebenden Mütter, 16,6% sind nicht verheiratet, 15,9% sind verwitwet, und 14,6% sind alleinerziehende Väter (vgl. Bundesminister für Jugend, Familie, Frauen und Gesundheit, Band 219). Hinter diesen Zahlen verbergen sich Schicksale, Menschen, die mit Enttäuschungen, Ängsten, Belastungen und Verletzungen fertig werden müssen. Um ihnen gerecht zu werden, ist es notwendig zu wissen, unter welchen Bedingungen sie ihr Leben gestalten; das Wahrnehmen und Mitempfinden ihrer Situation ist der erste Schritt auf dem Weg zueinander. Hilfreich für das Verstehen der häufig anzutreffenden Sehnsucht nach „guten Tagen" ist es, sich an Erfahrungen zu erinnern, ohne die wir nicht leben können. Nach P. M. Zulehner sind das
– die Erfahrung, wertvoll, anerkannt, einmalig und unaustauschbar zu sein;
– die Erfahrung, wachsen zu können und das Leben kreativ gestalten und selbst verantworten zu können,
– und schließlich die Erfahrung, Wurzeln zu treiben, an einem Ort ebenso wie bei Menschen, zu denen man dazugehört (vgl. Zulehner 1985).
Der bevorzugte Lebensort für diese menschlichen Grundsehnsüchte ist für viele die kleine Lebenswelt der Familie. Haben wir einmal diese Lebenspläne vor Augen, dann können wir auch ermessen, was denen widerfährt, deren Lebenspläne zerbrechen oder erst gar nicht gelingen.

Obwohl die Gründe des Alleinerziehens sehr unterschiedlich sind, sind die Betroffenen doch häufig in einer ähnlichen Lage:

Zur psychischen Situation

Frau M., die geschieden wurde, als ihre Söhne sieben und neun Jahre alt waren, erzählt: „Die Lebensplanung war bis dahin auf ein Miteinander ausgerichtet. Nun fühlte ich mich nur noch als halber Mensch. Meine Wurzeln waren wie abgeschnit-

4. Alleinerziehende

ten. Ich war ganz auf mich allein angewiesen: in sämtlichen praktischen, pädagogischen, in lebenswichtigen und nebensächlichen Fragen. Wenn die Kinder in der Schule Schwierigkeiten hatten oder ihr Verhalten nicht einwandfrei war, wurde das sofort auf das Fehlen eines Vaters zurückgeführt. Ich hatte schreckliche Angst davor, zu Elternabenden zu gehen. In Behörden und Ämtern war ich unsicher – das hatte früher alles mein Mann erledigt."

Das Scheitern einer Beziehung ist trotz der gegenseitigen Kränkungen, die man sich oft in der letzten Phase zufügt, eine menschliche Katastrophe, die eine besondere Phase der Trauer zur Folge hat. Das Verlassenwerden hinterläßt eine große Leere, Zweifel am eigenen Selbstwert machen sich breit, die eigene Identität gerät in eine Krise. Das Herausgerissenwerden aus der bisherigen Lebensplanung verlangt eine neue Orientierung. Der Anspruch, alle Bedürfnisse einer Familie zu erfüllen, alle Entscheidungen letztlich selber treffen zu müssen, immer die einzige Instanz zu sein und ständig in allen Lebensbereichen präsent zu sein, führt leicht zu einer Überforderung.

Zur sozialen Stellung

Ein weiteres Merkmal, das die Situation vieler Alleinerziehender kennzeichnet, ist der Mangel an sozialen Kontakten und Beziehungen, teils aus Zeitgründen wegen der Dreifachbelastung von Beruf, Haushalt und Kinder, teils aufgrund gesellschaftlicher Vorurteile und Gegebenheiten, teils weil sie dazu neigen, sich zurückzuziehen und auf Schritte anderer zu warten. Oft gibt z. B. die Frau nach der Trennung ihre gewohnte Umgebung auf und zieht in die Anonymität einer Stadt, um sich Angriffen zu entziehen, um unbelasteter einen neuen Anfang zu versuchen. Ehemalige Bekannte und Freunde bleiben zurück oder ziehen sich zurück. Frühere Kontakte zu Ehepaaren sind gefährdet. Denn die Begegnung mit Alleinlebenden oder Geschiedenen ist immer auch eine Anfrage an die eigene Ehe. Nicht selten ist die Isolation aber auch ein Zeichen dafür, daß der/die Betroffene im Prozeß der Verarbeitung von Trennung und Trauer steckengeblieben ist und dringend Hilfe von außen braucht.

Zur sozioökonomischen Lage

Häufiger als Männer haben alleinerziehende Frauen nach der Scheidung finanzielle Sorgen. Etwa ein Viertel aller Alleinerziehenden lebt an der Armutsgrenze. Mehr als 20% der Alleinerziehenden-Familien leben von Sozialhilfe. Nur etwa 40% erhalten regelmäßige Unterhaltszahlungen, die durchschnittlich 420,– DM pro Monat nicht übersteigen. Der Kindesunterhalt liegt bei etwa 185,– DM pro Monat (vgl. Arbeitsstelle für Erwachsenenbildung der Diözese Stuttgart, 12).

Zur Arbeitssituation

Nicht selten müssen die Frauen nach Jahren der Tätigkeit als Hausfrau oder der Mitarbeit im Betrieb des Mannes eine neue berufliche Existenz aufbauen; die Männer umgekehrt müssen Haushalt und Erziehung „lernen" – beides haben die meisten bis dahin ihren Frauen überlassen. Weil sich Berufsrolle und Erzieherrolle oft nicht in Einklang bringen lassen – die Alleinerziehenden beklagen mangelnde Versorgung mit Tageseinrichtungen für Kinder und wenig flexible Öffnungszeiten –, droht spürbare Verschlechterung der wirtschaftlichen Situation oder Arbeitslosigkeit. Eine zufriedenstellende Vereinbarkeit von Beruf und Teil-Familie wird selten erreicht. Meist geht die Doppelbelastung von Ganztagserwerbstätigkeit und Erziehung auf Kosten der Mütter/Väter, die sich physisch und psychisch überlastet fühlen.

Ein berufstätiger alleinerziehender Vater von zwei Schulkindern erzählt: „Ich lege die Mittagspause im Betrieb immer so, daß ich zu Hause anrufen kann, wenn die Kinder aus der Schule kommen. So erfahre ich immer über Telefon von den Ereignissen und Sorgen in der Schule, von Noten, von Erlebnissen auf dem Schulweg usw. Ich muß darauf vertrauen, daß sich die Kinder das vorgekochte Essen alleine aufwärmen und wenigstens teilweise die Schularbeiten erledigen. Bei Schulveranstaltungen, Schulfesten und Sprechtagen kann ich meist nicht teilnehmen und stoße deswegen auf großes Unverständnis bei den Lehrern. Das alles geht recht und schlecht, solange niemand von uns krank wird ..."

Zur Kinderbetreuung

Das größte Problem fast aller Alleinerziehenden ist die Versorgung und Erziehung der Kinder, sei es während der Arbeitszeit, in den Ferien, die ja länger sind als ein Jahresurlaub, oder sei es bei Erkrankung von Vater/Mutter, bzw. Krankheit der Kinder. Deshalb sind Alleinerziehende in besonderem Maß auf Ganztageseinrichtungen für Kinder angewiesen, zum einen für die Betreuung der Kinder, zum anderen als Anlaufstelle, um dort Lebens- und Erziehungsfragen besprechen zu können.

Zur Lage der Alleinerziehenden in der katholischen Kirche

„Die Alleinerziehenden sollen spüren, daß sie als lebendige Glieder zu ihrer Pfarrgemeinde gehören ...". Mit dieser Aussage formulierte das Zentralkomitee der Deutschen Katholiken (ZdK, 7) im Jahre 1984 in der Erklärung „Alleinerziehend – aber nicht alleingelassen" eine Perspektive, wie sie im Idealfall das Verhältnis der Alleinerziehenden zur Pfarrgemeinde bestimmt.

Im allgemeinen tun sich Alleinerziehende eher schwer mit der (katholischen) Kirche. Denn als ledige Mütter oder geschiedene Väter leben sie nicht nach der über Jahrhunderte tradierten Glaubensinterpretation, die daran festhält, daß die Ehe unauflöslich und der einzige Ort ist, an dem Sexualität sich voll entfalten kann. Die Frage „Sind wir in der katholischen Kirche, in ihren Gruppen und Verbänden, mit unseren Anliegen und Sorgen angenommen?" macht deutlich, daß die pastorale Aufmerksamkeit und Zuwendung der Kirche hauptsächlich den intakten Ehen und Familien gilt.

Während beim Tod eines Ehegatten in aller Regel ein(e) Vertreter/in der Pfarrgemeinde einen Hausbesuch macht und die Witwe öffentlich trauern darf, sieht die Situation für eine Frau, deren Mann auszieht und weggeht (und umgekehrt), ganz anders aus. Kein Hausbesuch, keine Kontaktnahme durch den Besuchsdienst, keine vertrauten Trauerformen, sondern oft eisiges Schweigen, vielleicht eine flüsternde Gerüchteküche, Unsicherheiten und Ängste auf beiden Seiten und in den wenigsten Fällen ein Angebot, diese Krise aus der Kraft des Glaubens zu bewältigen. Dies läßt bei Alleinerziehenden das Gefühl aufkommen, nicht nur vom Partner, sondern auch von der Gemeinde allein gelassen zu sein.

Wenn trotz dieser Erfahrungen Alleinerziehende den Weg zum Gottesdienst finden, setzen sich diese Erlebnisse oft fort. In Ansprachen und Verlautbarungen glänzt die Norm von der vollständigen und heilen Familie, während zu Konflikten, Scheidung und Alleinerziehung kaum Zuspruch zu hören ist. Gerade auch bei ihrer Pfarrgemeinde fürchten Geschiedene, lediglich moralischer Kritik zu begegnen; dies läßt es ihnen ratsam erscheinen, sich zurückzuziehen und in die Anonymität einer neuen Umgebung zu flüchten. Und es wundert nicht, wenn sie auch zu Kirche und Gemeinde auf Zeit oder für immer auf Distanz gehen.

Das oben Gesagte umreißt die Situation vieler Alleinerziehenden. Alle diese Erfahrungen und Sorgen werden umso intensiver erlebt, weil die Sehnsucht nach gelingendem Leben unausrottbar bleibt. Sie wird erlebt in der Entbehrung des Partners und ist gegenwärtig in den vielen Ängsten: vor der alleinigen Verantwortung für die Erziehung, vor den finanziellen Problemen, vor den bösen Nachreden und verletzenden Urteilen der Mitmenschen.

Was können christliche Gemeinden, was kann seelsorgliche Beratung und Begleitung angesichts dieser Erfahrung tun? Für Menschen, deren Lebenspläne und Lebenshoffnungen zerbrochen sind, müssen wir andere Antworten haben als die Bestrafung durch Ausgrenzung. Zusammen mit den Betroffenen, den „Erfahrenen", müssen neue Wege gegangen werden. Folgende „Wegweiser" können dabei behilflich sein.

3. Aufgaben und Möglichkeiten seelsorglicher Beratung und Begleitung

Ob es geschiedenen oder getrenntlebenden Mitchristen gelingt, aus ihrer Glaubensüberzeugung heraus grundsätzlich am Wiederverheiratungsverbot festzuhalten, hängt nicht zuletzt davon ab, ob der einzelne eine „Kultur des befriedeten Alleinlebens" (vgl. Zulehner 1989, 87 f) entwickeln kann. Natürlich können Menschen nicht beziehungslos leben. Sie brauchen ein Netz, in das sie hineingewoben sind, an dem sie selbst mitweben durch Beziehungen, die sie anderen gewähren. Nicht um sie „wieder heimzuholen", sondern um ihnen ein Stück Heimat (auch untereinander!) zu ermöglichen, stellen sich einzelne Christen, Institutionen, vor allem aber auch Gemeinden als Berater und Begleiter von Alleinerziehenden zur Verfügung.

Die Erfahrung, angesehen und wertvoll zu sein

In der Erklärung des Zentralkomitees der deutschen Katholiken heißt es: „Wo ein Leben in Frieden zwischen einzelnen nicht gelingt, ist es um so mehr der Gemeinde aufgegeben, den mitzutragen, der in ihr Heimat sucht. Keinesfalls kann es darum gehen, von außen selbstgerecht über andere zu urteilen. Das Beispiel Jesu muß uns dazu treiben, daß wir einander in gütigem Verstehen tragen, so daß der eine dem anderen ergänzt, was ihm fehlt" (ZdK, 12).

Dies bestärken die paulinischen Grundaussagen zum Verständnis von Gemeinde: Jede/r Getaufte ist Glied in der Gemeinschaft Christi. Niemand kann sich selbst lossagen von dieser Gliedschaft, etwa unter der Berufung darauf, daß er nicht so ist wie die anderen, denn verschiedene Glieder sind für den Leib notwendig. Und niemand kann sagen: „Ich brauche euch nicht"; denn „gerade die schwächer scheinenden Glieder des Leibes sind unentbehrlich" (1 Kor 12,22). Ohne jeden einzelnen gelingt Leben in der Kirche nicht voll und ganz.

Doch kann ein Aufruf zu einer integrierenden Gemeinschaft oder Gruppe im kirchlichen Kontext auch Ängste auf beiden Seiten wecken: Angst vor Problemen, vor Kritik, vor Unverbindlichkeit, vor den eigenen Grenzen, vor Veränderung, bei vielen vielleicht auch Hilflosigkeit und die Abwehr, sich mit Themen wie Trennung/Scheidung zu beschäftigen. Solche Unsicherheiten können auf beiden Seiten das Gespräch blockieren. Die erste und wichtigste Aufgabe einer Gemeinde ist deshalb nicht das sofortige Handeln und „Betreuen". Wichtiger sind die Fragen: Wie sehen wir einander? Was halten wir voneinander? Kommt das Ansehen aus Selbstgerechtigkeit oder dem Eingeständnis eigener Not und dem erfahrenen Erbarmen? (vgl. G. Niggl in: Kabitz u. a. 1978, 18).

Aufeinander zugehen, einander ansehen und akzeptieren kann gelingen in dem Bewußtsein, daß wir alle Betroffene sind und die Erfahrung von Trauer, Schuld, Rat- und Auswegslosigkeit, Angst vor Ablehnung usw. uns allen gemeinsam ist. Ein Miteinander braucht Gesprächsbereitschaft, die Fähigkeit und den Willen zuzuhören, Fragen an sich heranzulassen, Themen nicht zu tabuisieren, und auch die Bereitschaft, dem anderen vom Eigenen mitzuteilen, ihn an Erfahrungen teilnehmen zu lassen. Dieses Miteinander braucht auch Lernbereitschaft, das Offenbleiben für Korrekturen des eigenen Standpunktes, für Neues und Ungewohntes. Christen wissen darum, daß sie angesichts des Erbarmens Gottes „ihre eigene Not und Schwäche nicht zu verbergen brauchen, wenn sie wegen dieses Erbarmens auch die Schwäche und Not des Nächsten mit guten Augen ansehen" können (Niggl ebd., 17). Eine Atmosphäre des gegenseitigen Ansehens entsteht nicht von selbst. Es braucht den Anstoß und das Vorbild durch die Seelsorger, die dieses Ansehen-Geben praktizieren, so daß viele, wie Hagar in ihrer Not des Verlassen- und Ausgeliefertseins, erfahren können: Gott ist einer, der nach mir schaut (vgl. Gen 16,13).

Die Erfahrung, wachsen zu können

Jede Hilfe muß auf Selbsthilfe abzielen, d.h. es müssen die Kräfte der Betroffenen selbst für ihr Wachsen, für ihre Neuorganisation des Lebens, mobilisiert werden. „Es liegt eine eigentümliche Würde darin, daß der Mensch sich zunächst selbst auf den Weg macht, zunächst selbst sich aus seiner Not befreien will, daß er seiner eigenen Kräfte inne wird und nicht vorschnell auf sein Eigenleben verzichtet" (Niggl ebd., 18). Von daher liegt es nahe, daß auch Alleinerziehende sich zu Gruppen zusammenfinden und versuchen, dort ihre unterschiedlichen Erfahrungen und Strategien in einen Austausch zu bringen und so auch Solidarisierung zu ermöglichen.

„Mit wem kann ich reden über mein schlechtes Gewissen, wenn ich meinen Sohn, vier Jahre alt, jeden Morgen mit dem Taxi in den Kindergarten fahren lasse, weil ich zur Arbeit muß, wenn ich in einem Vortrag im Familienkreis höre, wie wichtig es gerade für Kleinkinder ist, daß die Mutter daheim und für die Kinder da ist ... Abends sitze ich allein vor dem Fernsehen, weil ich keinen Babysitter finde, und ich würde doch so gern wieder einmal zum Pizzaessen oder ins Kino gehen ..."

Frau X. findet in ihrem Dorf niemanden, mit dem sie ihre Situation teilen könnte, sie weiß nicht, bei wem sie um Hilfe anklopfen könnte. Zufällig stößt sie in der Zeitung auf ein Treffpunkt-Angebot für Alleinerziehende. Sie ruft an und hat damit den ersten Schritt getan: Im Treffpunkt lernt sie Menschen mit ähnlichen und anderen Problemen kennen. Was können Treffpunkte auf gemeindlicher oder übergemeindlicher Ebene leisten?

Die Treffpunkte sind ein Ort der Begegnung und des Kontaktes für Männer, Frauen und Kinder, die durch die Erfahrung von Scheidung, Trennung oder Tod in einer schwierigen Phase ihres Lebens stehen. Das Verständnis in der Gruppe hilft den einzelnen, die eigene Situation klarer zu sehen und zu akzeptieren, Hoffnung zu entwickeln und die Chance eines Neubeginns zu erkennen. Durch den Umgang mit ihren Erfahrungen erwerben sie eigene Kompetenz, können sich so gegenseitig helfen, Selbstvertrauen in ihre eigenen Fähigkeiten gewinnen, um wieder initiativ und selbstverantwortlich das Leben zu gestalten.

R. Bokmeier betont die Bedeutung einer Gruppe in einer solchen Situation, „weil hier erfahren wird, daß die eigene Leiderfahrung keine vereinzelte ist. Dies erleichtert, stärkt und zeigt Perspektiven auf. Das ist natürlich ein Prozeß, der nicht von heute auf morgen geht, sondern Zeit braucht und mit Hochs und Tiefs verbunden ist. Die Gruppen brauchen ihre Zeit, müssen das Gefühl haben, eine eigene Gruppe sein zu dürfen, ohne daß das gleich von außen als Ghettoisierung etikettiert wird" (in: Arbeitstelle für Erwachsenenbildung 8).

Die Einrichtung eines eigenen Treffpunktes für Alleinerziehende hängt aber auch von der Aufgeschlossenheit und dem Wohlwollen der gastgebenden Gemeinde ab, die Räume und materielle Mittel zur Verfügung stellt und dieser Gruppe schließlich auch das Gefühl der Zugehörigkeit zu ihr selbst gibt, sie nicht in der Gemeinde isoliert, vielmehr in das Blickfeld rückt. So kann die Treffpunktgruppe der Anfang einer kleinen Lebenswelt, eines sozialen Netzwerkes, werden, aus der heraus die Alleinerziehenden neue Begegnungsangebote, sei es auf Diözesanebene oder in Gruppen und Veranstaltungen der Pfarrgemeinde wahrnehmen und eine Vielfalt von Beziehungen entwickeln.

Die Erfahrung, Wurzeln zu treiben

Im Kontakt mit Alleinerziehenden wird deutlich, daß diese Frauen und Männer nicht nur ein Problem für die Gemeinde und für die Seelsorger/innen sind, das es zu lösen gilt, sondern daß sehr viel von ihnen zu lernen ist. So geht es auch hier nicht nur um die Frage, was für die Alleinerziehenden getan werden kann, sondern ebenso um die Stärken und Begabungen, das, was die Alleinerziehenden in die Gemeinden einbringen können, was die Gemeinde für ihr Mensch- und Christsein von ihnen „lernen" kann. Wenn diese Menschen „im Leben der katholischen Gemeinden faktisch eine geringe Rolle spielen, so liegt es jedenfalls nicht an mangelnden Fähigkeiten. Was geschiedene Mütter angeht, so zeigt die Erfahrung, daß im Gegenteil eine besonders große Zahl selbständiger und verantwortungsbewußter Frauen unter ihnen ist. Viele haben dies bei der Bewältigung der Aufgaben einer alleinerziehenden Mutter unter Beweis gestellt" (Mackscheidt 376).

In der Kraft des Glaubens sind viele Männer und Frauen, obwohl sie, trotz oder wegen ihres Kindes, nicht geheiratet haben, obwohl sie vielleicht geschieden sind, dennoch verwurzelt und standhafter geworden. Wir können von ihnen lernen, daß am Ende vor Gott nicht die Leistung zählt, sondern seine unberechenbare Liebe. Wir alle brauchen Vertrauen in die Möglichkeit von Glück, auf die wir zugehen. E. Mackscheidt stellt zu Recht die Frage: „Können die Kinder geschiedener Menschen spüren, daß Mitglieder der Pfarrgemeinde ihren beiden Eltern eine neue glückliche Zukunft zutrauen und zubilligen?" (a.a.O. 376).

Deshalb darf in der Beurteilung der Lebensformen Alleinerziehender nicht die Defizitperspektive, die Diskriminierung oder Stigmatisierung vorherrschen; es gilt, die Werte von Aufbruch und Neubeginn, Lebendigkeit, Wachstum und Eigenständigkeit zu achten und zu schätzen. Daß es nach Verlust, Enttäuschung, Scheitern und Zerbrechen von Lebensplänen wieder Spuren des Glücks gibt, und daß Gott durch alle bitteren Erfahrungen hindurch unser Leben zur Erfüllung zu führen versteht, das kann getrost als seine Urabsicht für uns Menschen angenommen werden. Die Berufung zu einem Leben in Frieden, in „Schalom" (vgl. 1 Kor 7,12 c), kann Männern und Frauen Mut machen, auch alleine leben zu lernen, selbständig und selbstmächtig das Leben zu gestalten.

Schlußbemerkung

Die seelsorgliche Begleitung dieses Lernprozesses läßt sich zusammenfassen in jener Szene, im Zusammenhang mit der Auferstehung des Lazarus: Ein Mensch ist gestorben, abgestorben. Eingewickelt, bewegungslos muß er ins Grab. Er hat kein Gesicht mehr. Durch einen „nahestehenden" Menschen, Maria von Bethanien, kommt Jesus ins Bild und wird zum Impuls für alles, was geschieht: Einer kann sein „Grab" verlassen, darf wieder aufrecht stehen. Doch noch ist das neue Leben nicht deutlich zum Vorschein gekommen. Da sagt Jesus zu den Umstehenden: „Löst die Binden und laßt ihn weggehen" (Joh 11,44). Auch wir dürfen in der Kraft Jesu alleinerziehende Menschen aus ihrer Isolation ent-binden, zu ihrer Befreiung beitragen, ihnen neues Leben ermöglichen.

Literatur

Arbeitsstelle für Erwachsenenbildung der Diözese Rottenburg-Stuttgart (Hrsg.): Treffpunkt Alleinerziehende. Stuttgarter Hefte Nr. 7/8, Jahrgang 4, Stuttgart 1990.
Arbeitsstelle für Frauenseelsorge der Deutschen Bischofskonferenz: Alleinerziehende in der Gemeinde – Arbeitshilfe – Wir sind viele. Düsseldorf 1988.
Bundesminister für Jugend, Familie, Frauen und Gesundheit (Hrsg.): Alleinerziehende Mütter und Väter – Eine Analyse der Gesamtsituation. Band 219. Stuttgart: Kohlhammer 1988.
CARITASVERBAND NORDRHEIN-WESTFALEN (Hrsg.): Themenheft „Alleinstehende". Bergisch-Gladbach 1989 (Heft 1).
KABITZ, MARIA / KNEER, WALTRAUD / PEUSCHEL, GERTRUD: Treffpunkt: Alleinerziehende Mütter und Väter. Erfahrungen, Impulse, Perspektiven. München: Kaiser 1978.
MACKSCHEIDT, ELISABETH: Die Seelsorge der Pfarrgemeinde für Kinder aus geschiedenen Ehen. In: Lebendige Seelsorge. 40 (1989) 373 – 375.
SCHREIBER, HERMANN: Singles. Allein leben besser als zu zweit. Frankfurt/Berlin: Bertelsmann 1980.
Zentralkomitee der deutschen Katholiken: Alleinerziehend – aber nicht allein gelassen (Dokumentation). Bonn 1984.
ZULEHNER, PAUL MICHAEL: Kleine Lebenswelten. Zur Kultur der Beziehungen zwischen Mann und Frau. Paderborn: Bonifatius 1989.
– : Wenn Lebenspläne zerbrechen. Alleinerziehende fragen die Kirche. In: Frauenreferat der Hauptabteilung Seelsorge kfd Diözesanverband (Hrsg.): Dokumentation. Osnabrück 1985.

5. Ältere und alte Menschen

CORNELIA KNOBLING

1. Älterwerden – Erfahrung, die Generationen verbindet

„Das Alter – das muß man erst selbst erfahren, am eigenen Leib, damit man es versteht! Sie sind ja noch so jung!" Dieser Vorbehalt stand und steht fast immer am Anfang, wenn ich mit älteren Menschen in Vorträgen, Seminaren oder Beratungsgesprächen arbeite. Und wie ich, so muß auch ein Seelsorger und eine Seelsorgerin, die über die Kluft der Jahre und Generationen hinweg einen älteren Menschen erreichen und im Kern seiner Person ansprechen wollen, diesen Vorbehalt ernst nehmen. Es ist schon richtig: Jede Lebensphase, jede spezifische Situation, jede Not, zeigt sich nur dem, der betroffen ist, in aller Härte, Eindringlichkeit und Klarheit. Aber das ist nur die eine Seite der Wahrheit: Keine Lebenssituation enthält nicht auch Elemente, die in anderen Lebenssituationen vorkommen. Kein Lebensabschnitt steht isoliert für sich allein. Jede Lebensphase ist verknüpft mit früheren Lebensphasen, steht in einem lebensgeschichtlichen Zusammenhang (vgl. Erikson 1977, 50 ff.). Das gilt auch für das Alter. Wie die psychologische Altersforschung schon im Titel eines Standardwerkes – „Psychologie des Alterns" (vgl. Lehr 1977) – unterstreicht: Das Alter und seine vielen Gesichter sind nur zu verstehen auf dem Hintergrund des lebenslangen Prozesses von Älterwerden. So spezifisch die Lebenssituation der Menschen jenseits der Ruhestandsgrenze – ab diesem Zeitpunkt gilt man statistisch als alt – auch sein mag, im Erleben dieser Menschen finden sich Fragen und Erfahrungen wieder, die im Prozeß des Älterwerdens auch in früheren Lebensphasen anklingen, beim einen leiser, beim anderen unüberhörbar laut. So die Fragen: Wer bin ich selbst? Welche Bedeutung habe ich für andere? Wo ist mein Platz in der Gesellschaft? Welchen Sinn hat mein Leben? ... So die Erfahrung von Krankheit, Abhängigkeit, Einsamkeit, Trauer, Orientierungslosigkeit...

Wenn es uns als seelsorgliche Berater und Begleiter gelingt, mit unserem eigenen Prozeß des Älterwerdens in Kontakt zu sein und aufzuspüren, was uns hier mit der Erfahrungswelt alter Menschen verbindet, dann werden wir auch über die Kluft der Generationen hinweg auf die Entwicklungskrisen und Nöte alter Menschen eingehen und ihnen aus unserer eigenen Mitte und Spiritualität heraus in einer Weise begegnen können, die sie mit ihrem innersten Kern und den darin liegenden spirituellen Potenialen in Berührung bringt.

Ebenso wie in anderen seelsorglichen Feldern stößt man auch im Umgang mit älteren und alten Menschen vor allem auf die folgenden zwei Gruppen: Da sind zum einen *Menschen in Not,* die im Alter nicht nur viele Gesichter, sondern auch charakteristische Züge trägt. Und da sind zum anderen *Menschen auf dem Weg zu sich selbst,* auf der Suche nach einer Gesamtschau ihres Lebens, in der sich alle wichtigen Erlebnisse und Begebenheiten ihrer Geschichte wie Mosaiksteine zu einem Bild zusammenfügen.

2. Beratung und Begleitung älterer Menschen in Not

Die Not meines sterbenden Großvaters und die seelsorgliche Begleitung, die er in dieser Not erfuhr, habe ich unmittelbar miterlebt: Es war 8 Uhr morgens als ich das Haus meines Großvaters betrat. Bis auf meine Mutter, die wie ich ich an diesem Tag erst von weit entfernt anreiste, war dort die engere Familie schon versammelt. Übernächtigt, weinend nehmen mich meine Tanten in Empfang. Mein Opa, nur noch Haut und Knochen, kauert kraftlos in einem Sessel, und auch die vielen Kissen können nicht verhindern, daß er immer wieder nach unten durchrutscht. Noch bevor ich ihn zu sehen bekomme – die Familie ist in der Küche versammelt, Opa im Nebenraum –, höre ich ihn schon: Röcheln, Husten, schweres Atmen. Die ganze Wohnung ist voll davon. Kaum habe ich mich für eine kurze Weile meinem Großvater zugewandt, da teilen mir meine Tanten mit, daß ein Krankenwagen bereits unterwegs sei, um Opa ins Krankenhaus zu transportieren, damit er nicht verhungere oder an seinem Schleim ersticke. Ich bin entrüstet! Opa, der Krankenhäuser gehaßt und gemieden hat wie die Pest, soll seine letzten Stunden in dieser Umgebung verbringen, möglicherweise in einem Bade- oder Abstellzimmer? Sein schwerer und tapferer Kampf ums Sterben soll vielleicht durch Medikamente oder Reanimation noch verlängert und erschwert werden? Doch erst mein Rückruf beim behandelnden Hausarzt, der eine Krankenhauseinweisung ebenfalls für nicht angezeigt und sinnvoll erachtet, kann meine Tanten dazu bewegen, den Krankenwagen wieder abzubestellen.

Zusammen mit einer Tante wende ich mich nun wieder Opa zu. Wir streicheln ihn, geben ihm immer wieder in ganz kleinen Schlücken zu trinken. Wenn er Schleim abhustet, holen wir den Schleim mit einem Waschlappen aus seinem Mund. Als er die Frage, ob wir beten sollten, bejaht, beten wir: „Gegrüßet seist Du Maria... Heilige Maria Muttergottes, bitte für uns Sünder. Jetzt und in der Stunde unseres Todes...!" Zwei meiner Tanten, die ein distanziertes Verhältnis zur Kirche haben, protestieren, beschimpfen mich, daß ich mit Opa bete, ihm und ihnen das zumute. Eine andere Tante ruft inzwischen den Pfarrer an. Als er kommt, höre ich, wie er sich in der Küche mit den Tanten über die frühere Tätigkeit meines Opa unterhält. „Ist das nicht der ehemalige Förster? 86 Jahre – ein gesegnetes Alter!" Opa begrüßt er mit den Worten: „Guten Tag, Herr G.. Sie sind doch der ehemalige Förster?" Ohne Überleitung begibt er sich zu dem Tischchen, auf dem die Utensilien für die Krankensalbung liegen. Meine Tante hat inzwischen eine Kerze angezündet. „Im Namen des Vaters und des Sohnes und des Heiligen Geistes. Amen." Opa richtet sich trotz seiner Schwäche auf. Ich spüre, daß er, von dem seine Angehörigen vermuteten, daß er das meiste gar nicht mehr mitbekomme, sehr wohl weiß, was sich hier vollzieht. Die Gebete, die Rituale der Krankensalbung, sie verbreiten eine Atmosphäre des Trostes, eine Atmosphäre der Kraft, die auch mich zutiefst berührt und ergreift. Noch niemals zuvor habe ich so bewußt erlebt, welche Kraft von Worten und Ritualen ausgehen kann, wie sehr sie dem, der sich dafür öffnet, mitten ins Herz gehen und ihm von innen her gut tun. Nach dem Sakrament der Krankensalbung verabschiedet sich der Pfarrer ebenso unverbindlich, wie er Opa begrüßt hatte. In mein Tagebuch schreibe ich an diesem Abend: Ich glaube, dieser Pastor hatte noch nicht begriffen, was es heißt, wenn ein einziger einmaliger Mensch stirbt. Nichts von dem Ernst und der Würde eines solchen Augenblicks war in seiner Haltung spürbar.

Was macht dieses Erlebnis im Blick auf seelsorgliche Beratung und Begleitung deutlich, die den in Not befindlichen Menschen „mit seinem innersten Kern und den dort für ihn vorhandenen spirituellen Kräften in Kontakt bringen will" (Müller 1989, 35)?

– Deutlich wird die Kraft der Sakramente, die Kraft der Symbole und Rituale, die Kraft der Gebete und Schriftworte. Was dem Pfarrer nicht gelang, meinen sterbenden Großvater in seinem Elend und seiner Not wahrzunehmen und anzusprechen, das vermochten auf einfühlsame Weise die Worte und Rituale der Krankensalbung. Es kam mir vor, als knüpften sie dem, der vor dem gähnenden Abgrund des Todes steht, ein Netz der Hoffnung.

Ich kann mir vorstellen, daß auch in anderen Nöten des Alters, in Krankheit, Trauer, Verwirrtheit, Armut, Einsamkeit oder Verbitterung das Hoffnungs- und Kraftpotential, über das die Kirche in den Sakramenten, Schriftworten und überlieferten Gebeten verfügt, zum Tragen kommen kann. Vorausgesetzt natürlich immer, daß der Betreffende, wie zum Beispiel mein Großvater, diese Möglichkeit seelsorglicher Begleitung für sich selbst auch wünscht.

– Es gibt Situationen, sei es im Sterben, bei Pflegebedürftigkeit, bei Verwirrtheit oder bei chronischer Trauer, in denen der alte Mensch diesen Wunsch nach seelsorglicher Begleitung nur noch sehr reduziert oder möglicherweise überhaupt nicht mehr artikulieren kann. Dann ist er darauf angewiesen, daß sein Umfeld, seine Angehörigen oder professionellen Pfleger auf seine eingeschränkten Ausdrucksmöglichkeiten eingehen und auf dem Hintergrund seiner Lebensgeschichte in seinem Sinne handeln. So konnte mein Großvater in der Endphase seines Sterbens zwar keine Worte oder Sätze mehr sprechen, sehr wohl aber durch einen Laut seine Zustimmung und durch Kopfschütteln oder Ignorieren der Frage seine Ablehnung ausdrücken. Hätten wir ihn nicht gefragt, er hätte uns nicht mehr mitteilen können, daß er beten will und das Sakrament der Krankensalbung wünscht. Dies zeigt, wie wichtig die Menschen sind, die mit einem alten Menschen in Not täglich umgehen. Sie sind es, die durch die Art und Weise, wie sie auf dieses Elend eingehen, seine Not lindern, aber auch verschärfen können. Sie sind es, die durch den Stil, wie sie sich selbst im täglichen Umgang einbringen und dem Betroffenen begegnen, seine spirituellen Potentiale freisetzen, aber auch blockieren können. Sie sind es, die beten und darüber entscheiden, ob ein Pfarrer zum Beispiel zur Krankensalbung gerufen wird oder nicht.

Ein Gemeindepfarrer berichtete mir dazu, daß er von Angehörigen ganz selten zu einem Sterbenden gerufen wird. Wenn er allerdings durch Krankenkommunion oder Krankenbesuche in regelmäßigem Kontakt zu dem Schwerkranken stand, dann drückte dieser fast immer den Wunsch aus, die Krankensalbung zu empfangen. Dies erhärtet die Vermutung, daß die Betroffenen oft sehr wohl um ihre Situation und Not Bescheid wissen und sie sich ehrlicher eingestehen als dies ihre Angehörigen ihnen zutrauen oder selbst tun. So entsteht um den Sterbenden eine Atmosphäre der Leugnung des Sterbens (vgl. Glaser/Strauß 1974), in der nicht nur ein Sakrament, das für viele noch den Charakter eines Sterbesakramentes trägt, als Bedrohung empfunden wird, sondern auch alle Hilfestellungen außen vor bleiben müssen, die den Sterbenden in seiner wirklichen Not ansprechen und erreichen können.

Seelsorgliche Beratung und Begleitung, das wird am aufgezeigten Beispiel deutlich – und das gilt auch für andere Notsituationen des Alters, etwa für Pflegebedürftigkeit und Verwirrtheit – kann den alten Menschen in seiner Not weithin nur erreichen, wenn sie sein Umfeld ernst nimmt. Wenn sie wahrnimmt, daß die Not eines alten Menschen immer auch die Not derer ist, die mit ihm umgehen und ihm nahestehen. Wenn sie die familientherapeutische Erfahrung ernstnimmt, daß viele Probleme und Nöte des Alters nur dann angemessen eingeschätzt und angegangen werden können, wenn man das unmittelbare soziale Umfeld eines alten Menschen mit einbezieht, das, wie auch am Beispiel meines Großvaters deutlich wurde, oft wider besseres Wollen, dazu beiträgt, daß diese Not bestehen bleibt oder sich sogar verschärft (vgl. Weakland/Herr 1984). Wer die Nöte alter Menschen ernstnimmt, der kann an der Not ihrer Angehörigen und Pfleger nicht vorbeigehen. Er kann nicht ausblenden, wie ohnmächtig, hilflos, unsicher, ausgelaugt, überfordert und einsam sich diese Menschen oft im täglichen Umgang fühlen (vgl. Künzel-Schön 1986; Knobling 1988; Pines/Aronson/Kafry 1987), wie sehr sie selbst der Beratung und Begleitung bedürfen, um einen Weg durch ihre Not und emotionale Dauerbelastung zu finden und zu jenem Kern in sich vorzustoßen, von dem her sie dem betroffenen alten Menschen wirklich hilfreich und heilsam begegnen können.

Eine solche Beratung und Begleitung könnte zum Beispiel über Bildungsangebote und Gesprächskreise in der Gemeinde erfolgen, in denen ausdrücklich Raum ist für die Anliegen und Nöte derer, die im unmittelbaren Umfeld von alten Menschen in Not leben und arbeiten. Dabei wäre es sinnvoll, mit den im weiteren Umfeld einer Gemeinde bereits bestehenden Gesprächsgruppen pflegender Angehöriger, mit Lebensberatungsstellen und den mancherorts bereits eingerichteten Beratungsstellen für ältere Menschen und ihre Angehörigen Kontakt aufzunehmen und zusammenzuarbeiten.

– Ein weiteres wird am Beispiel meines Großvaters deutlich: Seelsorgliche Begleitung eines alten Menschen in Not ist kein einseitiger Akt des Gebens, das ist Interaktion, das ist eine Begegnung zwischen Menschen, die sich wechselseitig bereichern können. Die Not eines älteren Menschen – seine Trauer, sein körperliches Elend, sein Angewiesensein auf die Hilfe anderer, seine Verbitterung, seine Rat- und Hilflosigkeit – bringt auch bei dem, der ihn begleitet, diese Möglichkeiten menschlichen Erlebens zum Klingen. Vielleicht fiel es deshalb dem Pfarrer so schwer, aus dem Schutz seiner Funktion herauszutreten und sich der elementaren Not eines Sterbenden auszusetzen. Damit versagte er sich allerdings auch die wichtige Erfahrung, daß man mit dieser Not in sich auch all das Potential an Zuversicht und Hoffnung spürt und mobilisiert, das man in sich trägt.

Wer sein Inneres vor der Not anderer nicht verschließt, den kann diese Not durch seine eigene Not hindurch zu einem umfassenderen Menschsein führen (vgl. Dörner/Plog 1978) und ihm dem Urgrund näher bringen, aus dem er letztlich lebt.

Mein Großvater hat mir in der Begleitung seines Sterbens wichtige Erfahrungen geschenkt: Er hat mir gezeigt, daß letzten Endes nicht Geld oder Funktionen zählen, sondern das nackte Sosein eines Menschen. Er hat mir gezeigt, daß es zu schaffen ist, in Würde zu sterben; daß es möglich ist, das Tal des Todes als Mensch zu durchschreiten und er hat mir ein Lächeln geschenkt:

Opa ist sehr unruhig. Ich versuche den Grund auszumachen und frage ihn nach seinen Wünschen: Trinken, Husten, Wasserlassen, Umlagern, Streicheln, Beten ... Doch auf nichts reagiert er. Da frage ich ihn schelmisch, ob er, der in jungen Jahren recht lebenslustig gewesen war, etwa mit mir auf die Kirchweih zum Tanzen gehen wolle. Und Opa, dieses Bündel Elend lacht. Für einen Augenblick ist die Macht des Sterbens gebrochen. Opa lacht, wo es doch eigentlich nichts mehr zu lachen gibt. Damit nimmt er dem Antlitz seines Sterbens für mich die Züge des Schreckens.

So wurde das Sterben meines Großvaters für mich zu einem Vermächtnis für mein Leben. Vielleicht könnten auch die Seelsorger und Seelsorgerinnen ihre Vertrautheit mit der Not alter Menschen dazu nutzen, um die ganze Gemeinde für die Botschaft dieser Menschen, für ihr Vermächtnis zu öffnen. Eine Gemeinde könnte sich dann zu einem Ort entwickeln, in dem Pflegebedürftigkeit, Verwirrung und Sterben als menschliche Möglichkeiten ihren Platz und Wert haben und nicht wie in der Gesamtgesellschaft ausgegrenzt und totgeschwiegen werden. Eine solche Gemeinde wäre lebendiges Zeugnis für eine Botschaft, die menschliches Elend und den Tod nicht leugnet, sondern ernst nimmt in der festen Zuversicht, daß am Ende ein Leben in Fülle steht.

3. Beratung und Begleitung älterer Menschen auf dem Weg zu sich selbst

Maria Keil (Name ist verändert), eine ledige 72jährige ehemalige Lehrerin, nahm an einem Seminar teil, das ich unter dem Titel „Älterwerden – eine Reise ins Leben" für Altenkreisleiter in einer deutschen Diözese anbot. Sechs Wochen danach erhielt ich von ihr einen umfangreichen Brief und Lebensbericht, aus dem ich einige Passagen wiedergeben will:

Das Seminar ist nun schon sechs Wochen vorüber, und doch bin ich noch ganz mit dem Gemüt dabei. Es kommen immer mehr ungeklärte Dinge aus der Vergangenheit nach oben... Ich beschäftige mich nun schon Wochen lang mit der Trauerbewältigung meiner Mutter, die, wie ich Ihnen im Gespräch schon sagte, niemals über den Tod meines Vaters hinwegkam, der nach zwei Jahren Ehe kurz vor meiner Geburt – mein Bruder war gerade eineinhalb Jahre alt – im Ersten Weltkrieg fiel... Daß es unbewältigte Trauer war, die die Beziehung meiner Mutter zu mir ein Leben lang überschattete, das wurde mir erst so richtig im Verlauf des Seminars klar. Das beiliegende Familienfoto vom Dezember 1918 zeigt, daß Mutter noch über 13 Monate nach dem Tod ihres Mannes Trauer in erstarrter Miene trug. Ich wirke wie präsentiert. Ich habe das Foto nie begriffen: Wenn man für einen Toten wieder etwas Lebendiges bekommt, noch dazu ein Kind, das von diesem über alles geliebten Mann stammt, dann müßte man doch dieses Kind besonders lieben als letztes Vermächtnis. Ich fühlte mich aber immer zurückgesetzt: „Karl kann alles, du nicht!"
Ich habe nun versucht meine Lebensgeschichte unter dem Gesichtspunkt der unbewältigten Trauer meiner Mutter neu zu betrachten. Der beiliegende Bericht, dem ich die Überschrift gab „Trauer ohne Ende?", ist die zweite Version. Im ersten Konzept war ich ungerecht; ich mußte das Geschriebene vernichten, weil es zu einseitig gesehen war. Bei ehrlicher Selbsterkenntnis habe ich bei allem Negativen auch die vielen positiven Seiten meiner Kindheit entdeckt. Bausteinchen um Bausteinchen setze ich jetzt das Haus meines Lebens im Rückblick zu einem ganzen zusammen. Risse hatte das Haus zwar schon oft, aber die Grundmauern sind doch sehr stabil. Bei aller Sensibilität meinerseits kann ich mit Verstand und Willen viel stabilisieren, und Gott hat es wohl auch immer gut mit mir gemeint...
Ich habe echt und ehrlich über mein Leben nachgedacht und viel Verschüttetes nach oben geholt. Manchmal im Leben hatte ich unheimliche Angst, auch so verbittert und ungerecht zu werden, wie meine Mutter es manchmal sein konnte, und ich habe gespürt, daß wir uns in manchem sehr ähnlich sind. Ich wollte es aber nie zugeben. Andererseits hatte sie auch sehr viel gute Eigenschaften, über die ich eigentlich auch verfüge. Wir standen gewissermaßen in Rivalität zueinander. Ich brachte es aber auch nicht fertig, sie „im Stich zu lassen" und zu heiraten, weil sie mir vorhielt, sie habe so viele Opfer für mich gebracht, und ich hätte jetzt die Kindespflicht ihr gegenüber. Schon einen Freund zu haben war „unmoralisch". So war ein ständiger unterschwelliger Kampf zwischen uns, sie mehr aktiv, ich passiv und verschlossen. Im letzten Jahr ihres Lebens, als sie sehr krank war, ließ sie keinen Menschen an sich heran, außer mir... Vielleicht hat es ihr leid getan, daß sie mir manches entzogen hatte. Ich glaube, sie war nun sehr dankbar, daß es mich gab. Nach einer einzigen Nachtwache meines Bruders Karl lehnte sie ihn ab und wollte wieder mich haben... Die letzten Tage ihres Lebens war sie sehr zugänglich, erzählte, phantasierte

auch manchmal und starb sehr ruhig, friedlich ohne Kampf. Wir waren irgendwie ausgesöhnt miteinander. Manchmal hatte ich großes Mitleid mit ihr. Mein Bruder hatte nie Erfolg im Leben, das muß ihr sehr weh getan haben. Und ich setzte mich immer durch. Ich habe auch sehr viel falsch gemacht, das weiß ich jetzt erst richtig, aber ich denke, vor Gott wird alles gut! Manche Enttäuschung meines Lebens sehe ich jetzt anders. Ich habe die Trauer immer verdrängt. Nun lasse ich sie zu und sie soll ausklingen zu echter Gelassenheit. Gott sei Dank!

– Dieser Bericht macht eindrucksvoll deutlich, daß es oft nur weniger Impulse bedarf, damit ältere Menschen auf dem Weg, sich selbst und ihre Lebensgeschichte tiefer und umfassender zu verstehen, weiterkommen. Auf diesem Weg befinden sich zwar Menschen aller Altersstufen. Im Alter aber stellt sich diese Aufgabe besonders drängend. Hier geht es nach Ansicht von Erikson um die Alternative: Entweder man verzweifelt, weil man nicht mehr von vorne anfangen kann, weil die Zeit zu kurz ist, ein neues Leben zu beginnen und andere Wege der Selbstverwirklichung einzuschlagen (Erikson 1977, 119); oder man findet zu einer Haltung, die Erikson „Integrität" nennt und als die zentrale Herausforderung und Aufgabe bezeichnet, die sich der Persönlichkeitsentwicklung im Alter stellt. Integrität, das bedeutet, „die Annahme seines einen und einzigen Lebenszyklus und der Menschen, die in ihm notwendig dasein mußten und durch keine anderen ersetzt werden können. (Sie) ... bedeutet eine neue, andere Liebe zu den Eltern, frei von dem Wunsch, sie möchten anders gewesen sein als sie waren, und die Bejahung der Tatsache, daß man für das eigene Leben allein verantwortlich ist" (Erikson 1977, 118f.). Der Bericht von Frau Keil ist so etwas wie eine Veranschaulichung dessen, was Erikson hier beschreibt.

– Beeindruckend an diesem Bericht ist ferner, welche Integrationskraft der Glaube bei Frau Keil hat. Er bildet den Kontext, innerhalb dessen sie sich selbst und ihre persönliche Lebensgeschichte annehmen, ja letztlich als ein Geschenk betrachten kann, für das Gott Dank gebührt.

Im Kontext ihres Glaubens vermag sie auch schmerzhafte Regionen ihres Lebensweges, die lange im Halbdunkel lagen, zu beleuchten und anzuschauen.

Im Kontext ihres Glaubens vermag sie Abschied zu nehmen von den Träumen, die ihr wichtig waren, die sie aber nicht verwirklichen konnte, von den Lebensmöglichkeiten, die ihr verbaut waren, von all dem, was in ihrem Leben ungelebt blieb und sie mit Trauer erfüllt.

Im Kontext ihres Glaubens vermag sie schließlich zu ihren Schwächen, Fehlern und Versäumnissen zu stehen, ja sie als einen Teil, der zu ihr und ihrer Geschichte notwendig gehört, anzunehmen. Dies ist nach Karl Gustav Jung, der sich sehr intensiv mit dem inneren Wachstumsprozeß in der zweiten Lebenshälfte befaßt hat (vgl. Jacobi 1982, 107ff.), ein ganz wichtiger und schwieriger Schritt auf dem Weg zu sich selbst. Wer seinen Schatten liebevoll in den Arm nehmen kann, der ist auf dem Weg seiner Selbstwerdung, seiner „Individuation" ein wichtiges Stück vorangekommen. Er ist dem Zentrum, der Mitte, dem Urgrund seiner Person näher gerückt.

Welche Bedeutung der Glaube bei diesem Prozeß der Selbstwerdung, der Integration spielen kann, das zeigt nicht nur das Beispiel von Frau Keil, das war auch bei den anderen Teilnehmern des Seminars eindrucksvoll spürbar. Da waren Menschen, die schon als Kinder ihre Mutter verloren und in frühester Jugend für sich allein zu sorgen hatten; an qualifizierte Ausbildung oder gar höhere Bildung war nicht zu denken. Andere hatten bereits ihren Partner verloren. Wieder andere mußten ihre eigenen Kinder zu Grabe tragen oder mitansehen, wie sie zu einer Jugendsekte gingen. Ein Teilnehmer bekannte sich vor der ganzen Gruppe zu seiner Nazi-Vergangenheit; er schilderte, wie er hier um seine jugendlichen Träume und Ideale betrogen worden war, und wie sehr er und seine ganze Familie nach dem Krieg im Rahmen der Entnazifizierung hatten bezahlen müssen.

Und all diese Menschen nannten den Glauben an Gott als die Grundkraft, die sie auf ihrem Lebensweg vorangetragen hatte. Das waren keine frömmelnden, kindlichen Aussprüche „unserer lieben Alten", das war gelebtes und erlittenes Glaubenszeugnis! Glaubwürdig. Da sprachen Menschen mit eigenen Schicksalen, die sie durch Wüsten, Sümpfe und Dschungel an Abgründe geführt hatten, von Gott als einem, der mit ihnen ging, der sich in den dunkelsten Stunden ihres Lebens als treuer Begleiter, als liebender Vater und Freund erwiesen hatte, als Halt in haltloser Zeit, als Kraft, wenn die eigene Kraft erlahmte. Das war Glauben, der von Herzen kam und zu Herzen ging, keine leeren Worte, keine pathetischen Sprüche. Das war gelebter, bewährter Glaube, Verkündigung, die wirksam war.

4. Vom Reichtum der Begleitung älterer und alter Menschen

Eine Gemeinde, die dieses Potential ihrer älteren Mitglieder für ihren eigenen Wachstumsprozeß im Glauben nicht nutzt, ist schlecht beraten. Die Begleitung älterer und alter Menschen, das wird hier ganz deutlich, ist keine Einbahnstraße. Von ihr können wertvolle Impulse und Hilfestellungen für die Seelsorge der ganzen Gemeinde ausgehen, wenn diese nur dafür offen ist. Nicht die Betreuung „unserer lieben Alten" ist angesagt, sondern das Ernstnehmen älterer Menschen, ihre Beteiligung am Lebens- und Wachstumsprozeß einer Gemeinde (Knobling 1984, 148f.).

Es geht ferner darum, ältere Menschen auf ihrem Weg der Integration und Selbstwerdung zu unterstützen, nicht sie zu entmündigen. Denn, wie das Beispiel von Frau Keil zeigt, es bedarf manchmal nur weniger Impulse, aber dieser bedarf es. Vielleicht könnte eine Altenclubarbeit, die solche Impulse anbietet, auch die sogenannten „jungen Alten" einer Gemeinde erreichen, die sich von jenen Altenclubs oft nicht angesprochen fühlen, welche, um es überspitzt zu sagen, nach dem Motto „ein bißchen Kaffeetrinken, ein bißchen Spiel, ein bißchen Seniorentanz, ein bißchen Frömmigkeit" ablaufen und deshalb oft an Überalterung leiden.

Was nottut, ist eine Begleitung der älteren Menschen in der Gemeinde mit der Zielsetzung, sie in ihrem persönlichen Wachstums- und Integrationsprozeß zu unterstützen und sie dabei mit dem innersten Kern und den dort befindlichen spirituellen Kräften in Kontakt zu bringen (Müller 1989, 35). Leider gibt es dazu bislang noch wenige Modelle (Schmalbrock/ Schoißwohl 1982).

Die Begleitung älterer und alter Menschen wird von Seelsorgern zu unrecht wie ein Stiefkind behandelt. Dazu die Stimme eines Pfarrers, die für viele steht: „Wenn ich ehrlich bin: Ich finde das eher langweilig, bei alten Menschen bewegt sich doch nicht mehr viel." Dem ist, wie die Beispiele zeigen, ganz offensichtlich nicht so. Wenn sich nichts zu bewegen scheint, liegt das vielleicht daran, daß wir uns von den Fragen und Nöten alter Menschen nicht bewegen lassen. Nur wer bewegt ist, kann auch bewegen.

Literatur

DÖRNER, KLAUS/PLOOG, URSULA: Irren ist menschlich oder Lehrbuch der Psychiatrie/Psychotherapie. Wunstorf: Psychiatrie-Verlag ³1978.
ERIKSON, ERIK H.: Identität und Lebenszyklus. Frankfurt a. M.: Surkamp ⁴1977.
GLASER, BARNEY G./STRAUSS, ANSELM: Interaktion mit Sterbenden. Beobachtungen für Ärzte, Schwestern, Seelsorger und Angehörige. Göttingen: Vandenhoeck und Ruprecht 1974.
JACOBI, JOLANDE: Die Psychologie von C. G. Jung. Eine Einführung in das Gesamtwerk. Frankfurt a. M.: Fischer ⁴1982.
KNOBLING, CORNELIA: Perspektiven der Altenpastoral im Horizont sozialwissenschaftlicher Erkenntnisse. In: Fuchs, Ottmar (Hrsg.): Theologie und Handeln. Beiträge zur Fundierung der Praktischen Theologie als Handlungstheorie. Düsseldorf: Patmos 1984, 145–155.
– : Konfliktsituationen im Altenheim. Eine Bewährungsprobe für das Pflegepersonal. Freiburg i. Br.: Lambertus ²1988.
KÜNZEL-SCHÖN, MARIANNE: Wenn unsere Eltern älter werden. Familienbeziehungen – Pflegebedürftigkeit – Generationenkonflikt. Erfahrungen und Informationen. Reinbek bei Hamburg: Rowohlt 1986.
LEHR, URSULA: Psychologie des Alterns. Heidelberg: Quelle und Meyer ³1977.
MÜLLER, WUNIBALD: Menschliche Nähe in der Seelsorge. Sich selbst annehmen – den anderen annehmen. Mainz: Grünewald ²1989.
PINES, AYALA M./ARONSON, ELLIOT/KAFRY, DITSA: Ausgebrannt. Vom Überdruß zur Selbstentfaltung. Stuttgart: Klett-Cotta 1987.
SCHMALBROCK, GERTRUD/SCHOISSWOHL, VERONIKA: Erzähl mir von deinem Leben. Handreichung zum Glaubensgespräch mit alten Menschen. München/Zürich/Köln: Kösel/Benziger 1982.
WEAKLAND, JOHN H./HERR, JOHN J.: Beratung älterer Menschen und ihrer Familien. Die Praxis der angewandten Gerontologie. Bern/Stuttgart/Wien: Huber 1984.

6. Psychisch kranke Menschen

MARTIN HAGENMAIER

Der Umgang mit psychisch kranken Menschen ist seit vielen Jahren der Seelsorge in einem psychiatrischen Krankenhaus meine Aufgabe und ein großer Teil meiner bisherigen Lebenszeit. Diese Tätigkeit läßt sich vom eigenen Leben noch weniger trennen, als dies ohnehin bei seelsorgerlichem Tun der Fall ist. Sie bringt Kontakt mit Menschen, die wir sonst gerne ausblenden oder nicht wahrnehmen können, weil sie aus dem durchschnittlichen Verhalten zumal in Pfarrgemeinden herauszufallen scheinen. Wenn Seelsorger/innen, haupt- und nebenamtliche Betreuer und Mitarbeiter Menschen mit psychischen Krankheiten begegnen, löst das oft ein Gefühl der Unsicherheit oder des Überfordertseins aus, bringt glatte Abläufe durcheinander oder wühlt einfach auf. Nach unseren Treffen zwischen einem Arbeitskreis älterer Frauen und den Patienten der Gerontopsychiatrie erzählen die meisten „Gesunden" Jahr für Jahr zwei Erfahrungen weiter: Die erste: „Wir haben doch gar nichts weiter Aufregendes oder Anspruchsvolles getan oder vorbereitet, sondern nur zusammengesessen. Die Menschen aber sind so dankbar – das beschämt mich immer wieder!" Die zweite: „Tagelang konnte ich kaum schlafen, weil ich immer wieder an die Menschen denken mußte, die wir am Donnerstag eingeladen hatten."

1. Psychisch kranke Menschen in der Gemeinde

Psychisch kranke Menschen sitzen häufiger, als man denkt, und durchaus überrepräsentiert in Gottesdiensten, sie besuchen Seelsorgerinnen und Seelsorger, um ihre speziellen Probleme zu besprechen, aber sie kommen als Thema oder als schlichte Mitmenschen in den meisten Pfarrgemeinden, seien sie katholisch oder evangelisch, nicht vor. Manche Gemeinden haben spezielle Gruppen für sie eingerichtet. Ihre Fragen bewegen aber nicht die Gesamtgemeinde. Anders scheint es bei kleineren religiösen Gruppen und Kirchen zu sein. Diese kümmern sich zum Teil intensiv um ihre kranken Mitglieder – allerdings nur bis zu bestimmten Punkten der Einsicht und Bekehrbarkeit. Alle psychisch kranken Menschen sind jedoch Kinder der Pfarrgemeinden – sie besuchten als Kinder und Jugendliche kirchliche Veranstaltungen, hatten Religions- und Konfirmanden- oder Firmunterricht. Manche sind sogar in ihrer Krankheit kirchlich geprägt. Der psychisch kranke Mensch ist auf jeden Fall ein Thema in der Kirche und erst recht in der Seelsorge, ob wir es wahrnehmen wollen oder nicht.

Beispiele: Als ich in meine erste Gemeinde kam, erzählte nach wenigen Wochen die Sekretärin im Büro eher etwas beiläufig, Frau A. habe nach mir gefragt. Ich solle sie besuchen, wenn es geht. „Frau A. muß mit Vorsicht genossen werden!", setzte sie hinzu. Auf nähere Nachfrage deutete sie irgend etwas in Richtung Krankheit an. Der Besuch hatte es in sich. Eine Stunde lang erzählte mir Frau A. von den bösen Menschen im Dorf, von ihrer schweren Schuld und davon, daß sie wahrscheinlich aufgrund ihrer Schuld von allen gemieden werde. Ich versuchte, geduldig zu sein und genau hinzuhören. Frau A. kam nicht recht zum Ende. Da ich jedoch einen weiteren Termin hatte, verabredeten wir das nächste Gespräch im Pfarrhaus. Frau A. erschien mir etwas mißtrauisch, als sie kam. Sie sprach erneut von Schuld. Vielleicht seien es auch Schuldgefühle – jedenfalls sei das der Grund für ihre schlechte Lage. Es gelang mir nicht, die schlechte Lage nachzuvollziehen. Frau A. schien mir allenfalls einsam zu sein. Nach dem Gespräch fühlte ich mich eher selbst schuldig, als daß ich das Gefühl hatte, geholfen zu haben. Es ging bis zum Gefühl, ausgelaugt und hilflos zu sein. Hatte nicht in den beiden Gesprächen als deutlicher Unterton gelegen, die Pastoren könnten ja auch nicht helfen?

Herr B. hat den intensiven Wunsch, mit dem Pfarrer ins Gespräch zu kommen. Er hat nämlich eine neue Wahrheit entdeckt. Der Weg, sich anzumelden, erscheint ihm zu beschwerlich. Deshalb begibt er sich in die Kirche zum Gottesdienst und versucht dort an einer ihm passend erscheinenden Stelle seine Wahrheit zu verkünden. Beim erstenmal darf er ausreden, beim zweiten Mal wird er seiner Ansicht nach schon ziemlich deutlich unterbrochen und zurechtgewiesen. Da ihm das nicht recht ist, bleibt er einfach in der Kirche und will sie nicht verlassen. Nur unter größten Mühen gelingt es, ihn wieder „loszuwerden". Der Pfarrer bietet ein Gespräch an, weil er das Gefühl hat, damit vielleicht die offenen Fragen klären und auch die Gottesdienst „störungen" verhindern zu können. Das Gespräch endet damit, daß Herr B. auf seiner Wahrheit beharrt und die ganze kirchliche Verkündigung damit in Frage stellt. Der Pfarrer ist verständlicherweise frustriert, weil er ja doch einen guten Teil seiner Zeit und Zuwendungsfähigkeit geopfert hat. Schließlich kommt Herr B. aus anderen äußeren Gründen ins psychiatrische Krankenhaus und kann mir dort dieses Vorkommnis erzählen. Was wäre eigentlich geschehen, wenn Herr B. im Gottesdienst seine Gedanken über die Wiederkunft Christi vorgetragen hätte? Ich vermute, Verunsicherung und das Gefühl, gestört zu werden, hätten sich eingestellt, auch bei wohlmeinenden Gemeindemitgliedern.

2. *Den Kontakt aushalten*

Verunsicherung, In-Frage-Stellen, Gefühle der Hilflosigkeit und der Frustration, Ambivalenz, schließlich die Erfahrung, daß am Ende vielleicht alle Mühe doch „umsonst" sei, oder eine gewisse Herablassung, zwar immer ansprechbar, aber nie ernsthaft anwesend – häufig verlaufen Kontakte mit schwer psychisch kranken Menschen so oder ähnlich. Allererste Schritte für Möglichkeiten der Seelsorge mit psychisch kranken Menschen überhaupt liegen in der ehrlichen Selbstwahrnehmung dieser Gefühle. Wer sich in Seelsorge, Betreuung oder Beratung von psychisch kranken Menschen engagiert oder in sie verwickelt wurde, kann sich darauf einrichten, in ganz elementarer Weise in seiner eigenen Welt- und Glaubenssicht und in der Vorstellung von den eigenen Fähigkeiten zum Umgang mit Menschen erschüttert zu werden. Das *allererste Ziel* scheint mir zu sein, den Kontakt trotz der gegenteiligen Empfindungen und Impulse nicht abzubrechen. Denn der Abbruch von Kontakten ist *die* Elementarerfahrung fast aller psychisch kranker Menschen. Familien haben sich oft mit der Betreuung fast aufgerieben. Wer seelsorglich mit kranken Menschen umgeht, kann aufgrund seiner größeren Distanz die Kontakte besser steuern. Solche Kontakte dienen auch zur Entlastung von Angehörigen. *Zweites vorläufiges Ziel* muß sein, sich nicht vor eigenen Fehlern, Versagensängsten und Glaubenszweifeln zu scheuen.

3. Psychische Krankheiten in der Gesellschaft

Psychische Krankheiten stellen eines der schwierigsten Felder menschlichen Zusammenlebens dar. In den siebziger Jahren und Anfang der achtziger Jahre wurde versucht, eine Reform der Behandlung in Gang zu setzen, um vor allem den Ausschluß der erkrankten Frauen und Männer aus ihrer familiären und sozialen Umgebung aufzuhalten oder umzukehren. „Gemeindenahe Psychiatrie" hieß das Stichwort, also Behandlung in möglichster Nähe des Wohnortes. Immer noch sind jedoch die Großkrankenhäuser (in ländlichen Gebieten) Hauptzentren der längerfristigen Betreuung. In Krankenhäusern werden ca. 100 000 psychisch kranke Menschen längerfristig betreut. Inzwischen ist auch ein Netz von Wohngemeinschaften und anderen beschützenden Einrichtungen in vielen Gegenden des Landes aufgebaut worden. Dennoch stoßen die Versuche der Wiedereingliederung in die Gesellschaft bei Langzeitkranken auf erhebliche Schwierigkeiten, zumal im Bereich der Arbeit (Anfänge werden bei Koenning, 1986, geschildert). Psychische Krankheiten aller Art sind eine Realität in allen Gemeinden, das sollen diese kurzen Andeutungen belegen.

Vor der Kasernierung und Behandlung der Kranken in Großkrankenhäusern war ihr Aufenthalts- oder Leidensort nicht besser, auch wenn manchmal von der „guten alten Zeit" mit ihrer „heilen Familie" geträumt wird. Leicht Erkrankte konnten zwar integriert bleiben, zumal es viele Handarbeiten zu erledigen gab. Schwer kranke Menschen aber mußten in Gefängnissen und in Ketten ihr Leben fristen, sie wurden im Hause in geschlossenen Verschlägen gehalten oder, wie ein Forscher berichtete, z. B. im Backofen angebunden.

Im letzten Jahrhundert hat der Arzt Wilhelm Griesinger das immer noch grundlegende neuro-physiologische Krankheitsverständnis begründet. Aber noch Anfang des letzten Jahrhunderts sah Heinroth die Sünde als letzte Ursache einer geistigen Störung (Alexander, Selesnik, 1969, 187), eine Vorstellung, die mit den psychotherapeutischen Entwicklungen von heute die psychische Betrachtungsweise gemeinsam hat. Die Geschichte der psychisch kranken Menschen ist eine Leidensgeschichte, die in den Vernichtungsaktionen des Dritten Reiches einen ihrer traurigen und heute noch nicht erledigten Höhepunkt fand (Dörner 1984a, 1988). Auch heute wirken – trotz vieler Versuche der Aufklärung – die uralten Ängste noch allerorten nach bis hin zu den Gedanken, wer sein Leben nicht normal meistern könne, habe selbst schuld.

4. Seelsorge Jesu – ein typischer Zugang zu einem psychisch kranken Menschen

Auch im Alten Testament gibt es Geschichten von psychischen Krankheiten. Die berühmteste ist die von König Saul und seiner musiktherapeutischen Behandlung durch David (1 Sam 16, 14 – 23). Das Neue Testament setzt sich mehrfach mit psychischer Krankheit auseinander. Jesus selbst gerät in den Verdacht, „von Sinnen" zu sein (Mk 3, 20f). Geradezu idealtypisch aber scheint mir die Erzählung von der Heilung des Mannes aus Gerasa (Mk 5, 1 – 20 parr): Niemand konnte ihn bändigen, er wohnte in den Grabhöhlen und verletzte sich selbst in schwerster Weise. Als Jesus zu ihm kam, schrie er laut. Nun scheint es so, als ob sich Jesus nur mit den „Geistern" unterhalte. Trotz der alten Vorstellung, eine Krankheit sei von Geistern verursacht, zeigt Jesus hier die Seelsorge mit jemand, der „außer sich" ist. Er mahnt nicht zur Vernunft, sondern hat keine Angst, mit dem Mann über das zu sprechen, was ihn „beherrscht". Leider haben sich in der Kirchengeschichte an diese Heilung viele Mißverständnisse angeschlossen. (Der Exorzismus als „technisch-kirchliche" Handlung läßt sich mit der Praxis Jesu nicht rechtfertigen.) Durch den Umgang Jesu mit dem, was den Menschen besetzt hält, bekommt er Zugang zu ihm. Alle anderen Versuche wären nur geeignet gewesen, den Mann entweder zu quälen oder keinen Kontakt zu bekommen. Die Geschichte zeigt in ihrer realistischen Schilderung die Isolierung des Mannes durch das Besessensein. Isolierung kann nur durch Eingehen auf den Betroffenen überwunden werden. Jesus geht mit in die Isolierung dieses Mannes hinein und kann dadurch seine Isolierung aufbrechen. Die Fortsetzung der Geschichte mit den Schweinen dokumentiert durchaus realistisch die große Macht und Gewalt, die die „Geister" besitzen. Psychische Krankheiten dieser schweren Art binden ungeheure psychische Energien. Natürlich beweisen sie auch die Vollmacht Jesu. Die Geschichte nennt die Themen der psychischen Krankheit: Isolierung (aktiv und passiv, räumlich und in Gedanken), damit zusammenhängende Ängste, Hilflosigkeiten der Umwelt, Schwierigkeiten bei der Einfühlung oder Empathie.

Die Theorien der Entstehung psychischer Krankheiten sind in der psychiatrischen Diskussion zur Zeit fast bei allen Autoren vom Ansatz der multifaktoriellen Betrachtung geprägt (Tölle, 212). Damit konnte die Zuschreibung zu einem einzigen Faktor, z. B. Vererbung oder Umwelt, überwunden werden. In der Therapie versucht man überall neben der medikamentösen Behandlung auch psycho- und soziotherapeutische Elemente verschiedenster Art einzuflechten (mehrdimensionale Therapie). Auch für Menschen, die hauptberuflich mit psychisch kranken Menschen umgehen, bleibt die Möglichkeit der Empathie oft begrenzt. Deshalb kann vielleicht die nähere Orientierung über Krankheitsbilder ein wenig weiterhelfen.

5. Depressionen

Schwere Depressionen (Melancholien) haben nichts mit der üblichen Vorstellung, dieser Mensch sei traurig, zu tun. Sie bedeuten eine Art Lähmung sämtlicher Antriebskräfte und einen Zustand der Versteinerung. Sie kommen bei Frauen etwa doppelt so häufig vor wie bei Männern. Depressiven fehlt es nicht am guten Willen, etwas zu tun oder zu lassen. Es kann eine Qual für einen depressiven Menschen bedeuten, aufstehen, sich anziehen, sich waschen zu müssen oder mit anderen Menschen zusammenzusein. Oft kommen quälende Schuld- und niederdrückende Sinnentleerungsgefühle hinzu, sobald eine leichte Besserung eintritt. Gefährlicher Moment in der Neigung zum Suizid, die latent immer besteht, ist nicht der Zustand der seelischen Lähmung, sonder der Punkt, an dem die „Kräfte" allmählich wiederkommen. Kennzeichen der schweren (manchmal auch endogen im Gegensatz zur neurotischen Depression genannten) Depression oder Melancholie ist meist eine Bipolarität, die zum Schwanken zwischen manischem Überantrieb und tiefer Depression führt. Das Hinübergehen von der Phase des gesteigerten Antriebs in die Depression ist oft von schweren Schuld- und Schamgefühlen wegen der in der Manie vollzogenen Handlungs- und Denkweise begleitet. Depressive Menschen klagen dem Seelsorger gegenüber auch darüber, daß der Glaube überhaupt nicht mehr da sei und sie sich von Gott abgeschnitten oder sogar verworfen fühlen (Hole, 1977). Für Seelsorger ist bei depressiven Menschen das „Dasein", das Aushalten, das nicht in die Aussichtslosigkeit Hineingezogen-Werden und sie doch auch wortlos Verstehen-Können, ganz wichtig. In Phasen schwerer Depression gibt es keinen Unterschied mehr zwischen den einzelnen Berufsgruppen in der Begleitung. Abzulehnen sind aber alle gutgemeinten Aufmöbelungsstrategien, die den Betroffenen erneut in schuldhafte Verstrickung bringen, die gutgemeinten Vorschläge dieses „netten Menschen" abzulehnen.

Hilfreiche Aspekte des Glaubens stellen hier die Rechtfertigung des Sünders und die Annahme des Menschen durch Gott dar. Allerdings habe ich schon oft erlebt, daß depressive Menschen Buß- oder Gerichtstexte von mir vorgelesen haben wollten. Meine Angst davor, sie dadurch noch tiefer ins Elend zu treiben, erwies sich als grundlos. Ihnen lag daran, daß Gott alles gerecht in der Hand hält. Gutgemeinte Schonung ist vielleicht auch Schonung des Betreuers vor seiner Angst, etwas falsch zu machen; besser ist der Versuch, den Menschen mit seiner Depression in den Mittelpunkt zu stellen und gleichzeitig etwas vom „festen Grund" zu repräsentieren. Das erfordert die Zurückstellung aller Wünsche nach schnellem Erfolg – einer der schwierigsten Punkte im Umgang mit allen psychisch kranken Menschen. Wir wissen aus der Selbsterfahrung, daß auch Menschen, die kirchliche Seelsorge oder Beratung betreiben, vom Wunsch nach schneller Wirksamkeit nicht ausgenommen sind. Möglicherweise stellt die Identifikation mit Jesus, der mehr als alle seine Zeitgenossen auch bei aussichtslosen „Fällen" helfen konnte, eine der Hauptmotivationen für seelsorgerliches Handeln dar. Es scheint mir sehr wichtig, diese narzistisch geprägten Omnipotenzwünsche – Gott hilft, wo kein Mensch mehr helfen kann, aber natürlich *durch mich* – zu erkennen und bei sich selbst auch miteinzurechnen. Sonst können sie jede wirkliche seelsorgliche Begegnungsmöglichkeit sehr gründlich zunichte machen.

6. Schizophrenien

Schizophrene Menschen kämpfen um ihre Identität. Sie fühlen sich fremd in ihrem Körper, aus Teilen zusammengesetzt, verfolgt, überwacht. Symptome ihrer Krankheit werden oft als Selbstrettungsversuche gegen das Zerfallen der Ich-Strukturen gesehen (Benedetti, 1976, 21; Scharfetter ²1986). So kann z. B. ein Erlöserwahn nicht als Anmaßung einer nicht angemessenen Rolle, sondern muß als Versuch zur Rettung aus den chaotischen Empfindungen der eigenen Seele angesehen werden. Wo die Ich-Strukturen zerfallen und die Seele im Chaos lebt, folgt eine veränderte Wahrnehmung der Umwelt. Alles geht schneller als sonst, bezieht sich auf mich, bedroht mich oder hebt mich hinaus. Mitteilungen dieser Wahrnehmungsweise rufen meist abwehrende Reaktionen hervor. Auch diese Menschen isolieren sich allmählich selbst, weil keiner ihre „Spinnereien" mehr hören will oder weil sie sich dafür schämen. Diese Isolierung betrifft auch – ein sehr einschneidender Punkt – die sexuelle Dimension. Leistungen im Beruf werden problematisch, weil die Wahrnehmungen nicht mehr mit dem „üblichen" Ablauf zusammenstimmen.

7. Sucht

Auch Suchtkrankheiten gehören zu den psychischen Krankheiten (vgl. unten den Beitrag von Heinz Brunner: Bei Abhängigkeit von Suchtmitteln).

Erfahrungen aus der Psychiatrieseelsorge zeigen, daß für Seelsorger/innen die Begegnung mit diesen Menschen besonders kompliziert ist. Viele Gemeinden stellen das Gemeindehaus für Selbsthilfegruppen zur Verfügung. Für alle Gemeinden wäre es jedoch auch notwendig, sich mit dem Thema „Sucht" auseinanderzusetzen. Mit Abhängigen, die sozial abgestiegen, aus Familien ausgeschieden und sichtbar geistig, psychisch und oftmals auch physisch gezeichnet sind, will fast niemand mehr etwas zu tun haben. Auch sie bedürfen jedoch der Zuwendung und Aufmerksamkeit, wiewohl sie von sich aus nicht zur Beratung kommen, oder allenfalls in ganz brenzligen Situationen vorwiegend finanzielle Hilfe in Anspruch nehmen. Für Seelsorger/innen gilt hier die Maßregel ganz besonders, sich nicht unter dem Deckmantel der Liebe Gottes und unter der Angst, als „hart" angesehen zu werden, zu einer undifferenzierten „Suchtunterstützung" mißbrauchen zu lassen und dennoch das Angebot der Seelsorge aufrechtzuhalten. Wichtig sind hier Kontakte zu Selbsthilfegruppen (vgl. Harsch, 1982; Hagenmaier, 1985).

8. Alte Menschen

Eine der traurigsten und schwierigsten Situationen kommen mit den psychischen Alterserkrankungen zur Sprache. Alte psychisch kranke Menschen bedürfen der besonderen Aufmerksamkeit der Gemeinden. Sie haben oft keine Angehörigen mehr oder solche, die weit entfernt leben. Sie sind vielleicht verwirrt oder scheinen nur noch wenig von Besuchen wahrzunehmen. Es gibt aber keinen Zweifel, daß gerade alte Menschen davon zehren, daß sie besucht werden, daß man mit ihnen mal spazieren geht, auch wenn sie vielleicht vergessen, wer gerade da gewesen ist. Die Seelsorge lebt hier aus dem Augenblick der Zuwendung, die ohne jede weitere Absicht geschieht – ein Abbild der Liebe Gottes, der uns Menschen ohne Vorbedingung annimmt und nicht, weil wir seine Aufmerksamkeit so schön belohnen. Psychische Krankheiten im Alter oder das, was dafür gehalten wird, könnten auch mit dem Sterben als einer Erfahrung der Identitätsbedrohung zusammenhängen (Hagenmaier 1983).

Unter den psychisch kranken Menschen lebt auch ein kleiner Teil, der unter dem Einfluß der Krankheit straffällig geworden ist. Wer sich seelsorglich um diese Menschen kümmern möchte, sollte sich mit den entsprechenden Fachleuten zusammensetzen. In diesem Rahmen kann das Problem nicht weiterbehandelt werden.

9. Seelsorgliche Möglichkeiten

Wer mit psychisch kranken Menschen seelsorglich umgehen will oder muß, gerät oft bis an die äußersten Grenzen seiner eigenen Wahrnehmungsfähigkeit und seines Wunsches, andere Menschen zu verstehen. Hilfreich ist dabei die Vorstellung, daß es um innere und nicht um äußere Realitäten geht. Niemand kann einen Wahn, eine eingeschliffene Lebenshaltung oder eine andere Art der Wahrnehmung einfach zurechtrücken wollen. Sie müssen zunächst zusammen ausgehalten werden, weil nur so überhaupt ein Kontakt zu den betroffenen Menschen möglich ist.

Seelsorge oder seelsorgliche Beratung und Betreuung von psychisch kranken Menschen heißt,
- sich der eigenen Wünsche nach Grandiosität bewußt zu werden,
- das Anderssein des anderen wahrnehmen und aushalten,
- die eigene Angst vor der Isolierung bearbeiten,
- auch verwirrt erscheinende Ausdrücke des menschlichen Wunsches, etwas Besonderes und Einzigartiges darzustellen, respektieren,
- fester werden in dem Glauben, daß auch unsere nicht zum Erfolg führenden Bemühungen um Menschen sinnvoll und im Sinne Gottes sind, der alle Menschen liebt (Auseinandersetzung mit der narzißtischen Komponente des Helfens!).

Wer unsicher ist, ob er diese Art der Begleitung oder Begegnung aushalten kann, sollte sich zunächst von jemandem mit Erfahrung in der Psychiatrie selbst begleiten oder anleiten lassen. Seelsorge mit psychisch Kranken sollten Menschen unternehmen, die sich einigermaßen selbst kennen oder bereit sind, sich kennenzulernen. Der psychisch kranke Mensch braucht Mitmenschen, die eine klare eigene Identität haben und sich nicht so einfach in das kranke Wahrnehmungsgeflecht einspannen lassen, braucht zuverlässige und möglichst eindeutige Begegnungen, feste Orte und Menschen, zu denen er in längeren Anlaufphasen Vertrauen aufbauen kann. Notwendig ist auch eine klare Abgrenzung der Kompetenzen und der Kooperation. Meistens kann gemeindliche Seelsorge und erst recht die Arbeit in der Beratung oder Telefonseelsorge keine Dauerbegleitung geben. Die Therapie und ihre Definition liegt in der Verantwortung des Arztes. Kontakt zwischen Krankenhäusern und/oder niedergelassenen Ärzten und Gemeinden kann immens wichtig sein, um der ärztlichen oder psychotherapeutischen Behandlung ein weiteres Stabilisierungsangebot an die Seite zu stellen und alles zusammen in Einklang bringen zu können. Oft ist es angebracht, psychisch kranke Menschen in Gruppen einzuladen, die jedoch ziemlich eindeutig und fest strukturiert sein sollten, vor allem in der Leitung. Wenn nämlich die innere Welt und die äußere Wahrnehmung chaotisch werden, zerfallen Beziehungen zu Primärgruppen, wie z. B. zur Familie, oder werden eminent schwierig. Dann kann schon eine feste Anlaufstelle oder Gruppenstunde zur Neugewinnung der inneren Ordnung und zur Besänftigung der Chaosgefühle helfen. Wichtig ist es auch, sich im Falle eines Gefühls der Überforderung mit erfahrenen Betreuern in Verbindung zu setzen, schon um die eigenen Empfindungen, man könnte etwas falsch machen, nicht in Schuldgefühle umschlagen zu lassen.

10. Gruppe zu Gruppe

In der Kerngemeinde gibt es vielleicht Vorbehalte gegenüber einer eingehenderen Beschäftigung mit psychisch kranken Gemeindemitgliedern. Der Grund liegt in der Abspaltung der psychischen Krankheiten und der psychisch Kranken zur eigenen Stabilisierung. Die „Abwehr" bedrohlicher Erfahrungen ist oft lebensnotwendig für die Psyche und kann nicht einfach nur als negative psychische Äußerung angesehen werden. Im Falle des seelsorglichen Tuns kann sie jedoch durch andere Formen der Auseinandersetzung teilweise ersetzt werden. Dabei könnten Berichte von Erfahrungen aus der Betreuung helfen. Am sinnvollsten erscheint es, wenn Gemeindegruppen, die schon bestehen oder zu diesem Zweck gebildet werden, als Gruppe auf eine Gruppe von psychisch kranken Menschen treffen, sie z. B. einladen oder besuchen. So kann die Gemeinde eingebunden werden, und gleichzeitig wird aus den Begegnungen der persönliche Druck genommen. Dadurch gelingt es oft auch, einen Betreuerkreis durch praktisches Tun heranzubilden, der dann auch in der Lage ist, die Kranken bei Klinikaufenthalten zu besuchen und den Kontakt zu halten. Gegen Ermüdungserscheinungen hilft der Austausch mit Menschen, die ähnliche Erfahrungen machen, manchmal auch eine – psychiatrisch erfahrene – Supervision und eventuell die Zusammenarbeit mit Vereinen und Gruppen, die sich um die ortsnahe Versorgung psychisch kranker Menschen kümmern – und natürlich mit Selbsthilfegruppen. In der Gemeinde kann auch die Arbeit mit Angehörigen angesiedelt werden. Sie brauchen Räume, Mitbetroffene und einfühlsame Gesprächspartner, um sich mit den Fragen der eigenen Betroffenheit auseinandersetzen zu können.

Ziel der Seelsorge für psychisch kranke Menschen ist es vorrangig, einen schützenden Raum anzubieten, in dem sie zunächst angenommen und dann eingebunden werden können. In Einzelgesprächen sind alle Methoden sinnvoll, die den Betroffenen nicht auf sich selbst fixieren. Am allerwichtigsten erscheint die ehrliche Wahrnehmung und die Achtung des Mitmenschen, der Seelsorge sucht, aber auch die Abgrenzung, um nicht in die Weltsicht des kranken Menschen hineinzugeraten. Bei länger dauernden Beziehungen sind Gruppen das beste. Sie bieten mehr Kontaktmöglichkeiten und auch das Wahrnehmen und Lernen am Beispiel der anderen.

11. Beichte und Segnung

Eine spezielle Frage für Priester und Pastoren ist der Umgang mit Beichte und Segnungen für psychisch kranke Menschen. Wenn z. B. jemand jede Woche kommt und dasselbe in die Beichte bringt, um es sich vergeben zu lassen, wird es Zeit, statt der Beichte ein Gespräch zu führen, um den Wiederholungszwang nicht zum bestimmenden Motiv einer rituellen Handlung werden zu lassen. Bei Segen mag es ähnlich sein. Ich kannte eine Frau, die jeden Tag kam, „um sich den Segen abzuholen". Ich habe das mitgemacht. Nach zwei Wochen war die Handlung überflüssig geworden. Sie sagte: „Der Segen hat gewirkt". Auch rituelle Handlungen können Seelsorge sein. Deshalb suchen psychisch kranke Menschen oft Gottesdienste auf. Dort kommt nämlich der Sinn des Ganzen zur Sprache und zum Ausdruck – eben das, was in der chaotischen oder sinnentleerten Welt der psychisch kranken Menschen fehlt.

12. Trauerbegleitung

Als letzter Punkt scheint mir noch wesentlich, an die Situation im Trauergespräch zu denken (vgl. auch unten den Beitrag von Konrad Baumgartner: In existentiellen Verlustsituationen). Besonders beim Tod psychisch kranker Eltern, aber auch bei Geschwistern und Kindern ist bei der Trauerbegleitung eine große Offenheit und Akzeptation erforderlich. Die Situation provoziert Äußerungen von unglaublich erschütternder emotionaler Qualität. Alle Stationen des gemeinsamen Erlebens der Krankheit werden noch einmal durchgegangen, die meistens erfolgten Trennungs- oder Abwehrerfahrungen mit zum Teil großen Schuldgefühlen ausgesprochen. Aggressionen von großer Heftigkeit bahnen sich ihren Weg. Nach meiner Erfahrung hilft hier nur das echte Akzeptieren von all dem, was den Betroffenen bis dahin nicht akzeptabel erschien. Der Tod einer mir gut und lange bekannten Patienten führte z. B. dazu, daß ihre einzige Tochter nach 10 Jahren – so lange hatte sie aufgrund der Konfliktlage die Mutter nicht mehr besucht – zum ersten Mal wieder über ihre Schwierigkeit im Umgang mit der Krankheit ihrer Mutter mit einem Außenstehenden sprach. Sie tat es in einer Weise, daß ihren Ehemann sichtlich Unsicherheit und Angst überkam, was mit seiner Frau in diesem Gespräch vorgeht. Nach etwa einer halben Stunde heftiger Klagen und aggressiver Worte hielt sie jedoch inne und schaute mich erstaunt an: „Sie hören sich das alles so ruhig an. Ist das denn normal, was ich da sage?" Mein Nicken regte sie dazu an, nun etwas ruhiger die Gefühle der großen Überforderung und des Alleinseins mit der kranken Mutter im Kindes- und Jugendalter zu erzählen. Nach einer Stunde gingen die beiden, etwas erschöpft, aber doch recht beruhigt, nach Hause.

In anderen Fällen wird die Angst bewältigt, selbst krank zu sein, eine Angst, die oft das ganze bisherige Leben in der eigenen Familie überschattete. Bei Geschwistern handelt es sich häufig um ein Ringen um die Einsicht, daß er oder sie durchaus ein Mensch eigener Würde war. Begleitung in der Trauer um psychisch kranke Familienmitglieder bedeutet, Gelegenheit zur Versöhnung zu schaffen – auch Versöhnung mit dem eigenen „Schicksal" und der eigenen Aggression, die Schuldgefühle hervorruft.

Literatur

ALEXANDER, FRANZ G./SELESNIK, SHELDON T.: Geschichte der Psychiatrie. Konstanz: Diana 1969.
BENEDETTI, GAETANO: Der Geisteskranke als Mitmensch. Göttingen: Vandenhoeck & Ruprecht 1976
– : Todeslandschaften der Seele. Göttingen: Verlag für Medizinische Psychologie im Verl. Vandenhoeck & Ruprecht 1983.
Bericht über die Lage der Psychiatrie in der Bundesrepublik Deutschland. Bundestagsdrucksache 7/4200 1975.
DILLING, HORST U.A.: Psychische Erkrankungen in der Bevölkerung. Stuttgart: Ferdinand Enke 1984.
DÖRNER, KLAUS (Hrsg.): Fortschritte der Psychiatrie im Umgang mit Menschen. Rehburg-Loccum: Psychiatrie-Verlag 1984.
– : Tödliches Mitleid. Gütersloh: Jacob van Hoddis 1988.
– /PLOOG, URSULA: Irren ist menschlich. Rehburg-Loccum: Psychiatrie-Verlag [8]1984b.
HAGENMAIER, MARTIN: Gruppenarbeit mit „chronischen" Alkoholikern. In: Wege zum Menschen 37 (1985) 336ff.
– : Das Problem des Sterbens in der Gerontopsychiatrie. In: Psychiatrische Praxis 10 (1983) 115–121.
HARSCH, HELMUT: Hilfe für Alkoholiker und andere Drogenabhängige. München: Kaiser [5]1982.
HOLE, GÜNTER: Der Glaube bei Depressiven. Stuttgart: Ferdinand Enke 1977.
IRLE, GERHARD: Depressionen. Stuttgart: Kreuz 1974.
KOENNING, KONSTANZE (Hrsg.): Spät kommt ihr... Gütersloh: Jacob van Hoddis 1986.
MÜLLER, ILSE KATHARINA: Seelsorgliche Diagnose und Unterscheidung bei psychisch beeinträchtigten Personen. In: Müller, Wunibald: Erkennen – Unterscheiden – Begegnen. Das seelsorgliche Gespräch. Mainz: Grünewald 1990, 56–74.
NOHL, PAUL GERHARD: Mit seelischer Krankheit leben. Göttingen: Vandenhoeck & Ruprecht 1981.
SCHARFETTER, CHRISTIAN: Schizophrene Menschen. München: Urban & Schwarzenberg [2]1986.
SENN, HANS: Der „hoffnungslose Fall" in der Gemeindeseelsorge. Göttingen: Vandenhoeck & Ruprecht 1979.
TÖLLE, RAINER: Psychiatrie. Berlin: Springer [8]1988

7. Ehren- und hauptamtliche Mitarbeiter und Mitarbeiterinnen in der Gemeinde

ANDREA SCHWARZ

1. Zunehmende Bedeutung von Zusammenarbeit in der Seelsorge

Die Zusammenarbeit mit ehren- und hauptamtlichen Mitarbeitern gehört heute für viele Seelsorger zum „Alltagsgeschäft": Dem Pfarrer ist ein Pfarrgemeinderat zur Seite gestellt, der Jugendreferent arbeitet mit einem verbandlichen Dekanatsteam, die Gemeindereferentin leitet die Firmhelfergruppe – Pfarrer, Kaplan und Pastoralreferentin verstehen sich miteinander als Pastoralteam. Eine solche „Leitung" von Gruppen ist an und für sich schon schwierig genug, zumal dieser Bereich in den entsprechenden Ausbildungsgängen immer noch zu wenig berücksichtigt wird. Kommt der Anspruch *seelsorglicher* Beratung und Begleitung hinzu, lohnt es sich, noch sorgsamer und genauer auf die Situation hinzuschauen. Ein solcher Blick muß aus mindestens drei Richtungen her erfolgen:
– der Situation ehren- und hauptamtlicher Mitarbeiter bzw. Mitarbeiterinnen,
– der eigenen Dynamik von Gruppen,
– der Verflochtenheit solcher Gruppen in Gemeinde und Kirche als Institution.

Im Gegensatz zur Individualseelsorge wird die besondere Form der Beratung und Begleitung von Gruppen oft zu wenig in den Blick genommen. Deshalb will dieser Beitrag versuchen, auf einige Faktoren dieser Beratungsform aufmerksam zu machen, um damit vielleicht die eine oder andere entsprechende Situation in und mit Gruppen besser verstehen zu können.

Mit selbst sind diese Fragen in den vergangenen Jahren im Laufe meiner eigenen Beratungstätigkeit zunehmend wichtiger geworden. Nachdem ich lange Jahre als Hauptamtliche im kirchlichen Bereich verschiedenste Gruppen begleitet habe, wurde mir immer deutlicher, wie wichtig es ist, eben nicht nur die Situation Einzelner im Blick zu haben, sondern auch die Gruppe als Ganzes und das System bzw. die Organisation, in der diese Gruppe verortet ist. Diese Überlegungen prägen auch meine jetzige Arbeit als Supervisorin und Organisationsberaterin.

2. Zur Situation von Seelsorgern und Mitarbeitern

Wer will ich als Seelsorger sein?
Ehrenamtliche Mitarbeiter arbeiten in der Regel in Gruppen oder Teams zusammen, wie z. B. in der Leiterrunde der Gruppenleiter, dem Liturgieausschuß oder im Vorstand eines Verbandes. In dieser Funktion sind sie oft selbst Multiplikatoren, d. h. sie arbeiten wiederum mit Gruppen oder einzelnen in der Gemeinde zusammen: leiten eine Jugendgruppe, halten Kontakte zu Lektoren und Kommunionhelfern oder vertreten die Interessen eines Verbandes.

Die Funktion des Seelsorgers in der Zusammenarbeit mit solchen Gruppen ist dabei manchmal per Satzung als „beratend" vorgegeben (z. B. als Referent in einem verbandlichen Team), manchmal ist sie aber auch „Leitung", die gegebenenfalls durch Wahl erfolgt (z. B. in der Aufgabe als „Geistlicher Leiter" oder „Präses"). Damit wird die allererste Aufgabe des Seelsorgers die sein, für sich selbst – und je nach Art, Struktur, Prozeß und Aufgabe der Gruppe mit dieser zusammen – seine Rolle in der jeweiligen Gruppe und die damit verbundenen Anforderungen zu klären. Dies ist vor allem aus zwei Gründen wichtig:
– Ungeklärte, eventuell sich widersprechende Erwartungen und Rollenzuschreibungen sind der ideale Nährboden für Kommunikationsprobleme, latente Unzufriedenheit mit der Zusammenarbeit und daraus entstehende Konflikte. So mag das eine oder andere Gemeindemitglied von manchem Pfarrer „Versorgung" erwarten, während dem Pfarrer „Selbstorganisation" und die Mündigkeit des Christen am Herzen liegen.
– Beratung und Begleitung gestalten sich zumindest akzenthaft unterschiedlich, je nachdem, ob der Seelsorger selbst in Leitungsfunktion steht und gegebenenfalls einer Versammlung rechenschaftspflichtig ist oder ob er einem Gremium als „beratendes Mitglied" zur Verfügung steht, ohne in der direkten Verantwortung für Entscheidungen zu sein.

Es ist also zu klären, ob sich der Seelsorger z. B. als *Mitglied* der Pfarrleitung eines Jugendverbandes versteht mit der besonderen Aufgabe und damit verbundenen Problematik, Beratung für diese Gruppe wahrzunehmen – oder ob er sich eher als ein *Gegenüber* sieht, z. B. als Leiter der Firmhelfergruppe, der die Gruppe auf ihrem Weg sozusagen als „Außenstehender" begleitet. Die Mitarbeit in einer pastoralen Projektgruppe hat andere Akzente als die Begleitung eines Gemeinderates.

In der konkreten Arbeit mit einzelnen Gruppen sind wohl beide Formen denkbar – der Seelsorger sollte sich jeweils für eine der beiden Formen entscheiden und dies dann auch mit den entsprechenden Konsequenzen durchtragen. Eine solche Unterscheidung ist hilfreich im Blick auf Möglichkeiten und Grenzen: Ist derjenige, der beraten will, selbst Mitglied der Gruppe, so setzt dies zugleich Grenzen der Beratung. Selbst Teil derer, die er beraten will, kommt der Seelsorger in Rollenkonflikte, Neutralität ist nicht mehr gewährleistet. Die Gruppe „spaltet" sich auf in „Berater" und „Zu-Beratende", der Seelsorger ist damit in der Gefahr, sich selbst dem Team gegenüber „auszugrenzen".

An einem solchen Punkt kann es hilfreich sein, Berater von außen hinzuzuziehen. Dies gilt insbesondere dann, wenn der Seelsorger selbst in die Probleme der Gruppe involviert ist oder gar „Thema" der Auseinandersetzung. Nach gängigen Beratungskonzepten löst in einer solchen Situation eine „Beratung" von „innen heraus" die anstehenden Probleme nicht – hier ist in besonderem Maß ein professionelles berufliches Selbstverständnis des Seelsorgers gefragt, das auch die Grenzen der eigenen Beratungsmöglichkeiten erkennt.

Ist der Seelsorger außerdem Gemeindeleiter, so bringt dies qua Auftrag nochmals einen eigenen Akzent mit sich. Bei der Begleitung einzelner Gruppen seiner Gemeinde muß er zugleich in besonderem Maße die Gemeinde als „Ganzes" im Blick haben und die Funktionen und Aufgaben, die die Gruppe für die Gemeinde wahrnimmt und erfüllt. Dies birgt eine strukturelle Spannung in sich: Der Seelsorger muß versuchen, sowohl der Situation des einzelnen, der Gruppe und der Gemeinde gerecht zu werden, ohne sich selbst dabei untreu zu werden. Daß ein solcher Anspruch dabei nur Zielvorstellung sein kann, Schwerpunkte je nach Situation unterschiedlich gesetzt werden müssen, dies immer nur anfanghaft geschehen kann, sei nur am Rande erwähnt.

Wer sind die Menschen, mit denen ich zusammen arbeite?

Wenn sich jemand für eine Mitarbeit in einem Pfarrgemeinderat oder als „Tischmutter" bei der Vorbereitung der Kinder auf die Erstkommunion entscheidet, liegt diesem Engagement in der Regel ein „Motivationsbündel" zugrunde. Die Reduzierung auf eine ausschließlich durch religiöse Motive begründete Mitarbeit, die manche Seelsorger gerne voraussetzen würden, trifft selten die Realität und die Vielfalt der Motive. Vielmehr läßt sich von verschiedenen Interessen ausgehen, die eine solche Mitarbeit, bewußt oder unbewußt, mitbestimmen.

Dem Mitarbeiter mag das inhaltliche Anliegen am Herzen liegen, für das er sich einsetzt, es kann aber auch sein, daß es ihn einfach reizt, durch eine Funktion „jemand" zu sein. Manchmal mag das Bedürfnis mitspielen, in einem sinnentleerten Alltag zumindest in der Freizeit etwas bewirken und gestalten zu können – oder er hat ganz einfach Spaß an der Begegnung mit Menschen und daran, sich in diesen Begegnungen selbst neu zu erfahren. Vielleicht wurde der Mitarbeiter auch ganz einfach gefragt und bekam das Gefühl: „Ich werde gebraucht". Ein gewisses „Lustmoment" mag auf jeden Fall mitspielen – Ämterhäufung bei ehrenamtlichen Mitarbeitern und gut gefüllte Terminkalender sprechen nicht unbedingt dagegen.

7. Ehren- und hauptamtliche Mitarbeiter und Mitarbeiterinnen in der Gemeinde

Es ist auf jeden Fall hilfreich, mit solchen sehr unterschiedlichen Motivationen und Interessen der Mitarbeiter zu rechnen – und diese nicht in „gute" und „schlechte" Motivationen aufzuteilen. Vielmehr könnte es eine Aufgabe des Seelsorgers sein, „Motivationsarbeit" zu leisten, d. h. dabei mitzuwirken, daß die Mitarbeiter ihre eigentlichen Interessen entdecken und dafür einen geeigneten Ort in der Gemeinde zu finden, an dem sie einen Platz haben, oder dazu zu motivieren, über gegebene Interessen hinaus neue und andere Bedürfnisse zu entdecken, z. B. das Engagement im sozialen Bereich, die Freude an der Begegnung mit Menschen, der Spaß daran, etwas zu gestalten. Hier bietet sich in besonderem Maß ein Feld der Beratung und Begleitung einzelner Mitarbeiter, indem der Seelsorger sie dabei unterstützt, ihr eigenes Charisma zu entdecken und einen Ort zu finden, an dem sie ihre Fähigkeiten sinnvoll nutzen können. Dies kann in Konsequenz allerdings auch bedeuten, daß manche Mitarbeiter erkennen, daß die Arbeit im Pfarrgemeinderat eigentlich doch nicht das ist, was sie möchten, und stattdessen einen Bibelkreis organisieren. Wenn dies möglicherweise in manchen Bereichen dann auch zu personellen Engpässen führen kann, so sollte doch nicht versucht werden, Gemeindemitglieder zu Aufgaben zu „überreden", die ihnen eigentlich nicht liegen. Stattdessen können diese Fähigkeiten, an den richtigen Orten verwirklicht, zu einer neuen Lebendigkeit von Gemeinde führen.

Der Seelsorger sollte sich jedenfalls vor Augen halten, daß es sehr unterschiedliche Interessen geben kann, Zeit und Kraft in eine Aufgabe zu investieren. Und manche Probleme und Konflikte, die unerwartet an Orten und zu Zeiten auftauchen, an denen man nicht damit rechnet, können ihren Ursprung eben darin haben, daß das eine oder andere, durchaus auch unbewußte, Bedürfnis nicht ausreichend befriedigt wird.

Dies bedeutet, sich darüber Gedanken zu machen, warum sich z. B. eine junge Frau wohl gerade in der Seniorenarbeit so engagiert, und sich nicht vorschnell der Erleichterung hinzugeben, nun doch noch jemanden gefunden zu haben. Möglicherweise fehlt in der Gemeinde eine Gruppe, in der junge Frauen sich untereinander treffen können, so daß „nur" der Ausweg in andere Bereiche bleibt, wenn man sich engagieren will.

Die eigene Motivation muß noch lange nicht etwas mit der Motivation der Mitarbeiter zu tun haben. Die Interessen von Seelsorger und Mitarbeiter können sogar durchaus gegensätzlich sein. Ein simpel-schönes Beispiel ist dafür die nach Abschluß einer Sitzung so gern gestellte Frage: „Gehen wir noch irgendwohin?". Der Gemeindereferent denkt an Feierabend, will nach einem anstrengenden Arbeitstag endlich zur Familie, hat Lust, abzuschalten und mal für einige Stunden nichts mehr von Gemeinde zu sehen. Für manche Mitarbeiter dagegen mag nun das „Eigentliche" erst anfangen, die gemütliche Runde, in der man auch was Persönliches erzählen kann, in der Begegnung möglich ist, wo man einfach Spaß hat und die Arbeit Arbeit sein lassen kann. Neben der Möglichkeit, daß dies auch eine interessante

Aussage über die entsprechende Gremienarbeit sein kann, läßt doch das Zögern vieler Seelsorger mit der Antwort auf diese Frage um die Spannung ahnen, die in dieser Situation verborgen ist.

Fazit: Die Menschen, die sich zu einer Mitarbeit in der Gemeinde bereit erklären, versprechen sich etwas davon – und dies braucht manchmal wenig mit der eigentlichen Arbeit zu tun zu haben.

3. Chance und Grenze von Gruppen

Der „einzelne", die „Gruppe" und ihre „Aufgabe" –
Gruppe als „Geschehen"

Eine Gruppe ist immer mehr als die „Summe ihrer Einzelmitglieder" – sie entwickelt ihre eigene Dynamik, schreibt ihre eigene Geschichte. Dies gilt auch für jede Gruppe in einer Gemeinde, die ein Seelsorger vorfindet oder begleitet, dadurch unterscheidet sie sich auch von den anderen Gruppen. Auch der Pfarrgemeinderat hat „seine eigene" Geschichte, die die derzeitige Arbeit mitprägt und -bestimmt.

Dies bedeutet, daß der Seelsorger nicht nur den einzelnen im Blick haben darf, sondern sein Augenmerk auch auf die Gruppe als eigenständige Größe richten muß. (Krisen-)Interventionen auf einzelne hin übersehen oft diesen Aspekt – die Problematik des einzelnen kann zwar aufgefangen und bearbeitet werden, der Prozeß aber, der in der Gruppe geschieht, wird oft vernachlässigt. So, wie ein einzelnes Mitglied einer Gruppe dabei unterstützt wird, sich selbst wieder „instand zu setzen", braucht auch die Gruppe eine entsprechende Hilfe. Man könnte dies auch als „Identität einer Gruppe" bezeichnen – scheidet z. B. ein Mitglied des Stiftungsrats vorzeitig aus, so verändert dies auch den Stiftungsrat selbst.

Der Druck zu erledigender Aufgaben, gesetzter Termine, Erwartungen von außen, scheinen es manchmal nicht zuzulassen, sich die Zeit dafür zu nehmen, auf den aktuellen Stand und den Prozeß der Gruppe genauer hinzuschauen. Das kann dann aber dazu führen, daß ein Team oder ein Gremium regelrecht „mißbraucht" wird, um z. B. Sachinteressen durchzusetzen. Andererseits gilt es, bei allen notwendigen und wichtigen Erfahrungen in einer solchen Gruppe den (sich selbst) gestellten Arbeitsauftrag nicht aus dem Blick zu verlieren.

Kontinuität einer Gruppe als besondere Chance von Beratung

Teams und Gruppen in der Gemeinde arbeiten in der Regel nicht nur punktuell, sondern sind längere Zeit beieinander. Für den Seelsorger bringt dies besondere Chancen mit sich: Er kann seelsorgliche Begleitung kontinuierlich einbringen und muß sie nicht auf einen späteren Zeitpunkt „vertagen", an dem dann der Beratungsbedarf z. B. möglicherweise erst aufgrund einer Krise deutlich wird.

Der Seelsorger kann mit dem Familienkreis und der Besuchsdienstgruppe „mitleben" – das ist die besondere Chance. Glauben und Religion können als durchgängige Linien in die aktuelle Arbeit dieser Gruppen eingebracht werden. Der Seelsorger kann sichtbar und zeichenhaft selbst Glauben „leben" und die scheinbare Trennung von Leben und Glauben aufheben. Und möglicherweise ist dieses Zeugnis „gelebten Vorbildes" überzeugender als so mancher andere Versuch, Beratung zu installieren.

Das „Sprechen von Gott" darf nicht auf einen reservierten Schonraum begrenzt bleiben, sondern muß verstärkt seinen Einzug in die alltägliche Arbeit halten. Es dreht sich darum, das Alltägliche, das getan wird, aus der Sicht des Glaubens heraus zu besehen. Oft genug bleibt es leider beim „geistlichen Wort" zu Beginn einer Sitzung – damit scheint manchmal schon dem Religiösen Genüge getan zu sein. Gott aber erst dann ins Spiel zu bringen, wenn es schwierig wird, kann dem Glauben nicht gerecht werden. Ein solches „Sprechen von Gott" ist nicht einfach, schnell wirkt es als Werbeverkaufsgespräch, wenn der Seelsorger es mit der Absicht macht, andere zu etwas zu bewegen. Schlichte Selbstverständlichkeit ist gefragt, in der davon erzählt wird, wie Gott einen Platz im eigenen Leben hat.

Der Seelsorger als Mensch ist in einem solchen Begleitungsprozeß wichtig – sein Sprechen von Gott kann erhellend und stilprägend zugleich sein. Theologisches Wissen ist dabei erst in zweiter Linie gefragt, wichtiger sind die eigenen, ganz persönlichen Erfahrungen mit Gott. Davon zu erzählen, kostet Kraft; sich hinter Funktion, Amt und Wissenschaft zu verstecken, bietet sich als Versuchung an. Qua Amt und Wissenschaft alleine aber kann der Seelsorger nicht beraten. Gefragt ist die Fähigkeit, Nähe zu leben, ohne die notwendige Distanz zu verlieren, sich in einen Prozeß hineinbegeben zu können, ohne sich dabei aufzugeben, Spannungen aushalten zu können, ohne dabei die eigenen Eindeutigkeiten zu verlieren.

Vielleicht kann hier der Ansatz des Religionspädagogen Karl Ernst Nipkow ganz hilfreich sein. Nipkow stellt eine Beziehung her zwischen den Alltagserfahrungen der Menschen, den Grunderfahrungen menschlichen Lebens und den Glaubenserfahrungen. Es gilt, nicht erst auf überzeugende Glaubenserfahrungen zu warten, sondern im Alltag Grunderfahrungen des Daseins zu entdecken und aus dem Glauben heraus zu deuten.

Eine solche Alltagserfahrung kann es beispielsweise sein, daß man mit manchen Menschen besser zusammenarbeiten kann als mit anderen. Die Grunderfahrung, die sich dahinter verbirgt, ist die Frage nach Person und Identität, nach Abgrenzung und Gemeinsamkeit. Eine entsprechende Erfahrung des Glaubens könnte heißen, daß Gott den Menschen als Individuum geschaffen und gewollt hat und ihn in seiner Persönlichkeit bejaht. Christ-sein in einem solchen Sinn heißt dann, die unterschiedlichen Persönlichkeiten zu akzeptieren, Konflikte und Auseinandersetzungen, die daraus entstehen, entsprechend zuzulassen und nicht in einem faulen Frieden zusammenzuleben.

Die Charismen und Kompetenzen der Gruppe nützen

Es gibt Teams, in denen es schon strukturell mehrere seelsorgliche Berater gibt. In einem Dekanatsteam arbeiten der Jugendreferent und der Geistliche Leiter eines Verbandes zusammen, im Pfarrgemeinderat sind der Pfarrer und die Gemeindereferentin mit dabei. Bei solchen Konstellationen können schnell Kompetenz- und Konkurrenzfragen auftauchen, die dann auf Kosten des Teams ausgetragen werden.

Diese Auseinandersetzung aber greift zu kurz, und nicht zuletzt widerspricht es sowohl dem Geist des Konzils wie auch der Botschaft Jesu, sich als alleinigen seelsorglichen Berater zu definieren. Wenn es darum geht, in einem seelsorglichen Sinn zu beraten, bringt jedes Mitglied einer Gruppe seine ganz spezifische Kompetenz mit in dem Sinn, daß es dabei helfen und unterstützen kann, Lebenserfahrungen aus dem Glauben heraus zu deuten. Auch der Seelsorger als scheinbar offizieller Berater kann sich von den Glaubenserfahrungen anderer beschenken lassen – und möglicherweise ist es sogar eine der Hauptaufgaben seelsorglicher Beratung, anderen ihre eigene Glaubenskompetenz deutlich zu machen und sie dazu zu ermutigen, ihre Talente eben nicht zu vergraben, sondern damit zu wuchern. Dies kann durchaus im Sinne des 1. Petrusbriefes verstanden werden: „Seid stets bereit, jedem Rede und Antwort zu stehen, der nach der Hoffnung fragt, die euch erfüllt" (1 Petr 3,15b).

Ein solches Verständnis kann auch entlastend für den Seelsorger sein. Nicht er allein ist zuständig und Fachmann für „Religion", sondern er kann und darf sich auch darauf verlassen, daß der Geist Gottes in allen Menschen wirkt. Möglicherweise ist es auch die Aufgabe eines seelsorglichen Begleiters, die Mitarbeiter dazu zu ermutigen und zu befähigen, eben dies in Sprache und Ausdruck zu bringen.

Nicht zuletzt deshalb ist es in der Arbeit mit ehren- und hauptamtlichen Mitarbeitern für den seelsorglichen Berater oft so schwierig, seinen eigenen Ort zu finden. Es kann aber auch als Chance verstanden werden, sich auf Prozesse und die Lebendigkeit des Lebens einzulassen und sich nicht hinter Strukturen und Satzungen zu verschanzen.

Beratung zielt darauf ab, die Fähigkeiten, die in einer konkreten Gruppe vorhanden sind, zum Tragen zu bringen und für die Gemeinde als Gesamt zu nutzen. Dazu gehört es, auch zur „eigenen Machtlosigkeit" bereit zu sein. Indem der Seelsorger in anderen ihre Fähigkeiten und Kompetenzen hervorlockt, kann und muß er selbst zurücktreten. Dazu gehört ein Vertrauen in die Charismen der Mitarbeiter und in das Wirken des Hl. Geistes. Dies kann verstanden werden als Beratung zur „Selbstorganisation" bzw. als Beratung mit dem Ziel, die eigene Kompetenz als getaufter und gefirmter Christ zu entdecken, zu leben und zu gestalten. Solche lebendigen Gruppen können Gemeinde lebendig machen und zugleich den Seelsorger von der scheinbaren Alleinverantwortung entlasten.

4. Beratung von Hauptamtlichen

Die Begleitung hauptamtlicher Teams, z. B. des Pastoralteams eines Pfarrverbandes, kann in besonderer Weise diffizil sein. Hier treffen Menschen aufeinander, die jeweils in ihren Arbeitsgebieten selbst seelsorgliche Beratung wahrnehmen. Zwei Möglichkeiten sind denkbar, wenn hier einer aus der Gruppe Beratung *für* die Gruppe wahrnimmt:
– die Mitarbeiter sind dankbar und fühlen sich entlastet, einmal nicht der „Beratende" sein zu müssen, sondern sich fallenlassen zu können in einen Prozeß, den ein anderer verantwortlich begleitet, oder
– man fühlt sich entwertet und als nicht kompetent angesehen, wenn jemand die Rolle übernimmt, die man sonst selbst innehat. Eventuell können sogar beide Empfindungen durcheinander gehen – man meint, froh über die Entlastung sein zu müssen, und ärgert sich gleichzeitig doch irgendwie...

Darüberhinaus tritt hier erneut die eingangs beschriebene Problematik auf, daß derjenige, der sich in einer solchen Gruppe als Berater definiert, sich zugleich der Gruppe gegenüberstellt. Möglicherweise sollte sich die seelsorgliche Begleitung solcher Teams aufgrund der strukturellen Gegebenheiten darauf beschränken, selbst Zeugnis zu geben von dem Glauben, der in einem lebt. Soll ein Gruppenprozeß reflektiert werden, in den man selbst involviert ist, sollte überlegt werden, einen externen Berater herbeizuziehen.

5. „Berater von außen" als Unterstützung und Förderung

Neben dieser strukturellen „Verwobenheit" des Seelsorgers in die Gruppen der Gemeinde, die er zugleich beraten will, gibt es auch die Beobachtung, daß nicht jeder, der seelsorglich tätig ist, sich zugleich als „Berater" versteht. Die Hinzuziehung eines „Beraters von außen" kann deshalb unter Umständen besondere Chancen und Möglichkeiten mit sich bringen. Vorbedingung dazu ist, daß Seelsorger und Gruppe bereit sind, sich auf einen solchen Prozeß einzulassen:
– Eingefahrene Strukturen und Verhaltensweisen aus der Geschichte einer Gruppe können durch die Konfrontation mit dem fremden Berater erneut „ins Fließen kommen" und damit Veränderungen möglich machen.
– Das manchmal „verkrustete" Selbstbild einer Gruppe wird mit einem Fremdbild konfrontiert – die Unterschiede daraus können beachtliche

Energie in sich tragen, die für den Gruppenprozeß wiederum nutzbar gemacht werden kann. Eine Selbstüberprüfung wird möglich, ob die eigenen Vorstellungen z.B. von partnerschaftlicher Zusammenarbeit tatsächlich der Realität entsprechen.

– Gibt ein Seelsorger in einer solchen Situation die Verantwortung für den Beratungsprozeß an einen Dritten ab, ermöglicht er eine andere Definition des Rollenverständnisses des Seelsorgers, die ihm hilft, originär seelsorglich tätig zu werden – eine Thematisierung der verschiedenen Hierarchie-Ebenen wird möglich.

– Die Gruppe kann sich diesbezüglich von einer Belastung befreien bzw. entsprechend entlasten lassen, um damit ihre Kräfte auf einen zu bearbeitenden Punkt zu konzentrieren.

Eine solche Beratung von außen kann in verschiedenen Formen erfolgen: Grundsätzlich ist zu unterscheiden zwischen einer Beratung, die sich der Seelsorger selbst für seine Arbeit holt, und jener, die in Form von Teamberatung für eine jeweilige Gruppe erfolgt. Die Beratung des Seelsorgers kann dabei entweder durch eine kollegiale Beratung erfolgen oder durch einen Praxisbegleiter oder Supervisor.

Praxisberatung hat eher den fachlich-inhaltlichen Bereich als Gegenstand der Beratung, der Praxisberater ist deshalb in der Regel ein Fachmann in den anstehenden fachlichen Fragen. Wollen z.B. Pfarrgemeinderat und Liturgieausschuß einen neuen Weg der Firmpastoral für die Gemeinde suchen, so werden sie als Berater jemanden heranziehen, der in diesem Bereich seine Kompetenzen hat.

Will die Gruppe dagegen eher den eigenen Arbeitsprozeß reflektieren und den Fragen von Kommunikation und Kooperation und deren Auswirkungen auf den inhaltlichen Bereich nachgehen, so bietet sich *Supervision* als Beratungsform an. Supervision will dabei keine Lösungen von außen in die Gruppe bringen, sondern vielmehr Antworten, die in der Gruppe selbst bereits zugrundeliegen, hervorlocken und dabei unterstützen, die richtigen Fragen zu stellen. Der Supervisor braucht deshalb kein Fachmann der zu klärenden fachlichen Fragen zu sein, aber er muß kompetent sein in der Beratung von Gruppen.

Beiden Formen gemeinsam ist, daß sie in der Regel über einen längeren Zeitraum hinweg den Einzelnen oder die Gruppe auf ihrem Weg begleiten. Beratung kann allerdings auch punktuell erfolgen, z.B. an einem Klausurwochenende des Pfarrgemeinderates oder einer Klausurtagung des pastoralen Mitarbeiterteams mit einem externen Berater. Eine solche Beratung ist dann allerdings wirklich nur impulsgebend, d.h. der daraus entstehende Prozeß liegt wiederum allein bei der Gruppe selbst.

Unter *Teamberatung* wird die Beratung einer Gruppe oder eines Teams verstanden, das in relativ konstanter Zusammensetzung über einen längeren Zeitraum miteinander arbeitet. Praxisbegleitung allein kann der Komplexität der Prozesse eines solchen Teams oft nur in den inhaltlichen Fragen gerecht werden – der Standard, der hier an Beratung angelegt werden sollte, müßte voraussetzen, daß Elemente von Supervision und der Anspruch, ein Team oder eine Arbeitsgruppe im Gesamt der Gemeinde zu sehen, bereits im Ansatz der Beratung vorgesehen sind. Damit kann sie bereits zu einer Form von Organisations- bzw. *Gemeindeberatung* werden.

6. Gemeindeberatung als Möglichkeit der Entwicklung von Gemeinde

Alle Gruppen und Teams, die in einer Gemeinde arbeiten, können als „Teilsysteme" von Gemeinde verstanden werden. Das bedeutet, daß keine Gruppe losgelöst aus dem Zusammenhang betrachtet wird – Interventionen, und das ist Beratung in der Regel schon per se, in eine Gruppe hinein, wirken sich auf die anderen Gruppen und die Gemeinde als Ganzes aus. Dies ist unbewußt oft bereits beabsichtigt: Ein Klausurwochenende des Pfarrgemeinderates soll in der Regel Konsequenzen für die Gemeinde mit sich bringen.

Der Berater, ob selbst als Seelsorger in der Gemeinde tätig oder von außen hinzugezogen, muß dies bei jeglicher Form von Beratung ehren- und hauptamtlicher Mitarbeiter im Blick haben und entsprechend berücksichtigen: Jede Intervention in einem solchen Beratungsprozeß wirkt zugleich auch in die Gemeinde hinein.

Gemeindeberatung nimmt, im Gegensatz zur Einzel- und Gruppenberatung von vornherein die Entwicklung von Gemeinde in den Blick, versucht, der Komplexität von Gemeinde gerecht zu werden und interveniert entsprechend in einzelne Gruppen und Teilsysteme hinein.

In diesem Zusammenhang ist auf die Beobachtung zu verweisen, daß der „Beratungsbedarf" oft nicht an der Stelle verortet wird, an der er eigentlich angezeigt wäre. Einzelne, Teams und Gruppen dienen manchmal als Stellvertreter für das „eigentliche" Problem – es wird versucht, an einer Stelle Symptome zu kurieren, ohne die „Ganzheitlichkeit" des Systems zu sehen. So kann beispielsweise ein nicht ausgetragener Konflikt im Pfarrgemeinderat plötzlich an der Problematik des Jugendclubs „verhandelt" werden, was natürlich in einem solchen Fall die jeweilige Bearbeitung nicht gerade erleichtert. Hier bietet sich eine *Gemeindeberatung* als Möglichkeit der Beratung an. Als Beratungsform ist sie noch wenig präsent, doch versucht sie, der Komplexität von „Gemeinderealität" in besonderer Weise gerecht zu werden.

Jede Form von Beratung wirkt sich auf Gemeinde aus – unterstützend oder blockierend. Daher ist es wichtig, daß Beratung nicht zu einem Ventil wird, das „Veränderungsenergie" so kanalisiert, daß sie nicht mehr für die Gemeinde fruchtbar gemacht werden kann. Probleme könnten so „wegberaten" werden. Dann sind einzelne oder Gruppen zwar individuell „beruhigt", ohne daß sich aber an blockierenden und problemerzeugenden

Strukturen in der Gemeinde etwas ändert. Stattdessen sollte Beratung bewußt ihre (Aus-)Wirkungen auf das Gesamtsystem berücksichtigen – und entsprechend den Beratungsprozeß gestalten.

Literatur

ANDRIESSEN, HERMAN / MIETHNER, REINHARD: Praxis der Supervision, Beispiel: Pastorale Supervision. Eschborn: Fachbuchhandlung für Psychologie 1985.
KLEIN, IRENE: Gruppenleiten ohne Angst. München: Pfeiffer 1984.
Lebendige Seelsorge: Themenheft „Praxisberatung und Seelsorge" (1984, Nr. 5).
MÜLLER, WUNIBALD: Gemeinsam wachsen in Gruppen. (Reihe Heilende Seelsorge) Mainz: Grünewald 1989.
NIPKOW, KARL ERNST: Grundfragen der Religionspädagogik, Band 3. Gütersloh: Gerd Mohn 1982.
SCHMIDT, EVA RENATE/BERG, HANS GEORG: Aufhören und Anfangen. Wechselfälle im Alltag einer Gemeinde. Gelnhausen: Burckhardthaus-Laetare 1983.
STENGER, HERMANN (Hrsg.): Eignung für die Berufe der Kirche. Klärung – Beratung – Begleitung. Freiburg i. Br.: Herder ²1989.

Diejenigen Leser, die an einer intensiveren Auseinandersetzung mit dem „Leiten von Gruppen" interessiert sind, seien auch auf den Ansatz der Themenzentrierten Interaktion (TZI) verwiesen. Nähere Informationen dazu erhalten Sie über das WILL-Sekretariat, Schöngrundweg 11, CH-4144 Arlesheim.

8. Interessenten für kirchliche Berufe

KLEMENS SCHAUPP

1. Der Anfang: Begleitung – Warum?

Seelsorger werden immer wieder ratsuchenden Menschen begegnen, die in den verschiedensten Entscheidungssituationen stehen. Im folgenden Beitrag geht es um meist jüngere Menschen, die überlegen, einen *kirchlichen Beruf* (Pastoralreferent/in, Priester, Diakon, Religionslehrer/in, Caritas-Mitarbeiter/in, Ordensmann oder Ordensfrau) zu ergreifen. Bemüht, sich in ihrem Leben auf die Nachfolge Christi einzulassen, wird sich ihnen die Frage stellen, wie diese konkret Gestalt gewinnen kann. Ziel der Begleitung wird es deshalb sein, ihnen zu helfen, den Willen Gottes für ihr Leben zu erkennen. Für den einzelnen stellt sich die Frage oft so: „Wie weit kann und soll ich mich auf die spontanen Wünsche oder „Eingebungen" verlassen, die mich immer wieder bewegen? Wie kann ich erkennen, ob eine Neigung oder ein Anreiz wirklich von Gott kommt und seinem Willen entspricht?

Häufig werden solche Entscheidungsprozesse jedoch von mehr oder weniger unbewußten Konflikten oder affektiven Bindungen behindert. Deshalb beschäftigt sich dieser Beitrag auch mit den psychischen Voraussetzungen und Motiven für die Wahl eines kirchlichen Berufes. Die in diesem Zusammenhang auftauchenden Fragen werden zunächst an zwei Beispielen verdeutlicht und anschließend grundsätzlicher erläutert.

Zwei Beispiele aus der Praxis:

Karin, eine 19jährige Abiturientin, bittet um ein Gespräch. Am Beginn sagt sie: „Ich bin dabei zu überlegen ob ich Sozialpädagogik oder Theologie studieren soll. Was meinen Sie dazu?" Im weiteren Verlauf der Beratung wird deutlich, daß sie einen Beruf ergreifen will, wo sie „etwas mit Menschen tun kann" und „nicht auf sich allein gestellt ist, sondern mit anderen etwas zusammen machen kann". Überdies beschäftigt sie die Frage künftiger Berufschancen. Auf behutsames Nachfragen hin wird deutlich, daß der Wunsch, Sozialpädagogik oder Theologie zu studieren, erstmals auftauchte, als sie zusammen mit anderen Jugendlichen eine Behindertenfreizeit leitete, die sie als sehr gelungen und bereichernd erlebt hatte. Eine andere Studienmöglichkeit, die sie sich vorstellen kann, ist Psychologie. An Sozialpädagogik denkt sie, weil es das Studium ist, das am ehesten auf eine Arbeit mit Behinderten zugeschnitten ist; an ein Theologiestudium, weil es „vielleicht breiter, nicht so eng" ist; an Musiktherapie, weil sie gut Klavier spielt, doch möchte sie sich nicht auf die Musik allein beschränken.

Erich, ein junger Mann, 20 Jahre alt, hat seinen Militärdienst und ein Jahr Theologiestudium hinter sich. Er überlegt, ob er ins Priesterseminar gehen soll. Wir vereinbaren regelmäßige Gespräche im Abstand von ca. 14 Tagen als Hilfe für seine Entscheidungsfindung. In den ersten zwei Monaten geht es vor allem um mehr praktische Fragen. Ich spüre, daß etwas für ihn offensichtlich Wichtiges unausgesprochen bleibt und er die Zeit nützt, um mich zu „testen". Indem er von seiner Kindheit und Jugend zu erzählen beginnt, tastet er sich behutsam an die Frage heran, die ihn beschäftigt: In seiner Pubertät hat er einige Kontakte mit Männern gehabt. Am Schluß bemerkt er: „Ich bin schwul." – Es ist hier nicht möglich, den ganzen Verlauf der Beratung zu schildern. Nach längerer Zeit stellte sich immer deutlicher heraus, daß es sich bei den genannten Kontakten um entwicklungsbedingte vorübergehende Störungen handelte. Durch die Lektüre sehr einseitiger Literatur zum Thema Homosexualität hatte sich in ihm der Eindruck verfestigt, er sei „schwul". Im Laufe einer analytisch orientierten Therapie, die er von sich aus begonnen hatte, konnte sich seine bislang sehr schwach ausgebildete geschlechtsspezifische Identität so sehr festigen, daß er eine Freundschaft mit einer Frau eingehen konnte, in der er das erste Mal erleben durfte, daß er „ein richtiger Mann" ist. Da die Beratung aufgrund eines Ortswechsels beendet werden mußte, kann nichts über den Ausgang gesagt werden.

Aufgaben für die Begleitung

Die beiden Beispiele machen die Vielschichtigkeit einer *Entscheidungs*situation deutlich: Es geht um die Frage, wie der eigene, oft noch undeutlich wahrgenommene Lebensentwurf, mit dem Glauben an Christus zusammenhängt, d.h. um Fragen der gläubigen *Identität:* sowohl Karin als auch Erich interessieren sich für einen kirchlichen Beruf. Es geht um Fragen der *humanen, geschlechtsspezifischen Identität* (Erich – homosexuelle Neigungen, heterosexuelle Veranlagung) und damit auch um die Frage, welche psychischen, oft unbewußten Motive eine Entscheidung beeinflussen, z.B. welche *Bedürfnisse* bei Karin hinter dem Wunsch stehen, mit Menschen zu arbeiten. Weiter geht es darum, einen konkreten *gangbaren Weg* zu finden, auf dem die Berufsfrage geklärt werden kann.

2. Entscheidung – wozu?

Jede Berufsentscheidung gibt dem Leben eine bestimmte Richtung. Sie ist richtig, wenn sie den einzelnen mehr zu seinem Lebensziel hinführt. In der Sprache der Theologie: Wenn sie dem Willen Gottes entspricht. Was aber heißt dies konkret?

Den Willen Gottes erkennen

Wille Gottes und Sinnsuche: Hinter der Überschrift „Den Willen Gottes erkennen" verbirgt sich die Sehnsucht eines Menschen nach einem geglückten

Leben in der Ausrichtung auf Gott. Es geht um den Zusammenhang zwischen dem Willen Gottes und der Sinnsuche des Menschen. Wille Gottes ist der Lebenssinn eines glaubenden Menschen. Wird also nach dem Willen Gottes gefragt, so geht es nicht in erster Linie um allgemeine Leitlinien für unser Verhalten, sondern vielmehr um die Frage nach dem *konkreten* Lebenssinn für mich hier und jetzt; um die Frage, was das Gute bzw. das Bessere für mich angesichts verschiedener Alternativen ist. Dabei ist der Wille Gottes nicht ein fertiges Etwas, das man wie einen Geldschein auf der Straße finden könnte; in einem solchen Fall wäre eine Hilfe zur Entscheidungsfindung einer Anleitung für ein Glücksspiel vergleichbar. Vielmehr geht es um einen Freiheitsraum, der dem Menschen von Gott her eröffnet ist und in dem er sein Leben unter den Augen Gottes verwirklichen kann.

Für den einzelnen stellt sich daher die Frage, woran er sich bei dieser Suche orientieren kann. Das Wort der Schrift, das Lebenswissen der Kirche, das sich in verschiedenen Weisungen oder Geboten niederschlägt, sowie das Leben „exemplarischer Christen" stellen Sinn*angebote* dar, die jedoch in die persönliche Situation dessen, der eine Berufsentscheidung trifft, „übersetzt" werden müssen. Es braucht also weitere Orientierungspunkte, die in der Person und Umwelt des einzelnen begründet liegen. Es sind dies spontane Wünsche, Neigungen, ein „Sich-zu-etwas-hingezogen-Fühlen", „Eingebungen" oder innere Einsichten. Die Frage dabei ist: Wie kann ich erkennen, ob eine solche Neigung wirklich von Gott kommt?

Ganz allgemein kann gesagt werden: Wenn die in einer Entscheidungssituation angestrebte Alternative (z.B. Studium der Sozialpädagogik; Eintritt ins Priesterseminar) mit dem letzten Lebenssinn des einzelnen übereinstimmt, ist dies der Wille Gottes. „Die so erfahrene Stimmigkeit zwischen gewählter Situation und unserem letzten Sinn gibt uns die Sicherheit, den Willen Gottes gewählt zu haben. Die Stimmigkeit antwortet zugleich auf unser innerstes Sehnen und Suchen zu entdecken, wer wir sind und zu was oder wem wir noch werden können. Wir erfahren uns als Menschen, die in den mit ihrem Grundsinn übereinstimmenden Entscheidungen Gott begegnen" (Lies 24f). Die Bewegungen der inneren Stimmigkeit bzw. Unstimmigkeit deutet der Glaubende als Wille Gottes, auch wenn er weiß, daß es sich dabei um Prozesse handelt, die ganz in die psychische Wirklichkeit der Person eingefangen bleiben.

Das Kriterium für die Stimmigkeit ist eine länger andauernde Grundstimmung von Zufriedenheit, Sicherheit und Hoffnung (Ignatius spricht von „Trost", Paulus von den Früchten des Geistes, Theresa von Avila von einem Gefühl der inneren Weite, Franziskus von innerer Fröhlichkeit). Nicht jedoch geht es um flüchtige, rasch vorübergehende Lustgefühle. Die Lehre von der „Unterscheidung der Geister" (vgl. Ignatius von Loyola, EB 313–336) kann hier nicht weiter entfaltet werden. Sie erläutert verschiedene Kriterien, die für eine genauere Erkenntnis des Willens Gottes hilfreich sein können.

Wille Gottes und mittragende Liebe: Schwerwiegende Entscheidungssituationen, wie sie die Wahl eines Berufes darstellt, erschüttern Altgewohntes und Vertrautes. Sie bedeuten eine tiefgreifende Verunsicherung. Das Alte (z. B. Schulzeit, Militärzeit usw.) ist zu Ende. Der weitere Weg ist noch unklar und mit vielen Unsicherheiten belastet. Die bisherige „Identitätsbalance" muß neu gefunden werden. Es ist wie das Überqueren eines Flusses: Das eine Ufer liegt hinter einem, das andere ist zwar in Sicht, aber noch nicht erreicht. Einen Rat suchen bedeutet, Ausschau halten nach einem Menschen, der in dieser Situation mit dabei ist und so gleichsam eine Brücke bildet zum anderen Ufer. „Wer also in gewichtigen Lebensentscheidungen eine Position aufgibt, um eine andere zu gewinnen, ein Selbstverständnis verläßt, um ein neues zu suchen, bedarf letztlich einer verstehenden Liebe, die ihm diesen Schritt ermöglicht" (Lies 22). Von Seiten des Begleiters braucht es deshalb eine freilassende Haltung, die Zuversicht und Sicherheit gewährt, ohne den anderen festhalten oder beeinflussen zu wollen.

Wille Gottes und Antwort des Menschen: Erstens: Die Suche nach dem Willen Gottes gründet in der Erfahrung, persönlich *von Gott gemeint und geliebt* zu sein. Eine solche Begegnung mit dem lebendigen Gott ist treffend im Buch Hiob formuliert: „Nur durch Gerüchte wußte ich von dir; jetzt aber hat mein Auge dich gesehen" (Hiob 42, 5). Gott wird für sein Leben bedeutsam. Eine neue Dynamik beginnt in ihm wirksam zu werden, die auf eine stärkere Einheit mit Gott hindrängt, der als Geheimnis erlebt wird – faszinierend und zugleich fremd. Zweitens: Das erste persönliche Angesprochenwerden drängt nach einer *vertieften Erkenntnis* Gottes und seines Sohnes Jesus Christus, in dem er sich geoffenbart hat. Der Wunsch wird stärker, sein Leben auf Ihn auszurichten, Ihm zu vertrauen, d. h. an Ihn zu glauben. Drittens schließlich wird es immer deutlicher, daß ein solcher Glaube dahin drängt, alles, was zum eigenen Leben gehört, alle Bedürfnisse und Wünsche, auch die eigene Geschichte mit allen Licht- und Schattenseiten in diese Grundentscheidung für Christus zu *integrieren*. Im Alten Testament wird erzählt, wie Mose das Volk Israel mit dieser Grundentscheidung konfrontiert: „Leben und Tod, Segen und Fluch habe ich dir vor Augen gestellt... Wähle das Leben!" (Dtn 30, 19). Paulus beschreibt die Folge einer gelungenen Grundentscheidung: „Ich lebe, doch nicht mehr als Ich, sondern Christus lebt in mir; soweit ich aber jetzt... lebe, lebe ich im Glauben an den Sohn Gottes, der mich geliebt und sich selbst für mich ausgeliefert hat" (Gal 2, 20). Diese Grundentscheidung muß nach und nach in das Ganze der Person integriert werden; hier kommen die psychischen Voraussetzungen und *Motive* einer Entscheidung mit ins Spiel.

Psychologische Gesichtspunkte: Glaubensentscheidung und Identität

Durch die Wahl eines Berufes versucht der Ratsuchende seine *Grundentscheidung* für Christus zu konkretisieren, indem er seine Identität in Ihm festmacht. Es geht um eine Neu-Definition der eigenen Identität. Zwei Ansätze sollen deutlich machen, was in diesem Zusammenhang unter „Identität" zu verstehen ist: ein inhaltlicher und ein struktureller.

Erstens: Humane Identität ist ein komplexes Ganzes, das – bildlich gesprochen – von verschiedenen „Säulen" (vgl. Ladenhauf 108–119) getragen wird. Solche „Stützen" sind vor allem:

– Der Körper: Der Mensch hat nicht nur einen Körper, sondern er ist ein leibliches Wesen. In der englischen Sprache wird das besonders deutlich: Irgendein Mensch ist „some*body*" („body" = Körper). Vor allem Krankheit und Verletzungen lassen uns die fundamentale Bedeutung dieser „Säule" der Identität erfahren.

– Die Beziehungen: Jeder Mensch lebt in einem Geflecht von Beziehungen, aus dem er Orientierung und Anerkennung bekommt. Bedürfnisse spielen eine wichtige Rolle: das Bedürfnis nach Anerkennung, das Bedürfnis Hilfe zu geben, Hilfe zu erhalten, das Bedürfnis nach Erotik und Sexualität, nach Aggression usw. (vgl. Schaupp 1988, 198–202). Die Wichtigkeit dieser „Säule" wird besonders deutlich, wenn sie „brüchig" wird oder wegfällt, wie dies z. B. beim Verlust eines geliebten Menschen durch Tod oder Trennung der Fall sein kann.

– Die Arbeit: Durch eine persönliche Leistung, ein gelungenes Werk, ist es möglich, das, was ein Mensch ist und was ihm wichtig ist, zum Ausdruck zu bringen und so seine Identität zu festigen. – Phänomene wie Arbeitsunfähigkeit oder Arbeitslosigkeit zeigen, wie wichtig diese „Säule" für den Aufbau der menschlichen Identität ist.

– Der Besitz: In seiner materiellen (z. B. Wohnung, Geld, Auto, Bücher) wie in seiner ideellen Gestalt (z. B. Wissen, Bildung) bildet er eine weitere „Säule" der Identität; er gibt dem einzelnen ein gutes Stück Sicherheit.

– Die Werte: Eine gesunde Identität kann nur aufgebaut werden, wenn ein stabiles Wertsystem (Weltanschauung bzw. persönlicher Glaube) vorhanden ist. Fehlt ein solches, kommt es zu einer „Identitätsdiffusion", d. h. zu einem Aufgehen in verschiedenen Tätigkeiten und Aufgaben, oder aber es entwickelt sich eine „ideologische Persönlichkeit", die ihre Identität an fanatisch vertretenen Idealen festmacht, die das menschlich-gläubige Wachstum einer Person entscheidend blockieren können (vgl. Erikson 106–114).

Zweitens: Der Aufbau der Identität vollzieht sich in der Spannung zwischen dem „Real-Ich" (dem, was ich im Augenblick bin) und dem „Ideal-Ich" (dem, was ich sein möchte, bzw. was ich verwirklichen möchte). Diese Grundspannung macht es möglich, daß sich Menschen auf ein Ideal hin verändern können; um eine beständige Veränderung wird es sich jedoch nur dann handeln, wenn die Ideale einer Person durch ihr Real-Ich gleichsam „gedeckt" sind. Entscheidungssituationen führen jedoch häufig dazu, daß die Anteile des Ideal-Ichs überbetont und die Elemente des Real-Ichs ausgeblendet werden. Dies kann besonders leicht geschehen, wenn es sich um weitgehend unbewußte Anteile (Bedürfnisse, Gefühle, Konflikte) des Real-Ichs handelt, die mit dem Ideal-Ich unvereinbar erscheinen. Der Begleiter muß mit der Wirksamkeit unbewußter Bedürfnisse oder Konflikte rechnen und dem Ratsuchenden helfen, diese allmählich wahrzunehmen, damit seine Entscheidung Bestand haben kann und nicht um den Preis einer Ausklammerung wichtiger Elemente seiner Persönlichkeit vollzogen wird.

Voraussetzungen für die Entscheidungsbegleitung

Erstens: Die wichtigsten Voraussetzungen für das Gelingen eines Entscheidungsprozesses, die sowohl für den Ratsuchenden als auch für den Begleiter gelten, sind:

– *Ausreichende Information:* Sie bildet die Grundlage für weiterführende Überlegungen. Besonders wichtig ist es, daß genügend Detailwissen über die verschiedenen Alternativen vorhanden ist. Ist das Wissen ungleich verteilt, so kommt es leicht zu einer Verzerrung, und die weniger bekannten Möglichkeiten werden zu einer Art Filmleinwand, auf die alle möglichen inneren Bilder, Wünsche und Vorstellungen projiziert werden.

– *Vorhandensein realistischer Alternativen:* Eine Entscheidung setzt verschiedene grundsätzlich realisierbare Handlungsmöglichkeiten voraus. Oft ist es hilfreich zu sagen, daß es kaum eine Situation gibt, in der es nicht wenigstens zwei Alternativen gibt. Dabei muß es sich um grundsätzlich realisierbare Alternativen handeln.

– *Innere Freiheit:* Sowohl der Ratsuchende, als auch der Begleiter müssen fähig und bereit sein, sich innerlich so weit von persönlichen Vorlieben, Wünschen und unreflektierten Denkgewohnheiten zu lösen, daß sie sich auf verschiedene Alternativen auch emotional einlassen können. Ignatius von Loyola spricht von der Fähigkeit, sich angesichts verschiedener Alternativen indifferent oder gleichmütig machen zu können (Ignatius, EB 23). Beeinträchtigt wird die innere Freiheit vor allem durch krankhafte Störungen der Persönlichkeitsstruktur oder durch unbewußte Konflikte, z.B. nicht wahrgenommene affektive Bindungen an eine Person oder Gruppe (vgl. Schaupp 1988, 217–233) oder aber durch gesellschaftlich bedingte Vorurteile, wie sie z.B. in der weit verbreiteten Meinung zum Ausdruck kommen, ein zölibatäres Leben verhindre von vornherein den psychischen Reifungsprozeß eines Menschen.

– *Positive Grundeinstellung zum Leben:* Damit ist ein Grundvertrauen in die Sinnhaftigkeit der Welt, des eigenen Lebens, sowie persönlichen Bemühens gemeint (vgl. Erikson 62–75). Für den Christen ist diese positive Grundeinstellung durch den Glauben an Gott gegeben, sofern sie nicht durch starke psychische Belastungen beeinträchtigt wird.

Zweitens: Zusätzliche Voraussetzungen auf Seiten des Begleiters sind:

– *Eigenerfahrung:* Der Begleiter soll selbst in seinem Leben Entscheidungen aus dem Glauben getroffen und allein und mit jemand anderem bzw. einer Gruppe reflektiert haben.
– *Kenntnis der eigenen Fähigkeiten und Grenzen:* Er soll das ihm selbst geschenkte Charisma nützen und dann, wenn er an seine Grenzen stößt, bereit sein, sich selbst beraten zu lassen (Supervision, Praxisreflexion).
– *Klarer, persönlicher Standpunkt:* Um dem Ratsuchenden zu helfen, muß der Begleiter fähig sein, dessen Unsicherheiten und Zweifel mitzutragen und auszuhalten, ohne ihn vorschnell auf die eine oder andere Alternative festlegen zu wollen.
– *Grundkenntnisse der Psychopathologie:* Ein Grundwissen, zumindest aber ein gesundes Gespür für Krankhaftes ist nötig, um psychische Probleme, die sich oft in Form von nicht richtig gestellten Entscheidungsfragen artikulieren, nicht in einer falschen Weise zu spiritualisieren.

3. Begleitung – Wie?

Um zu einer tragfähigen Entscheidung zu kommen, ist es günstig, in einzelnen, aufeinanderfolgenden Schritten vorzugehen (vgl. Ignatius, EB 175–183).

Schritte eines Entscheidungsprozesses

Erstens: Den Gegenstand der Entscheidung klären. Zunächst muß geklärt werden, *was* entschieden werden soll. Um Unklarheiten möglichst zu vermeiden, soll die Entscheidungsfrage schriftlich formuliert werden. Der Entscheidungsgegenstand ist erst dann geklärt, wenn auch realistische Alternativen sowie Zeitpunkt und Umstände der Entscheidung festgehalten sind. Die Frage: „Soll ich Theologie studieren oder nicht?" ist z. B. eine unpräzise, mehrdeutige Frage, weil die Alternativen nicht geklärt sind; das „oder nicht" wird in diesem Fall zu einem Sammelbecken aller möglichen Wünsche und Phantasien, die sich nie alle in *einer einzigen* Alternative verwirklichen lassen. Präziser formuliert würde die Frage z. B. lauten: „Will ich im kommenden Herbst Theologie oder Sozialpädagogik studieren?" (vgl. die Frage von Karin in der Einleitung). Bei der hier vorgeschlagenen Neuformulierung fällt auch auf, daß sie den Zeitpunkt einer Entscheidung mitberücksichtigt. Wenn möglich sollte auch die weitere Perspektive mitbedacht werden. Im Fall von Monika: Was will ich als Theologin später tun? Unterrichten? In der Gemeinde arbeiten? Oder in einer caritativen Einrichtung? Auch wenn die Klärung dieser Fragen im Moment noch nicht ansteht, soll doch klar sein, daß es sich dabei um offene, noch zu klärende Zusatzfragen handelt. Eine präzise Formulierung der Entscheidungsfrage ist wichtig, weil eine unpräzis gestellte Frage den ganzen weiteren Prozeß belastet.

Zweitens: *Den Entscheidungsgegenstand hineinstellen in die eigene Glaubensgeschichte.* Dabei geht es um das *Woher* und das *Woraufhin* der Berufsentscheidung. Eine möglichst konkrete und persönliche Formulierung des Lebenszieles, etwa in der Form eines persönlichen Glaubensbekenntnisses, ist vielen eine Hilfe. Dadurch kann deutlich werden, wer Gott (das Ziel seines Lebens) für den Ratsuchenden *persönlich* ist und wie Gott sich ihm bisher mitgeteilt hat.

Drittens: *Im Gebet um innere Freiheit und Erkenntnis des Willens Gottes bitten.* Eine Berufsentscheidung kann nur dann verantwortlich getroffen werden, wenn ein Mensch innerlich frei ist und bereit, sein Leben nach dem Willen Gottes zu gestalten. Dabei kommt es auf eine Haltung innerer Verfügbarkeit an,, die ihn fähig macht, auf das Wirken des Geistes zu hören und darauf einzugehen; ist diese Voraussetzung nicht gegeben, so ist der Zeitpunkt für eine solche Entscheidung noch nicht reif.

Viertens: *Die Vor- und Nachteile der einzelnen Alternativen betend „abwägen" (vgl. 2.1).* Die Vorteile der einen Alternative sind nicht notwendig die Nachteile der anderen (z.B. kann jemand sowohl als Laientheologe als auch als Priester den Menschen dienen). Tauchen bei zwei Alternativen nur (oder fast nur) Vorteile bzw. Nachteile auf, so ist dies meist ein Zeichen dafür, daß die Frage nicht richtig gestellt ist und neu formuliert werden muß.

Fünftens: *Eine vorläufige Entscheidung treffen.* Ignatius rät einem Menschen, der eine Berufsentscheidung treffen möchte, seine vorläufig getroffene Wahl Gott „anzubieten", damit Er sie „annehmen und bestätigen wolle" (Ignatius, EB 183). In dieser Formulierung drückt sich der Wunsch des Glaubenden aus, nicht „eigenmächtig", sondern in Übereinstimmung mit dem Willen Gottes zu entscheiden.

Sechstens: *Mit der vorläufig getroffenen Entscheidung leben.* Zur Festigung der getroffenen Wahl soll eine Zeit des prüfenden Erfahrens folgen. Dadurch kann geklärt werden, wie sich eine hypothetisch einmal angenommene Berufsentscheidung verträgt mit der Grundrichtung des Lebens; denn erst in der Erprobung kommt der Entscheidungsprozeß zu seinem Abschluß.

Rahmen eines Entscheidungsprozesses

Aus dem bisher Gesagten leuchtet ein, daß ein fruchtbarer Entscheidungsprozeß auch einen entsprechenden äußeren Rahmen braucht, damit er gelingen kann. Wichtige Elemente eines solchen Rahmens sind:
– *Genügend Zeit:* Nichts schadet einer guten Entscheidung so sehr wie starker Zeitdruck! Ist sie aufgrund einer Notlage rasch zu treffen, so soll möglichst eine vorläufige und keine endgültige Wahl getroffen werden.
– *Regelmäßige Begleitungsgespräche:* In komplexeren Situationen, wie sie eine Entscheidung für einen kirchlichen Beruf darstellt, braucht es eine Reihe von Gesprächen, die sich über einen Zeitraum von mehreren Monaten erstrecken.

– *Klare Übereinkunft:* Zwischen dem Ratsuchenden und dem Begleiter müssen am Beginn die Erwartungen im Hinblick auf die Begleitung sowie die Rolle des Begleiters genau abgeklärt werden.

Konkrete Hilfen

Als Unterstützung für einen solchen Prozeß der Berufsfindung haben sich vor allem folgende Hilfen bewährt:
– *Ein Tagebuch führen:* Auch wenn jeden Tag nur eine kurze Eintragung gemacht wird, bietet es eine gute Grundlage für ein vertieftes Wahrnehmen des eigenen Weges. Veränderungen, immer wieder auftauchende Fragen, die Bedeutung von Begegnungen sowie Träume oder Tagträume können besser wahrgenommen und festgehalten werden. I. *Progoff* (At a Journal Workshop, New York 1989) hat eine Methode eines „Intensivtagebuches" entwickelt, die sich für die Begleitung von Entscheidungsprozessen besonders gut eignet.
– *Regelmäßige Tagesauswertung:* Dabei kann das von Ignatius vorgeschlagene Vorgehen eine Hilfe sein. Zunächst zu danken für das, was einem im Laufe des vergangenen Tages geschenkt wurde; dann schauen, wo etwas unvollendet geblieben, mißglückt oder schief gelaufen ist; schließlich Gott um die Kraft der Veränderung und Mut zum Weitermachen bitten (vgl. Lambert).
– *Monatlicher Wüstentag:* Dabei geht es um einen monatlichen „Exerzitientag", an dem sich Zeiten der Erholung und des Gebets abwechseln. Wichtig ist die Auswertung am Ende des Tages und das unterstützende Gespräch mit einem Begleiter. Eine Lehrerin, die ein Jahr regelmäßig Wüstentage gemacht hatte, bezeichnete diese treffend als „Exerzitien in homöopathischer Dosis".

4. Leitlinien für den Begleiter/die Begleiterin

– Entscheidungssituationen aufgreifen und artikulieren helfen! Die erste Aufgabe des Begleiters besteht oft darin, unklare Situationen im Hinblick auf ihre „Entscheidungsträchtigkeit" anzusprechen und dem anderen helfen, sie als Chance zu einer *bewußten* Entscheidung zu sehen.
– Den für einen Berufsentscheidungsprozeß erforderlichen Rahmen schaffen (vgl. 3.2).
– Keinen Entscheidungsprozeß ohne die nötige Information beginnen.
– Das Lebensziel klären helfen! Denn: Wer kein Ziel sieht, kann nicht treffen.
– Das Charisma des einzelnen entdecken helfen und es fördern. Es ist gleichsam das „Zugpferd", das den oft mühsamen Entscheidungsprozeß in Gang hält.

– Den Entscheidungsvorgang durch Erkenntnis seiner „Schwachstelle" verbessern. Er ist nämlich einer Kette vergleichbar, die nur so stark ist wie ihr schwächstes Glied. Eine Verbesserung muß deshalb an diesem Punkt ansetzen.
– Zu Zeiten der Stille ermutigen. Denn Klarheit wächst nur in Zeiten der Ruhe und des Gebets.
– Alltägliche Entscheidungssituationen als Chance nützen. Jeden Tag gibt es verschiedenste Fragen, die entschieden werden müssen. Die Entscheidungskompetenz eines Menschen kann erweitert werden, wenn auch solche unscheinbaren Gelegenheiten für eine *bewußte* Wahl genützt werden. Ein erfahrener Begleiter sagte im Hinblick auf solche Situationen öfters: „Fassen Sie einen Entschluß und erzählen Sie mir nachher, wie es Ihnen damit ergangen ist!"
– Affektive Bindungen lösen helfen. Denn: Ohne innere Freiheit keine tragfähige Entscheidung.
– Entscheidungen wachsen lassen. Zwei Gefahren sind deshalb zu vermeiden: Entweder, sie zu überstürzen (dies führt oft zu einer Fehlentscheidung), oder sie zu verzögern (dies kostet Zeit und Energien).

Am Beginn des Philipperbriefes (1, 9) drückt Paulus einen Wunsch aus, der sich an jedem erfüllen möge, der vor einer Berufsentscheidung steht:
„Und dahin geht mein Gebet:
Eure Liebe möge mehr und mehr wachsen
an Erkenntnis und allem Verständnis,
damit ihr zu prüfen versteht, worauf es ankommt."

Literatur

BAKKER, L.: Freiheit und Erfahrung. Redaktionsgeschichtliche Untersuchung über die Unterscheidung der Geister bei Ignatius von Loyola. Würzburg: Echter 1970.
ERIKSON, ERIK H.: Identität und Lebenszyklus. Frankfurt: Suhrkamp Taschenbuch 1966.
FRIELINGSDORF, KARL/SWITEK, GÜNTHER (Hrsg.): Entscheidung aus dem Glauben. Modelle für religiöse Entscheidungen und eine christliche Lebensorientierung. Mainz: Matthias Grünewald 1978.
IGNATIUS VON LOYOLA: Geistliche Übungen und erläuternde Texte, übersetzt und erklärt von Peter Knauer. Leipzig: St. Benno 1978 (auf die international gebräuchliche Zitationsweise wird mit EB und der entsprechenden Randnummer verwiesen).
LADENHAUF, KARL HEINZ: Integrative Therapie und Gestalt-Therapie in der Seelsorge. Paderborn: Jungfermann 1988.
LAMBERT, WILLI: Das Gebet der liebenden Aufmerksamkeit zur Gewissensprüfung nach Ignatius. In: Korrespondenz zur Spiritualität der Exerzitien 38 (1978) 35 – 64.
LIES, LOTHAR: Den Willen Gottes finden. In: Frielingsdorf a.a.O. 15 – 36.
PROGOFF, IRA: At a Journal Workshop. The basic text and guide for using the Intensive Journal. New York: Dialogue House 24th Ed. 1989.
RAHNER, KARL: Die Ignatianische Logik der existentiellen Erkenntnis. In: Wulf, F. (Hrsg.): Ignatius von Loyola. Würzburg: Echter 1956.
RULLA, LUIGI M.: Depth psychology and vocation. A psycho-social perspective. Rome Chicago: Gregorian University Press/Loyola University Press 1971.

—, u.a: Entering and leaving vocation: intrapsychic dynamics. Rome Chicago: Gregorian University Press/Loyola University Press 1976.
— : Anthropology of the christian vocation. Vol. 1: Interdisciplinary bases. Rome: Gregorian University Press 1986.
—, u.a: Anthropology of the christian vocation. Vol. 2: Existential confirmation. Rome: Gregorian University Press 1989.
SCHAUPP, KLEMENS: Eignung und Neigung. Hilfen zur Unterscheidung der Beweggründe. In: Stenger 1988, 195 – 240.
— : Schwerpunkte der geistlichen Begleitung. In: Ordensnachrichten, Heft 6/1990.
STENGER, HERMANN: Eignung für die Berufe der Kirche. Klärung – Beratung – Begleitung. Freiburg i. Br.: Herder 1988.
THOMAE, HANS: Der Mensch in der Entscheidung. München: Kösel 1960.
— : Konflikt, Entscheidung, Verantwortung. Ein Beitrag zur Psychologie der Entscheidung. Stuttgart: Klett 1974.

9. Priester und Ordensleute

DIETER FUNKE

1. Der Hintergrund: Psychoanalytische Arbeit mit Seelsorgern und Seelsorgerinnen

Seit mehreren Jahren arbeite ich als Seelsorger und Psychoanalytiker in eigener psychoanalytischer Praxis. Ein großer Teil meines Klientels sind Priester, Ordensleute und hauptamtliche kirchliche Mitarbeiter und -innen. Da sich meine Praxis inzwischen als Anlaufstelle für Fragen der Psychotherapie für Seelsorger und Seelsorgerinnen entwickelt hat, ist ihr ein „Psychotherapeutischer Beratungsdienst für kirchliche Berufe"* zugeordnet worden. Dieser Beratungsdienst versteht sich in erster Linie als Beratungsangebot für Fragen der Indikationsstellung für Psychotherapie. Falls eine solche angezeigt ist, wird Ratsuchenden hier ein Therapieplatz vermittelt oder – falls keine psychoanalytische Therapie angezeigt ist – eine zeitlich begrenzte Beratung angeboten oder an andere Fachleute verwiesen (geistliche Begleiter, Ärzte, Supervision, Fortbildung).

Wenn ich also über seelsorgliche Beratung und Begleitung für Seelsorger schreibe, befinde ich mich in einem gewissen Dilemma: Einerseits suchen mich Seelsorger in der Regel auf, weil herkömmliche Formen seelsorglicher Begleitung nicht mehr ausreichen; deswegen erbitten sie ausdrücklich *psychotherapeutische* Hilfe; andererseits legen sie großen Wert darauf, daß ihr künftiger Therapeut selber Priester und Seelsorger ist. Natürlich mag man darin zunächst eine Abwehrhaltung entdecken, die sich gegen das Abenteuer einer Psychotherapie richtet, oder diesen Wunsch als Ausdruck von unbewußten Größenphantasien werten, die sich auf einen allmächtig phantasierten Priester-Therapeuten beziehen. Es drückt sich aber darin auch ein legitimer Wunsch aus, nämlich der, das religiöse Leben nicht von den psychischen Vorgängen zu trennen. Das ist das eine: Psyche und Religion gehören zusammen, Seelsorge und Psychotherapie sind keine Gegensätze.

Das andere ist: Verantwortlich psychotherapeutisch handeln kann nur der, der die Grenzen seines Handwerks kennt und akzeptiert. So ist es aus therapeutischen Gründen oft notwendig, gerade bei religiös sozialisierten Menschen, in der Therapie eine gewisse Abstinenz in religiösen Fragen an den Tag zu legen. Auf jeden Fall ist es wichtig, beides zunächst einmal zu trennen und nicht voreilig zu vermischen. Ich selbst habe diesen Konflikt derzeit so gelöst: Von meiner Grundidentität als Theologe her verstehe ich meine psychoanalytische Arbeit als Seelsorge (vgl. Freud 1948, 293) wenngleich ich in der Praxis keine ausdrücklich seelsorglich-religiösen Handlungen, wie etwa Gebet oder Sakramentenspendung, vornehme.

Eine Ordensschwester kommt wegen Depressionen zur Therapie. In einer der ersten Sitzungen bittet sie mich, ihr doch im Laufe des therapeutischen Prozesses hin und wieder die Beichte abzunehmen. Da ich Priester sei, ließe sich das ja gut machen, und ich würde sie dann ja immerhin sehr gut kennen durch die therapeutische Arbeit. Einem solchen Ansinnen nachzugeben unter der Rücksicht, daß durch die Einheit von religiösen und therapeutischem Tun die Seelsorge gerade jene Tiefe und Wirksamkeit erreicht, die man sonst im Alltag so oft vermißt, wäre ein schwerer Kunstfehler. In einem solchen Fall verweise ich regelmäßig an einen anderen Priester bzw. arbeite den Wunsch nach Beichte analytisch durch. Oftmals erweist es sich als sinnvoll, während der Therapie ganz auf die Beichte zu verzichten. Die hier zitierte Ordensschwester hat z. B. im Laufe ihrer Therapie erst einmal instand gesetzt werden müssen, wirklich schuldfähig zu werden. Ihre Depressionen waren der zum Scheitern verurteilte Versuch, doch lieber in kindlicher Abhängigkeit zu verharren. Ihre Beichten standen im Dienst der Depression: Sie ermöglichten es ihr, abhängig zu bleiben und keine Verantwortung für sich selbst übernehmen zu müssen.

Das Absehen von religiösen Handlungen gerade in der Therapie von Priestern oder Ordensleuten entspringt also nicht aus der Ablehnung des religiös-rituellen Tuns, sondern umgekehrt: Der Verzicht ist Ausdruck einer hohen Wertschätzung religiöser Vollzüge. Wenn jedoch der Keller des Hauses nicht in Ordnung ist und die Fundamente wackeln, ist es unsinnig, das Wohnzimmer schon einrichten zu wollen. Das *Ziel* religiösen Lebens darf nicht der Ausgangspunkt sein; gerade Seelsorger brauchen um ihrer religiösen Identität willen einen Raum, in dem sie in gewisser Weise religionslos sein dürfen, nur ihren Wünschen und Ängsten ausgeliefert, sozusagen ohne Filter (vgl. Drewermann 1989, 340 – 368). Man kann es beinah nur paradox formulieren: Damit in der Seele eines Seelsorgers Psyche und Religion zusammenwachsen und eine Einheit bilden können, bedarf es zunächst eines Rahmens, in dem Psychotherapie und Seelsorge getrennte Wege gehen: Integriert werden kann nur, was eine eigene Identität hat. Nur mit dieser Voraussetzung können die folgenden Gedanken richtig verstanden werden.

2. Der Ausgangspunkt: Der innere Zusammenhang von Psyche und Religion

Wir haben heute Mühe, das wieder zusammenzubringen, was spätestens seit der Aufklärung auseinandergetreten ist: Glaube und Erfahrung, Gottfindung und Selbstfindung, Religion und Psyche. Um die Plausibilität des Glaubens vor dem Forum der kritischen Vernunft zu bewahren, mußte er in den geschichtlichen Prozessen der europäischen Aufklärung als eine ganz andere, eben mit der Erfahrung des Menschen nicht einzuholende Wirklichkeit ausgesagt werden. Glaube wurde zur abstrakten Offenbarung (vgl. Eicher 1977), herausgelöst aus ihrem Wurzelgeflecht in der Seele des Menschen. Diese unselige Spaltung bringt das in einen Gegensatz, was ursprünglich eine spannungsreiche Polarität bezeichnet, was auf jeden Fall eine Einheit bildet nach dem Modell einer Ellipse mit zwei Brennpunkten.

Durch die moderne psychoanalytische Entwicklungspsychologie wissen wir, daß es keine gesonderte Quelle religiösen Erlebens jenseits der psychischen Struktur gibt. Das religiöse Erleben ist vielmehr integraler Bestandteil in der Entstehung der Persönlichkeit. Der Entstehungsprozeß der Psyche als fortschreitender Organisierungsprozeß (vgl. Blanck 1989, 29 – 44) läßt sich als Heranbildung der Symbolfähigkeit verstehen: Mit Hilfe erster Übergangsobjekte verschafft sich das Kind den Glauben, trotz der fortschreitenden Individuation, die immer Loslösung von der Mutter ist, mit einem schützenden und tragenden Grund verbunden zu bleiben (vgl. Funke 1986a, 23 – 70). Dieser „dritte Bereich" der Übergangsobjekte und Protosymbole ist jene Wirklichkeit zwischen innen (psychische Welt) und außen (reale Welt), in welcher Kreativität, Kunst und Religion sich entfalten und den Menschen bewahren vor einem Rückfall ins psychotische Chaos und vor einem nur äußeren Angepaßtsein und Funktionieren.

Dieses hier nur grob skizzierte Ineinander von ersten religiösen Erlebnisformen und psychischer Strukturbildung findet seine theologische Entsprechung in der biblischen Einheit von Offenbarung Gottes und der Konstitution von Subjekten: Die Offenbarwerdung Jahwes im Exodus ist gebunden an den Prozeß der Subjektwerdung des Volkes Israel: Indem sich Israel aus der Verschlingung mit dem ägyptischen Volk löst und nach Bestehen zahlreicher Gefahren das gelobte Land, also den Zustand einer neuen Identität, erreicht, erfährt es, wer Jahwe ist: ein Gott, der die Identität des Volkes will und den Prozeß der Volkwerdung vorantreibt – wie Eltern, die ihrem Kind bei der Selbstwerdung beistehen. In Jesus selbst findet dieses Interesse Gottes an der Subjektwerdung seinen stärksten Ausdruck: Er holt Menschen aus der tödlichen Isolation und Fixierung zurück in einen Lebenszusammenhang, der sie gesund und heil macht. Indem Menschen so heil werden, wissen sie, wer Gott ist: Er kommt nicht jenseits dieser heilenden Begegnung vor, sondern ist in ihr. Wer nun selbst im Namen Jesu – als Seelsorger etwa – anderen bei ihrer Heilung und Selbstwerdung beistehen will, kann das nur tun, wenn er sich selbst den Prozessen des Lebens aussetzt und seine eigene Entwicklung als eine lebenslange Aufgabe akzeptiert. Daraus ergibt sich ein vorrangiges Ziel für die Begleitung von Seelsorgern:

3. Das Ziel: Mensch werden, um Seelsorger zu sein

Das wichtigste Instrument, das der Seelsorger in der Ausübung seines Berufes hat, ist er selbst (vgl. Karrer 1990, 296 ff). Deshalb ist die Arbeit an der eigenen Menschwerdung unabdingbare Voraussetzung, um Seelsorge zu lernen. Psychologisch sprechen wir von Individuation, welche einen Prozeß beschreibt, der teils bewußt erlebt und gestaltet wird, teils ein unbewußtes Wachstum bezeichnet. Sie ist nie Ergebnis, sondern stets Ereignis im Sinne eines Prozesses, der niemals endet. Allerdings ist er von vielen Hindernissen und Hemmnissen begleitet, die zu Fixierungen führen und das Leben zum Stillstand bringen können. Diese haben ihre Wurzel häufig in ungelösten Konflikten der Kindheit, die unbewußt fortbestehen und das Leben trotz aller willentlichen Anstrengung in eine Richtung treiben, die eher von Abwehr und Rückzug als von Auseinandersetzung und Voranschreiten geprägt ist. Solche unbewußten Konflikte schwächen das Ich und lassen es eher angstvoll Zuschauer sein, an dem das Leben vorüberfließt. Wie aber kann ein Mensch andere ins Leben führen, wenn er selbst diesem Leben skeptisch und voller Angst gegenübersteht? Seelsorgliche Beratung für Seelsorger hat vor allem diese Aufgabe zu erfüllen: Menschen, die oft mit hohem Anspruch und großen Worten das „Verkünden und Heilen" (vgl. Lk 9, 2) als ihre wichtigste Aufgabe angeben, selbst dem Leben zurückzugeben und zu den Schritten zu befähigen, die unsere Menschwerdung ausmachen.

In der Psychotherapie von Seelsorgern fällt immer wieder auf, daß grundlegende Funktionen menschlichen Daseins nur defizitär entwickelt sind (vgl. Diergarten 1985, 4). Seelsorger haben oft nicht das Gefühl, lebendige Menschen zu sein,, sondern erleben sich abhängig von Erwartungen anderer, haben eher das Gefühl, gelebt zu werden, also selbst „offensiv" zu leben. Ihre zwischenmenschlichen Beziehungen sind vielfach auf amtliche Kontakte beschränkt, ein echter Raum menschlicher Intimität erscheint ihnen verschlossen. Ihre Arbeit empfinden sie häufig als frustrierend, kaum als produktive Teilhabe an der Schöpfung Gottes. Neue Lebensmöglichkeiten zu realisieren ist ihnen nur schwer möglich, weil sie nur wenig an sozialer Phantasie entwickeln angesichts des selbst erzeugten Arbeitsdrucks. Ihre Lebensform ist letztendlich eher das Zugeständnis an die Gegebenheiten und nicht Ausdruck schöpferischer Integration. Anderseits sind Seelsorger oft Menschen, die über viel schöpferisches Potential verfügen, das aber leider oft brach liegt. Deshalb ist der nächste Schritt, wie dieses Potential aktiviert und belebt werden kann und wie Seelsorger vom „Überleben zum Leben" (Frielingsdorf 1989) finden können.

4. Der Weg: Leben im entwicklungsfreundlichen Milieu

Wenn ein Mensch wachsen und sich entwickeln soll, bedarf es eines bestimmten Klimas, eines Raumes, in dem jenseits aller Zensur und Kontrolle ein Mensch lernen kann, sich und seinen inneren Impulsen mehr zu trauen als dem, was andere von ihm erwarten. Der berühmte Kinderanalytiker *Winnicott* hat die fördernde und haltende Umwelt als den entscheidenden Faktor für Wachstum und Entwicklung herausgestellt. In der psychoanalytischen Therapie bildet das sog. „Setting" den Rahmen, in dem inneres Wachstum zustande kommt. Das Setting ist gekennzeichnet durch eine verläßliche und stabile Struktur, die es dem Patienten ermöglicht, ohne Sorge um Verlust der therapeutischen Beziehung, die zunächst mütterlich-haltenden Charakter hat, sich dem zu stellen, was in seiner Seele bisher alles kein Lebensrecht hatte. Die Verläßlichkeit des äußeren Rahmens ist, wie die Psychotherapieforschung bestätigt, ein ganz wichtiges therapeutisches Agens. Und dann ist da die Person des Analytikers. Die Beziehung zu ihm ist zugleich Medium und Instrument therapeutischer Wachstumsprozesse. Es ist eine Beziehung ganz eigener Art: Einerseits bleibt der Analytiker distanziert, er achtet die Autonomie des Patienten und bleibt selbstverständlich beim „Sie" in der Anrede. Er verzichtet auch darauf, mit dem Patienten etwas anderes zu tun, als zu sprechen oder ihn gar mit eigenen Problemen zu konfrontieren. Andererseits ist die Beziehung äußerst nah und intim, weil über das gesprochen werden kann und soll, was in der normalen Alltagssituation exkommuniziert wird: die Träume und inneren Bilder, die Phantasien und geheimen Wünsche, die mit Angst und Scham besetzt sind. Die analytische Situation ist also getrennt und intim zugleich, so daß man von einem „Zustand intimer Trennung" oder von „getrennter Intimität" (Kutter 1989, 277) sprechen kann.

Seelsorgliche Beratung und Begleitung für Seelsorger und Seelsorgerinnen kann von diesem analytischen Setting einiges lernen: Den Respekt vor der Subjektivität des Seelsorgers, die Höherbewertung des Individuellen vor dem Kollektiven, die Bevorzugung des Persönlichen vor dem Amtlichen, aber auch die Bedeutung von klaren Strukturen und Grenzen. Das ist deshalb besonders wichtig, da Seelsorger in der Regel Menschen sind, die von ihrer Persönlichkeitsstruktur und ihrer kirchlichen Sozialisation her nicht immer genug Respekt vor ihrer eigenen Persönlichkeit, ihren Wünschen und Ängsten erfahren haben. Sie sind oft in einem kirchlichen Milieu aufgewachsen, in dem das Persönliche als Subjektivismus verdächtigt wurde und in dem die Unterordnung unter vorgegebene Regeln oft das einzige Kriterium ihrer Berufung war. Oft haben sie die Kirche in ihrem eigenen Werdegang eben nicht als freundliche, ihre Autonomie fördernde Mutter erlebt, sondern eher als einschränkende, identitätsverbietende Instanz (in der sich der negative, verschlingende Mutterarchetyp konstelliert).

Ein 50jähriger Pfarrer hat seinen Vater im Krieg verloren und ist mit Mutter und Tante in ärmlichen Verhältnissen aufgewachsen. Eine wohlhabende „Wohltäterin" hat ihm den Besuch eines kirchlichen Internates ermöglicht, welcher schließlich zum Theologiestudium und zum Priesterberuf führte. Die ersten Kaplansjahre verbrachte er mit seiner Mutter, die ihm den Haushalt führte, und der er sich in tiefer Dankbarkeit verbunden fühlte. Der nach außen freundlich und gutmütig wirkende Pfarrer suchte therapeutische Hilfe auf, als er sich in sexuelle Probleme verstrickt hatte, die seine Berufsausübung gefährdeten.

Dieser Pfarrer hat früh gelernt, sich dankbar fühlen zu müssen, da sowohl Mutter und Tante große Opfer brachten, damit er Priester werden konnte, als auch seine Ausbildung von einer „Wohltäterin" finanziert wurde. Diese „Dankbarkeit" führte zur völligen Verleugnung eigener Bedürfnisse und Wünsche; solche überhaupt zu haben erschien ihm bereits als Frevel. Alle autonomen Strebungen konnte nur als Undankbarkeit seinen „Wohltätern" gegenüber erlebt und mußten verdrängt werden. Ein Leben in Anpassung ließ sich solange durchhalten, bis der innere Konflikt zwischen seinen Autonomiewünschen und seiner Unterordnungsbereitschaft manifest wurde. Wie immer in solchen Fällen kann keiner der beteiligten Personen eindeutig eine Schuld zugewiesen werden, denn alle haben aus „edlen Motiven" gehandelt. Und doch hat sich dadurch eine Situation hergestellt, die für die eigene Persönlichkeitsentwicklung krankmachend wirkte. Vermutlich ist diese Sozialisation typisch für manche Seelsorger: Sie wachsen auf in einem Milieu, in dem nicht nur die Entfaltung der Persönlichkeit wenig gilt, sondern deren Nichtzustandekommen durch spirituelle Rationalisierungen („Gehorsam") überhöht wird.

In einem solchen subjektivitätsfeindlichen Klima („die Gemeinschaft ist wichtiger als der Einzelne") kann auch eine Fähigkeit kaum erworben werden, die für die Ausübung von Seelsorge jedoch von zentraler Bedeutung ist, und zwar sowohl für den Seelsorge-Suchenden als auch für die Psychohygiene des Seelsorgers selbst: die Fähigkeit, mit Grenzen flexibel umgehen zu können. Der Seelsorger muß z. B. im Kontakt mit einem depressiv strukturierten Hilfesuchenden klare Grenzen setzen können, die sich auf die Gesprächszeit (in der Regel maximal eine Stunde) als auch auf die Bereitschaft, gegebenenfalls an Fachleute zu delegieren, bezieht. Diese Fähigkeit, sich abzugrenzen, setzt eine Persönlichkeit voraus, die sich selbst achtet und ohne Schuldgefühle „nein" sagen kann in Ausübung des seelsorglichen Berufs. Andererseits gibt es für den Seelsorger Situationen, wo er seine üblichen Grenzen erweitern muß, um Menschen gerecht zu werden, etwa im Kontakt mit den sogenannten kirchlich Distanzierten.

Die hier skizzierte Grundkompetenz heißt also: flexibler Umgang mit den eigenen Ich-Grenzen; situativ offen und abgegrenzt sein können. Solche Fähigkeiten können nur gelernt werden, wenn ein Mensch in einem Klima gelebt hat, in dem er offen sein durfte und sich ohne Schuldgefühle abgrenzen konnte. In der Regel ist es die Gruppe, in der ein Mensch lernen kann, Kontakt zu seinen eigenen Ich-Grenzen zu bekommen und damit für sich befriedigend umzugehen. In meiner Praxis sind es fortlaufende analytische Therapie- und Selbsterfahrungsgruppen, die ein subjektivitäts- und wachstumsfreundliches Milieu darstellen, es können aber auch Supervisions- und Praxisbegleitungsgruppen sein, wie sie Seelsorgern in steigendem Maße zur Verfügung gestellt werden seitens der kirchlich Verantwortlichen.

Die Erweiterung und Formung der eigenen Seelsorger-Persönlichkeit hängt natürlich von den unterschiedlichen kirchlichen Lebenswelten ab, in denen Seelsorger groß geworden sind: Ein vorkonziliar sozialisierter Pfarrer hat andere Wachstumsdefizite als ein während der Aufbruchphase des Konzils ins Seminar eingetretener Student. Dieser wiederum unterscheidet sich von einem jungen „postmodernen" Kaplan der 80er Jahre. Aber was sich äußerlich unterscheidet, weist doch in der Tiefe in etwa gleiche Strukturen auf. Daher möchte ich drei Aspekte betonen, die ich aufgrund meiner psychoanalytischen Arbeit mit Seelsorgern als besonders wichtig ansehe:

Die Arbeit an der „Geburt des Selbst"

Der christliche Glaube bietet in seiner Symbolik ein ganzes Spektrum von Bildern, die den Vorgang der „Geburt des Selbst" zur Anschauung bringen: Die Rettung Israels am Schilfmeer, die Wiedergeburt des Jona aus dem Bauch des Fisches, die Geburt des göttlichen Kindes aus der Jungfrau, die Auferstehung des gekreuzigten Jesus aus dem Grab, um nur einige zu nennen. Seelsorger haben diese „Ereignisse" so zu verkünden, daß sie von anderen Menschen als relevant für ihr Leben und ihre Selbstwerdung angenommen werden können. Die beklagenswerte Tatsache, daß viele Zeitgenossen die produktive Kraft dieser Symbole nicht mehr für ihr Leben erfahren, hat manche Ursachen, von denen eine ganz sicher die ist, daß Seelsorger selbst keine Vorstellung (mehr) davon haben, wie die alten „Bilder des Heils" in ihrer eigenen Seele verankert sind. Wer selbst nicht gelernt hat, die eigene Selbstwerdung mit all ihren Konflikten ernst zu nehmen und sich dabei in Ereignissen der Heilsgeschichte aufgehoben weiß, der kann den Glauben nur äußerlich verkünden, ohne selbst angerührt zu sein von deren Bedeutung für die eigene Menschwerdung.

Aufgrund der oben beschriebenen Sozialisationsbedingungen haben viele Seelsorger den Kontakt zum eigenen, „wahren Selbst" verloren (vgl. Winnicott 1974, 182 – 199). Statt dessen sind sie bereit, pastoral zu funktionieren und den Seelsorgebetrieb in Gang zu halten. In der Tat: Wer den Kontakt zum „wahren Selbst" verloren hat, der ist kalkulierbar, gut einplanbar in Seelsorgestrategien, die eher aus der Angst vor Verlust kirchlicher Präsenz in der Gesellschaft geboren sind als aus einem inneren Angerührtsein von der Kraft der Bilder des Glaubens.

Diese Bilder fördern das Entdecken des „wahren Selbst": Es bildet sich in einem mystischen Freiraum der Subjektivität – jenseits dogmatischer oder amtlicher Kontrolle. Ebenso wie die Glaubensbilder ist das „wahre Selbst" in gewisser Weise subversiv – und gerade darum kreativ. Und solche kreativen Seelsorger hat die Kirche dringend notwendig, Seelsorger, die keine Angst haben vor Menschen, die z. B. die neuzeitlichen Freiheitsrechte längst für sich übernommen haben und oft mehr Selbststand besitzen als sie selbst. Wenn Seelsorger immer noch eine oft unbewußte Angst hegen vor der Individualität und Autonomie des einzelnen, dann ist es nicht verwunderlich, wenn die Menschen lieber ins Museum gehen, um mit der heilenden Kraft der Bilder und Symbole in Kontakt zu kommen, als einen Gottesdienst zu besuchen.

Solange gläubige Selbsthingabe und psychologische Selbstwerdung als Gegensätze verstanden werden, bringt das eine Menge psychischen Leids hervor. Theologiegeschichtlich erweist sich dieser Gegensatz als moderne Variante der Aufspaltung von Heil und Heilung in Folge der Aufklärung. Nur wenn es ein psychologisch reifes und integriertes Selbst gibt, dann ist auch Selbsthingabe, Opfer, Verzicht und Solidarität als reife Glaubenshaltung möglich. Gerade die Solidarität mit den Hilfebedürftigen setzt die Geburt des eigenen Selbst voraus, sonst gerät z. B. auch die Lebensform der sogenannten evangelischen Räte in die Gefahr einer neurotisierenden kirchlichen Abwehrstruktur. Deren Auflösung geschieht im psychoanalytischen Prozeß z. B. dadurch, daß der Analysand seine eigene Lebensgeschichte durcharbeitet und die notwendige Trauerarbeit darüber leistet, daß ihm vielfach seine Selbstwerdung schicksalhaft erschwert wurde. Daraus resultiert oftmals eine Neuorientierung, eine Veränderung in den beruflichen Schwerpunkten und ein Wachstum im Feld der zwischenmenschlichen Beziehungen. Das beinhaltet u. a. auch die Durcharbeitung von unrealistischen Größenphantasien, die aus einer Zeit stammen, in der sich das von der Mutter loslösende Kind besonders klein und hilflos erlebt und diese Ohnmacht durch Allmachtsphantasien kompensiert.

Gerade der kirchliche Beruf eignet sich zur Besetzung mit narzißtischen Größenphantasien: Wer am hohen Ideal etwa des Priesteramtes teilhat, der ist mancher Schwierigkeiten enthoben, mit denen sich ein normaler Mensch herumzuschlagen hat. Es führt hier zu weit, um auf das Schicksal des Narzißmus im Leben vieler Seelsorger einzugehen (vgl. Hoppe 1985, 63 – 82). Ich möchte nur noch die positiven Ergebnisse nennen, die sich einstellen, wenn das narzißtisch gefährdete oder gestörte Selbst die Gelegenheit bekommt, in einem heilenden Raum sich zu wandeln. Heinz Kohut, einer der bekanntesten Narzißmus-Forscher und Begründer einer Selbst-Psychologie, nennt folgende Fähigkeiten als Resultat eines „gestalteten Narzißmus": Einfühlung, Kreativität, Humor, Weisheit und die Fähigkeit, die Begrenztheit des Lebens zu ertragen (Kohut 1973, 336 – 368; Scharfenberg 1973). Solche genuin seelsorgliche Kompetenzen zu fördern und sich entwickeln zu helfen, ist Aufgabe einer fachgerechten seelsorglichen Beratung für Seelsorger und Seelsorgerinnen.

Die Arbeit am Über-Ich

Der oben skizzierte Fall des 50jährigen Pfarrers läßt sich auch unter dem Gesichtspunkt des Über-Ichs anschauen. Das Über-Ich ist im Freudschen Sinn die Instanz im psychischen Apparat, welche die Verbote, Normen und Regeln der wichtigsten Beziehungspersonen enthält. In vielfachen Prozessen der Identifizierung und Verinnerlichung sind sie Bestandteil der Psyche geworden und haben den Entfaltungsraum des Ich geschützt oder eingeschränkt. Besonders Seelsorger neigen aufgrund ihrer spezifisch kirchlichen Ausbildung, die oft in der Kindheit grundgelegt wurde, dazu, ein starres, strenges und einschränkendes Über-Ich auszubilden, welches von ihnen ständige Unterwerfung fordert. Psychologisch gesehen löst ein Mensch den Konflikt mit einem solche strengen Über-Ich dadurch, daß er sich seinen Forderungen unterwirft, oft unter Preisgabe seiner eigenen vitalen Bedürfnisse (vgl. Gruen 1984, Hoppe 1985, Drewermann 1989, 269–340). Es kann sich weder ein reifes Gewissen noch ein integriertes Selbst entwickeln. So kommt es, daß ein unter der Herrschaft eines tyrannischen Über-Ichs stehender Seelsorger ständig gezwungen ist, sich entweder demutsvoll dem inneren Herrscher zu unterwerfen oder selbst als Herrscher aufzutreten und andere zu versklaven. *Klaus D. Hoppe,* ein auf Kleriker-Psychotherapien spezialisierter amerikanischer Analytiker, kennzeichnet den daraus resultierenden Habitus so: „Solange sich Selbst-Versklavung als Demut tarnt, bleibt der Augenaufschlag zu Gott Selbstvergötterung" (Hoppe 1985, 46). Das für einen sich religiös bezeichnenden Menschen besonders Tragische eines tyrannischen Über-Ichs ist der Umstand, daß er eigentlich nie zu echter Schuld fähig ist – von der er doch so oft redet. Auch dazu ein Fallbeispiel.

Eine 54jährige Ordensschwester kommt in Therapie wegen schwerer Depressionen, die sie völlig arbeitsunfähig machen in ihrem gelernten Beruf als Krankenschwester. Sie ist in einer bäuerlichen Großfamilie aufgewachsen, in der die eigenen Bedürfnisse der Kinder nicht nur nichts zählten, sondern offen abgewertet wurden. Nur die Arbeit auf dem Hof, zu der die Kinder schon früh herangezogen wurden, galt etwas in den Augen der Eltern. Schon bald wurde die so erlernte Anspruchslosigkeit des jungen Mädchens zu ihrer zweiten Natur, und der Weg zum Eintritt in einen Orden war beinahe vorprogrammiert. Hier erhielt ihre Verzichtshaltung eine höhere Weihe, welche ihr nach Art des sekundären Krankheitsgewinns eine vorläufige narzißtische Aufwertung zukommen ließ. Die Brüchigkeit eines solchen Arrangements zeigte sich erst dann, als nach einer Trennung aus der Beziehung zu einem Mann die Depression durchbrach.

Diese Depression war gekennzeichnet durch heftigste Scham- und Schuldgefühle, die trotz häufiger Beichten nicht weniger wurden, obwohl sich die

9. Priester und Ordensleute

Schwester äußerlich nichts zu schulden kommen ließ. Die depressiven Schuldgefühle waren also der Kompromiß zwischen den Forderungen des Über-Ichs (bzw. Ich-Ideals, einer Vorstufe des Über-Ichs), anspruchslos sein zu müssen, und den Ansprüchen des Ichs, die sich im verdrängten Wunsch nach Besitz, Selbstand und sexueller Beziehung zu einem Mann durchsetzten. Im analytischen Prozeß mußten diese verschütteten Wünsche unter großen Mühen ausgegraben und konnten dann bearbeitet werden: Auf einige Wünsche mußte realistischerweise verzichtet werden, andere konnten befriedigt werden. Wichtig ist bei solchen analytischen Wegen, daß die vergessenen Wünsche bewußt werden dürfen und so ihre geheime und gefährliche Macht verlieren. Im Laufe der Therapie nahmen die Schuldgefühle der Schwester ebenso ab wie die Arbeitsstörungen, jedoch eckte sie dafür in ihrem Orden mehr und mehr an, sie ließ sich nicht mehr alles gefallen und war nicht mehr bereit, immer zurückzustecken. Das Beeindruckendste für mich war, daß diese Schwester am Ende ihrer Therapie bemerkte, jetzt zum ersten Mal richtig beichten zu können.

In der Tat: Schuldfähig werden ist ein Ziel im therapeutischen Umgang mit kirchlichem Personal.

Nur wo kindliche Scham- und Schuldgefühle überwunden werden, wo also ein Mensch lernt, sich selbst wichtig zu nehmen und den Gegebenheiten eines erwachsenen Lebens nicht auszuweichen, da kann er echte Schuld erleben. Theologisch gesprochen wäre die Vermeidung von Schuld im Sinne eines Beharrens in der wunsch- und konfliktlosen Welt des Paradieses die eigentliche Sünde. Die Arbeit am Über-Ich ist für die seelsorgliche Begleitung von Seelsorgern ein zentraler Punkt. Im Gegensatz zu vielen säkularen Zeitgenossen verfügen sie aufgrund ihrer Teilhabe an kirchlichen Sozialisationsprozessen mit hoher normativer Auflading über ausgeprägte Über-Ich-Strukturen. Die Umwandlung eines tyrannischen inneren Herrschers in einen freundlich-schützenden Weggefährten gelingt aber nur dann, wenn der seelsorgliche Berater (oder Therapeut) selbst als ein besseres, d.h. milderes und freundlicheres Objekt zu Verfügung steht und von Klienten in seinen gewährenden und gütigen Aspekten verinnerlicht werden kann. Es ist unverantwortlich, einfach nur das Über-Ich zu zerstören, ohne die Gelegenheit zu bieten, daß etwas Neues an der Stelle wachsen kann, wo Altes aufgegeben wurde. Ich komme jetzt zum letzten Punkt, auf den persönlichkeitserweiternde und darum heilende seelsorgliche Beratung von Seelsorgern und Seelsorgerinnen abzielt.

Die Arbeit an der Symbolfähigkeit

Um den Weg zum eigenen Selbst und den Weg der Befreiung vom inneren Tyrannen zu beschreiben, braucht es nicht nur Menschen, die mitgehen, es braucht auch Sinnbilder gelungenen Lebens. Die jüdisch-christliche Überlieferung ist nicht nur angereichert mit solchen Sinnbildern, sie ist selbst ein solches Symbolsystem, in dem Entwürfe gelungenen und wahren Lebens anschaubar werden. Die Fähigkeit, die eigene Menschwerdung in solchen Symbolen auszudrücken und sich von ihnen antreiben zu lassen, ist jedoch nicht angeboren. Sie muß vielmehr erworben werden in einem recht störanfälligen Prozeß (vgl. Funke 1986b). Der Erwerb der Fähigkeit zum persönlichkeitsrelevanten Umgang mit Symbolen ist immer an einen kommunikativen Raum gebunden und wächst oft erst im Prozeß einer intensiven Beziehung therapeutischer oder seelsorglicher Art. Für den Seelsorger bildet diese Kompetenz des Lebens mit Symbolen sozusagen die Basisvoraussetzung für religiöses Erleben. Wo die Symbolisierungsfähigkeit, also das Vermögen, innere Wünsche und Konflikte in äußeren „Dingen" zur Darstellung zu bringen und umgekehrt, äußere Dinge auf das psychische Leben zu beziehen, gestört oder nicht entwickelt ist, da kann es psychologisch gesehen nicht zum religiösen Erleben kommen.

In der Tat ist es oft tragisch bis grotesk, zu sehen, wie Seelsorger die Welt der Symbolik und des Rituals, zu deren Betreuung und Pflege sie amtlich bestellt sind, etwa im Bereich der Liturgie, behandeln wie ein Ding der äußeren Wirklichkeit, so, als würden sie einen Computer bedienen. Sie verfügen in der Tat oft nicht über die Gabe, sich selbst, ihren Lebensweg, ihre Wünsche und Konflikte in den Symbolen des Glaubens aufgehoben zu sehen. Sie sind ihnen entfremdet. Der Grund dieser Desymbolisierung (Lorenzer 1982, 109–117) liegt jedoch nicht in den Symbolen selbst, sondern in der mangelnden Selbst-Erfahrung, in der Geringschätzung und oft religiös rationalisierten Abwertung des eigenen Selbst, wie sie oben geschildert wurde. Symbole setzen jedoch Selbst-Erfahrung, individuell und kollektiv, voraus. Daher kann die Fähigkeit zur Symbolbildung nicht aus Büchern oder Symbol-Lexika gelernt werden, sie bedarf vielmehr eines Raumes der Selbst-Begegnung im Horizont der eigenen Lebensgeschichte und der intensiven Begegnung mit anderen Meenschen. Damit also Seelsorger sich die von Stenger geforderte Kompetenz, „botschaftsbezogen mit Symbolen umzugehen" (Stenger 1988, 60), aneignen können, bedarf es eines Erfahrungsraumes, in dem sie Kontakt bekommen mit ihren Wünschen und Sehnsüchten, ihren Ängsten und Konflikten und sich dabei eben nicht allein wissen, sondern aufgehoben zunächst in einer Therapie- oder Supervisiongruppe, in Freundschafts- und Kollegenbeziehungen, aber auch im überindividuellen Zusammenhang jener Menschen, die am gemeinsam geteilten Symbolsystem partizipieren. Nur wenn Seelsorger die Möglichkeit haben, ihr eigenes Leben als eine ständige Entwicklungsaufgabe zu begreifen im Kontext eines lebensstiftenden Glaubens, dann können sie selbst zum Leben anstiften und glaubwürdig jenen Gott bezeugen, der die Mächte des Todes überwunden hat.

Literatur

BAUMGARTNER, ISIDOR: Seelsorgliche Kompetenz als pastoralpsychologisches Bildungsziel. Diss. Passau 1982.
BLANCK, GERTRUD U. RUBIN: Ich-Psychologie II, Stuttgart: Klett 1980.
BRUNERS, WILHELM/SCHMITZ, JOSEF (Hrsg.): Das Lernen des Seelsorgers. Identität, Zielsetzung, Handeln im pastoralen Dienst. Mainz: Grünewald 1982.
DIERGARTEN, FRIEDRICH: Psychoanalytische Therapie. Perspektiven, Variationen. Zwischen Symbiose und Lebensform. In: Zeitschrift für psychoanalytische Psychotherapie 7 (1985) 1–49.
DREWERMANN, EUGEN: Kleriker. Psychogramm eines Ideals. Olten: Walter 1989.
EICHER, PETER: Offenbarung. Prinzip neuzeitlicher Theologie. München: Kösel 1977.
FRIELINGSDORF, KARL: Vom Überleben zum Leben. Wege zur Identitäts- und Glaubensfindung. Mainz: Grünewald ²1989.
FUNKE, DIETER: Im Glauben erwachsen werden. Psychische Voraussetzungen der religiöseen Reifung. München: Pfeiffer 1986a.
– : Vom Ding zum Symbol. Religionspsychologische Aspekte zur Bedeutung vorsprachlicher Symbole für die frühe Identitätsbildung. In: Wege zum Menschen 38 (1986b) 29–44.
GRUEN, ARNO: Der Verrat am Selbst. Die Angst vor der Autonomie bei Mann und Frau. München: Kösel 1984.
HOPPE, KLAUS D.: Gewissen, Gott und Leidenschaft. Theorie und Praxis psychoanalytisch orientierter Psychotherapie von katholischen Klerikern. Stuttgart: Hirzel 1985.
KARRER, LEO (Hrsg.): Handbuch der praktischen Gemeindearbeit. Freiburg i. Br.: Herder 1990.
KOHUT, HEINZ: Narzißmus. Eine Theorie der psychoanalytischen Behandlung narzißtischer Persönlichkeitsstörungen. Frankfurt/M.: Suhrkamp 1973.
KUTTER, PETER: Moderne Psychoanalyse. Eine Einführung in die Psychologie unbewußter Prozesse. München/Wien: Verlag Internationale Psychoanalyse 1989.
LORENZER, ALFRED: Das Konzil der Buchhalter. Die Zerstörung der Sinnlichkeit. Eine Religionskritik. Frankfurt/M.: Europäische Verlagsanstalt 1981.
SCHARFENBERG, JOACHIM: Narzißmus, Identität und Religion. In: Psyche 27 (1973) 949–966.
STENGER, HERMANN (Hrsg.): Eignung für die Berufe der Kirche. Klärung, Beratung, Begleitung. Freiburg i. Br.: Herder 1988.
WINNICOTT, DONALD W.: Reifungsprozesse und fördernde Umwelt. Frankfurt/M.: Fischer 1974.

* (Roßstr. 79, 4000 Düsseldorf 30)

TEIL IV

SEELSORGLICHE BERATUNG UND BEGLEITUNG IM KONTEXT VON EXISTENTIELLEN GRUNDPROBLEMEN

1. Bei jungen Menschen auf der Schwelle zum Erwachsenenalter

WUNIBALD MÜLLER

1. Persönliche Erfahrungen

Ich habe in meinem bisherigen Leben erfahren, daß ich am meisten durch Krisen psychisch und spirituell gewachsen bin. Sie korrigierten mich, brachten mich mit dem in Berührung, was *ich* wirklich wollte und – das spürte ich immer mehr – wozu ich *bestimmt* war. In besonderer Weise traf das für mich in der Phase meiner Identitätsfindung zu, in der sich gebieterisch zunehmend jene Kräfte, Wünsche, Sehnsüchte und Träume in mir meldeten, die ich vorher nicht beachtet oder einfach nicht zugelassen hatte. Ich machte die Erfahrung, daß es lebens-not-wendig ist, die Stimmen von Seele, Psyche und Leib ernstzunehmen, da erst sie zusammen das, was mir wesentlich zu eigen ist, zum Ausdruck bringen und darin mir auch mitteilen, was Gott mit mir vorhat. Erst als ich diesen Stimmen wirklich zuhörte und das, was sie mir sagen wollten, beachtete, fand ich langsam wieder aus der Krise heraus, in die ich geraten, ja gestürzt war, nachdem so vieles, was für mich bisher galt, keinen Bestand mehr zu haben schien, mich nicht länger zu tragen vermochte.

Mein Seelsorger in dieser Zeit war ein Freund, den ich ständig erreichen konnte und der mir in dieser außergewöhnlichen Phase meines Lebens in besonders reichlichem Maße das schenkte, von dem sonst auch weniger genügt: Zeit, Verständnis und Liebe. Daß meine Lebenskrise bei aller Dunkelheit und Verzweiflung, die ich dabei erlebt habe, letztlich zur Bereicherung und Vertiefung meines Lebens beigetragen hat, verdanke ich auch ihm und dem, der ihn mir schickte.

Als Seelsorger und Psychotherapeut begegne ich häufig Menschen, die sich in Lebenskrisen befinden. Es hilft mir in solchen Situationen, die Erfahrungen dieser Menschen auch auf dem Hintergrund ihrer augenblicklichen Lebensphase zu sehen und einzuordnen. Und es kann auch für sie hilfreich sein, zu wissen, daß ihre Krise eine notwendige Übergangsphase in ihrem Leben sein kann. Das Wissen darum kann schließlich den Ratsuchenden wie den seelsorglichen Begleiter gleichermaßen offener und bereiter dafür machen, neben dem notwendigen seelischen Beistand auch der Frage nachzugehen und hinzuhören, was Gott durch diese Erfahrungen dem einzelnen sagen will und welche Konsequenzen sich daraus für sein spirituelles Leben, die Entwicklung seines Glaubens und seine Beziehung zu Gott ergeben.

2. Entwicklungskrisen – Zeiten des Übergangs zwischen den Lebensaltern

Das Leben eines Menschen läßt sich in fünf sogenannte Lebensalter aufteilen: das Vorerwachsenenalter, das frühe, das mittlere, das späte und schließlich das sehr späte Erwachsenenalter (vgl. Sheely 1985). Jede dieser Phasen hat einen eigenen Charakter, „der sie so stark betonen kann, daß es für den sie Lebenden schwer wird, aus ihr in die nächste überzugehen" (Guardini 1986, 11). Der Übergang von dem einen zum anderen Lebensalter wird daher vielfach als Krise erlebt. Man spricht hier von einer Entwicklungskrise oder normativen Krise, da diese Krise vorhersehbar ist und gleichsam zu einer normalen Entwicklung dazu gehört. Während die einzelnen Lebensalter eher stabil sind, verlaufen die Phasen des Übergangs eher unruhig. Der Übergang mag dabei eine „längere oder kürzere Zeit in Anspruch nehmen; kann mit Heftigkeit, aber auch einer relativen Gleichmäßigkeit vor sich gehen; kann gelingen, aber auch mißlingen – letzteres so, daß die ausgelebte Phase festgehalten wird und dadurch die folgende zu kurz kommt; aber auch so, daß die jeweils aktuelle Phase um der kommenden willen verdrängt oder vergewaltigt wird" (ebd. 38 f).

Im folgenden will ich näher auf die Übergangszeit zwischen dem Vorerwachsenenalter und dem frühen Erwachsenenalter eingehen, also auf die Zeit zwischen ca. 17/18 und 22/23 Jahren. Sie ist gekennzeichnet von dem Ringen um und der Suche nach der eigenen Identität.

3. Die Suche nach der Identität

Die Identitätsbildung fängt da an, wo die Brauchbarkeit der eigenen Identifikationen mit den Gedanken, Vorstellungen und Überzeugungen wichtiger Bezugspersonen, wie Eltern und Erzieher, aufhört. Würde man sie alle addieren, sie würden nicht ausreichen zur Bildung einer gelungenen Identität, da sie eine einseitige Selektion durch den Jugendlichen darstellen. Identifikationen, die nicht mehr zu dem Bild passen, das ich zunehmend von mir selbst gewinne, die nicht in Einklang zu bringen sind mit dem Lebenstraum, den ich tief in mir spüre und immer mehr umzusetzen bereit bin, werden jetzt fallengelassen. Andere Identifikationen wiederum mag ich gerne übernehmen, sie so in mein Leben integrieren, daß sie ein Stück von mir werden. So mag ich mich z.B. für eine andere politische Einstellung entscheiden als die meiner Eltern, welche ich vielleicht über eine lange Zeit mitgetragen habe. Die religiöse Überzeugung, die mir aus meiner nächsten Umgebung und Erziehung zugewachsen ist, mag ich vielleicht grundsätzlich beibehalten, sie aber um neue, für mich wichtige Aspekte, ergänzen.

Im letzten geht es bei diesem Prozeß auch um die Entthronung des Über-Ichs, zumindest um die Verminderung seiner Vorherrschaft zugunsten einer Stärkung des Ichs. Das heißt der Platz, den vorher das Über-Ich eingenommen hat wird jetzt zunehmend durch das Ich eingenommen. Das Über-Ich steht dabei für die Welt, die Gedanken, Wertvorstellungen und Überzeugungen der Erwachsenen. Die körperlich erfahrene Unabhängigkeit und Einzigartigkeit und die zunehmend auch sozial deutlich werdende Unabhängigkeit, die sich in der Loslösung z.B. vom Elternhaus äußert, geht also einher mit der Loslösung von den inneren Strukturen und Instanzen, die mich bisher vornehmlich beeinflußten und geprägt haben.

Ich lasse mich in dieser Phase auf Experimente ein, z.B. auf Beziehungen, auch intime, um mich in die Lage zu versetzen, über das hinaus, was ich denke und empfinde, konkrete Erfahrungen zu machen, oder ich möchte Dinge, die ich vielleicht nur im Kopf habe, erden. Oft sind es dabei gerade die bisher vernachlässigten Teile von mir, die in dieser Zeit nach Ausdruck verlangen, mich zum Experimentieren ermuntern.

Es ist weiter eine Zeit, in der es darum geht, Möglichkeiten für mein Leben zu erschließen, mich auf Krisen und schließlich auf Verpflichtungen einzulassen. Krise wird dabei nicht als eine drohende Katastrophe verstanden, sondern als „ein Wendepunkt, eine entscheidende Periode vermehrter Verletzlichkeit und eines erhöhten Potentials..." (Erikson 1981, 96). Verpflichtungen meint verbindliche Entscheidungen, beispielsweise im Bereich der Wert- und Glaubensüberzeugungen und des Berufes.

4. Kriterien einer gelungenen Identitätsfindung

Der Prozeß weg von den Identifikationen der Jugendzeit hin zur Identitätsfindung hat dann sein Ende gefunden, wenn ich bei mir ein sicheres Gefühl verspüre, wer ich bin. So ist das Erkennungszeichen wirklich gefundener Identität zunächst einmal eine Art Bestätigung aus meinem innersten Selbst, gleichsam eine innere Stimme, die sagt: Das bin ich wirklich. „Man ist sich seiner Identität am bewußtesten, wenn man sie eben erst zu gewinnen im Begriff steht und gewissermaßen seine eigene Bekanntschaft macht... Die erkennbarsten Begleitumstände sind: das Gefühl, Herr seines Körpers zu sein, zu wissen, daß man ‚auf dem rechten Weg ist', und eine innere Gewißheit, die Anerkennung derer, auf die es ankommt, sicher sein zu dürfen" (Erikson 1973, 147). Karl Valentin sagte einmal: „Heute besuche ich mich. Hoffentlich bin ich daheim!" Das Identitätsgefühl, das Gefühl, seine Identität gefunden zu haben, ist vergleichbar mit der Erfahrung, sich zu besuchen und dabei festzustellen: Ich bin bei mir selbst angekommen (vgl. Stenger 1989b, 158).

Die Übergangszeit findet dann ihr Ende, wenn die mir gestellte Aufgabe des Hinterfragens, des Explorierens und Experimentierens ihre Dringlichkeit verliert; wenn ich die persönliche Krise überstanden habe und in den zentralen Bereichen meines Lebens Verpflichtungen eingehe; wenn ich sozusagen die Brücke überschritten habe – vom Vorerwachsenenalter ins frühe Erwachsenenalter –, meine ersten vorsichtigen Schritte auf dem neuen Land gehe. Ich bin dann nicht nur körperlich eine eigene, selbständige Person, sondern auch innerlich: in meinen Gedanken, Überzeugungen, in meinen Einstellungen und in meinen Zielen.

5. Seelsorgliche Beratung und Begleitung bei der Identitätsfindung

Viele junge Männer und Frauen, die sich in der Zeit zwischen dem Vorerwachsenenalter und dem frühen Erwachsenenalter auf die dabei anstehenden Prozesse und anfallenden Krisen einlassen, finden ohne große Verzögerungen ihre Identität. Ihr Leben erhält dadurch Einkerbungen und Rillen, also Vertiefungen und Einschnitte, die nicht nur äußerlich, sondern vor allem auch innerlich deutliche Spuren hinterlassen. Sie sind Zeichen der erreichten eigenen Identität, des Charakters, im Gegensatz etwa zu einer Identität, die unberührt und glatt bleibt, weil sie ohne Auseinandersetzung einfach übernommen wurde. Während die von Einkerbungen gezeichnete Identität wirklich mit ihrem Träger verbunden ist, Teil von ihr ist, wirkt die einfach übernommene Identität wie aufgesetzt, ohne echte Verbindung mit ihrem Träger. Jene, die sich dieser Herausforderung stellen, wachsen und entwickeln sich weiter. Andere, die diese Herausforderung und die Explorationsphasen einfach streichen und übergehen, lassen sich mitunter auf das ganze Leben bestimmende Verpflichtungen ein, ohne daß diese Verpflichtung wirklich von *ihnen* abgedeckt ist. Sie mögen nach außen stabil und verantwortungsbewußt erscheinen, in Wirklichkeit aber fehlt ihnen die notwendige Neugierde und Unabhängigkeit.

Ohne Vorwarnung verläßt Johanna ihren Ehemann und ihre zwei Kinder im Alter von 11 und 13 Jahren und zieht zu einem anderen Mann. Die Freunde und Bekannten von Johanna, die gemeint hatten, sie zu kennen, sind total überrascht und entsetzt. In ihren Augen war Johanna zuverlässig und solide. Johanna hatte in ihrer Jugendzeit und auch, nachdem sie geheiratet hatte, nie wirklich die traditionellen Vorstellungen und Werte bezüglich Ehe, Familie, der Rolle der Frau und Mutter, nach denen sie erzogen worden ist, in Frage gestellt. Ihre sogenannten soliden Werte waren in Wirklichkeit hohl. D. h. sie war nie mit Leib und Seele hinter diesen Werten gestanden, und der Schritt weg von diesen Werten war von ihr auch nicht so dramatisch erlebt worden wie von ihren Freunden. Ihre Identität war eine *vorweggenommene* oder geliehene Identität, die nie erarbeitet worden war, die sich nie der läuternden Glut der Auseinandersetzung gestellt hatte, und letztlich nicht inkarniert wurde (nach Egan/Cowan 1980, 143).

Der Seelsorger, der Gelegenheit hat, junge Menschen zu begleiten, die sich gerade auf der Brücke zwischen Vorerwachsenenalter und frühem Erwachsenenalter befinden, wird daher nicht einfachhin Anwalt der „alten" Wertvorstellungen sein, so sehr diese für ihn persönlich Gültigkeit besitzen mögen. Als seelsorglicher Begleiter und Berater, der um den Prozeß der Identitätsfindung weiß, wird er diesen Prozeß begleiten und fördern, indem er dazu ermutigt, sich den damit einhergehenden Auseinandersetzungen und Krisen zu stellen. Da diese Auseinandersetzungen auch da, wo sie vielleicht mit Streß und seelischem Schmerz verbunden sind, normal sind, kann er auch die Zuversicht vermitteln, daß diese Phase irgendwann zu Ende geht. In einem andern Fall, wo er den Eindruck hat, der Ratsuchende läßt sich noch nicht wirklich, sei es aus Angst oder aus bestimmten Rücksichten, auf die eigentlich anstehenden Ablösungsprozesse ein, mag er ihn damit konfrontieren, auch wenn das für den Moment den seelischen Schmerz des anderen vertiefen kann. In diesem Fall soll er aber auch bereit sein, den Ratsuchenden weiter zu begleiten und zu beraten.

In wieder einem anderen Fall mag der seelsorgliche Begleiter mit dem Ratsuchenden, der irgendwo nicht weiterkommt, in Geduld ausharren, solange er das Gefühl hat, der junge Mensch weicht der Auseinandersetzung und Krise nicht aus. So kann es in der Phase der Identitätsfindung auch eine Zeit der Unentschiedenheit, *Moratorium* genannt, geben. Gerard Egan und Michael Cowan (1980, 145) vergleichen diese Zeit mit einem Heißluftballon, der zum Teil über vertrautes Gelände fliegt, auf der anderen Seite aber auch immer wieder heftigen Winden ausgesetzt ist, die sehr unangenehm sein können. Mit einem solchen Ballon zu fliegen, kann sehr aufregend und abwechslungsreich sein. Doch irgendwann bricht die Sehnsucht durch, sich an irgendeinem Ort verankern zu können, der einem Richtung und Stabilität verheißt. Der eine etwa kann sich noch nicht entscheiden, welchen Beruf er definitiv ergreifen möchte, eine andere mag noch um ihre sexuelle Identität ringen, hin und her gerissen zwischen homosexuellen und heterosexuellen Neigungen. Der Seelsorger weiß, daß es sich bei diesem Moratorium um eine, psychologisch gesehen, normale und mitunter wichtige Phase handelt, bei der bisher Gültiges einer kritischen Prüfung unterzogen, Neues ausprobiert und entweder für gut und annehmbar oder aber für nicht übernehmbar erachtet wird.

Die Phase des Moratoriums ist nicht zu verwechseln mit der *Identitätsverwirrung*. Bei der Identitätsverwirrung haben die betroffenen jungen Menschen weder die Wert- und Glaubensvorstellungen anderer akzeptiert noch abgelehnt. Sie lassen sich nicht auf eine Auseinandersetzung ein und durchleben auch nicht eine entsprechende „normale" Lebenskrise. Bei ihnen „herrscht eine ausgesprochene Unsicherheit aufgrund der noch unklaren Gestalt des Lebens. Unter widrigen Umständen kann die Identität lange Zeit oder für immer diffus bleiben und sogar zu einer negativen Identität werden, wie sie bei sog. Kriminellen anzutreffen ist, die nie das Glück einer identitätsfördernden Sozialisation erfahren haben" (Stenger 1989a, 81).

Hans ist nach der Einschätzung vieler ein netter Kerl, der sich zurückhaltend verhält. Auf andere wieder wirkt er eher farblos. Obwohl er da und dort den Eindruck erweckt, intelligent und talentiert zu sein, scheint er niemals Forderungen an sich selbst zu stellen. Es gibt eigentlich nichts in seinem persönlichen Leben oder auch in seinem Leben in Beziehungen mit anderen, wofür er sich wirklich richtig engagiert. Vielmehr erweckt er den Eindruck, Opfer von irgendetwas zu sein. Für den oberflächlichen Beobachter scheint er ein angenehmes Leben zu führen, in Wirklichkeit aber lebt er ein Leben der stillen Verzweiflung. Er ist oft deprimiert und depressiv (nach Egan/Cowan 1980, 144).

Findet ein junger Mensch, dessen Identität diffus ist bzw. diffus bleibt, den Weg zum Seelsorger oder sieht der Seelsorger die Möglichkeit, einen jungen Menschen, bei dem er den Eindruck einer Identitätsverwirrung hat, darauf anzusprechen, dann kann er im Falle einer leichten Identitätsverwirrung ein hilfreicher Begleiter sein. Bei einer „schweren" oder „bösartigen" Verwirrung (vgl. Erikson 1981, 220) wird seine Aufgabe vielfach darin bestehen, den jungen Menschen zu motivieren, auch die Hilfe eines Psychotherapeuten in Anspruch zu nehmen.

6. Der Seelsorger als Begleiter bei der Suche nach der Bestimmung und Berufung

Der, der ich bin, bin ich aufgrund von Interaktionen, die zwischen mir und wichtigen Menschen in meinem Leben und in wichtigen sozialen und kulturellen Einrichtungen, in die ich eingebettet bin, passieren. Doch über all die sozialen und zwischenmenschlichen Verbindungen und Bezüge hinaus, die mich beeinflussen und prägen, liegt meinem Leben eine *Bestimmung* zugrunde, die mit all den äußeren, sprich sozialen und kulturellen, Entwicklungen und all den inneren, sprich psychodynamischen, Entwicklungen in Berührung kommt und gegebenenfalls auch damit konfrontiert wird.

Dieses innere Selbst, ein geheimnisvolles Zentrum meiner Existenz, „eine Art existentielle Identität" (Erikson 1985, 73), trägt die Tendenz in sich, jene eher äußerlichen Ereignisse und inneren Prozesse mit zu beeinflussen und mit zu gestalten, um sie schließlich zu transzendieren. Dabei geht es diesem geheimnisvollen Zentrum u. a. auch darum, mir zur Verwirklichung meines Lebenstraumes zu verhelfen, weil in dessen Verwirklichung es sich selbst Ausdruck verschafft. Bei dem Bemühen, meinen Weg zu finden, einem Bemühen, von dem ich nicht entbunden werden kann, darf und soll ich daher auch gelassen sein. So sehr mein Beitrag dabei gefordert ist, er darf nicht auf Kosten meiner Offenheit für das Geheimnisvolle, das mir nicht oder noch nicht Bekannte, erfolgen. Ich handle und lasse zugleich sein und lasse zu. Beides geht ineinander über, fördert und korrigiert sich gegenseitig. Eine solche Haltung nimmt die sozialen und psychodynamischen Prozesse, die bei der Identitätsfindung wirken, zur Kenntnis und motiviert dazu, den dabei anstehenden eigenen Beitrag zu übernehmen. Sie verhindert zugleich aber auch, sich der Täuschung hinzugeben, „daß eine endgültige Identität eigenmächtig herbeigeführt werden kann" (Stenger 1989, 99). In der Identität soll die von Gott geschenkte Bestimmung ihren Niederschlag finden. Sie will den Menschen in eine größere Nähe zu dem bringen, was Gott letztlich ihm zugedacht hat.

Der Seelsorger und die Seelsorgerin werden, gegebenenfalls zusammen mit anderen Beratern und Therapeuten, junge Menschen bei ihrer Identitätsfindung begleiten und dabei mit dafür Sorge tragen, daß sie sich den notwendigen Prozessen stellen, um die psychische Entwicklung der Zeit entsprechend zu fördern. Im Unterschied zu anderen Beratern und Psychotherapeuten sind sie aber in besonderer Weise angefragt, zusammen mit den jungen Menschen diese Prozesse und Erfahrungen theologisch zu deuten und ihnen einen Sinn zu geben. Als seelsorgliche und geistliche Begleiter und Berater werden sie zusammen mit den jungen Menschen versuchen, herauszuspüren und hinzulauschen, wo in all dem, was in ihrem Leben in dieser Phase sich ereignet, Gottes Stimme vernehmbar ist. Sie helfen dabei, diese Stimme zu deuten und in ihr Hinweise für die Findung und Festigung ihrer Identität zu entdecken.

Auch wenn die Identitätsfindung letztlich ein lebenslanger Prozeß ist, kommt ihr in dieser Phase zwischen dem Vorerwachsenenalter und frühen Erwachsenenalter eine besondere Rolle zu, da die dann gefundene Identität eine Art Fundament für das spätere Leben darstellt. Es ist einerseits lebensgeschichtlich und von der psychologischen Entwicklung her betrachtet die Zeit, in der der Bau des Lebensfundamentes ansteht. Es ist andererseits auch die Zeit, in der vom sozialen Kontext her Lebensentscheidungen wie Heirat, Priesterweihe, Beruf usw. getroffen werden, wobei beide Prozesse und Entwicklungen sich gegenseitig bedingen und beeinflussen.

Im Wissen darum wird beispielsweise der Spiritual oder seelsorgliche Begleiter des angehenden Priesters oder kirchlichen Mitarbeiters immer wieder darauf achten, daß die Entscheidung, Priester oder Pastoralreferent oder Gemeindereferentin zu werden, eine Entscheidung ist, die auf dem *eigenen* Fundament gründet, die verbunden ist mit dem konkreten Leben, verwoben mit dem bisherigen Leben und der bisherigen Lebensgeschichte, und das in einer Weise, die für das Leben und die Entwicklung dieses Lebens förderlich ist. Ist die getroffene Entscheidung abgedeckt durch die eigenen Erfahrungen, dann ist sie eine autonome Entscheidung. Damit wird noch keine Garantie dafür abgegeben, daß die Betreffenden dieser Entscheidung immer treu bleiben werden. Nur, treffen *sie* die Entscheidung, dann „sitzt" sozusagen ihre Berufung auf einem soliden Fundament, ja, man kann sogar sagen, dann ist ihre Berufung bereits Teil ihrer Identität, dann läßt ihre Berufung in der Identität etwas von ihrer menschlichen Seite durchscheinen, läßt sie etwas von ihrer psychischen Seite erspüren und von ihrer wirklich spirituellen Dimension erahnen.

7. Seelsorgliche Begleitung und Beratung bei der Entwicklung des Glaubens

Die Phase der Identitätsfindung hat auch erhebliche Konsequenzen für die Glaubensentwicklung. So wird in diesem Prozeß, wenn er günstig verläuft, das stillschweigende System von Glaubensinhalten einer kritischen Prüfung unterzogen. „Das bedeutet für die Person manchmal einen schmerzlichen Bruch mit ihrer innersten, aber bislang unüberprüften Weltanschauung und ihrem Überzeugungssystem. Das Vertraute und Selbstverständliche muß fremd werden" (Fowler 1989, 98).

Der seelsorgliche Berater, der den jungen Menschen bei der Identitätsfindung begleitet, wird sein Augenmerk in besonderer Weise auf dessen Glaubensentwicklung richten. So sehr er an dessen psychischer Weiterentwicklung interessiert ist und sie fördert, wird zumindest er darüber nicht vergessen, daß er in dieser Situation in erster Linie für die religiöse und spirituelle Dimension und ihre angemessene Weiterentwicklung zuständig ist. Dabei weiß er, daß sich die psychische und spirituelle Entwicklung gegenseitig bedingen und bereichern und von daher auch nicht voneinander getrennt gesehen und angegangen werden können. Er ist nicht unbedingt zuständig für die psychische Entwicklung. Hier können auch Eltern und Erzieher, Berater, Therapeuten, oft auch Freunde und Bekannte von großer Hilfe sein. Freunde und Bekannte können aber auch bei der Glaubensentwicklung der „signifikant andere" sein. Dem Seelsorger kommt die Aufgabe zu, sich dieses Bereiches in besonderer Weise, und vor allem dann, wenn er vernachlässigt oder übersehen wird, entsprechend seinen Möglichkeiten anzunehmen. Das ist auch die Situation, in der der Seelsorger dem *einen* „verlorenen Schaf" nachläuft, in der ihm ein Schaf, das sich verirrt hat, wichtiger ist als die restlichen 99, die bei der Herde geblieben sind.

Seelsorger und Seelsorgerinnen dürfen davon ausgehen, daß ihre jeweilige Begleitung im Prozeß der Glaubensentwicklung zwar an bestimmten Stellen bei der Identitätsfindung besonders stark gefragt ist, insgesamt aber die Prozesse des einzelnen auch von anderen Menschen, unter ihnen auch von Gemeindemitgliedern, bewußt oder unbewußt mitbegleitet werden. Einzelbegegnungen, die Auseinandersetzung in Glaubensgesprächen, gemeinsam gemachte spirituelle Erfahrungen, das vorbildliche Verhalten mancher, all das kann von Hilfe sein bei dem Bemühen des jungen, Menschen, zunehmend aus dem Schatten des einfach übernommenen Glaubens zu treten und „selbst in der Tradition nach neuen Möglichkeiten für Ansatzpunkte einer Beziehung des Glaubens zu seinem Leben und zu den Herausforderungen in der Welt zu suchen" (ebd. 130).

8. Individuelle Beratung im Kontext einer wachstumsbereiten Gemeinde und Kirche

Was hier von der seelsorglichen Begleitung und Beratung bei der Identitätsfindung gesagt wurde, beschränkt sich, wie bereits angedeutet, nicht auf junge Menschen auf der Schwelle zwischen Vorerwachsenenalter und frühem Erwachsenenalter, da für viele dieser Übergang erst später stattfindet. Umso wichtiger ist die Rolle der Kirchen und jeweiligen Gemeinden, in denen diese Menschen leben.

Die individuelle seelsorgliche Beratung und Begleitung bei der Identitätsfindung wird daher nur dann wirklich Früchte tragen, wenn die Kirchen und ihre Gemeinden selbst bereit sind, zu wachsen und sich in diesem Prozeß auch den Krisen zu stellen, die notwendigerweise damit einhergehen werden. Folgende Erkenntnis von Teilhard de Chardin (in: Schiwy 1981, 333) kann ihnen dabei helfen: „Damit Christus schließlich begriffen wird, braucht es die Anstrengung aller Christen bis ans Ende der Zeiten; kein Konzil könnte diese lange Reise abkürzen ... das Dogma entwickelt sich wie ein Mensch, der mit 40 Jahren derselbe ist wie mit 10 Jahren, aber dessen Form mit 40 Jahren nicht aus der von 10 Jahren deduziert werden kann. Ich glaube, daß die Kirche noch ein Kind ist. Christus, von dem sie lebt, ist unermeßlich viel größer, als sie sich ihn vorstellt."

Literatur

EGAN, GERARD/COWAN, MICHAEL: Moving into Adulthood. Monterey: Brooks/Cole 1980.
ERIKSON, ERIK: Identität und Lebenszyklus. Frankfurt: Suhrkamp 1973.
– : Jugend und Krise. Frankfurt: Ullstein 1981.
– : The Life Circle Completed. A Review. New York/London: Norton 1982.
FOWLER, JAMES W.: Glaubensentwicklung. Perspektiven für Seelsorge und kirchliche Bildungsarbeit (Kaiser Taschenbücher). München: Chr. Kaiser 1989.
GRESHAKE, GISBERT: Gottes Willen tun. Gehorsam und geistliche Unterscheidung. Freiburg i. Br.: Herder 1984.
GUARDINI, ROMANO: Die Lebensalter (Topos Taschenbücher). Mainz: Grünewald ^{10}1986.
LEVINSON, DANIEL: The Psychological Development of Men in Early Adulthood and the Mid-Life Transition. Minesota: University of Minesota Press 1974.
MÜLLER, WUNIBALD: Erkennen – Unterscheiden – Begegnen. Das seelsorgliche Gespräch (Reihe Heilende Seelsorge). Mainz: Grünewald 1990.
OSMER, RICHARD/FOWLER, JAMES W.: Childhood and Adolescence – A Faith Development Perspective. In: Wicks, Robert u. a. (Hrsg.): Clinical Handbook of Pastoral Counseling. New York: Paulist Press 1985, 171–212.
SCHIWY, GÜNTHER: Teilhard de Chardin. Sein Leben und seine Zeit. Bd. I. München: Kösel 1981.
SHEELY, GAIL: In der Mitte des Lebens. Die Bewältigung vorhersehbarer Krisen. Frankfurt: Fischer 1985.
STENGER, HERMANN (Hrsg.): Eignung für die Berufe der Kirche. Klärung – Beratung – Begleitung. Freiburg i. Br.: Herder ^{2}1989a.
– : Verwirklichung des Lebens aus Kraft des Glaubens. Pastoralpsychologische und spirituelle Texte. Freiburg i. Br.: Herder ^{2}1989b.

2. Bei Krisen in der Lebensmitte

THERESIA HAUSER

1. Erfahrungen

In der Frauenpastoral der Erzdiözese München und Freising habe ich unter anderen Zielgruppen seit 1967 besonders die Lebensphasen berücksichtigt (Hauser 1972, 99f). Aus der Begleitung vieler dieser Zielgruppen kommt meine Erfahrung mit der Lebensthematik, die sich aus den phasentypischen Veränderungen im Erwachsenenalter ergibt. Vor allem arbeitete ich mit Frauen und Ordensfrauen in der Lebensmitte, in den letzten Jahren häufig mit Frauen vor und nach der „Pensionierung".

In den folgenden Ausführungen beschränke ich mich hauptsächlich auf die Altersphase zwischen dem vierten und fünften Lebensjahrzehnt, auf die Lebensmitte. Einmal, weil ich das Bedürfnis nach Klärung und Lebenshilfe gerade von Menschen dieser Altersstufe als besonders dringend erfahren habe; zum anderen, weil die Art und Weise, wie diese Lebenszeit verstanden und bestanden wird, darüber mit entscheidet, wie der Mensch sein wird (will), wenn er alt geworden ist. Die Lebensphase davor wird in der Pastoral eher angesprochen in den Mutter-Kind-Gruppen, den Elternschulen, Familienkreisen oder in Selbsthilfegruppen. Aber Menschen vor und nach der „Pensionierung", im Alter zwischen 58 bis 68, die noch sehr aktiv sind, werden m.W. von pastoralen Angeboten bislang kaum erreicht. Zwar sind diese Menschen ihrem beruflichen Lebenskreis und ihren diesbezüglichen Lebensleistungen wenigstens emotional noch nahe; sie erfahren in dieser Zeit jedoch eine einschneidende Endgültigkeit durch die Beendigung der Berufsarbeit. Viele erleben diese als eine existentielle Krise. Sie fallen nicht nur aus der lebenslang für sie gültigen Zeitstruktur, in unserer leistungsbesetzten Gesellschaft weithin auch aus dem gewohnten sozialen Status mit seinem Ansehen heraus. In dem hier zur Verfügung stehenden Rahmen kann nur mit einer kurzen methodischen Anregung am Schluß auf diesen Übergang hingewiesen werden, wie auf andere Lebensstufen auch.

2. Pastoraltheologische Sicht der Lebensprozesse

Im Durchschreiten der verschiedenen Lebensphasen erkennen wir den lebensgeschichtlichen Exodus. In ihnen ruft Gott immer erneut heraus aus dem Land, das sich der Mensch in der voraufgehenden Phase erbaut und zu eigen gemacht hat. Das Leben selbst wird zum Land, das er uns zeigen wird in einem je neuen Lebensabschnitt. Im Herausgehen aus dem Gewohnten, schon Bekannten, in ein stets Neues hat der Mensch den abrahamitischen Schritt des Verlassens zu wagen: im Vertrauen auf den, der in allem der verborgen Rufende ist. Dabei kann er die Erfahrung machen, daß Gott ihm nahe ist, daß er ihn nicht verläßt (vgl. Gen 12, 1 – 25, 11), daß er da ist „alle Tage bis ans Ende" unseres Weges (Mt 28, 20). Jesus selbst ist der Weg (Joh 14, 6). Der Wegcharakter des Lebens fordert es dem Menschen ab, für die je nächste Wegstrecke eine neue Sinnperspektive zu suchen, zu erarbeiten. Nur so kann er sein Leben verlieren, um es zu gewinnen (vgl. Mt 16, 25).

Die Lebensmitte ist der altersmäßige Kairos, in dem Verkündigung und pastorale Begleitung mit besonderer Aufmerksamkeit den Horizont des Glaubens öffnen und vertiefen sollten. In dieser Lebenszeit beginnt der Lebensbogen sich zu neigen. Auf der nun absteigenden Wegstrecke soll der Glaube dem Menschen Sinn und Halt geben (vgl. Vetter 1962, 202 f). Seelsorgliche Begleitung und Beratung als Angebot von Kommunikation für Einzelne oder für Gruppen bietet die Möglichkeit einer unerläßlichen Auseinandersetzung mit schon gelebten und noch zu lebenden Lebensentwürfen. Die so mögliche Erfahrung von wenigstens zeitweiliger Wegbegleitung erweist sich als hilfreiche Lebens- und Glaubenshilfe.

3. Bedürfnis nach Klärung und Orientierung

Nach den Motiven der Teilnahme gefragt, gaben Frauen und Männer der Lebensmitte etwa folgende Orientierungswünsche an:
– Nach den bisherigen Lebensanstrengungen möchte ich endlich zu mir selbst kommen; wie schaffe ich das gegen die Angst, egoistisch zu sein?
– Wie sollen die jetzigen Veränderungen und Krisen verstanden und verarbeitet werden; was haben sie für einen Sinn?
– Ich frage mich, ob ich richtig gelebt habe, sehne mich nach Veränderung.
– Mir wird fraglich, ob meine Lebensentscheidung (bezieht sich auf Beruf, Ehe und Ordensleben) richtig war.
– Ich spüre die Grenzen, die mit dem Älterwerden kommen; wie soll ich mit Verlusten umgehen?
– Ich frage mich, ob, was ich bisher gelebt habe, schon alles war; wie ich sinnvoll weiterleben kann trotz der spürbar werdenden Vergänglichkeit des Lebens.

In diesen wenigen Sätzen kommt die beunruhigende Frage zur Sprache, was unser kurzes Leben in der sicheren Aussicht auf den Tod letztlich für einen Sinn haben soll. In dem Wunsch, „zu mir selbst zu kommen", kann man die innere Mahnung vermuten, die jemand vernommen haben mag, sich künftig nicht lediglich an äußeren Leistungen orientieren zu sollen oder gar darin stecken zu bleiben. Das „Existenzgewissen" (vgl. Vetter 204) bringt sich zur Sprache in der mehr oder weniger bewußten Forderung zur Selbstbegegnung (vgl. Vetter 206). „Sei, der du werden sollst" (Kassel 1982).

4. „Streben nach Identität" als Aufgabe der Lebensmitte – Perspektiven für Begleitung

Die Lebensmitte als „Scheitelpunkt der Lebensbahn" (Vetter 206) unterscheidet sich von anderen Phasenübergängen dadurch, daß die Anrufe aus der Persontiefe einem letzten Appell gleichen an unsere Selbstwerdung (vgl. van Hollander 1966, 144). Wollen wir z. B. als Frau, als Mann mit uns selbst identisch werden, müssen u. a. Entfremdungen erkannt und überwunden werden, in die wir durch herkömmliche Bilder von Frausein, Mannsein, von Verhaltens- und Rollenfestschreibungen hineingeraten sind. In der Lebensmitte spätestens will sich die Individualität gegen diese und andere Überfremdungen durchsetzen, sich aus unnötigen Einschränkungen und ungesunden Abhängigkeiten befreien. Dafür bedarf es einer bewußten und aktiven Arbeit an der Entwicklung der eigenen Person. Da wir zwar automatisch älter, nicht aber automatisch reifer werden, soll in der Lebensmitte eine neue Identität gefunden werden. Folgende Hinweise dazu mögen genügen.

Eine neue Identität finden – Das gilt für unsere *Beziehung zu uns selbst* als sterblichen Menschen. Auf dem Scheitelpunkt des Lebens beginnt der endgültige Abschied von Jugendlichkeit, körperlicher Vitalität, auch von weiteren Aufstiegsmöglichkeiten im Beruf, Ausnahmen nicht ausgeschlossen. Das Verlieren von Lebenschancen könnte mit dem Gewinn von Lebenseinsichten und Lebensweisheit ausgeglichen werden, die damit verbundenen Trennungs- und Verlustängste (Kinder gehen endgültig aus dem Haus) könnten durch die Pflege anderer sozialer Bindungen aufgearbeitet werden. Sterben und Tod, die als unausweichliche Gegebenheiten auf uns warten, sollten nicht verdrängt, sondern in die noch verbleibende Lebenszeit bewußt aufgenommen werden. Das Sich-Ergeben in das menschliche Geschick des Sterbenmüssens kann wohl nur allmählich und in dem Maße vollzogen werden, wie jemand sich immer schon dem Leben überlassen und sich ihm im Vertrauen gestellt hat. Der gläubige Mensch hat sich darin Gott übergeben und seiner Verheißung auf ein ewiges Leben.

Eine neue Identität ist zu finden in der *Beziehung zur Berufsrolle* bzw. zu bisherigen Lebensaufgaben, wie z. B. der Erziehung von Kindern. Das kann u. a. heißen, Selbstwertgefühl und Selbsteinschätzung nicht auf Dauer nur aus äußerer Leistung oder sozialem Prestige zu beziehen oder gar davon abhängig zu werden. Mehr und mehr sollte jetzt das Selbstbewußtsein und Selbstverständnis, das menschliche Dasein insgesamt, aus dem noch nicht gelebten Potential der eigenen Person, aus der noch weithin unbekannten Tiefe des Selbst ergänzt werden. Obwohl ganz in seinem Werk, ganz bei seinen Lebensaufgaben, sollte der Mensch in der Lebensmitte anfangen, mehr und mehr sich selbst anzugehören, bei sich selbst zu sein, sich selbst zu gewinnen. Aus dem oft völligen Unter- bzw. Aufgehen in der Funktion, ist umzukehren, denn sie verhindert den Menschen, in seiner Person zu sein.

Aus der Erfahrung der eigenen Verwundbarkeit und Verletzlichkeit könnte erarbeitet werden, in den *mitmenschlichen Beziehungen* großmütiger, toleranter, versöhnlicher zu werden (Hauser 1986, 124f). Das Heranreifen zu und das Verwirklichen von mehr personalen Werten in Partnerschaft und Ehe, wie Verständnis füreinander, Rücksichtnahme, Verzicht auf egoistisches Verhalten, Gegenseitigkeit, Einfühlung, wird den Menschen „eine neue Art von Wert verleihen und sie als individuelle Persönlichkeiten" (Peck 1968, 537f) mehr schätzen lehren als in der Zeit, da die Sexualität vielleicht vorrangig das bestimmende Kriterium der Gemeinsamkeit war. Die Orientierung an Persönlichkeits- und anderen immateriellen Werten würde das Streben nach Identität in den menschlichen Beziehungen prägen und damit auch dem sexuellen Leben eine neue Qualität verleihen.

Die neue Identität, zu der Eheleute streben werden, geht auch aus von der Erfahrung des „leeren Nestes". Sind die Kinder endgültig ausgezogen und in ihrem eigenen Leben heimisch geworden, sind sie als „Objekt" elterlicher Sorge nicht mehr vorhanden, sehen sich die Ehepartner (trotz Enkelkinder) unvermittelt aufeinander verwiesen. Kinder waren möglicherweise Vermittler in Konfliktsituationen, waren ihren Eltern Korrektur, auch Bindeglied ihrer Beziehung. Vielleicht fungierten sie auch als Ablenker von unliebsamen Schwierigkeiten. Die nun entstandene Leere kann – wenn vielleicht auch nur vorübergehend – zu einer Art psychischem Schock führen. Eine einseitige oder gar ausschließliche Betonung der Familie führt in der kinderfreien Zeit häufig zu Depressionen, Minderwertigkeits- und Nutzlosigkeitserleben. Frauen, die sich allein der Familienarbeit widmeten, sind davon besonders betroffen. Sie suchen Kontakt, ehren- oder nebenamtliche Mitarbeit in der kirchlichen oder/und politischen Gemeinde. Sie wollen ihre nun freigewordenen Energien anderweitig sinnvoll einsetzen. Viele streben in ihr ehemaliges Berufsfeld zurück. Aber dort entdecken sie meist wieder eine Lücke, nämlich die ihnen fehlenden beruflichen Erfahrungen und Kenntnisse. In der Zwischenzeit hat sich die Arbeitswelt in den meisten Bereichen rapide fortentwickelt. Umlernen und Neulernen steht ins Haus.

Sollte man in der Zeit nach der Kinderarbeit entdecken müssen, wie wenig man in die Beziehung als Ehepaar an Reflexion und Kommunikation investiert hat, ist auch hier das Umlernen und Neulernen an der Tagesordnung. Soll die Beziehung in einem noch langen Leben künftig befriedigend und befriedend sein, ist Neuorientierung in jeder Hinsicht unerläßlich.

Stellt man sich jetzt dieser Aufgabe, wird diese weit über die Lebensmitte hinaus Früchte tragen. Bereitet man sich doch damit schon für eine künftige mögliche Konfliktsituation in einem späteren Lebensalter vor: die Arbeitsbeendigung im Rentenalter. Wenn dann auch das nach außen orientierte berufliche Engagement wegfällt, wird es wohl schwer sein, miteinander sinnvoll alt zu werden, sofern man die in der Lebensmitte anstehende „*Ichdifferenzierung*" (Peck 1968f) nicht geleistet und sich in der ehelichen Beziehung den Wachstumsforderungen gegenüber verweigert hätte. Wird es dann möglich sein, einander Stütze zu sein, Halt, menschliche Wärme und Heimat zu geben? Allein zu sein, wenn man zu zweit ist, kann gerade im Alter zu einer schmerzlichen Erfahrung werden. Darum sollte man sich rechtzeitig von der Einsicht leiten lassen, daß jede Beziehung veränderungsbedürftig und von daher auch veränderungsfähig ist.

Wenn in früheren Jahren eine mehr vage oder äußere Beziehung zur „Religion" das Verhältnis zu Gott bestimmte und bisher die Orientierung und der Wertmaßstab für diese Beziehung eine mehr leistungsorientierte Frömmigkeit war, das Bestimmende mehr ein Glauben von Etwas im Sinne von Für-wahr-Halten, so ist jetzt die Zeit, zu einer reifen Glaubensidentität zu kommen. Die inneren Auseinandersetzungen und Kämpfe, äußere und innere Umorientierungen in wichtigen Lebensbezügen, die existentielle Erfahrung der Lebensgrenze(n) haben das Ziel, den Menschen innerlich aufzubrechen, den Gott *seines* Lebens zu finden, Gott in sich selbst in der eigenen Tiefe zu suchen als den Gott, der ihm nahe ist, ihn liebt und ihn persönlich meint. Glaubensidentität könnte sich u. a. aufbauen aus dem den ganzen Menschen ergreifenden und umwandelnden Bewußtsein, von dem Paulus spricht: „In der Taufe habt ihr Christus angezogen!" (Gal 3,27). Mit Haut und Haar *sind* wir in seinem Tod und in seinem Leben. Immer ist die Zeit, sich darauf ganz einzulassen.

„Das Streben nach Identität in einem so weiten und dichten Milieu wird zu einer Aufgabe, die das ganze Dasein eines Menschen belebt. Ja, man kann sogar behaupten, daß dieses Streben als solches aus dem Menschenleben ein wahrhaft geistliches Leben macht, denn es wird dynamisch und offen" (Bühler 1988, 99f). Diese Arbeit, zu einem umfassenden neuen Lebens- und Selbstverständnis zu kommen, bedeutet nicht weniger, als sich einem Kampf zu stellen (vgl. Jakobs Kampf am Jabbok: Gen 32, 23 – 33). Denn in der abnehmenden Lebenszeit wird es drängend, zu seiner „Lebenswahrhaftigkeit" (Bours), zur „Ich-Integrität" (Erikson 1965, 26f) zu kommen.

5. *Lernmodelle*

Da Identität kein Zustand ist, sondern ein lebenslanger Prozeß, braucht der Mensch immer wieder neue Identifikationen, Lernmodelle. Er findet sie unter Gleichaltrigen und Älteren, unter Menschen mit Vorbildcharakter und großen Heiligen. Sie können ihm auch geschenkt werden in der Begegnung mit Menschenschicksalen der Bibel. „Als Identifikation kommt die Identität durch Integration verschiedener Aspekte zustande, aus denen sich die Wirklichkeit des Menschen aufbaut, und zwar in der Sicht auf eine Einheit, die ihr Sinn, Festigkeit und Gehalt verleiht" (Bühler 1988, 96f). So kann die Geschichte des Jona, der sich anfänglich seinem Auftrag gegenüber verweigert, nach vielen Krisen aber dann doch den Aufbruch riskiert, eine Identifikationshilfe sein (Jona 1, 1f); so auch die Frau, die seit achtzehn Jahren – ein lebensgeschichtliches Datum – gekrümmt war und durch Jesus zu einem neuen Leben aufgerichtet wird (Lk 13, 10 – 17); oder der Blinde vor den Toren Jerichos, Bartimäus, der Jesus bittet, daß er sehend werde, und ihm daraufhin auf seinem Weg folgt (Lk 1 – 8, 35f); oder jener Lahme am Teich, den Jesus fragt: „Willst du gesund werden", der alsbald aufstehen, sein Ruhebett auf die Schulter nehmen, gehen und sich nach so langer Krankheit dem Leben stellen muß (Joh 5, 1 – 9).

Alle diese Botschaften berühren Aspekte oft schmerzlich erlebter Prozesse in der Lebensmitte. Der Mensch muß neu aufbrechen, einen neuen Anfang erarbeiten, indem er seinen Lebensenergien eine andere Ziel- und Sinnrichtung gibt. Er muß eine Umkehr vollziehen in *jetzt* sinnstiftende Bezüge hinein, die das Leben, während es sich neigt, unter das Zeichen des Werdens stellen: Denn immer noch werden wir!

6. Hinweise für Begleitung von Menschen in den verschiedenen Lebensabschnitten

Wie in jeder Beratung/Begleitung ist die Fähigkeit des *Zuhörens* und eines sensiblen *Verstehens* der Probleme im Lebenskontext der Menschen gefordert. Sie wächst den Seelsorgern/Seelsorgerinnen zu: einmal durch die nötige Sachinformation (Literatur), zum andern in der bewußten Übung kreativen Zuhörens, das der eigentliche Anteil der Beratung/Begleitung sein sollte. Vor allem wird Verständnis wachsen im Wahrnehmen und Reflektieren eigener, mit dem Lebenslauf verbundenen Veränderungen. Unerläßlich scheint mir die Fähigkeit zu sein, Gefühle, Gestimmtheiten, die zeitweilige oder durchgängige Färbung des persönlichen Lebensgefühls, die Lebenswünsche und -sehnsüchte wahrnehmen, benennen, formulieren, sie in Sprache umsetzen zu können. *Sprache* differenziert unser Bewußtsein und unsere Gefühle, sie inspiriert den Vorgang des intuitiven Erkennens, der gefühlten Sinnfindung und Aneignung. Sprache bringt die Erfahrung des Einander-gegenwärtig-Seins hervor, verhilft zur Selbstgegenwart der Beteiligten. Darin liegt die den Menschen erweckende und heilende Wirkung des Gesprächvorgangs. Diese Wirkung, diese Kraft ist schöpferisch und macht schöpferisch. Ob in *Gruppen-* oder *Einzelgesprächen* können sich durch gegenseitige Anteilnahme Gefühle klären, Motive bewußt und auch verstehbar werden; man kann dafür sehend werden, wo man mit sich selber angekommen oder wo man stecken geblieben ist. Das bewirken weniger die Worte der Begleiter/innen. Vielmehr sind es jene Worte und Gedanken, die ihr Ganz-da-Sein, Ganz-Ohr-Sein für ihre Gesprächspartner/innen in diesem erwecken können; Gedanken, die jemand möglicherweise in sich selber bisher erst erahnt hatte, jetzt aussprechen und so für sich selbst zur Klarheit bringen kann. Was da jemand in seine Worte einbringt, sich vielleicht selbst überraschend sagen hört, hat er/sie bis dahin so noch nicht gewußt, so noch nicht gesehen, so noch nie gesagt. In diesem Sich-selbst-erkennenden-Sprechen werden die Grenzen des ängstlich abgeschirmten Ichs offen: Der andere macht sich über seinen Gesprächspartner auf den Weg, auf den Weg zu sich selbst. Wenn sich solches ereignet, „brennt der Dornbusch". In unserem Da-sein für einander ist *Er* da.

Ob wir beratend Probleme aufnehmen und Perspektiven des Verstehens und Deutens von *Lebensprozessen* erarbeiten, ob wir mehr theorieorientiert Informationen weitergeben, unsere Sprache sollte Erlebtes, auch oft nur Erahntes oder auch manches Verdrängte behutsam erhellen und bewußt machen helfen. Wir sollten dem Erlebten, nur dumpf Vermuteten oder Gefühlten, für das Teilnehmer oft „keine Worte" finden, einen Sprachleib geben, der „berührt", der heilt, der tröstet.

Allerdings können auch Wunden aufbrechen, persönliche *Konflikte* aufs Neue schmerzlich erlebt werden, Unverarbeitetes kann unvermutet auftauchen (vgl. oben Heyer: Beratung als *Krisenintervention*). Darauf muß man sich einstellen, muß bereit sein, auch im Rahmen eines Kurses anstrengende Gespräche zu führen, Hilfestellung auch über den Kurs hinaus zu geben. Wo es angezeigt scheint, sollte man die Betreffenden an kompetente andere vermitteln oder verweisen (vgl. oben J. Baumgartner: Pastorale Diagnose und Klärung der Zuständigkeit).

7. Inhaltliche und methodische Anregungen für Gruppengespräche aller Altersstufen

Reflexionen des Vorgehens: Zum Beginn eines Gesprächs sollten die Teilnehmer/innen (Tln) zuerst mit ihren eigenen Erfahrungen und Gefühlen in Berührung kommen können. Der Beginn eines Gesprächs bestimmt den Verlauf schon mit. Bereits die Begrüßung und die Wahl der Worte können Anfangsängste auslösen, sie verhindern, reduzieren oder steigern. Es muß erspürt werden, welcher Einstieg für die jeweiligen Tln geeignet ist. Auch sollten Begleiter/innen mit ihren eigenen Gefühlen in Kontakt sein, sich mit dem, was sie anbieten, selbst wohlfühlen. Gibt man den Tln die Chance, den Einstieg selbst zu gestalten, hat man als Begleiter/in für sich die wichtige Möglichkeit, wahrzunehmen und zuzuhören. Man kann sich einen ersten Eindruck von den Fragestellungen und Problemen der Tln machen und im Verlauf des Gespräches darauf zurückkommen.

Damit die Tln mit eigenen Erfahrungen und Gefühlen in Berührung kommen, ist m.E. eine kürzere oder längere Selbstreflexion über einen Frage-Impuls erforderlich. Wenn die Tln in der stillen Besinnung sich zu sich selbst hin öffnen können, verläuft hernach das Gespräch auf einer anderen als nur auf der kongnitiven Ebene. Man ist nicht nur für das Thema und sich selbst offener. Man findet auch zu anderen Tln mit der schon etwas überlegten Frage leichter einen Zugang. Abwehr und anfängliche Ängste können schon etwas aufgefangen werden, weil die Überraschungsmomente aufgenommen und bearbeitet werden können, bevor man im Gespräch gefordert ist.

Impulse für einen Gesprächsbeginn in Gruppen: Folgende Impulse haben sich in der Praxis bewährt (vgl. Hauser 1984, 113). (Der 3. Impuls eignet sich nur für Tln in der Lebensmitte, der 8. für Tln vor und der 9. für Tln nach der „Pensionierung". Alle anderen für alle Altersstufen.)

1. Impuls: Die Tln werden eingeladen, ein Symbol zu malen, das am ehesten ausdrücken kann, wie sie sich in ihrem jetzigen Lebensalter sehen, einschätzen, fühlen. Nach etwa 15 Minuten lädt man ein zu einem Gespräch in Zweiergruppen, dann in der größeren Runde. Nach dem Malen kann sich eine Selbstbesinnung mit folgenden Fragen als gut erweisen: Was sagt mir mein Symbol über mein Leben, was es war, was es jetzt ist, was es werden kann/soll? (Entsprechend ist mehr Zeit einzuplanen.)

Erfahrungen: Eine Tln malte eine Tomatenstaude im September. Einige Früchte sind bereits geerntet. Jetzt trägt sie reife und noch grüne Früchte. Ihr Bild ließ sie sich fragen, welche Zweige sie aus der Staude herausbrechen müsse, damit die grünen Früchte noch reifen können. – Ein Mann malte eine Kartoffelstaude, die ihn mahnte, die grünen Früchte an der Oberfläche nicht mit den eigentlichen in der Tiefe zu verwechseln. Im Vorgang des Malens kann Unbewußtes bewußt werden.

2. Impuls (er hilft zum Überdenken von Veränderungen): Was hat sich in den äußeren Situationen meines Lebens verändert gegenüber früher? Was nehme ich an körperlichen Veränderungen wahr? Haben sich meine Einstellungen, Verhaltensweisen, Werte, Gefühle, Beziehungen verändert? Wenn ja, welche, wie und warum? Wie erlebe ich diese Veränderungen? Was tun sie mir? Wie gehe ich damit um?

3. Impuls: Lassen Sie Einfälle nennen zu folgenden *Symbol*worten: Weg – Mitte – Wegkreuzung – Strom – Fluß, und sie in Verbindung bringen mit den momentanen Lebenserfahrungen. Es soll nicht diskutiert, sondern zunächst nur angehört werden, was die einzelnen einbringen. Anschließend kann man über das Gesagte sprechen unter dem Gesichtspunkt: Was hat mich besonders berührt, was sagt es mir?

4. Impuls: Diese Fragen meinen den Prozeß der *Identitätsfindung:* Woher beziehe ich meine *Identität?* Was ist bei mir „ans Holz gewachsen", also

2. Krisen in der Lebensmitte

Eigenes? Was macht mich aus, gehört unverwechselbar zu mir? Was habe ich mir von wo oder wem „ausgeliehen"? In welchen Aspekten meiner Person lebe ich aus „zweiter Hand"? Was gibt mir Selbstvertrauen? Was läßt mein Selbstwertgefühl wachsen? Was hilft mir, zu mir selbst ja zu sagen? Wem verdanke ich was in meinem Leben? Wer half mir, hilft mir leben?

5. *Impuls:* Sollen *Krisen* in ihren Wachstumsforderungen und -möglichkeiten erkannt werden, können folgende Fragen anregend sein: Was, glaube ich, ist zum Zeitpunkt meines jetzigen Lebensalters besonders wichtig für mein persönliches (inneres, geistiges, geistliches) *Wachstum?* – Müßte ich vielleicht eine Entscheidung treffen, um mit mir selbst weiterzukommen? Was fällt mir dazu ein? Was halte ich für möglich und sinnvoll? Oder: Welche menschlichen und geistlichen Hilfen wünsche ich mir für mein jetziges Lebensalter? Was hilft mir nicht mehr? Was hat sich überlebt? Was könnte mir helfen? Was könnte mir jetzt guttun? Wie komme ich an diese Hilfsquelle(n)?

6. *Impuls:* Hat man das Ziel, Ehepaare dazu einzuladen, an ihrer Beziehung zu arbeiten, kann über „Das Haus unserer Ehe" nachgedacht werden. Die Tln arbeiten mindestens eine Stunde, zuerst allein, und malen das Haus ihrer bisherigen Ehe. Erlebnisse, die schmerzlich waren, werden mit dunklen Farben in das gemalte Haus eingeschrieben, freudige mit hellen. Erfahrungen, die die Partnerbeziehung gefördert haben, werden besonders gekennzeichnet. Die Antwort auf die Fragen „Wer bin ich in diesem Haus? Wie fühle ich mich darin?" kann unter das Haus oder darüber geschrieben werden. Dann malen die Tln daneben ein zweites Haus, das Ehehaus der Zukunft. In dieses schreiben sie nur jene Erfahrungen aus dem ersten Haus ein, die sie in ihrem Zukunftshaus wünschen wiederzufinden. Darüber hinaus werden Wünsche an die zukünftige Partnerbeziehung eingeschrieben. Dann arbeitet jedes Paar gemeinsam an den Häusern bzw. erarbeitet gemeinsam das „Haus unserer Ehe" für die kommende Zeit. Im Plenum kann gesagt werden, wie man sich bei diesen Überlegungen erlebt hat. Für diese Arbeit kann ein halber Tag noch zu wenig sein. Am besten handelt man mit den Paaren die Zeit aus, die sie investieren möchten.

7. *Impuls:* Sollen Ängste und Befürchtungen vor der Zukunft angesprochen werden, könnten die Fragen so formuliert werden: Was befürchte ich auf dem Weg in mein kommendes Lebensjahrzehnt? Was erhoffe ich für mich? – Nach der Selbstbesinnung können die Tln auf einem Weg im Garten oder langen Gängen im Haus paarweise gehend miteinander ins Gespräch kommen. Gemeinsamkeit, Weg und Gehen können in ihrer Zeichenhaftigkeit angesprochen und anschließend reflektiert werden.

8. *Impuls:* In einer Gruppe von Frauen *vor* der „Pensionierung" haben sich folgende Satzanfänge bewährt. Sie können auf einem Blatt Papier an die Tln gegeben werden. Man kann sie auch nacheinander mit Pausen dazwischen vorlesen. Die Tln schreiben ihre Antworten spontan auf und nu-

merieren diese. Danach bekommen sie das Blatt mit den Satzanfängen zum Gespräch in Dreiergruppen.

Die Satzanfänge: Wenn ich an die Beendigung meiner Berufsarbeit denke, fühle ich mich... Wenn andere mich auf mein baldiges Berufsende ansprechen, erlebe ich... Wenn ich zu arbeiten aufgehört habe, werde ich als erstes... Wenn ich an mein Arbeitsende denke, freue ich mich am meisten auf... Wenn ich aufgehört habe zu arbeiten, befürchte ich... Wenn ich nicht mehr arbeite, hoffe ich... Ich meine, wenn ich nicht mehr arbeite, erwarten andere von mir... Wenn meine Berufsarbeit zu Ende ist, befürchte ich, andere werden von mir denken...

Aus den Antworten der Tln kann herausgehört werden, an welchen Zukunftsvorstellungen und Ängsten zuerst gearbeitet werden soll.

9. Impuls: Arbeitet man mit Menschen *nach* der „Pensionierung", kann das Erlebte mit folgenden Fragen angegangen werden: Wie habe ich den Übergang vom aktiven Berufsleben zu einem arbeitsfreien Alltag erlebt? Was war, ist (ganz) anders als ich dachte, es erwartet hatte? Wie geht es mir in meinem „neuen Leben"? Was gibt mir Zufriedenheit? Wie verbringe ich meine Zeit? Was würde ich anderen Menschen, die die „Pensionierung" noch vor sich haben, raten wollen? Warum?

Erfahrung: Es hat sich als hilfreich gezeigt, wenn Tln *vor* und Tln *nach* der „Pensionierung" miteinander ins Gespräch kommen. Dabei sollten zuerst die Hoffnungen, Befürchtungen, die man vor dem Arbeitsende hat, ausgesprochen werden, danach die Erfahrungen der andern. Im Anschluß an das Gespräch kann „Mein Altersbild" erarbeitet werden. Die Tln arbeiten zuerst für sich allein, dann mit anderen in Kleingruppen.

Alle diese Impulse, ob sie am Anfang oder im Verlauf der gemeinsamen Arbeit gegeben werden, sollten ihren „Sitz im Leben" der Tln bzw. im Fortgang des Gruppenprozesses haben. Die Tln können darauf aufmerksam gemacht werden, aus den Fragen diejenigen auszuwählen und zu bearbeiten, die sie im Augenblick am meisten ansprechen. Hat man mit einer Gruppe schon gearbeitet, können die Tln die Fragen, an denen sie arbeiten wollen, selbst formulieren.

Literatur

BÜHLER, PIERRE: Christliche Identität zwischen Objektivität und Subjektivität. (CONCILIUM 2) Mainz: Grünewald 1988.
BROCHER, TOBIAS: Stufen des Lebens (Hans Jürgen Schultz) Stuttgart/Berlin: Kreuz 1977.
ERIKSON, ERIK H.: Kindheit und Gesellschaft. Stuttgart: Klett 1968.
– : Identität und Lebenszyklus. Frankfurt a. M.: Suhrkamp 1973.
GUARDINI, ROMANO: Die Lebensalter – Ihre ethische und pädagogische Bedeutung. Mainz: Grünewald 1986.
GRÜN, ANSELM: Lebensmitte als geistliche Aufgabe. Münsterschwarzach: Vier-Türme-Verlag 1980.

Hauser, Theresia: Die verschiedenen Lebensphasen im Erwachsenenalter. In: Feifel, Erich: Erwachsenenbildung, Glaubenssinn und Theologischer Lernprozeß. Zürich/Einsiedeln/Köln: Benziger 1972, 99–140.
– : Tag für Tag mein Leben – Wege zum ganzheitlichen Menschsein. München: Kösel 1986.
Hollander, Walther von: Der Mensch über Vierzig. Frankfurt a.M./Berlin: Ullstein 1966.
Kassel, Maria: Sei, der du werden sollst. Tiefenpsychologische Impulse aus der Bibel. München: Pfeiffer 1982.
Peck, Robert: Psychologische Entwicklung in der zweiten Lebenshälfte. In: Thomae, Hans/Lehr, Ursula: Altern Probleme und Tatsachen. Frankfurt a.M.: Akademische Verlagsgesellschaft 1968.
Vetter, August: Das Alter in psychologischer Sicht. In: Zwingmann, Charles: Zur Psychologie der Lebenskrisen. Stuttgart: Akademische Verlagsanstalt 1962.
Whitbourne, Susan/Weinstock, Comilda: Die mittlere Lebensspanne. München/Wien/Baltimore: Urban und Schwarzenberg 1982.

3. In existentiellen Verlustsituationen

Konrad Baumgartner

1. Verlustsituationen des Lebens

Verluste erleidet jeder Mensch im Laufe seines Lebens. Der Verlust eines Regenschirms ist da weniger problematisch als der einer Scheckkarte. Der Verlust des Blinddarms ist nicht so gravierend wie der Verlust eines Armes oder Beines durch Amputation oder Unfall, der ein Leben entscheidend verändert. Ähnlich ist es mit dem Verlust des Arbeitsplatzes – durch Krankheit, durch „Freisetzung" oder vorzeitige Pensionierung.

Nicht weniger einschneidend ist der Verlust der Heimat: wir denken an die Flüchtlinge nach dem Zweiten Weltkrieg, heute aber an die weltweit derzeit über 10 Millionen Flüchtlinge, Asylanten, Aus- und Übersiedler (die zumeist nicht darüber informierten oder dazu gefragten Kinder sind vielfach die Hauptbetroffenen: sie zeigen in jeder Hinsicht die heftigsten Reaktionen über diesen schockartigen Verlust). Die Kinder sind es auch, welche von Verlusterfahrungen bei Trennung und Scheidung der Eltern am schwersten „betroffen" sind, wobei der befürchtete Verlust während der ständigen Streitigkeiten und Konflikte meist schlimmer erlebt wird und mehr an Ängsten auslöst als die endgültige Verlustsituation, wenn die Scheidung ausgesprochen oder die Trennung erfolgt ist – sie schafft eben auch Klarheit und beendet die Unsicherheit.

Eine existentielle Verlusterfahrung stellt auch das ehelose Leben vieler Mitmenschen dar: der alleinstehenden, nicht verheirateten, der geschiedenen oder verwitweten Menschen – und der zum Zölibat verpflichteten Priester (die davon „mitbetroffenen" Pfarrhausfrauen nicht zu vergessen!). In unterschiedlicher Weise steht hier eine zeitweilige oder lebenslange Trauerarbeit an – mit all den Krisenphänomenen, wie wir sie aus der Psychologie kennen.

Schließlich ist von der Verlust- und Trauersituation von Hinterbliebenen zu sprechen, die überraschend und schockierend oder auch schon lange absehbar einen ihnen nahestehenden Menschen verloren haben. Sterben und Tod von Freunden, Nachbarn oder Angehörigen lösen meist auch eine existentielle, soziale und glaubensmäßige Bedrohung der eigenen Existenz aus: Todesängste und Todessehnsüchte, Verdrängung der Gedanken an den Verstorbenen oder Konfrontation mit dem eigenen Sterben.

2. Eigene Erfahrungen

In den 25 Jahren, die ich nun als Seelsorger tätig bin, bin ich mit vielen solcher Verlusterfahrungen konfrontiert worden, wurde ich aufgesucht oder zu spät informiert, wurde ich zu Rate gezogen oder konnte nur noch in der eingetretenen Verlustsituation beistehen, habe ich versucht, zu trösten und bei der Trauerarbeit seelsorglich beizustehen.

Das entscheidende Ereignis freilich, das mir für die seelsorgliche Beratung und Begleitung in all diesen Situationen die Perspektive gezeigt hat, war der Tod meiner Mutter während meiner Studentenzeit. Ohne Geschwister, ohne den im Zweiten Weltkrieg gefallenen Vater aufgewachsen, war ich nun wirklich „mutterseelenallein". Unvergeßlich ist mir der entscheidend hilfreiche Beistand meines Heimatkaplans geblieben: Er nahm mich in den Tagen der Trauer und zum unmittelbar bevorstehenden Weihnachtsfest in seine Wohnung auf und stützte mich durch sein menschlich-geistliches Verhalten. Mir war klar: Dies war eine vielleicht einmalige Ausnahmesituation in seinem Handeln. Aber er hat damit zum Ausdruck gebracht und vor allem mir deutlich gemacht, daß seelsorgliche Beratung und Begleitung in dieser Situation nicht allein in einer würdig gestalteten Trauerliturgie und einer gläubig-trostreichen Ansprache am Grab bestehen, sondern eben und gerade auch in der Zuwendung, im Miteinander und Füreinander im Geiste des Evangeliums.

Im Alltag der Seelsorge fällt diese diakonische Dimension des Beistandes und der Begleitung weithin aus – Anonymität unserer Großstadtgemeinden und geschäftliche Verwaltung der „Trauerhilfe" in den Trauerinstituten, die Überlastung (oder anderweitige Schwerpunktsetzung?) der Seelsorger haben diese Situation geschaffen. Eine Fernsehsendung über die Trauerbegleitung durch nichtkirchliche Bestattungsunternehmen einer Großstadt (mit mehreren Hausbesuchen bei den Angehörigen zwischen Tod und Beerdigung sowie in der Zeit nachher!) hat mir zusätzlich deutlich gemacht, was Seelsorge in existentiellen Verlustsituationen des Lebens eigentlich an Diakonie einbringen müßte.

Im folgenden geht es vorrangig um die Frage der seelsorglichen Begleitung in Trauersituationen von Hinterbliebenen; so manches gilt aber auch generell für die anderen genannten existentiellen Verlustsituationen.

3. Trauer als Krisensituation

So verschieden die jeweiligen Todessituationen auch sind, allen ist gemeinsam: Der individuelle Tod eines Menschen ist zugleich ein sozialer Tod, d.h. aufgebaute Beziehungen im privaten und öffentlichen Leben werden abgebrochen und beendet. Dieses „soziale Sterben" kann schon sehr früh einsetzen: durch Arbeitslosigkeit, Pensionierung oder das Abschreiben eines Schwerkranken, durch Isolation in einem Alten- und Pflegeheim. Der individuelle Tod hat also immer Auswirkungen auf das soziale, gesellschaftliche Gefüge der Umwelt.

Die stärkste, emotional heftigste Auswirkung ist die Trauersituation unmittelbar durch den Tod betroffener Menschen: Je näher ein Mensch einem anderen steht, desto stärker ist die Krise bei seinem Tod. Diese Krisensituation, in der durch den Verlust eines Menschen ein Stück persönlicher und sozialer Welt zusammenbricht, nennen wir Trauer.

Wir haben heute von der veränderten Wahrnehmung des Sterbens und des Todes in der Gesellschaft auszugehen. Die Trauersituation ist von der Verleugnung des Todes, von der zunehmenden Unmöglichkeit, den Tod eines anderen unmittelbar zu erfahren, verstärkt betroffen: Entweder die Betroffenheit wird übermächtig stark und unmitelbar oder, und dies ist häufiger der Fall, es werden Abwehrmechanismen entwickelt, die es ermöglichen, möglichst schnell wieder in die „normale" Alltagssituation zurückzukehren („bitte, nur eine allgemeine oder keine Ansprache!"; Trauerkleidung ist nicht mehr „in"; „von Beileidsbezeugungen am Grab bitten wir abzusehen"). Dieses diffuse, unsichere Trauerverhalten signalisiert eine tiefe „Unfähigkeit zu trauern", welche die Chance einer konstruktiven Trauer verhindert. Es geht darum, trauern zu dürfen, weinen und klagen zu dürfen – auch für Christen, ohne *vorschnelles* „Halleluja-Singen", jedoch im Horizont christlicher Hoffnung für Verstorbene und Lebende. Die Verhinderung birgt auch die Gefahr in sich, daß durch vorzeitige Distanzierung und emotionale Abkehr nicht bewältigte Ängste und Schuldgefühle unkontrolliert weiterwirken. Schließlich wird die Fähigkeit, sich in leidende und sterbende Mitmenschen einfühlen zu können, durch das Nichterleben von Tod und Trauer entscheidend gemindert.

Bei der Planung eines neuen Bettentraktes in einer Großstadtklinik bemerkte ein evangelischer Krankenhausseelsorger, daß kein Raum für die Aufbewahrung von Toten eingeplant war. Auf die Intervention der Seelsorger und Seelsorgerinnen hin wurde dies korrigiert. Der Raum für die Toten sollte dann aber dem „Seelsorgetrakt" zugewiesen werden. Nur durch den Einspruch der Seelsorger konnte das verhindert werden. Aber es war den für den Bau Verantwortlichen schwer klarzumachen, daß die Klinik, und nicht nur die Seelsorge, den Toten einen Raum zur Verfügung zu stellen hat.

Die Situation der individuellen Trauer ist oft sehr unterschiedlich: „Es gibt den langsam sich hinziehenden Beginn der Trauersituation (mit den ‚Mitsterbephasen') oder den akuten, plötzlichen, schockartigen Anfang" (Oates 1977, 19). Bekannt sind die von Y. Spiegel erforschten und dargestellten vier Phasen des Trauerprozesses (wobei dort ausdrücklich betont wird, daß ein Trauerverlauf nicht voraussagbar ist und inzwischen mehr „Aspekte des Prozesses" unterschieden werden). Die Ähnlichkeiten im Erleben sind jedoch so allgemein, daß Seelsorger einfach grundsätzlich Be-

scheid wissen sollten, wenn auch der Trauerprozeß nie ganz systematisch zu erfassen ist.
— *Schockphase* (kurz, einige Stunden bis zwei Tage): Verschiedene Reaktionen: „Verstummen" — „lautes Klagen"; Benommenheit, Leben wie in einer Traumwelt; oft starke physische/psychische Reaktionen. Bezugspersonen dieser Phase sind zumeist: Arzt, Pflegepersonal, Seelsorger.
— *Kontrollierte Phase* (einschließlich Beerdigung und bis zur Abreise der Angehörigen): Diese Phase der Kontrolle sich selbst gegenüber und der ihr korrespondierenden Kontrolle durch Angehörige, Freunde und Bestattungs-Unternehmen wird heute oft sehr beeinträchtigt durch Psychopharmaka. Verstärkt stellt sich deshalb reduziertes Erleben ein, eine „De-Realisation" und innere Leere. Immerhin ist in dieser Phase der Anteil eigener und gesellschaftlicher Aktivität hoch.
— *Regressive Phase* (4 – 6 Wochen): Sie ist die schwierigste und am meisten kritische Phase. Die Auflösung der Wohnung, des Haushaltes, der Ärger mit den Nachlaßangelegenheiten, aber auch Hilflosigkeit, Empfindlichkeit und immer neues Nachdenken und Grübeln über das „Warum?", Angst- und Schuldgefühle ergeben einen Rückzug der Hinterbliebenen auf ihre Innenwelt. Die Welt des Verstorbenen, und mit ihm die gemeinsame Welt, ist zusammengebrochen. Hinterbliebene sind in dieser Zeit fast ausnahmslos auf sich verwiesen, gesellschaftliche Stützen fehlen. In dieser Situation können Sinndeutung und Trost not-wendig werden und sein. Zuweilen wird diese Phase auch als „religiös offene Phase" gekennzeichnet. Aber oft hat dies mehr mit der Regression zu tun als mit einer das Leben verändernden Besinnung und Umkehr.
— *Adaptive Phase* (zwischen einem halben und einem Jahr): In dieser Zeit geschieht die Reorganisation des Selbst und der Lebenswelt, eine neue Einstellung zum Verstorbenen formt sich aus: Die verlorene Person wird innerlich neu aufgebaut, sie wird zum „Besitz" des Trauernden. Allmählich wird die Realität zurückgewonnen, der Trauernde findet zurück zur eigenen Identität. Dazwischen aber gibt es immer wieder Wellen von Apathie und Verzweiflung, besonders bei Erinnerungsmomenten wie Allerseelen, am Namenstag, am Geburts- oder Hochzeitstag des Verstorbenen. Geht diese Reorganisation weit über die genannte Zeitspanne hinaus, so ist dies ein Verweis auf pathologische Trauer, die einer therapeutischen Behandlung bedarf.

Bei langer Krankheit oder hohem Alter von Verstorbenen kann es auch „vorweggenommene" Trauer geben. Die Angehörigen befinden sich schon im voraus, aber noch nicht endgültig in dieser Situation.

Spiegel verweist darauf, daß es „von entscheidender Bedeutung ist, daß die Trauer zu ihrer vollen Expression kommt und der Regression ... intellektuell und emotional Raum gegeben wird" (Spiegel 1973, 79). Gründe für behinderte Trauer könnten sein: der Widerstand, sich selbst aufzugeben; Unfähigkeit zur Trauer; gleichzeitig mehrere Verluste; der Zwang, für das eigene Überleben zu sorgen; Zweifel an der Realität des Todes; eine ambivalente Haltung gegenüber dem Verstorbenen; eine Selbstkontrolle, die durch gesellschaftliche oder religiöse Normen erzwungen wird. Auffällig ist immer, wenn Hinterbliebene in den ersten drei Phasen stecken bleiben.

Mit dem Tod eines Menschen ändert sich die soziale Stellung, der Status der Angehörigen und Hinterbliebenen gegenüber der Gesellschaft und in ihr. Um mit den Schwierigkeiten dieser neuen Situation fertig zu werden, gibt es in allen menschlichen Gesellschaften „Passage-Riten": sie werden immer dann ausgeführt, wenn ein Individuum von einer sozialen Gruppe zu einer anderen, von einer sozialen Situation zur andern „hinübergeht". Dem Trauerritual kommt in diesem Sinn die Bedeutung zu: Es zeigt symbolisch den Weg der Trennung vom alten Status zur Annahme des neuen Status für die Trauernden auf, die soziale Umwelt „begleitet" sie dabei unterstützend. Auch in anderen Trauersituationen, z.B. der Scheidung, gibt es solche Rituale der Trennung, des Übergangs und der Neueingliederung. „Das Trauerritual ersetzt zwar nicht den Trauerprozeß, stellt ihn aber als etwas dar, das der Tote, der Hinterbliebene und seine soziale Umwelt gemeinsam bewältigen müssen" (Spiegel 1973, 101).

Diese Bewältigung zielt dabei auf mehr ab als nur auf die „Beseitigung von Störungen, oder Regelung des sozialen Zusammenspiels, oder die Anpassung an eine veränderte Situation ... Angesichts der elementaren Erfahrung von Tod, Trennung, Angst und sozialer Desintegration zielt (das Begräbnisritual) sowohl auf Heilung der verstörten, verwundeten Trauernden als auch auf das Heil, das die Möglichkeit einer vom Tod bedrohten Alltagswelt übersteigt" (Krusche 1978, 143). Für die Trauernden hat also das Begräbnisritual (einschließlich der Rede am Grab) eine therapeutisch-stabilisierende und eine prophetisch-kritische Funktion. „Ziel dieser religiösen Handlung ist die helfende Zuwendung zu den Trauernden und die hoffnungsbestimmte Verarbeitung ihrer negativen Erfahrung" (ebd., 144).

4. Aufgaben der Trauerarbeit

Trauerhilfe müßte als Begleitung in der vom Trauernden zu leistenden „Trauerarbeit" erfolgen (Auslösung der Trauer: „sich-Fallen-Lassen"; Strukturierung der Trauer; Anerkennung der Realität des Todes; Entscheidung zum Leben; Ausdruck inakzeptabler Gefühle und Wünsche gegenüber dem Verstorbenen; Bewertung des Verlustes; Lernen, mit dem Verlust zu leben; Neuorientierung in der Welt der Lebenden). Diese Aufgabe kann der Trauernde nicht allein bewältigen. Er bedarf der Hilfe durch Personen, die von der Gesellschaft mit der Aufgabe betraut sind, ihm bei der Bewältigung dieser Situation zu helfen.

Das eigentliche Dilemma des pastoralen Handelns in heutiger volkskirchlicher Situation wird auch im Zusammenhang der Trauerhilfe deutlich:

volkskirchliche Erwartungshaltung und theologisches Auftragsverständnis stimmen nicht mehr überein. Damit der seelsorglich Handelnde sich nicht einfach als „Zeremonienmeister für volkskirchliche Stabilisierung" oder als „Erfüller von religiösen Erwartungen" verstehen muß, ist ein zweifaches wichtig:

a) Es geht um die „diakonische Perspektive": im Blickpunkt steht die helfende Zuwendung an jene, die an Gräbern nach Trost verlangen. Von daher erhält das Ritual seine Einordnung: „es ist *ein* Medium des Evangeliums, wie die Sprache, das Sakrament oder die Gruppe" (M. Josuttis). Deshalb ist es wichtig, daß Seelsorger das Ritual ernstnehmen. Trauernde fühlen sich oft zu wenig persönlich angesprochen. Die Grabrede soll deshalb einerseits tröstend-heilend sowie Hoffnung und Heil „versprechend" sein, sie sollte aber auch kritisch-provokative Momente christlichen Glaubens zur Sprache bringen.

b) Das Ritual ist ein erster Akt der Hilfe zur Trauerarbeit. Diese muß in den Gesprächen vor und nachher fortgeführt werden: „Was im Handlungsvollzug angelegt und angekündigt war, kann hier in Formen direkter Kommunikation geklärt und im Sinne helfender Begleitung realisiert werden" (Krusche 1978, 156).

Folgende Möglichkeiten bieten sich an:

– Gespräch mit den Trauernden vor der Beerdigung: während der kontrollierten Phase. Aufgaben des seelsorglichen Gespräches sind: die Situation erhellen; Gefühle äußern lassen; mit der Deutung des christlichen Glaubens konfrontieren; zur Integration verhelfen: den Verlauf der Beerdigung klären, den Inhalt der Ansprache und die Begleitung „für später" anbieten.

– Kontakt bei der Beerdigung sowie beim Leichenmahl. Der persönliche Beistand kommt durch solche persönlichen Kontaktnahmen existentiell zum Ausdruck. Die Ansprache sollte von „situationsbezogener Verkündigung" bestimmt sein, eine konkrete Benennung der Lebensdaten und eine Würdigung der Persönlichkeit ist für das „Er-Innern" des/der Verstorbenen von großer Bedeutung.

– Gespräch nach dem Begräbnis: „Zumindest *ein* Hausbesuch nach der Feier auf dem Friedhof sollte fest in das Programm des beerdigenden Pfarrers aufgenommen werden" (Krusche 1978, 189). Dieses Postulat ist oft nicht zu verwirklichen; es sollte aber wenigstens in besonders schweren Todessituationen (Selbstmord/Tod eines Kindes) eingelöst werden.

c) Die von der Gesprächstherapie geltend gemachte Forderung nach „Echtheit" und „Selbstkongruenz" bedeutet für die Trauerpastoral: Der seelsorglich Handelnde muß auf die Konfrontation mit dem Tod persönlich und sachlich vorbereitet sein. Dieses sich „im Vorgriff auf die Erfahrungen von Sterben und Trauer" Einstellen, bedeutet vor allem, die „Realität des eigenen Todes" offen zu akzeptieren – bis hin zu einer „ausführlichen Phantasie über das eigene Sterben und den eigenen Tod" (D. Switzer). Dies dürfte entscheidend mit dazu beitragen, daß die personal-kommunikative Seite der Begegnung von Trauernden mit dem kirchlichen Amtsträger menschlich und geistlich gelingt" und nicht „an die Stelle zwischenmenschlicher Beziehung die Rezitation liturgischer Trostformeln tritt" (Krusche 1978, 141). Durch die Einfühlung in die Erfahrung von Sterben und Trauer erschließt sich dem Seelsorger „die beschädigte, desintegrierte ‚Welt' der Hinterbliebenen, der die diakonisch-helfende Zuwendung der Kirche im Namen Jesu Christi gilt" (ebd., 155).

5. Trösten als pastorale Aufgabe

Für den Trost von Christen gilt, was auch für die Trauer von Christen gilt: Sie sollten weder trauern noch trösten „wie die anderen, die keine Hoffnung haben" (1 Thess 4,13). Aber die Hoffnung des Christen schirmt die Trauer nicht ab und hebt sie nicht auf. Im Gegenteil, es kann sein, daß gerade die Trauer des Glaubenden noch abgrundtiefer ist, daß sie an den Nerv und die Wurzel seiner Existenz rührt – und radikal die Gottesfrage, ja die Klage, provoziert: „Meine Seele ist zu Tode betrübt" (Mk 14,34) und: „Mein Gott, mein Gott, warum hast du mich verlassen?" (Mk 15,34).

Ähnliches gilt für die Hoffnung als Motiv und Inhalt des Trostes von Christen: oft ist es unsagbar schwer, von ihr bewegt Worte des Trostes zu finden. Was in Situationen der Trauer dann mehr bedeutet als alle Worte, ist, neben sich einen Menschen und Christen zu erleben, der aus dem Glauben die Höhen und Tiefen des Lebens zu bestehen versucht, der „getrost" auf die Gegenwart und die Nähe des lebendigen Gottes im Leben und im Sterben vertraut. Solches „Getrost-Sein" ist der tiefste Grund, die Quelle des „Tröster-Sein"-Könnens. Der „Gott allen Trostes" ist der letzte Grund für die getroste und die tröstende Existenzweise des Christen – in allen Verlustsituationen des Lebens und im Angesicht des Todes. Von ihm gehalten und ihm geborgen „sollen wir durch unser Leben und Glauben, durch unser Wort und unser Schweigen, durch unsere Aufmerksamkeit und Betroffenheit den Weg bereiten für den Gott des Trostes und den Trost Gottes unter den Menschen" (H. Fries).

Der bereits genannten „Unfähigkeit zu trauern" entspricht in der Gesellschaft, aber auch in der Kirche, die Hilflosigkeit, ja die Unfähigkeit zu trösten. Seelsorger müssen über ihre Rollenfunktion als „Ritusagenten" hinauskommen. Schließlich zählt die Aufgabe, Betrübte zu trösten, seit alters zum unabdingbaren ethischen Verhalten eines Christen, zu den „sieben geistlichen Werken der Barmherzigkeit". Trösten gehört zum urmenschlichen, mehr noch, zum urchristlichen Aufgabenbereich: für den Christen ermöglicht durch die Zuwendung des „Gottes und Vaters Jesu Christi, unseres Herrn, des Vaters des Erbarmens und des Gottes allen Trostes. Er tröstet uns in all unserer Not, damit auch wir die Kraft haben, alle zu trösten, die in Not sind: durch den Trost, mit dem auch wir von Gott getröstet werden" (2 Kor 1,3f).

Trost ist damit sowohl das Existential des Christen wie auch sein Potential: Aus der eigenen Erfahrung des Getröstet-Werdens darf er getrost sein; eben deshalb aber soll er dem Trost-losen zum Tröster werden. Das Trösten als Widerspiegelung der Gottesbeziehung, als Gabe und Aufgabe des heiligen Geistes, des Beistands und Trösters, ist sosehr die Mitte christlicher Existenz, daß Seelsorge vor allem im protestantischen Bereich geradezu als „geistliches Trostamt" verstanden wird.

Nur wenn Seelsorger und Seelsorgerinnen die Trauer zulassen und ihr umfassend begegnen, durch Verkündigung, Liturgie, Diakonie, in Begleitung und Beratung, werden sie ihrem Auftrag gerecht. Eine wichtige Frage dabei ist freilich: Wie vermag der Seelsorger selbst mit Leid, Tod, Trauer umzugehen? Kann er sich einfühlen, weil ihm selbst solche Erfahrungen nicht fremd sind, weil er sich ihnen stellt, sie auszuhalten versucht? Denn „die Tränen dieser Erde werden nur getrocknet von denen, die selber weinen können. Selig sind diese Trauernden, denn sie werden andere trösten! Selig sind sie diese Weinenden Gottes, denn sie werden Engel seiner Liebe und barmherzige Samaritane sein" (P. Lippert). Wer selbst mit den Verlusten seines Lebens umzugehen gelernt hat, der wird auch die Lebens- und Sterbegeschichten seiner Mitmenschen einfühlend, verstehend und tröstend annehmen können.

Bei der seelsorglichen Beratung und Begleitung in der Begegnung mit Trauernden sind diese Momente hilfreich: zupackende, aber nicht vereinnahmende Hilfsbereitschaft, das Erzählen-Dürfen über vergangene Zeiten des gemeinsamen Lebensweges, das Anschauen von Fotos und Erinnerungsgegenständen, das Respektieren von Trauergefühlen und Tränenausbrüchen, die Achtung vor Entscheidungen des Betroffenen, aber auch eine angemessene Ermutigung zur Gestaltung von Zukunft, die Geduld mit der oft so zerbrechlichen Hoffnungsexistenz, das Ernstnehmen von auftauchenden Ängsten und Schuldgefühlen, das Schweigen-können und Verstummen.

In solchem humanen Umgang mit Verlusterfahrungen muß sich das „Tröster-Sein" bewähren: im Aufbau von menschlicher Beziehung und Begegnung. Trostes-Worte, die nicht darauf aufruhen, gehen ins Leere, werden als billiger, schlechter oder schwacher Trost erlebt, als Floskel und unangemessenes Mitleid. Was tröstet, ist nicht der Text, sondern der Mensch (Kaspar 1983, 25). Wichtiger und hilfreicher als das „Beileid" ist das „Mit-Leiden": Geteiltes Leid wird halbes Leid. Der gesprochene Trost bedarf der Verleiblichung: auf dem Grund der menschlich-mitleidenden, einfühlenden Begegnung kann und muß der Trost auch ins Wort kommen, muß sich ausdrücken in konkreten Zeichen und Gebärden, im Miteinander-Beten und Miteinander-Schweigen.

Trost und Tröstung sind nicht nur Aufgaben der hauptamtlichen Seelsorger, sondern der ganzen Gemeinde. In einer Zeit der zunehmenden Verlusterfahrungen, der Vereinsamung, der Traurigkeit und Resignation, der Hoffnungslosigkeit und Hilflosigkeit wird es zunehmend wichtiger, daß alle Christen ihre Begabung wahrnehmen und vertiefen, andere zu stärken, zu trösten, zu ermutigen und aufzurichten und ihnen neues Vertrauen zu schenken. Deshalb sind gemeindliche Seminare über den Umgang mit Trauernden in existentiellen Verlusterfahrungen dringend notwendig.

Eine neue Form des Miteinanders in solchen Verlusterfahrungen sind Selbsthilfegruppen von Alleinerziehenden, Geschiedenen und Wiederverheirateten, von trauernden Angehörigen. Auch Seelsorger selbst kommen in Situationen, in denen sie des Trostes bedürfen: im Leiden an der Einsamkeit, an der Verpflichtung zum Zölibat, bei Unglück und Tod eigener Angehöriger, beim Weggang von einer Gemeinde etc. Das Wort in 1 Thess 4,18: „Tröstet einander" bekommt dann seine Aktualität. Als der Vater des Bischofs von Eisenstadt/Österreich, Stefan Laszlo, gestorben war, sprach ihn ein junger Mann auf der Straße an und sagte: „Herr Bischof, sonst stehen Sie uns bei und trösten uns. Jetzt sind wir dran, auch Sie zu trösten und Ihnen beizustehen!"

Literatur

BÄRENZ, REINHOLD: Die Trauernden trösten. Für eine zeitgemäße Trauerpastoral. München: Kösel 1983.
KASPAR, PETER PAUL: Zärtlichkeit und Trost. Leidensfähigkeit – Liebesfähigkeit. Wien: Herder 1983.
KAST, VERENA: Trauern. Phasen und Chancen des psychischen Prozesses. Stuttgart: Kreuz-Verlag ³1983.
KRUSCHE, PETER, in: Bastian, Hans-Dieter u.a.: Taufe, Trauung und Begräbnis. München: Kaiser 1978.
OATES, WAYNE E.: Krise, Trennung, Trauer. München: Kaiser 1977.
SCHIBILSKY, MICHAEL: Trauerwege. Beratung für helfende Berufe. Düsseldorf: Patmos 1989.
SCHNEIDER-HARPPRECHT, CHRISTOPH: Trost in der Seelsorge. Stuttgart: Kohlhammer 1989.
SPIEGEL, YORICK: Der Prozeß des Trauerns. Analyse und Beratung. München: Kaiser 1973.
Themaheft „Die Trauernden trösten", in: Lebendige Katechese 5 (1983) Heft 2.
WEYMANN, VOLKER: Trost? Orientierungsversuche zur Seelsorge. Zürich: Theologischer Verlag 1989.
WINKLER, EBERHARD (Hrsg.): Das Wort der Hoffnung. Beispiele für Seelsorge und Predigt bei Todesfällen. Berlin/Ost: Evangelische Verlagsanstalt 1983.
ZULEHNER, PAUL MICHAEL: Helft den Menschen leben. Für ein neues Klima in der Pastoral. Freiburg i. Br.: Herder 1978.

4. Bei Schuld und Schuldgefühlen

LORENZ WACHINGER

1. Schuld angemessen zur Sprache bringen

Warum gibt es für Eheberater Seminare über Schuld und Schuldgefühle? Gewiß, weil sie sich viel mit wirklicher oder vermeintlicher Schuld ihrer Klienten auseinanderzusetzen haben. Denn das aus langer Erfahrung mit der Beichte wohlbekannte Problem läßt sich nicht in den Beichtstuhl einsperren und ist nicht mit der „richterlichen" Lossprechung zu erledigen, und zwar aus mehreren Gründen: Vieles von dem, was das Leben und seine innersten (Fehl-)Entscheidungen angeht, läßt sich nicht bündig formulieren, sondern braucht ein zeit-aufwendiges Suchen und Tasten; die *Beichte* wird, im Ablauf der katholischen Normalbiographie, in der Kinderzeit gelernt, aber das Leben überholt in den Stadien des *Erwachsenwerdens* mehrmals die Kinderbegriffe von Verfehlung, Reue und Versöhnung; die Fixierung der herkömmlichen Beichte auf Tatbestände, einzelne unterscheidbare Sünden, ist dem Sachverhalt nicht angemessen, der oft fließend ist, weil in der *Lebenshaltung*, in einer falschen *Einstellung* zu suchen.

Demgegenüber bringt die psychologische Beratung den anderen Gesichtspunkt der Begleitung ein, der im Begriff der Seelenführung immer da war: das Mitgehen in mehreren Gesprächen mit der Bewegung in einem Menschen, die nicht einfach und direkt sein muß; das Umgehen mit *Hemmungen, Ängsten, Widerständen;* das langsame Begreifen, Aufarbeiten und Verändern innerer Haltungen mit Hilfe eines Gesprächspartners, der einen Gegenhalt gegen die eigene Verwirrung bietet, als anderer den Anderen erfahrbar werden läßt, aber nicht grob von außen eingreift. Die durchaus profane Erfahrung der Beratung ist keineswegs auf ihre professionelle psychologische Form beschränkt; sie ist eine alltägliche Erfahrung unter Geschwistern, Freunden und Bekannten, Kollegen und eine geistliche, wenn sie als Hilfe von besonders begabten Menschen, gleich ob Priester oder nicht, ob Mann oder Frau, immer gesucht wurde. Sie setzt konkret an und ist offen für die religiöse Vertiefung.

Ein Reden über Schuld, und was damit zusammenhängt, ist gesucht, das der Dynamik des Erwachsenenlebens angemessen ist. Das Modell dafür könnte der kommunikative Austausch in einer einigermaßen gelungenen Ehe sein.

2. Einander schuldig bleiben, aneinander schuldig werden: das Modell der Ehe

Das Beispiel der *Ehe,* zu dem der kontinuierliche Austausch auf allen Ebenen gehört, erläutert für uns gut den Prozeß des Schuldigwerdens und des Schuldiggewordenseins. Zwei Erwachsene sind von der Not getrieben, das Suchen nach Versöhnung zu lernen und geduldig voranzubringen. Auch Nicht-Verheiratete denken sich leicht in dieses Anschauungs-Modell hinein; es ist dem anderen, geläufigeren Modell des schuldbewußten Kindes vor dem strafenden Vater, vor der gekränkten Mutter vorzuziehen, das in dem Gegenüber Beichtvater – Beichtkind mit konstelliert ist; da wir alle einmal Kinder waren, beherrscht es untergründig unser Empfinden und blockiert viele, die sich als Erwachsene nicht mehr in das vorgegebene Schema fügen wollen.

Das Miteinanderleben ist nicht denkbar, ohne daß wir einander im Ablauf der Tage und der Jahre einiges oder vieles schuldig bleiben; die Not oder der Gerechtigkeitssinn bringen uns dazu, voneinander zu fordern, was wir als geschuldet und uns zustehend empfinden. Fassen wir die Beschwerden und Vorwürfe in der einen Forderung nach *Zeit füreinander* zusammen. Das Da- und Präsentsein wird von dem Partner eingefordert, dem es schmerzlicher fehlt; der andere, der die Klage oft nicht verstehen will, verteidigt sich instinktiv. Schwierige Auseinandersetzungen werden folgen, bis das Verstehen reif ist, daß ich *mich selbst* vorenthalte und dadurch schuldig werde an einem mit mir lebenden Menschen. Damit ist eine erste und sehr tiefe Bestimmung dessen erreicht, was wir mit „Schuld" meinen, abgesehen von gröberen Verstößen gegen das Recht des anderen: sich selber vorenthalten, sich nicht in den Austausch hineingeben (Buber 1958). Mit kurzen Begriffen gesagt: Es geht um die Solidarität miteinander, um die Loyalität zueinander, um die allgemeinste und grundlegende Form der *Gerechtigkeit.* Das Miteinanderleben in der Ehe wird durchsichtig für das Zusammenleben unter Menschen überhaupt, im Nahbereich, wo die Nächstenliebe sich bewähren sollte, wie in dem schwierigen und noch kaum denkbaren Verhältnis der Völker, Zivilisationen und Erdteile.

Nicht nur, daß wir einander zu viel schuldig bleiben, indem wir „nicht da sind", wir werden auch direkt aneinander schuldig. Im Miteinanderleben gibt es die Kränkungen durch ein Wort oder durch ein Schweigen, durch etwas Getanes oder Nicht-Getanes; es gibt die Verletzungen durch körperliche Gewalt oder durch Vertrauensbruch oder durch sexuelle Untreue, die das *Selbstwertgefühl* trifft. Auffälligerweise nehmen wir einander als verantwortlich, schreiben einander also Schuld zu und akzeptieren das auch, ohne erst die schweren metaphysischen Fragen nach der menschlichen Freiheit zu Ende zu klären.

3. Schuld ist ein Begriff der Kommunikation

Wir können nicht miteinander leben, weder in der Ehe noch in der Gesellschaft, und keine sinnvolle *Kommunikation* aufrechterhalten, von der wir ebenso leben wie vom Brot, ohne uns gegenseitig als Verantwortliche zu nehmen. Wir nehmen uns ernst, wenn wir das leicht störbare Netz des sprachlichen und des nicht-sprachlichen *Austauschs* verletzt haben oder meinen, es verletzt zu haben. Mit dem Kürzel „Schuld" sind die Verletzungen der lebenswichtigen Dimensionen des Austauschs untereinander gemeint, nicht in erster Linie Verstöße gegen Ver- und Gebote; diese Verstöße verlieren freilich ihre Bedeutung niemals ganz, aber wir leiden unter der Verzerrung des Redens und Denkens, die von ihnen seit der Kinderzeit ausgeht, als sie das faßlichste Begriffs-Schema waren.

Damit sind wir bei Gesprächen, die sich an ein die *Kommunikation* störendes Ereignis anhängen. Glücklich sind wir, wen wir uns etwas zuschulden kommen haben lassen und jemanden finden, dem oder der wir es „beichten" können, der oder die mich anhört und nicht sofort verurteilt, sondern mich annimmt als einen Menschen in Bedrängnis und mich zu verstehen versucht; sich nicht aufs hohe Roß des moralisch über mir Stehenden schwingt; nicht die allgemeine Moral vertritt und mit einem Posaunenstoß über mich wegfährt.

Aber oft habe ich, wenn ich mich schuldig gemacht habe oder auch wenn ich *Angst* habe, ich könnte mich schuldig gemacht haben, einen weiten Weg zu gehen, bis ich reden kann, und ein Begleiter, eine Begleiterin braucht viel Geduld. Merkwürdig ist ja, daß eine Schuld nicht nur als Verrat in irgendeiner Form gegen die Kommunikation untereinander steht, sondern eine Unterbrechung des Miteinander-Redens bewirkt: Ich kann nicht reden, weil die Angst mir den Mund verschließt. Ich habe als Kind gelernt, daß auf eine Verfehlung Strafe folgt, die ich fürchte. Später habe ich erfahren, daß eine Schuld, die ich mir zugezogen habe, mühsame Prozesse der Erkenntnis des Getanen, schmerzhafte Distanzierung davon mich minderndes *Sich-Schämen* wegen der Selbstentfremdung auslösen – unangenehme Zustände, die ich gern vermeide. Dazu zieht das innere Umgetriebensein mein Interesse und die Kraft vom Austausch ab, ich habe *mit mir* zu tun. Diffuse Angst mag nachschwingen oder *Zorn* auf den andern, der/die mich begleiten will und mich nackt, ohne das Kleid der *Identität*, des Selbstbildes und des Bildes, in dem ich gern vor anderen erscheinen möchte, sehen wird. So ist eine Tendenz zum Verschweigen da; ich vermeide den Blick eines mit mir Lebenden, um nicht die Verurteilung darin lesen zu müssen und um nicht darin mir selber in meiner Erbärmlichkeit begegnen zu müssen. Ich versuche, mein schlimmes Geheimnis für mich zu behalten und wenigstens zu scheinen, der ich nicht mehr bin. Damit aber baue ich eine Mauer aus *Alleinsein* um mich auf.

Aber gleichzeitig weiß ich, daß ich mit dem Getanen (oder Nicht-Getanen) nicht allein bleiben will; es würde mich erdrücken oder versteinern. Ich will mit meiner Schuld wieder in die Gemeinschaft der miteinander Redenden aufgenommen werden. Es ist immer noch *meine* Schuld, auch wenn ich mich davon distanzieren will; das *Vergessen* befreit nicht, ich kann das Getane oder Nicht-Getane nicht hinter mir lassen, als ob es mich nichts anginge. Ich muß mich also, damit ich wieder in die *Kommunikations-Gemeinschaft* aufgenommen werde, einerseits zu der Schuld bekennen und sie als die meine übernehmen, aber zugleich mich davon distanzieren und davon abrücken. Da ich nicht allein leben will und kann, muß ich die Grundregeln des Zusammenlebens vor einem andern Menschen wieder als die meinen, auch für mich gültigen übernehmen und mich als Verantwortlicher bekennen. Dazu brauche ich das *Gespräch,* in dem, ausdrücklich oder einschlußweise, diese innere Bewegung zur Sprache kommt und sein darf, auch Zeit hat, sich zu entfalten. In einem solchen Gespräch kann ich erfahren, daß mich nichts mehr von den andern trennt, weil ich nichts mehr zu verbergen habe. Ich erlebe, daß der oder die andere meine Schuld anschaut und nicht erschrickt oder von Abscheu überrollt wird oder zu einem Vergeltungsschlag ausholt, sondern sich als Mensch zu mir stellt, dem das Menschliche nicht fremd ist.

Das ist die heilende, zurechtbringende Kraft des Gesprächs, in dem sich Gemeinschaft wiederherstellt (Wachinger 1988). Ein Schuldiger will reden, aber er wird sich oft das Redenkönnen hart erkämpfen müssen. Er sucht jemanden, der oder die ihm den Dienst des *Hörens* geduldig und streng leistet und ihm damit ermöglicht, seinen Weg aus der Verstrickung, in seinem eigenen Tempo, heraus zu gehen. Das seelsorgliche Gespräch wird in manchen Fällen nicht genügen: es gibt Skrupulanten, die mit ihrer Angst vor einer möglichen Verfehlung nicht zurechtkommen; es gibt neurotische Schuldgefühle, die in einem *Konflikt* der Kinderzeit (mit den Trieben, mit den Eltern etc.) begründet sind und sich an gegenwärtige Ereignisse oder Personen nur hartnäckig und quälend anhängen, so daß sie von der Gegenwart aus nicht lösbar sind. Wie man auch diese Schuldgefühle ernst zu nehmen hat, ohne die Angst unnötig zu steigern, ist vielleicht Sache der fachlich-psychologischen Beratung oder der *Psychotherapie,* an die der Seelsorger weiter verweisen wird.

Ein anderes, hier nur zu erwähnendes Problem ist die globale Schuld, die wir als Gemeinschaft auf uns laden, z.B. die ökologische, und zu der ich auch als einzelner mich stellen muß.

4. Schuld – das Sich-Entziehende

In unseren verborgenen Selbstgesprächen und im Reden mit einem anderen Menschen neigen wir, aus *Angst* vor Strafe, aus Angst vor Verlust an *Selbstachtung* dazu, uns zu „entschuldigen". Ohne es ganz klar zu haben, spielen wir mit den ineinander vernetzten Motivationen: „Ich *mußte* das tun, weil..." Das Ineinander und Gegeneinander verschiedener Motivationen ist mir selber niemals völlig durchsichtig; ich bleibe mir selber im letzten prinzipiell dunkel, so daß es leicht ist, mich selber zu täuschen, noch bevor ich andere täusche. Von *Konflikten* verwirrt, von Angst eingeengt, durchschaue ich mich selber nicht, und bin gezwungen, in meinem Körper etwas zu verschlüsseln, sei es in Form einer *Krankheit,* einer *Sucht,* eines *neurotischen Symptoms* oder auch nur als Schweigen oder Vergessen, und es damit zu verhüllen und doch auszudrücken. Ich zwinge mich und andere dazu, den langen Weg der Entschlüsselung, das heißt des allmählichen Annehmens der Wahrheit zu gehen. Hinter *Alkoholismus,* hinter einem *Zwang,* hinter einem auf den ersten Blick nur skurrilen Schuldgefühl kann sich der Kampf um die Anerkennung einer *Verantwortlichkeit* vollziehen. Im Schuldig-gewordensein sprechen wir eine andere Sprache, dunkler und archaischer als die in der Schule gelernte rationale. Nicht nur die unausweichlichen und nicht gewagten Entscheidungen drängen aus dem Noch-nicht-Bewußten ans Licht; auch die sich ins Regelsystem der Gesellschaft einpassenden und nicht einpassenden Bedürfnisse und Triebe, auch die verbotenen Gefühle, deren wir uns schämen, aber die wir nicht unterdrücken können, suchen ihr Wort, wollen aber nicht beim Wort genommen werden. So verdrängen wir und ringen um die Aufhebung der *Verdrängung;* so gehen wir Umwege des Ausdrückens und fallen doch in die fahrlässige und schuldhafte Verdrängung, mit der wir die Kommunikation überstrapazieren, auch die mit uns selber; wir gefährden den Zusammenhalt unserer Persönlichkeit. Auch das gehört zu dem Sich-Entziehen der Schuld, die in der Lebensgeschichte ungreifbar wird.

Beratung und Begleitung eines mit sich Ringenden oder eines noch halb in sich Verschlossenen wird damit rechnen, daß das Schuldig-gewordensein sich oft nicht einfach preisgibt; daß das Eingestehen einer Schuld das *Ziel* eines inneren Weges ist, nicht der Anfang, gleich ob dieser Weg schnell oder langsam gegangen wird.

5. *Schuldig werden, schuldig geworden sein*

Das Hauptwort „Schuld" klingt nach einer finanziellen Verwicklung; das menschliche Drama, das hier gemeint ist, scheint im Tätigkeitswort besser aufgehoben: „ich werde schuldig", „ich bin schuldig geworden", „ich werde mich schuldig machen". Zum Verbum gehört die *persönliche* Bestimmung, während das Substantiv abstrakter klingt; „ich" bekenne mich als schuldig oder ich beschuldige „dich". Das Übernehmen des Schuldigseins geschieht im Aktiv, während das Beschuldigen ins Passiv weist, ebenso wie das Verletzen oder das Kränken. Wo das Rechtsempfinden und das moralische Urteil unterscheidet, ist die einfühlende psychologische Sichtweise nicht so schnell im klaren: Es gibt die verschiedenen Beurteilungen in einem Konflikt; es gibt das Schuldigwerden *aus* einem Verletztwordensein; es gibt das Manipulieren anderer mit einem Schuldgefühl.

Wenn wir das Problem verbal konjugieren und durch die Zeiten abhandeln, auch Passiv und Aktiv in ihrer Verschlingung bedenken, wird deutlicher, daß Schuldigsein einen Prozeß bedeutet, der durch mich durchgeht und mich verwandelt, weil er mich zum Stellungnehmen zwingt. Er bringt so mein Gewordensein und meine Prägungen ins Spiel, die ja in meine gegenwärtigen Entscheidungen eingehen; er ruft meine Zukunft auf, das heißt, er fragt mich, wie ich mich in der Zeit, die *vor mir* liegt, sehen und stellen will. So ist das Geflecht meines Lebens aus Vergangenheit und Zukunft in diesem Prozeß gegenwärtig, das Miteinander der Personen und das Ineinander von Erleiden und Tun. Es verlangt danach, entwirrt und geschlichtet oder versöhnt zu werden. In diesem Prozeß, den es offen zu halten gilt, kann ich die Chance des Schuldigwerdens sehen: die Umwandlung des Lebens, die Lösung, in der sich die *Erlösung* erfahrbar macht. (Das ist der Sinn der *„felix culpa"* der Osternachts-Liturgie.)

6. Was hat Gott mit meinem Schuldigsein zu tun?

Wenn mich jemand annimmt und anhört wie ein Bruder oder eine Schwester, statt mich mit der Vokabel „Gott" zuzudecken, leuchtet Gott auf. Wenn jemand geschwisterlich mit mir umgeht, mich nicht auf das Vergangene festlegt, sondern mir Zukunft ermöglicht, mir „das Recht, ein anderer zu werden" (Sölle 1971) zuspielt und mich doch als denselben bestätigt, atme ich auf und ahne die Befreiung zum Lebendürfen: den Gott, der erscheint, um sein Volk von seinen Sünden zu erlösen (Mt 1,21).

Sich dem Schuldigsein im eigenen Leben stellen heißt über die *Grenze* gehen, die den Alltag einschließt, und das Reich des Schattens (im Sinne von C. G. Jung) betreten: all das Nicht-gern-Gesehene, das ich lieber vergessen wollte, das aber zu meinem Leben gehört; die noch schmerzenden Zusammenhänge mit Menschen, die mir nahe standen und längst tot sind, aufdecken und anschauen; die Verletzungen und Brüche zurückholen in den Kreislauf des *Erinnerns,* wo die Möglichkeit der *Heilung* besteht. Danach fragen wir ja: Wie widersteht man dem Tod, der im Vergessen anfängt? Wie geschieht Heilung? Beginnt sie nicht im Aufdecken der Wunden, im Zugeben und Bekennnen des Schuldiggewordenseins, ganz schlicht in einem Gespräch von Mensch zu Mensch? So wäre im Überschreiten der Grenze zu meinem dunklen Innern auch die andere von Mensch zu Mensch überschritten und ich aus meinem *Alleinsein* befreit, das die Schulderfahrung zur *Verzweiflung* treiben kann. In diesem doppelten *Grenz-Überschreiten* kann das innerste Geheimnis der Wirklichkeit, der transzendente Gott, spürbar werden.

Das Reden vom Schuldig-Gewordensein gewinnt so die Bedeutung eines Anrufs an einen anderen: „Hör mich! Nimm mich an!" Mit diesem Anruf an den andern Menschen – liegt nicht der Anruf an den Anderen, an Gott darin? – ist die Richtung einer Lösung des Schuldigseins angezeigt; es sucht die Erlösung der Spannung aus Angst und Selbstabwertung in der *Vergebung,* in der *Versöhnung.*

7. Schuld und Schuldgefühle verarbeiten, versöhnen, daran wachsen

Das Aussprechen des Belastenden erleichtert bereits; es ist dazu nicht viel mehr nötig als das zugewandte *Hören,* weniger das Reden, das zu schnell meint Bescheid zu wissen und im Ratgeben klug und mächtig zu erscheinen versucht.

Wir spüren, daß wir nichts nötiger brauchen als die *Heilung* der Brüche und Verletzungen in unserer Vergangenheit, auch jener, an denen wir uns schuldig wissen, die wir also anderen angetan haben. Da „Vergeben" leicht nach „Vergiften" klingt, sagen wir lieber „*Versöhnung*", in der zwei sich als annähernd gleiche gegenüberstehen. Es ist das geschwisterliche Gegenüber und die *Verantwortung* füreinander, in der Bitterkeit und Schmerz zur Ruhe kommen können.

Voraussetzung der Versöhnung ist das *Erinnern* des Vorgefallenen; kann man es jemandem erzählen, geht es leichter und greift tiefer. Mit dem Erinnern wird Zorn hochsteigen, der nochmal durchlebt werden muß; darin lebt die Auseinandersetzung mit einem Verletzenden auf und kann weiter geführt werden. Es wäre gefährlich, diesen *Zorn* zu überspringen; die innere Bewegung würde nicht weiter kommen, das Versöhnen wäre nicht echt. Es ist ein innerer Weg zu gehen, der Prozeß des Versöhnens hat seine Stufen, die gegangen sein wollen. Zwei um die Versöhnung Ringende werden sich oft auf verschiedenen Stufen befinden und sich nicht verstehen, sich gar vorwerfen, daß der andere nicht bereit sei zu verzeihen. Auch daß ein Schmerz zurückbleiben wird, darf nicht verwundern; es wird nicht wieder wie vorher. Aber im Gehen des Weges kann die Lockerung des *Loslassens* kommen; im Austausch des *Gesprächs* oder im Traum oder unversehens im Anschauen eines Baums, einer Blume kommt die Ruhe, der „Friede"; das Ganz- und Heilsein ist ein alter Gottesname (Ri 6, 24).

8. Geschichten vom Schuldigsein und von der Versöhnung

Wie verzeiht Gott? Vielleicht nicht anders als daß Er den nächsten Schritt sich herausklären läßt; indem Er eine Perspektive auftauchen läßt; indem Er ein *Gegenüber* zum Reden und Verarbeiten anbietet. Er wischt nicht aus, was war, als ob es nicht gewesen wäre.

Auch mit den Geschichten der Bibel hilft Gott zum Verarbeiten und Wachsen. Es gibt Geschichten vom Schuldigwerden, wie die Jakobsgeschichten der Genesis oder die Geschichte Davids (2 Sam 11f.); Geschichten von steckengebliebenen, halben Versöhnungsversuchen, wie die von David und Absalom (2 Sam 14), die böse Folgen hat; Geschichten von gelungenen, wenn auch vorsichtig distanzierten Versöhnungen, wie zwischen Jakob und Esau (Gen 32f.); Geschichten schließlich von dem ganz großen Entgegenkommen ohne Bedingungen (Lk 15, 1 – 10; 11 – 32).

In den vielfältigen Mustern dieser Geschichten stehen unsere Möglichkeiten und Chancen; sie rufen mich – zum Ziel der universalen Versöhnung.

Literatur

BAUMGARTNER, KONRAD: Aus der Versöhnung leben. München: Wewel 1990.

BUBER, MARTIN: Schuld und Schuldgefühle. Heidelberg: L. Schneider 1958 (jetzt: Lothar Stiehm 1978).

GARHAMMER, ERICH u. a. (Hrsg.): ... und führe uns in Versöhnung. Zur Theologie und Praxis einer christlichen Grunddimension. München: Erich Wewel 1990.

RICOEUR, PAUL: Die Fehlbarkeit des Menschen. Phänomenologie der Schuld I. Freiburg/München: Alber 1971.

– : Symbolik des Bösen. Phänomenologie der Schuld II. Freiburg/München: Alber 1971.

SÖLLE, DOROTHEE: Das Recht ein anderer zu werden. Theologische Texte. Neuwied/Berlin: Luchterhand 1971.

WACHINGER, LORENZ: „Der Mensch ist ein Geschichtenerzähler" (S. Minuchin). Zur therapeutischen Funktion des Erzählens. In: Zerfaß, Rolf (Hrsg.): Erzählter Glaube – erzählende Kirche (Quaestiones Disputatae 116). Freiburg i. Br.: Herder 1988.

– : Gespräche über Schuld. Die Sprache der Versöhnung suchen (Topos Taschenbücher 186). Mainz: Grünewald 1988.

5. Als Hilfe zur moralischen Entscheidung

Philipp Schmitz SJ

1. Hilfen zur moralischen Entscheidung

Hilfe zur moralischen Entscheidung leistet jeder gern. Keiner versagt seinem Freunde, Nachbarn, Kollegen den guten Rat, um den dieser bittet. Es gehört zu den attraktiven Seiten des Berufes des Seelsorgers, daß er häufiger als andere die Entscheidung von Menschen begleiten darf. In Konsultationen, Beichtgesprächen, pastoralen Begegnungen vermag er denen zu helfen, die nicht wissen, was sie tun sollen. Aber auch eine Gruppe kann Hilfe zur Entscheidung anbieten. Jemand, der sich ihr anschließt, findet in den dort wirksamen Gesetzen der Kommunikation Unterstützung bei seinem sittlichen Urteil. Wer Vorträge hält, kann in seiner Zuhörerschaft bisweilen Menschen bemerken, die ihn in einer Weise ansehen, als lauschten sie eigentlich nicht dem, was er sagt oder zu sagen beabsichtigt. Sie hören das Vorgetragene offenbar danach ab, um Kriterien für ein fälliges Urteil zu finden oder um eine schon getroffene aber noch von Unsicherheit begleitete Entscheidung zu überprüfen. Entscheidungshilfe gibt es am Ende in Büchern, im Radio, im Fernsehen, in Zufallsgesprächen. Mit dem, was Thema dieses Beitrags ist, ist auf die eine oder andere Weise jeder konfrontiert. Über die Einzelheiten einer sittlichen Beratung nachzudenken, ist darum auch jeder eingeladen.

2. Suche nach Identität

Der primäre Fall einer seelsorglichen Beratung oder Begleitung als Hilfe zur moralischen Entscheidung ist die Begegnung zwischen zwei Menschen, einem, der Beratung sucht, und einem, der Rat gibt oder sogar professioneller Berater ist. Worin diese Hilfe besteht, kann darum am besten an dieser Konstellation gezeigt werden. Ein derartiges Beispiel sei darum als erstes erörtert.

Eine junge Frau – nennen wir sie Heidi – meldet sich zum wiederholten Mal zu einem Gespräch an. Sie pflegt das von Zeit zu Zeit zu tun, auch wenn – so würde man gern sagen – kein besonderer Grund vorliegt. Wie immer beginnt sie auch dieses Mal mit ihrem „Problem", wie sie es nennt. Sie sorgt sich darüber, daß sie „nicht mehr richtig an Gott glauben könne".

Sie werde den Verdacht nicht los, sagt sie, daß sie sich – wie übrigens viele andere Menschen auch – ihren Gott erfände wegen des Trostes, den sie von ihm erhoffte. Im Gebet will sie entdeckt haben, wie schal der Rest ihres Glaubens schon geworden sei. „Wenn ich bete", sagt sie „möchte ich eigentlich nicht, daß sein Reich kommt, sein Wille geschieht, daß wir alle perfekt werden." „Ich empfinde kein Bedürfnis", fügt sie hinzu, „wie Jesus Christus zu werden, ihm nachzustreben, ich tue recht gern ein bißchen sündigen, bin manchmal gern etwas dekadent". Und unversehens schlittert sie, ohne das zu bemerken oder auch zu wollen, in ein Schuldbekenntnis: „Momentan gehe ich plötzlich sehr viel aus in P. Man trinkt, raucht, tanzt, hört Musik in Cafés und Pubs, ich werde manchmal ein wenig beschwipst, flirte. Ich habe dreimal etwas Haschisch geraucht, und wurde ganz ‚giggly' und ‚relaxed', aber ich weiß ganz genau, daß ich nie, nie etwas Härteres probieren werde – man hat mir schon Kokain angeboten und Ecstasy. Aber ich werde sie nie probieren. Ich gebe gern Geld aus für Kleider, blicke in den Spiegel, um zu schauen, ob ich hübsch aussehe". Und dann wieder die Sorge, in Gedanken etwas Verbotenem nachzuhängen. „Ich habe noch nie mit irgendwem geschlafen – ich habe eigentlich noch nie länger einen Freund gehabt, aber ich glaube, daß, wenn ich richtig verliebt bin, ich vielleicht mich entscheiden werde, mit ihm zu schlafen vor der Ehe." Das Bekenntnis wechselt für einen Augenblick über zu einem halbherzigen Wunsch, sich zu rechtfertigen: „Aber ist diese Dekadenz – ich finde kein anderes Wort – sündhaft? Es ist vielleicht zwei, dreimal in der Woche und ich bin jung, und ich war die ganze Zeit im Internat." Doch schon nach kurzer Zeit nimmt sie ihr „Bekenntnis" wieder auf: „Eigentlich, was ich wirklich bekämpfen soll, ist der Neid – eine Woche war ich zerfressen vor Neid wegen der W. So fühlte ich mich eine Woche lang, und davor auch, als ein totales drop-out und unlustig und unattraktiv und was weiß ich alles. Doch dieses Gefühl ist glücklicherweise momentan total vorbei, nur muß ich acht geben, daß ich nicht neidisch werde. Denn mir geht es so, so gut, ich habe so ein ungeheures Glück."

Diese kurze Zusammenfassung, die zunächst nur die eine Seite des seelsorglichen Gesprächs wiedergeben will, zeigt in durchsichtiger Form den Weg einer jugendlichen Identitätsfindung. Teil dieses Weges ist das Ringen um einen persönlichen Glauben. Es ist die erste Aufgabe des Beraters, das Angebot des Seelsorgsgesprächs anzunehmen und zu verstehen zu geben, daß er es als solches begreift. Das Gespräch will zwar keine Beichte sein, aber die Worte der Ratsuchenden enthalten doch implizit die Hoffnung, daß sie auch in Bezug auf ihre Schuldgefühle Verständnis findet. Darum verdient sie darauf zuerst eine Antwort des Beraters: „Ich bin fest davon überzeugt", könnte der sie etwa versichern, „daß der Gott, den Du noch suchst, ein Gott der Versöhnung ist und daß Du mit ihm auch jetzt nicht in Unfrieden lebst." Als nächstes wird sie der Berater in ihrem eigentlich sittlichen *Anliegen,* ihrem Streben nach Wahrheit, unterstützen: „Du könntest es nicht ertragen, daß Du Dir in einem faulen Kompromiß eine Lösung zurechtlegtest, welcher der Wahrheit nicht entspräche." Der Ermutigung folgt die Aufforderung zur Geduld, die sich aus dem Vorsprung an *Erfahrung* ableitet: „Irgendwann wird sich Dir deutlich zeigen, daß der Gott, den Du suchst, den Kriterien der Wahrheit standhält". Und: „Die Antwort wird nicht in einem Beweis kommen, sondern im Auslöschen Deiner Frage. Und dann wirst Du auch sehen, daß das Bedürfnis nach Sicherheit nicht als minderwertig abgetan werden muß. Gott ist zwar nicht ein Gott der Ruhe, sondern ein Gott der Tat und der Zukunft, aber es ist durchaus legitim, sich ihn auch als den Gott des Glückes und der Ruhe zu wünschen."

Die Frage nach der Wahrheit – die Kernfrage der Identitätsfindung – hat andere, über das Religiöse hinausgehende Aspekte. Begleitet von Schuldgefühlen, aber auch in trotzige Rechtfertigung versucht Heidi gegenüber den Gesetzen, die ihr in ihrer Sozialisation eingeprägt worden sind, und den Signalen, die von Gesellschaft und Kirche gesetzt wurden, die eigene Existenz zu begründen und das Tun zu rechtfertigen, das ihr hier und jetzt als in dieser Existenz richtig erscheint. Obwohl sie nicht aufhört, sich immer wieder mit anderen zu vergleichen, denen es angeblich besser geht, will sie in Wirklichkeit auch das, was sie für richtig hält, zum Maßstab ihres Lebens machen. Mit dem, was sie „Neid" nennt, wird sie schnell fertig. Es kann nicht Aufgabe des Beraters sein, auf alle Einzelheiten moralischer Unsicherheit einzugehen, aber es ist auch nicht ausgeschlossen, daß er – wieder aus einer größeren Lebenserfahrung schöpfend – in der einen oder anderen Frage eine Grenze zieht. „Der Punkt, der mir ein wenig Sorge bereitet: Bitte, sieh mir den Ton des Moralisten nach: Nimm den Komplex ‚Einstiegsdrogen' ernst! Ziehe die Grenze *vor* Haschisch und nicht danach! Es gibt zwar die unterschiedlichsten Meinungen darüber, aber ich bin sicher, daß es zu gefährlich ist, in diesem Bereich zu experimentieren". Am Ende sollte nochmals die Bestätigung dafür stehen, daß die Suche nach der Wahrheit des eigenen Lebens volle Anerkennung verdient. „Vor allem freue Dich über Dein Leben, genieße die Freiheit und P. Bleibe ganz offen und Dir selbst treu."

3. Erkundung des Gewissens

Moralisch betrachtet läßt sich die Suche nach der Identität als Erkundung des Gewissens deuten. Auf diese wichtigste sittliche Instanz aufmerksam zu machen und in ihre Verfahrensweise einzuführen, ist darum die bedeutendste Hilfe, die ein Berater zur Entscheidungsfindung seines Klienten beitragen kann. Und diese Hilfe wird gewöhnlich gern akzeptiert. Unter allen moralischen Begriffen wird dem Gewissen – weit über den religiösen und kirchlichen Rahmen hinaus – das meiste Vertrauen geschenkt. Allerdings muß man sich auch auf Widerspruch gefaßt machen. Nicht wenige halten

Gewissenserfahrungen für nichts anderes als schattenhafte Abbildungen sozialer Vorschriften im Inneren des Menschen, als Ausdruck von kollektivem Bewußtsein und Herrschaft, als Manifestation des Über-Ich. Das Gewissen reproduziert nach ihnen je nach Belieben die schon ambivalenten Urteile der Gesellschaft. Zustimmung und Skepsis zum Gewissen finden sich auch in der Kirche. Verbal gibt es da zweifellos hohe Anerkennung für diese wichtige moralische Instanz. Doch hat der katholische Christ immer auch ein wenig den Eindruck, Gewissen sei protestantisch. Mit dem Zugeständnis verbindet sich nach seinem Eindruck zu oft ein „Bitte, Vorsicht". „Gewissen schon", lautet eine häufig gehörte Replik, „aber informiertes Gewissen". Die Automatik solcher Antwort verbreitet Skepsis.

Trotzdem bleibt nach der Ethik das Gewissen *höchste sittliche Instanz.* Gewissen ist das Urteil der praktischen Vernunft über das eigene Tun und über die eigene Existenz („iudicium ultimo practicum"). Im Bezug auf einen bestimmten Sachverhalt zeigt sich im Gewissen dem nach moralischem Tun suchenden Menschen die Wahrheit. Und auf das Wie seines Urteils ist absolut Verlaß. Die Tradition spricht im Zusammenhang mit dem Gewissen von Gericht, lateinisch *forum* (internum), nach Paul Ricoeur dem „bedeutendsten Symbol der Schuld". Kraft dieser Instanz vermag der sittlich Handelnde in einer Situation für sich Recht zu sprechen. Wenn der Spruch eindeutig ist, werden entgegenstehende Autoritäten und die Meinung der Mehrzahl allenthalben relativiert.

Weil es das Gewissen ist, mit dessen Hilfe Heidi ihre Identität aufbaut, kann sie auch über deren einzelne Phasen in der Beratung, die unter dieser Rücksicht zum rationalen Diskurs wird, sprechen. Prinzipiell kann sie vor dem Forum der Gemeinschaft – und als deren Vertreter: vor dem Berater – über die Gründe Auskunft geben, die sie zu einer Entscheidung bewegen.

Natürlich will sie nicht nur wissen, daß sie sich nach der Einschätzung der Ethik auf die Instanz seines Gewissens verlassen darf. Sie ist auch daran interessiert zu erfahren, was sie denn tun müsse, um sich auf das Urteil, in dem sie ihre Identität findet, vorzubereiten und einzustimmen. Nicht weniger müßte der Berater wissen, was er der Ratsuchenden vor Augen stellen kann, damit ihre Entscheidung zwar in keiner Weise gemindert, ihr aber eine Perspektive eröffnet wird.

Damit wird ein weiterer Aspekt von Gewissen angesprochen. Nicht von Urteil und letzter (gerichtlicher) Instanz ist nun die Rede. Nicht der Gewissensspruch, sondern die Gewissensbildung steht im Brennpunkt. Die *gelebte Wirklichkeit des Menschseins* rückt ins Blickfeld. Das hervorzuheben ist insbesondere dem deutschen Gewissensbegriff eigen. Während die lateinische *conscientia* auf rationales Urteil hinweist, deutet der deutsche Begriff „Gewissen" darauf hin, daß es eine sittliche Persönlichkeit gibt, aus der heraus die einzelnen Taten hervorgehen und sich auch erklären. Das wird gern in der Weise zum Ausdruck gebracht, daß man sagt „Jemand hat Gewissen". (Wenn man in der gleichen deutschen Tradition dann angeben will, das Gewissen beziehe sich auf einzelne Sachverhalte, gebraucht man ein Doppelwort: Jemand, so sagt man, handelt „nach bestem Wissen und Gewissen".)

Gewissen in diesem zweiten Sinn hat als Hauptziel, eine Vorstellung vom Menschen zu vermitteln. Im Korintherbrief gibt der Verfasser von dieser Vermittlung ein anschauliches Beispiel: Die korinthischen Handwerkszünfte (z. B. 1 Kor 8,7 – 13; 10, 25 – 30) hatten von ihren ehemals religiös umrahmten Zusammenkünften noch ein Element übrig behalten, das für die christlichen Mitglieder zur Gewissensfrage wurde. Bei ihren Gastmählern aßen sie weiterhin von dem stark verbilligten Opferfleisch. Auf Anfrage wiederholt Paulus die Botschaft von der Freiheit. Der Christ darf sich einer reifen Ethik rühmen, die seine sittliche Tat nicht nach ihrem äußeren Ablauf beurteilt: „Keine Speise kann uns vor Gottes Gericht stellen. Wenn wir nichts essen, verlieren wir nichts, und wenn wir essen, gewinnen wir nichts" (1 Kor 8,8). Und dennoch muß der gleiche Christ darauf achten, daß er durch das, was er tut, mehr Mensch werden soll. Damit er das aber kann, muß er auf einige Kriterien achten. Es könnte sein, daß ein Außenstehender oder auch ein Mitchrist den Eindruck gewinnt, der Christ esse das Opferfleisch, weil er von den Götzen nicht loskomme. Nicht wegen des Fleisches, sondern wegen des Bruders könnte das böse sein. „Wenn ihr auf diese Weise gegen eure Brüder sündigt und ihr schwaches Gewissen verletzt", sagt Paulus, „sündigt ihr gegen Christus" (1 Kor 8, 12).

Im Gewissen weiß der Mensch, wer er ist. In diesem Gewissen darf er sich stolz seiner Freiheit rühmen. Aber da er im gleichen Gewissen auch seine Mitmenschen gegenwärtig hat, erkennt er auch, daß seine Freiheit nicht zu Lasten des anderen gehen darf. Es ist dies, wie Paul Tillich es nennt, transmoralische Gewissen (vgl. Tillich 1970), „welches nicht im Gehorsam gegen das Gesetz urteilt, sondern nach der Teilnahme an einer Realität, welche die Sphäre der moralischen Gebote transzendiert." Karl Rahner spricht davon als einem „Moment an der Freiheitserfahrung des Menschen" (vgl. Rahner 1964). Nach Martin Heidegger schließt die Freiheitserfahrung Todeserfahrung mit ein (vgl. Hollenbach 1954). Wichtig ist: Die beiden bisher genannten Aspekte des Gewissens, Urteil und Artikulation der Freiheit des Menschseins), sind aufeinander bezogen. Die Vorstellung vom Menschen, die im zweiten Aspekt übermittelt wird, liegt nicht als unabänderliches Faktum vor; der Ratsuchende kann sich – kraft seines Urteils – in seinem Verhältnis zu ihr schuldlos immer wieder verändern: er kann sie auf ihre Art sehen, beurteilen, benennen, sie sich produktiv und reaktiv zu eigen machen oder aber er kann sie – wenn sie das im Sinn seines Menschsein für richtig hält – verwerfen. Es kann sogar von ihm erwartet werden, daß er – wenn sein Gewissen das fordert – diese Vorstellung in erzieherischen, therapeutischen und politischen Prozessen verändert.

Letztlich ist das Gewissen so vielfältig wie der Mensch. Die genannten

Bedingungen sind bei jedem anders. Es kommt darum sehr darauf an, daß der sittlich Handelnde in Bezug auf sein Gewissen kundig wird. In seinem Gewissen vernimmt der Mensch die ganz allein ihm zugedachte Stimme. Das Alte Testament faßt diese Stimme häufig als von außen kommend auf (Gen 3,9; 4,9). Dem frevelnden Nebukadnezar z.B. wird seine Schuld durch eine „Stimme vom Himmel" gedeutet: „Noch hatte der König diese Worte auf seinen Lippen, da rief eine Stimme vom Himmel: Dir, König Nebukadnezar, sei gesagt: Die Herrschaft wird dir genommen" (Dan 4,28). Später wird die Stimme nach innen verlagert. Es ist eine innere Stimme, die im Gewissen vernommen wird. Innen, das heißt für das Alte Testament im „Herzen", das Quelle des Mutes und der Zuversicht ist (Dt 4,39). „Haltet eure Gebote in der Tiefe eures Herzens, schreibt sie auf die Tafeln eures Herzens" (Spr 3,1 3; vgl. Röm 2,14)." Denn von innen, aus dem Herzen kommen die bösen Gedanken, Unzucht, Diebstahl, Mord, Ehebruch, Habgier, Bosheit usw." (Mk 7,21; Mt 15, 10 – 20). Durch Gottes Einzug wird der innere Raum zum behüteten Ort, geschützt unter dem Siegel des heiligen Schweigens. C. G. Jung greift das Bild von der ganz eigenen Stimme auf, wenn er davon spricht, daß das Gründer-Ich sich äußert (vgl. Schmitz 1980). Die Beratung ist der Ort, an dem die Individualität der Gewissenserfahrung gedeutet werden kann. Der Ratsuchende muß angeleitet werden, auf seine innere Stimme zu hören und ihr zu folgen. Gelingt das nicht, verkümmert Gewissen zum wertlosen Instrument.

4. Norm und Freiheit

Nun gibt es allerdings über die Zuordnung des Aspektes des Gewissens, den wir das Urteil nennen und in dem die Norm des Handelns festgelegt wird, und dem anderen Aspekt des Gewissens, in dem die Freiheit des Menschen in Erinnerung gerufen und zum Leben gebracht wird, unterschiedliche Positionen. Der Berater muß damit rechnen, daß sich in dem einen Fall nur das Bewußtsein erhalten hat, daß das Gewissen Urteil ist, und in einem anderen Fall nur, daß dieses Gewissen eine bestimmte Vorstellung vom Menschen widerspiegelt.

Um die Unterschiede deutlich zu machen, lese ich bei einer in der Gruppe sich abspielenden Beratung gern die folgende Erzählung und bitte meine Zuhörer die Frage zu beantworten, mit welcher der in der Geschichte genannten Personen sie sich am ehesten identifizieren können. Wenn man von Karl als offenbar ausbeuterischem Menschen einmal absieht, kommen dafür vier in Frage – David, Anna, Eduard, Elisabeth: „David und Elisabeth sind miteinander verlobt. David verbringt in einer fremden Stadt seinen Wehrdienst. Elisabeth besucht das Gymnasium ihrer Heimatstadt. Einer ihrer Klassenkameraden ist Karl, mit dem sie sich auch während Davids Abwesenheit immer mehr anfreundet. Sie haben sexuelle Beziehungen.

Elisabeth wird jedoch von Schuldgefühlen geplagt und bittet Karl, darauf zu verzichten. Eines Tages eröffnet ihr dieser, er fahre mit dem Auto in jene Stadt, in der David seinen Militärdienst absolviert. Elisabeth äußert sofort die Bitte, mitfahren zu dürfen. Sie hat Sehnsucht danach, David wiederzusehen. Karl erwidert: „Sehr gern. Doch du mußt wieder mit mir schlafen". Elisabeth ist sich nicht klar, was sie tun soll. Sie berät sich mit Anna, einer sehr engen Freundin. Diese rät ihr das zu tun, was sie für das beste hält. Elisabeth entscheidet sich nach weiterem Überlegen, Karl nachzugeben. David hat in der Zwischenzeit auch ein Mädchen kennengelernt. Elisabeth fühlt sich bei ihrem Besuch verpflichtet, ihm alles über ihre Beziehungen zu Karl mitzuteilen. David bricht daraufhin das Verlöbnis, das sie früher eingegangen waren, ab. Elisabeth kehrt nach Hause zurück. Sie begegnet Eduard, der ein sehr ernster, in sich gekehrter junger Mann mit strengen, religiös geprägten Vorstellungen ist. Sie vertraut sich ihm an. Der macht ihr Vorwürfe, daß sie so leichtfertig ihre Prinzipien aufgegeben hat und von den doch noch anerkannten Forderungen der Sexualmoral abgewichen sei."

In den einzelnen Typen finden sich nun vier unterschiedliche Weisen der Zuordnung von Norm und Freiheit. *David* wird in der Erzählung als Verlobter vorgestellt; er ist eine der Ehe nicht unähnliche institutionelle Verpflichtung eingegangen. Die sich mit ihm identifizieren, vermuten, daß er sich in seinem Leben von einer vorgegebenen Ordnung bstimmen läßt. Sie trauen ihm zu, daß er nach Bedarf aus seiner Sicht vom Menschsein auch auf dem Gebiet der Sexualmoral klare normative Vorstellungen abzuleiten versteht. Diese Gewißheit von dem, was der Mensch soll, geht bei David nicht soweit, daß von einem eigenen praktischen Urteil nicht die Rede sein kann. Es schließt ein unabhängiges Urteil des Gewissens nicht aus, aber es kann wegen der vorherigen Orientierung an bestimmten, wenn auch groben Rastern an Bedeutung einbüßen.

Das ist anders bei *Eduard*. Er braucht als Ordnungsschema mehr als nur gesellschaftliche Institutionen; er schwört auf feste Konventionen, in denen sich die für ihn maßgebliche Autorität ausdrückt. In Unterwerfung unter die von dieser Autorität erlassenen Gebote und in Abgrenzung von allem, was durch diese Autorität ungeregelt geblieben ist, bestimmt er – gemäß seinem Menschenbild – seinen moralischen Weg. Über sein Motiv, das ihn zu seinem Konventionalismus führt, kann man spekulieren. Es kann sein, daß er seiner Sexualität eher ängstlich gegenüber steht. Wie bei allem Privaten und Gefühlsmäßigen mag er darin einen Gefahrenherd erblicken. Um ihn zu bannen, mag er versucht sein, seine subjektiven Ansprüche, die er nicht zum Schweigen bringen kann, zu dämonisieren und zu verteufeln. Eduard hat eine klare Vorstellung vom Menschen, aber sie enthält nicht mehr die Botschaft von der Freiheit. Das praktische Urteil ist nach ihm ein eher dispensables Mittel, das nur noch die näheren Umstände des Handelns festlegt.

Ein nochmals anderer Typus ist *Anna*. In einer bemerkenswerten Emphase betont sie immer wieder, sie werde niemals davon ablassen, sich – statt von irgendwelchen vorgegebenen Ordnungen – von ihrer eigenen Erfahrung, die auf Freiheit drängt, leiten zu lassen. Als Elisabeth ihren Rat einholt, setzt sie in die Tat um, was ihre Grundüberzeugung ist: Jedem Menschen ist das volle Recht seiner eigenen, auch von anderen abweichenden sittlichen Entscheidung zuzugestehen. Annatypen geben auf Befragen ihre Wahl als Vernunftentscheidung aus oder sie sagen – im Sinn des Emotivismus –, Moral sei lediglich eine Frage der individuellen Präferenz. Gewissen jedenfalls wird bei jeder Gelegenheit als höchste sittliche Instanz gepriesen. Daß das gleiche Gewissen mit einer bestimmten Vorstellung des Humanum konfrontiert werden muß, interessiert Anna anfänglich nicht. Institutionen wie die Ehe müssen sich ihr gegenüber erst noch rechtfertigen.

Ähnlich wie bei Anna spielt auch bei *Elisabeth* die Erfahrung eine große Rolle. Über deren Einsicht hinaus sieht sie darin aber nicht lediglich eine passiv-rezeptive Erfassung von Realitäten, sondern sie begreift Erfahrung als kulturell-kreative Erschließung einer Wirklichkeit, für die Sexualität als Instinkt nur das noch ungeformte Material liefert. Nicht ohne Blessuren davonzutragen hat sie gelernt, ihre Sexualität als einen Weg der Humanisierung zu verstehen, in dem sie aus einer vorgegebenen Natur die Dispositionen empfängt, aus denen sie dann in Freiheit die Differenzierung vorzunehmen hat, die ihrem eigenen Weg entsprechen. Nach Irrwegen hat sie herausbekommen, daß die gleiche Sexualität menschliche Beziehungen zerstören kann, wenn die kreative Mischung zwischen Natur und Vernunft, die sich hinter all dem versteckt, nicht erreicht wird. Ungleich Anna wagt sich Elisabeth – bei allem Vorzug, den sie der Freiheit gibt – am Ende ihrer eigenen Odyssee einzugestehen, daß die überkommene Institution – im Beispiel: die Ehe – den wenn auch noch immer in der Entwicklung stehenden Standard des Sittlichen darstellt. Gewissen ist für sie das auf die praktische Vernunft gestützte, kreative Vermögen, das die Norm in der Freiheit lokalisiert.

Für den Berater ist es wichtig, daß er den Beratenden bei seiner jeweiligen Konstellation abholt. Bei den beiden jungen Männern, David und Eduard, wird der Weg zu einer stärkeren Berücksichtigung des Urteils führen müssen. Bei den Frauen, Anna und Elisabeth, führt der Weg – nach dem Abschluß der Selbstfindung – zu den Werten, die den Menschen ausmachen und von denen sich der Fortgang der Selbstfindung bestimmen lassen will.

Wie sie auf den entscheidenden Punkt zugeführt werden, ist sehr unterschiedlich: Eine nicht zu unterschätzende Bedeutung haben dabei Gruppengespräche. Unter ihren Mitgliedern finden sich Menschen, die sich in unterschiedlichen Phasen der moralischen Entwicklung befinden. Da gibt es sogenannte pragmatisch denkende Menschen, die von sich behaupten, sie gingen immer den Weg, der sich statistisch bewährt hat. Die vermag eine sensible Gruppendiskussion am ehesten auf die moralische Dimension der Frage aufmerksam zu machen. Ebenso gibt es solche, die meinen, allein dem ältesten aller ethischen Wegweiser – dem Willen Gottes – zu folgen. Sie bemerken aus den Antworten der anderen, daß es notwendig ist –, mit Blick auf Gott – ihr Tun auch vor anderen Menschen, manchmal sogar an die ganze jetzt lebende Menschheit und die künftigen Generationen rechtfertigen zu müssen. Es finden sich Männer und Frauen, die der Überzeugung sind, es gebe nur *ein* moralisches Prinzip. In der Gruppe erkennen sie dann an den Reaktionen anderer moralisch überzeugender Gesprächspartner, daß es neben der Pflicht oder dem Gesetz der Natur oder einer Tugend noch andere tragfähige Fundamente für eine sittliche Persönlichkeit gibt. Die vorgeben, sich nach dem Gewicht der Konsequenzen ihres Tuns zu entscheiden, lernen im Gespräch, an welche Konsequenzen nun eigentlich gedacht werden muß. Den je eigenen, notwendig gewordenen Weg bringt oft nur ein Vergleich mit anderen zutage. Erst aus dem Kaleidoskop der vielen Ansätze, die im Diskurs sichtbar werden, kann dann der Weg des einzelnen näher bestimmt werden. Kritisches Bewußtsein und ein gesunder Wille, autonom zu bleiben, bewahren ihn dabei vor möglichem Gruppendruck.

Literatur

AUER, ALFONS: Autonome Moral und christlicher Glaube. Düsseldorf: Patmos ²1984.
HILPERT, KONRAD (Hrsg.): Selbstverwirklichung. Chancen, Grenzen, Wege. Mainz: Grünewald 1987.
HOLLENBACH, JOHANNES M.: Sein und Gewissen. Baden-Baden: Bruno Grimm 1964.
MIETH, DIETMAR: Moral und Erfahrung. Beiträge zur theologisch-ethischen Hermeneutik (Studien zur theologischen Ethik 2). Freiburg: Herder 1977.
NELSON, CARL E.: Conscience (Newman). New York: 46–61, 60.
RAHNER, KARL: „Gewissen". In: KlThW Freiburg: Herder 1964, 130.
SCHLUND, ROBERT: Schöpferisches Gewissen. Freiburg: Herder 1990.
SCHMITZ, PHILIPP: Menschsein und sittliches Handeln. Vernachlässigte Begriffe in der Moraltheologie. Würzburg: Echter 1980.

6. Bei Menschen mit sexuellen Problemen

Udo Rauchfleisch

1. In der Beratung und Begleitung die sexuelle Dimension ernstnehmen

Das Thema dieses Beitrags könnte leicht in dem Sinne mißverstanden werden, als lasse sich „Sexualität" als ein besonderer Bereich im menschlichen Leben klar von anderen Bereichen abgrenzen und gesondert behandeln. Eine solche Auffassung widerspricht jedoch völlig der leib-seelisch-geistigen Einheit des Menschen und hätte unheilvolle Konsequenzen, indem sie die sexuellen Gefühle und Vollzüge aus dem Gesamtleben und -erleben des Menschen herauslöste und ihnen damit ihre eigentliche Sinndeutung nähme. Wir würden damit – ungewollt – zu einer Entwicklung beitragen, die wir in der Gegenwart vielfach mit Beunruhigung feststellen müssen: nämlich zur Reduzierung dieser zentralen menschlichen Dimension auf „Funktionalisierung (etwa durch die Werbebranche) und Entfremdung (durch den Konsumismus)" (Funke 1989, 83).

Bei einer kritischen Analyse der Haltung, welche die katholische Kirche der Sexualität gegenüber einnimmt, liegt diese Gefahr gerade auch in kirchlichen Kreisen sehr nahe: Bei der Umschreibung der Zielvorstellungen der menschlichen Entwicklung wird zwar ausdrücklich auf die „ganzheitlich integrierte Sexualität" (Böckle 1981, 149) verwiesen. Sowie jedoch „Probleme" in diesem Bereich auftauchen und Verhaltensweisen (wie Masturbation, voreheliche sexuelle Beziehungen, Homosexualität u. a.) zur Diskussion stehen, denen gegenüber die Kirche eine ablehnende Haltung einnimmt, rücken unversehens die sexuellen Vollzüge ganz in den Mittelpunkt der Betrachtung und werden geradezu verabsolviert, wobei der Blick auf den betreffenden Menschen als ganzen mehr oder weniger verloren geht. Dieser Gefahr sollten sich vor allem Seelsorgerinnen und Seelsorger sowie andere pastorale Mitarbeiterinnen und Mitarbeiter bewußt sein.

„Seelsorgliche Begleitung bei sexuellen Probleme" kann angesichts dieser Situation nur heißen: In der Begleitung eines Menschen die sexuelle Dimension ernst zu nehmen, von ihr ausgehend den Menschen in seiner Ganzheit zu verstehen zu versuchen und auch dort für die sexuelle Dimension offen zu sein, wo der Ratsuchende sie vielleicht von sich aus zunächst gar nicht erwähnt. „Über Sexualität sprechen" ist deshalb im Grunde eine irreführende Kurzformel. Genauer müßte man vielmehr sagen: über *Beziehungen* sprechen, und in einem nochmals umfassenderen Sinne: über die *Stellung des Menschen in seiner Welt* sprechen.

2. Die unmittelbare Begegnung als besondere Chance des Seelsorgers

Ob in der pastoralen Arbeit überhaupt ein Gespräch über Sexualität zustande kommt, entscheidet sich oft bereits im „Vorfeld", vor der eigentlichen Kontaktnahme. Ausschlaggebende Faktoren sind etwas das „Image", das ein pastoraler Mitarbeiter in der Pfarrgemeinde hat (ob er als „aufgeschlossen" oder „stur" eingeschätzt wird, ob er vertrauenerweckend, anteilnehmend, nicht „weltfremd" erscheint, ob der Ratsuchende von ihm den Eindruck hat, er werde ihn nicht gleich „verurteilen" u. ä.). Der hellhörige Seelsorger wird auch bemerken, daß bei einem vielfach noch als so heikel empfundenen Thema wie Sexualität erste vorsichtige Versuche der Kontaktnahme mit ihm zunächst gleichsam „en passant" erfolgen. Bevor es zu einer eigentlichen Anfrage an ihn kommt, hat der Ratsuchende bereits aus „sicherer" Distanz heraus zu erspüren versucht, ob er bei diesem pastoralen Mitarbeiter mit seinen Problemen auf offene Ohren stoßen wird.

Nicht immer wenden sich Ratsuchende direkt an einen Seelsorger. Die große Chance der im kirchlichen Dienst stehenden Mitarbeiter liegt darin, daß sie bei den verschiedensten Anlässen mit den Pfarrgemeindemitgliedern zusammentreffen und daß dabei dann zunächst noch ganz unverbindlich und – scheinbar – oberflächlich ein Gespräch angeknüpft werden kann. Außerdem besitzen die pastoralen Mitarbeiter – im Gegensatz zum Psychotherapeuten – die in ihrem Wert kaum hoch genug einzuschätzende Möglichkeit, auch von *sich aus* Menschen ansprechen zu können, von denen sie spüren oder wissen, daß sie sich in Not befinden. Bei aller Diskretion und bei allem Respekt vor der Autonomie des Gesprächspartners, die gerade beim Umgang mit dem Thema Sexualität unbedingt einzuhalten sind, sollten die kirchlichen Mitarbeiter von dieser einzigartigen Möglichkeit Gebrauch machen, wobei der Seelsorger sich selbstverständlich dem Gemeindemitglied nicht aufdrängen soll. Doch besteht gerade beim Thema Sexualität, das möglicherweise dem pastoralen Mitarbeiter selber peinlich ist und dem er aus eigener Unsicherheit gerne ausweiche, die Gefahr, daß der Seelsorger die eigene Zurückhaltung mit Argumenten wie „der Ratsuchende muß von sich aus kommen" oder „ich will mich keinem aufdrängen" zu legitimieren sucht.

3. Worauf kommt es bei der Beratung eines Menschen mit sexuellen Problemen an?

Im Grunde unterscheiden sich die Haltung und das Vorgehen des pastoralen Begleiters bei diesem Thema in nichts von der Art, wie er sich anderen Ratsuchenden gegenüber verhalten würde (vgl. die Beiträge in den Kapiteln I und II). Man könnte beinahe so weit gehen zu sagen: Falls überhaupt Unterschiede bestehen, rühren diese nur daher, daß das Thema Sexualität *im*

Erleben des Beraters oft eine andere Bedeutung besitzt als die Begleitung von Alleinerziehenden, Eheleuten, Betagten oder Menschen in verschiedenen Krisen. Eine solche Formulierung weist darauf hin, daß es bei der Beratung von Menschen mit sexuellen Problemen in allererster Linie darauf ankommt, daß *der pastorale Mitarbeiter sich über seine eigene Haltung der Sexualität gegenüber klar wird.* D. h. er muß sich seiner diesbezüglichen Normen (der für ihn persönlich wichtigen ebenso wie der offiziell von der Kirche vertretenen) bewußt werden und sie kritisch reflektieren; er muß sich darüber klar zu werden versuchen, welche Rolle er der Sexualität in seinen eigenen Beziehungen einräumt; und er sollte sich so offen wie möglich Rechenschaft darüber ablegen, welche eigenen Ängste, Unsicherheiten, Wünsche, Hoffnungen, Abneigungen usw. er in diesem Bereich spürt. Eine solche Selbstbesinnung und Sensibilisierung für die eigenen Gefühle und Wertvorstellungen ist im Hinblick auf jegliche Beratungstätigkeit von zentraler Bedeutung. Bei der Vorbereitung auf diese Arbeit vermögen u. a. Begegnungsgruppen (Müller 1989) eine große Hilfe zu leisten.

Im übrigen ist es speziell bei der Beratung von Menschen mit sexuellen Problemen empfehlenswert, sie nicht nur zu ein oder zwei Gesprächen in Krisensituationen zu empfangen, sondern sie über eine längere Zeit zu *begleiten*. Dies ist gerade bei einem so zentralen, tief in die verschiedenen Lebensvollzüge verwobenen Thema wie Sexualität wichtig. Ferner sollte der pastorale Mitarbeiter – ungeachtet seiner eigenen und der kirchlichen Normvorstellungen und möglichst unbeeinflußt von den eigenen Gefühlen (die er aber sehr wohl wahrnehmen muß) – zunächst einmal auf das *hören*, was der Ratsuchende vorbringt. Eine solche Haltung kann gerade dem im kirchlichen Dienst Stehenden insofern Probleme bereiten, als er ja nicht als Psychotherapeut oder als Berater in einer „neutralen" Dienststelle, sondern als Mitarbeiter der Kirche angesprochen wird. Dennoch ist es für das Gelingen eines vertrauensvollen, fruchtbaren Beratungsgesprächs von ausschlaggebender Bedeutung, daß der pastorale Mitarbeiter bei aller persönlichen Betroffenheit, die das vom Ratsuchenden präsentierte Thema bei ihm auslösen mag, in einem *ersten Teil des Gesprächs so offen und unvoreingenommen wie möglich ist.* Dies bedeutet nicht nur, nicht sofort, gar moralisierend, Stellung zu nehmen zu Problemen, die im Gespräch noch nicht im entferntesten ausgelotet sind. Es heißt auch: sich *innerlich* offen zu halten, nicht sofort zu werten, zu verurteilen – auch wenn die vom Ratsuchenden vorgebrachten Probleme den Berater vielleicht peinlich berühren und in ihm Abwehr, Ekel, Irritation oder andere Gefühle hervorrufen. Eine solche Begleitung, die dem Gesprächspartner Raum gewährt und ihn wirklich seine Anliegen ausbreiten läßt, bietet dann allerdings in einem *zweiten Schritt* auch die Möglichkeit, daß der Berater seine *persönliche Stellungnahme* dazu abgibt und auch – und dies ist häufig ein ausgesprochenes Bedürfnis des Ratsuchenden, der ja nicht von ungefähr eine kirchliche Stelle aufsucht – klarlegt, welche Haltung „*die Kirche*" diesen Fragen gegenüber einnimmt. Seelsorgliche Begleitung von Menschen mit sexuellen Problemen muß sich stets der Schwierigkeit bewußt sein, in der sie am Schnittpunkt zwischen der Lebensgestaltung des Ratsuchenden, der persönlichen Auffassung des Beraters und der offiziellen Haltung der Kirche steht.

Diese allgemeinen Überlegungen sollen im folgenden an drei Praxisfeldern veranschaulicht werden, wobei dies im Rahmen des vorliegenden Beitrags nur in groben Umrissen geschehen kann.

4. Begleitung und Beratung von Jugendlichen beim Suchen im Bereich der Sexualität

Die äußere und innere Lebenssituation von Jugendlichen zeichnet sich u. a. dadurch aus, daß sie „auf der Suche" nach sich selbst und der ihnen entsprechenden Lebensgestaltung sind. Eine Schwierigkeit liegt für sie darin, daß sie einerseits durch Elternhaus, Schule, Kirche und andere sie prägende Instanzen gewisse Normvorstellungen und Lebensformen übernommen haben, andererseits aber – mit Recht – spüren, daß all diese Inhalte zwar für ihre bisherige Entwicklung wichtig waren, jedoch im Grunde „reine Theorie" sind, wenn es nun darum geht, das Leben selber in die Hand zu nehmen. Hinzu kommt die die Jugendlichen oft sehr irritierende Tatsache, daß sie in verschiedenen für sie je wichtigen Bezugsgruppen mit unterschiedlichen Normen konfrontiert sind, die mitunter sogar einander völlig entgegengesetzt sind. Die hier kurz skizzierte im allgemeinen für den Heranwachsenden geltende Problematik verschärft sich beim Thema Sexualität. Gerade für diesen Bereich gilt ganz besonders, daß sich der Jugendliche widerstreitenden Normen gegenübersieht, in sich Kräfte spürt, die ihm selber fremd sind und die er faszinierend und unheimlich zugleich erlebt, und daß er auf keine eigene gelebte Erfahrung in diesem Bereich zurückgreifen kann, sondern bisher nur mit „Theorie" konfrontiert war (in Form von schulischer und kirchlicher Unterweisung, von – hoffentlich erfolgten – Gesprächen mit den Eltern, von Informationen aus dem Kameradenkreis etc.).

In dieser Situation des Suchens kann die seelsorgliche Begleitung einen für die Zukunft des Jugendlichen wichtigen Beitrag leisten. Es wird dabei allerdings von ausschlaggebender Bedeutung sein, ob der pastorale Berater zu einem wirklichen Begleiter wird, der sich zusammen mit dem Jugendlichen auf die „Wanderung" durch eine beide Beteiligten mitunter ängstigende und irritierende Welt begibt, oder ob er lediglich die bisherige „theoretische Unterweisung" fortsetzt. Während eine echte Begleitung in der Regel zeitaufwendig ist und den Berater als Menschen stark fordert (dabei aber einen wichtigen Beitrag für die Selbstfindung des Jugendlichen leistet), ist eine bloße „Information" und ein distanziertes Reden „über" Sexualität zwar wesentlich einfacher, dafür aber letztlich unergiebig. Oft werden Jugendliche derartige Angebote bereits im „Vorfeld" einer eigentlichen seelsorglichen Beratung abbrechen bzw. gar nicht erst zustandekommen lassen. Berücksichtigen wir, daß — gewollt oder ungewollt — die Kirche vielfach zur Leibfeindlichkeit des Menschen und zu Schuldgefühlen beigetragen hat, die sich insbesondere auch auf den Bereich des sexuellen Erlebens beziehen, so wird deutlich, daß der pastorale Begleiter gerade in dieser Hinsicht bei Jugendlichen eine wichtige Aufgabe zu erfüllen hat.

Im Rahmen des vorliegenden Beitrags können die vielen Fragen, die sich in diesem Zusammenhang stellen, nur stichwortartig angedeutet werden: Masturbation; voreheliche sexuelle Beziehungen und, je nach Alter der Heranwachsenden, u. U. auch Fragen des Zusammenlebens, ohne verheiratet zu sein; Probleme mit der sexuellen Identität, speziell mit homosexuellen Gefühlen und Handlungen, u. a. m. Schon diese grobe Übersicht über einige wichtige Themen zeigt, daß der Seelsorger, der sich auf Gespräche darüber einläßt, sich in einem von vielfältigen Normenkonflikten und widerstreitenden Gefühlen geprägten Gebiet bewegt. Kirchliche Auffassungen, durch das Elternhaus vermittelte Normen, Beobachtungen in der unmittelbaren Umgebung und das in der Gruppe der Gleichaltrigen als „normal" geltende Verhalten stehen z. T. unvereinbar neben- und gegeneinander und tragen zur Verwirrung des Jugendlichen bei. Hinzu kommt, daß der Berater, wenn er sich selber gegenüber hellhörig und kritisch ist, bei der Auseinandersetzung mit diesen Themen auch bei sich oft widerstreitende Gefühle und Auffassungen feststellen wird, zumal die Auseinandersetzung mit dem Jugendlichen ihn nicht selten zwingt, die eigenen „fest gezimmerten" Anschauungen zu hinterfragen. Dies kann zu einer erheblichen eigenen Verunsicherung führen. Es braucht deshalb Mut für den Seelsorger, sich auf eine solche Begleitung von Jugendlichen einzulassen. Doch sollte der pastorale Mitarbeiter darüber nicht vergessen, daß er bei einer derartigen Tätigkeit nicht nur der Gebende ist, sondern daß darin für ihn auch die große Chance liegt, sich mit diesen für jeden Menschen zentralen Themen auseinanderzusetzen und daran selber zu reifen.

5. Sexuelle Probleme in der Ehe

Nicht selten wenden sich Menschen an den Seelsorger mit der Bitte, ihnen bei der Lösung von Eheproblemen beratend zur Seite zu stehen. Gerade in Gesprächen, die bei einer solchen Ausgangssituation geführt werden, zeigt sich besonders deutlich, daß das Thema „Sexualität" praktisch gleichgesetzt werden muß mit dem Thema „Beziehung". Hinter dem allgemeinen Hinweis auf „Eheprobleme" können so verschiedene Dinge stehen wie Frigidität, vorzeitiger Samenerguß, außereheliche Beziehungen, als von der Norm abweichend empfundes Sexualverhalten (sog. „Perversionen"), aber auch Unstimmigkeiten zwischen den Ehegatten in bezug auf die Häufigkeit sexueller Kontakte und im Hinblick auf die Fragen der Schwangerschaftsverhütung. In diesen Fällen ist das zunächst präsentierte „Symptom" das der Eheprobleme. Erst im Verlaufe der Beratung stellt sich dann heraus, daß auch die sexuelle Dimension der Beziehung davon betroffen ist. Oft trifft der Berater aber auch auf die umgekehrte Situation: Ein Mensch wendet sich an ihn mit der Bitte um Beratung bezüglich eines – scheinbar eng umschriebenen – sexuellen „Symptoms", u.U. mit dem ausdrücklichen Hinweis, „ansonsten" sei in der Beziehung alles „problemlos". Hier stellt sich erst bei intensiverer Auseinandersetzung mit dem Ratsuchenden heraus, daß das präsentierte Symptom Ausdruck einer Beziehungsstörung ist.

Aus dem Gesagten resultiert für das konkrete Vorgehen des Beraters zweierlei: Zum einen ist in den meisten Fällen (von Krisen abgesehen) eine Aufarbeitung der Probleme nur möglich, indem man den *Partner* des Ratsuchenden *mit einbezieht*. Je nach der Persönlichkeit der beiden Partner und nach der Art der Konflikte kann man verschieden vorgehen: Es kann vornehmlich eine Einzelberatung dessen sein, der sich zunächst an den Seelsorger gewendet hat, während der Partner nur gelegentlich zu Gesprächen zu dritt eingeladen wird; es kann aber mit Vorteil auch von Anfang an eine Beratung des Paares stattfinden, wobei die Beziehungsdimension zwangsläufig viel stärker im Mittelpunkt steht. Zum anderen wird es, wenn immer „sexuelle Probleme" genannt werden, für den pastoralen Begleiter darauf ankommen, in den ihm präsentierten Symptomen nicht nur einen Hinweis auf individuelle Konflikte des Ratsuchenden zu sehen, sondern sie immer auch als *Ausdruck einer Beziehungsstörung* zu verstehen. Auch wenn es mitunter so erscheinen mag, spielt sich Sexualität nie im „luftleeren Raum" ab, sondern ist immer in irgendeiner Weise auf einen (konkreten oder vorgestellten) Partner bezogen.

Eine wichtige Funktion kann der seelsorgliche Berater auch insofern erfüllen, als er in den Gesprächen mit dem Paar klärt, ob er *selber die weitere Begleitung übernehmen* kann bzw. will oder ob er die Ratsuchenden *an einen Psychotherapeuten, einen Gynäkologen oder an einen anderen Fachmann weisen* muß. Falls nötig, kann der Seelsorger auch wichtige *Motivationsarbeit* leisten, indem er Ratsuchende, die medizinischen oder psychologischen Behandlungen ängstlich und zwiespältig gegenüberstehen, sachlich informiert und für derartige Therapien zu gewinnen sucht (vgl. Rauchfleisch 1987, 1990).

6. Die seelsorgliche Begleitung von HIV-infizierten Menschen und manifest Aids-Kranken

Das mit diesen Stichworten angeschnittene Thema ist eigentlich viel zu umfassend, als daß es gerechtfertigt wäre, es „unter anderem" in einem Beitrag wie dem vorliegenden zu behandeln. Angesichts der Brisanz dieser Probleme und der Unsicherheit, die sich in breiten Kreisen der Bevölkerung, speziell aber bei Vertretern der katholischen Kirche bei der Auseinandersetzung mit dem Thema Aids feststellen läßt, soll hier doch kurz auf einige zentrale Probleme eingegangen werden.

Die Redaktion der Zeitschrift „Diakonia" hat zwar mit Recht in der Einleitung zu einem Artikel von Dunde (1989) darauf hingewiesen, daß laut Pressebericht Papst Johannes Paul II. zum Jahresschluß 1988 zur Solidarität und zu konkreten Hilfsaktionen für Aids-Kranke aufgerufen und den von Angst und Ablehnung gekennzeichneten „nichtchristlichen" Verhaltensweisen gegenüber HIV-Infizierten und Aids-Kranken eine Absage erteilt hat. Doch belehrt uns ein Blick in die Realität staatlicher, privater und auch kirchlicher Dienste, daß Aids zu größter Verunsicherung geführt hat und im Umfeld dieser Erkrankung – und zwar in kirchlichen Kreisen! – immer wieder das Wort von der „Strafe Gottes" zu hören ist.

Aids stellt aus ganz verschiedenen Gründen eine Herausforderung für uns alle dar: Zum einen weisen die uns heute vorliegenden Zahlen darauf hin, daß wir es mit einem *gesundheits- und gesellschaftspolitisch brisanten Problem* zu tun haben: nach Angaben der WHO (1990) waren in der *Schweiz* Ende 1989 12 848 HIV-positive, (noch) nicht manifest Aids-kranke Personen bekannt (die tatsächliche Zahl wurde auf 30 000 geschätzt), manifest Aids-krank waren 1 112 Menschen; in der *BRD* waren zum selben Zeitpunkt 4 220, in Österreich 332 manifest Aids-Kranke registriert. Zum anderen hat diese Erkrankung dadurch, daß sie (abgesehen von Übertragung durch Spritzen bei Drogenabhängigen) sich vor allem über *sexuelle Kontakte* überträgt, zu einer großen *Verunsicherung* in diesem Bereich und zu einem Überdenken des sexuellen Verhaltens und der damit zusammenhängenden Normvorstellungen geführt.

Auch die Kirche hat sich dieser Diskussion nicht entziehen können, wie die erwähnte Botschaft des Papstes und eine Verlautbarung des Vorsitzenden der Deutschen Katholischen Bischofskonferenz, Bischof Lehmann aus Mainz, zeigen. So hat Bischof Lehmann etwa im Hinblick auf die Frage, ob sich aus der Sicht der katholischen Kirche der Gebrauch von Kondomen rechtfertigen lasse, in einem Interview immerhin erklärt: „Wo sonst nichts mehr hilft, mag die staatliche Gesundheitspolitik auch an Kondome denken (darin steckt keine sittliche Rechtfertigung!), aber ihre Anzeigen sollten die Spur eines Aufrufs zur Nachdenklichkeit enthalten und Bereitschaft zur Veränderung des Lebensstils zu wecken suchen..." (1987, 8). Mit Recht sieht Dunde (1989, 134) in einer solchen Stellungnahme den Versuch der katholischen Kirche, einerseits ihre moraltheologische Lehre zu wahren (bei der Verwendung von Kondomen geht es ja nicht nur um die Frage der „künstlichen" Verhütung, sondern auch um die Probleme der ehelichen Treue und der sexuellen Enthaltsamkeit), andererseits aber die öffentliche Aufklärung zum Schutz vor Ansteckung mit HIV nicht zu behindern.

Auch wenn dies wichtige und hoffnungsvoll stimmende erste Schritte sind, muß man bei einer realistischen Beurteilung der Lage zugeben, daß sich der Berater und Begleiter HIV-Infizierter und manifest Aids-Kranker gerade innerhalb der katholischen Kirche einer Fülle von Problemen gegenübersieht. Dunde hat auf einige solcher „Schmerzpunkte kirchlicher Lehre und Praxis" hingewiesen: auf die nach wie vor ablehnden Stellungnahmen der Kirche gegenüber gelebter Homosexualität, auf die Gefahr einer „pharisäischen" Einstellung gegenüber Drogenabhängigen, auf die vor allem moralisierende Haltung gegenüber Prostituierten, denen von Seiten der Kirche wenig konkrete Hilfen (etwa zum „Aussteigen" aus dem Milieu) geboten werden, sowie auf das generelle Problem, daß „aus der Angst vor Krankheit eine Angst vor den Kranken" wird und „der Haß gegen ein Übel ... leicht umschlagen (kann) in einen Haß gegen die, die als Übeltäter vermutet werden" (135).

Gerade die Betreuung von Menschen, die sich wie die HIV-Infizierten und Aids-Kranken in einer Grenzsituation befinden, läßt erkennen, daß eine verantwortungsbewußte Begleitung letztlich immer auch eine *theologisch-spirituelle Dimension* besitzt. Seelsorge und psychologische Beratung haben zwar inhaltlich ihre je eigenen Schwerpunkte und unterscheiden sich zum Teil auch im Vorgehen. Doch legen gerade pastorale Begleitungen von Menschen mit sexuellen Problemen nahe, daß stets auch die Frage nach der Sinndeutung ihres Lebens berücksichtigt werden muß.

Literatur

AG für Gefährdetenhilfe und Jugendschutz in der Erzdiözese Freiburg (Hrsg.): AIDS – sozialer und ethischer Prüfstein für Kirche und Staat. Freiburg i.Br.: AGJ-Verlag/Hamm: Hoheneck 1988.
Bartholomäus, Wolfgang: Glut der Begierden – Sprache der Liebe. Unterwegs zur ganzen Sexualität. München: Kösel ²1988.
Böckle, Franz: Geschlechterbeziehung und Liebesfähigkeit. In: Boss, Medard/Condrau, Gion/Böckle, Franz (Hg.): Christlicher Glaube in moderner Gesellschaft. Freiburg/Br.: Herder 1981.
Dunde, Siegfried Rudolf: Herausforderung Aids. In: Diakonia 20 (1989), 132–136.
Funke, Dieter: Die Macht der Sexualität im Leben des einzelnen. A.a.O. 78–88.
Lehmann, Karl: 1987 (zit. nach Dunde 1989).
Müller, Wunibald: Gemeinsam wachsen in Gruppen. Mainz: Grünewald 1989.
– : Homosexuelle Menschen (Topas TB). Mainz: Grünewald 1988.
– : Intimität. Vom Reichtum ganzheitlicher Begegnung. Mainz: Grünewald 1989.
Mieth, Dietmar: Die Kunst, zärtlich zu sein. Freiburg i.Br.: Herder ³1983.
Rauchfleisch, Udo: Zum Verhältnis zwischen beratender Seelsorge und Psychotherapie. In: Theol. Ztschr. 43 (1987), 142–147.
– : Beziehungen im Alltag von Seelsorge und Caritasarbeit. Mainz: Grünewald 1990.
WHO: Weekly Epidemiologic Report Nr. 1 1990.

7. Bei religiös-kirchlicher Desorientierung

Werenfried Wessel

Beraten kann man nur einen Menschen, der Fragen hat, der Rat sucht, der sich neu orientieren möchte. Die erste Grundfrage heißt also: Wodurch und wie kann Desorientierung freiwillig zur Orientierung werden?

Begleiten kann man nur einen Menschen, der Begleitung wünscht. Das Gegenteil wäre: aufdringlich werden, unter Druck setzen, ihn von seinem falschen oder auch vermeintlich falschen Weg abbringen wollen, um ihn auf einen Weg zu führen, den er im Grunde nicht will. Begleitung fordert Freiwilligkeit und damit Freiheit auf beiden Seiten.

So lautet die zweite Grundfrage: Wie können für Menschen „religiös-kirchlicher Desorientierung" Freiräume geschaffen werden, in denen eine Atmosphäre der Freiheit und Menschlichkeit, der Toleranz und der Gastfreundschaft herrscht, so daß der, der sich „draußen" fühlt, wieder den Wunsch verspürt, „dazuzugehören".

Meine *These:* Überall dort, wo es der Kirche gelingt, für den desorientierten Menschen solche Freiräume zu schaffen, ist Beratung und Begleitung sinnvoll und häufig erwünscht. Erst recht dann, wenn diese Freiräume nicht von vornherein allzu deutlich etikettiert sind als „katholisch" oder „kirchlich", so daß bereits Bedingungen befürchtet werden, noch bevor jemand den ersten Schritt getan hat. Zur Erläuterung das Beispiel des „Katholischen Forum Dortmund".

1. Das Katholische Forum

Im Auftrag der Erzdiözese Paderborn wurde 1984 in der Innenstadt von Dortmund das Katholische Forum gegründet. Es handelt sich um eine franziskanische Initiative, sowohl im Hinblick auf die verantwortlichen Personen als auch auf die spirituell-pastorale Ausrichtung. Mit dem Auftrag war nur gegeben, sich um Suchende, Fragende, aus der Kirche Ausgetretene, kurz, um Menschen zu kümmern, die gemäß dem Thema in religiös-kirchlicher Desorientierung stehen.

Im folgenden eine kurze Skizzierung einzelner Initiativen des Katholischen Forums, die stellvertretend den Kontext des „Freiraums" verdeutlichen, in dem Beratung und Begleitung als individuelles Geschehen erst sinnvoll möglich sind.

Gottesdienst: Noch immer ist es so, daß ein Teil der Desorientierten eine vorsichtige Kontaktaufnahme über die traditionelle Form des Gottesdienstes versucht. Dem gilt es entgegenzukommen durch
– thematische Schwerpunkte und Akzente, so daß die Antwort der Suchenden lautet: „Hier kommen meine Fragen zur Sprache." „Das hat mit meinem Leben zu tun." „Hier fühle ich mich verstanden";
– verschiedenartige musikalische Gestaltung, die den Menschen in einer Tiefenschicht berührt, die das Wort oft nicht erreicht;
– menschliche Kontakte in Form von Willkommensgruß, Zeichen der Gastfreundschaft und Gesprächsmöglichkeiten, z. B. beim anschließenden Stehkaffee, so daß sie spüren: „Hier kann ich mit Menschen sprechen. Hier fühle ich mich angenommen."

Gleichzeitig zeigt sich aber, daß die meisten Desorientierten den traditionellen Kirchenraum nicht mehr betreten. Deshalb wurden die folgenden weiteren Initiativen geschaffen.

Freitags-Forum: Im neutralen Raum einer Schul-Aula werden 14-tägig Abende zu Existenz- und Glaubensfragen angeboten. Sie sind geprägt durch einen ganzheitlichen Ansatz, durch das Bemühen, über alle Sinne den Sinn anzugehen, d. h. Live-Musik, Bilder, Texte in informativer und meditativer Form zu jeweils einer Fragestellung. Die Zahl der Teilnehmer ist ständig gewachsen, so daß seit drei Jahren im Durchschnitt 300–600 Besucher kommen, die zum Teil im kirchlichen Raum nicht mehr anzutreffen sind.

Die beiden Großveranstaltungen des Katholischen Forums werden ergänzt durch eine Vielzahl unterschiedlicher Initiativen, in denen Information und Kontakt in einer überschaubaren Gruppe intensivere Formen annehmen können.

Glaubenskurs: Für Menschen, die bereits eine größere Verbindlichkeit suchen, wird die festgefügte Form eines Glaubenskurses angeboten: ca. 25 Personen treffen sich an elf Abenden zu zentralen Themen des christlichen Glaubens. In Kleingruppen üben sich die Teilnehmer untereinander ein, über den Weg des eigenen Glaubens bzw. Unglaubens zu sprechen – eine besonders intensive Form gegenseitiger Beratung und Orientierung.

Demgegenüber steht als offenste Form menschlicher Begegnung das wöchentliche *Mittwochs-Café* mit dem zusätzlichen Angebot einer Meditation am Ende des Nachmittags. Dabei handelt es sich nicht nur um befreiende menschliche Begegnung. Kontakt und Kommunikation erweisen sich darüber hinaus auch im theologischen Sinne als Ort der Gottesbegegnung und Glaubenserfahrung.

Zwischen diesen beiden Polen theologischer Information und menschlicher Begegnung liegt *eine Vielzahl unterschiedlicher Angebote,* die sich methodisch, inhaltlich, nach Zielgruppen und Veranstaltungsorten unterscheiden, z. B.:
– Kurs zur Glaubensvertiefung,

– Gesprächskreis „Frauen und Glauben",
– Offene Gesprächskreise zu selbstgewählten Themen, ohne „Referenten",
– Gesprächsreihe „Forum aktuell",
– Forum für junge Leute
– Straßenaktionen,
– Ökumenische Initiative „Offene Petrikirche".

Um religiös Desorientierte mit diesem Angebot zu erreichen, ist es wichtig, in den *Medien* von Tageszeitungen, Funk und (Lokal-)Fernsehen präsent zu sein. Eine liberale Presse, die die Initiativen des Katholischen Forums ankündigt und inhaltlich darüber berichtet, hat eine spezifische Glaubwürdigkeit. Sie ist für das Anliegen wichtiger und effektiver als die kircheninterne Presse.

Die gesamte Arbeit geschieht in spirituellem franziskanischen Ansatz und Auftrag: Wie Franziskus an die Ränder der Gesellschaft gegangen ist, so geht es um „Randchristen", die unter einem deutlichen Sinndefizit leiden, also um Des-Orientierte. In den meisten Fällen haben sie sich enttäuscht und resigniert von der offiziellen Kirche abgewandt, haben zur allgemeinen kirchlichen Praxis keinen Bezug mehr. Oft gehören sie nominell noch zu ihrer Ortsgemeinde, haben ihr aber den Rücken gekehrt, weil sie glauben, keine Antwort auf existentielle Fragen und keine Nahrung für ihren spirituellen Hunger zu bekommen.

Das Katholische Forum hat auch keine vorgegebenen Formen und Modelle, sondern muß sich immer wieder neu an den Erwartungshaltungen dieser desorientierten Menschen orientieren und Formen und Methoden der pastoralen Beratung und Begleitung neu entwickeln. Deshalb wurden Interviews und Umfragen in dieser Zielgruppe vorgenommen. Ihre zentralen Wünsche sind: Offenheit, Toleranz, Erfahrung von Menschlichkeit und Gemeinschaft und vor allem Glaubwürdigkeit.

2. Die Zielgruppe der sogenannten „Desorientierten"

a) Wenn ein Mensch „desorientiert" ist, muß er selbst das gar nicht als Mangel empfinden. Oft entsteht das Etikett „desorientiert" auch aus einer gewissen Überheblichkeit, in diesem Fall der kirchlichen Insider, die vermeintlich im Besitz der „richtigen Orientierung" die Negation des „Des-" dem anderen vorzeitig ankreiden.

Man sollte die Zielgrupppe deshalb vorurteilsfreier umschreiben als „Menschen auf der Suche", aktiv oder passiv. Die Aktiven begeben sich bereits selbst in eine Richtung, die ihnen möglicherweise Orientierung bieten und einen neuen Weg eröffnen kann. Die Passiven hingegen sind auf einer Suche ohne zu wissen, wohin sie sich wenden können. Gerade für diese müssen die Freiräume Signale werden, die zu ersten Schritten einladen. Besonders ihre Erwartungen in bezug auf Menschlichkeit und Glaubwürdigkeit müssen sich erfüllen.

b) Diese in Frage kommende Zielgruppe der aktiv und passiv Suchenden aber als „religiös-kirchlich Desorientierte" pauschal zu bezeichnen, trifft nicht die Realität. Die Bindestrich-Koppelung der beiden Adjektive „kirchlich" und „religiös" entsteht erst aus einem generellen Nichts-mehr-Erwarten oder aus einer bewußten Antihaltung zur Amtskirche.

Drei Bereiche spielen vor allem eine Rolle:
- die sogenannte kirchliche „Großwetterlage" (Umgang mit Macht und Geld, Stil von Autorität und Bürokratie);
- persönliche Verletzung und Enttäuschung in Konflikten mit Amtsträgern sowie durch Konfrontation mit kirchlichen Gesetzen und Moralvorstellungen;
- die Erfahrung einer Kirche vor Ort, die an den vitalen gesellschaftlichen Aufbrüchen der Zeit vorbeigeht und, wie es oft heißt, „statt dessen ihre Formeln und Riten wiederholt in einer Sprache, die nicht verstanden wird, weil sie keinen Bezug zum Leben hat".

Kirchliche Antihaltung, persönliche Verletzung und allgemeines Desinteresse an kirchlichem Leben besagen nicht, daß die Suche nach einem Lebenssinn und eine religiöse Sehnsucht fehlen. Im Gegenteil, das Bedürfnis nach Sinn und religiöser Bindung ist oft sehr deutlich, doch die Erwartung richtet sich nicht mehr an die traditionelle Kirche.

Diese religiös Suchenden sind keineswegs zielgruppenspezifisch. Sie finden sich in allen sozialen Schichten und in allen Altersstufen. Es geht nicht mehr nur um die immer noch zitierten „einfachen Arbeiter", die der Kirche fernstehen und die es als Berufsstand immer weniger gibt. Viel häufiger sind es die Intellektuellen, die kirchliche Ereignisse und Entwicklungen wacher wahrnehmen und sich kritischer damit auseinandersetzen.

3. Drei Lebenssituationen

So unterschiedlich im einzelnen die Lebenssituation derer ist, die Beratung und Begleitung wünschen, seien im folgenden drei Beispiele vorgestellt und analysiert, die exemplarisch sind:

Elisabeth K., 47 Jahre, verheiratet, in normal bürgerlichen Verhältnissen lebend, kirchlich sozialisiert. Der einzige Sohn Karsten gerät mit 18 Jahren in die Drogenszene. Er ist völlig abhängig. Verschiedene Therapien schlagen fehl. Die Berufsausbildung ist abgebrochen. Er bleibt nächtelang aus. Das Zusammenleben in der Familie wird unerträglich. Die Drogen machen Karsten aggressiv. Die Eltern wagen keine Freunde und Verwandten mehr einzuladen.

Die Spannungen bringen auch Streit zwischen den Ehepartnern und ein Gefühl der Entfremdung, „obwohl wir uns doch eigentlich verstehen. Es ist die Hölle. Ich kann auch nicht mehr beten. Alles, was mir früher selbstverständlich war, mein ganzer Glaube ist zusammengebrochen. Ich gehe kaum noch zum Gottesdienst. Ich kann nicht. Es kostet mich zu viel Kraft. Ich fühle mich exkommuniziert, von allen verlassen, und ich frage mich, was das ganze Leben noch für einen Sinn hat."

Elisabeth K. steht für eine große Gruppe von Menschen, die den Weg zum Beratungsgespräch finden, weil sie in einer bedrängenden Notsituation sind, z. B. Eheprobleme, Sorgen mit den Kindern, Arbeitslosigkeit. Aus der Ausweglosigkeit einer konkreten Not ergeben sich oft „Glaubensschwierigkeiten", ein Hadern mit Gott, eine Entfremdung von der Kirche, „die auch nicht hilft", und noch öfter die Grundsatzfrage, ob „das Ganze noch einen Sinn" habe.

Joachim S., 37 Jahre, Ingenieur, Mitglied im Pfarrgemeinderat, in seiner Ortsgemeinde sehr engagiert, „auch wenn wir uns immer wieder mit unserem Pfarrer zusammenraufen müssen. Eigentlich fühle ich mich wohl in der Gemeinde. Vor fünf Jahren kamen wir von Dresden und fanden hier zunächst eine neue Heimat. Was mir aber immer mehr zusetzt: Über meine eigentlichen Lebens- und Glaubensfragen kann ich in der Gemeinde nicht sprechen. Solche Themen sind einfach tabu. Das schafft mir zusehends Unbehagen. Andererseits spüre ich, daß ich mit den alten Glaubensvorstellungen nicht mehr auskomme. Obwohl ich äußerlich aktiv bin, fühle ich mich innerlich leer und unter den anderen als Outsider".

Joachim S. steht für diejenigen, die im Raum der Kirche sozialisiert sind und sich dennoch als Outsider fühlen. Weil sie auf ihre bedrängenden existentiellen Fragen keine Antwort bekommen, geraten sie in eine innere Leere. Sie fühlen sich unverstanden und alleingelassen, obwohl sie sich statistisch immer noch in der Gruppe der kirchlich Orientierten befinden. Innerlich zählen sie aber längst zur großen Gruppe der religiös und kirchlich Desorientierten, die für ihren Lebensweg Beratung und Begleitung suchen. Sie geben sich mit der erlebten Oberfläche nicht zufrieden und gehören zu dem kritischen Potential, das die Kirche in ihrer Verkündigung dringend braucht. Von ihnen könnte die Pastoral neu erfahren, wie sie die Zusammenhänge von Glauben und Leben, wenn auch als Defizit, schmerzhaft erfahren. Sie geben in ihren Fragen deutlich zu verstehen, die kirchliche Verkündigung dringend zu suchen, sofern sie sich der Fragen des Lebens annimmt.

Alexander K. ist 36 Jahre alt, von Beruf Lehrer und Kunsttherapeut, aufgewachsen im „total katholischen Milieu". Er glaubt, „all die Jahre die Kirche als repressiv erfahren" zu haben. „Sie hat mich eigentlich ständig am Leben gehindert." Studium, Beruf, neue Freundeskreise eröffneten „eine ganz andere Welt, die mit Glaube und Kirche wenig zu tun hatte". Der innere Auszug war längst geschehen. „Irgendwann war es eine Frage der Konsequenz, auch äußerlich aus der Kirche auszutreten. Zuerst habe ich das als einen befreienden Schritt empfunden." Aber eine Unruhe bleibt. Alexander spürt ein Defizit. Er nennt es eine „Sehnsucht nach mehr", wobei ihm alles Dogmatische fremd ist und beengend erscheint. Über einen Gottesdienst, in den er „zufällig geriet", bekam er Kontakt mit dem Katholischen Forum. Bezeichnenderweise war sein Platz lange Zeit „ganz hinten an der Tür. Ich brauchte einen Fluchtweg." Bis er irgendwann merkt, daß er unbewußt „immer ein paar Bänke weiter nach vorne" gegangen war. Heute nach drei Jahren sagt er: „In mir ist noch immer viel Abwartendes. Ich weiß immer noch nicht: Gehöre ich dazu oder nicht?" Und: „Kircheninterne Probleme interessieren mich weniger. Eher die Frage: Wie begreife ich mich selber? Bei allem geht es mir nicht nur darum: Was wird mir geboten?, sondern: Was ist das für eine Energie, an der ich teilnehme?"

Alexander K. steht für die große Gruppe derer, die entweder noch nie mit der christlichen Botschaft bzw. mit der Kirche Kontakt hatte, oder aber deren Glaubensbiographie oft jahrzehntelang unterbrochen war. Er ist der tpyische Vertreter, der Konsequenzen gezogen hat aus seinem Desinteresse, der bewußt weggegangen und ausgetreten ist und somit in der Statistik auch nicht mehr geführt wird.

Dennoch ist er ein eminent Suchender. Durch einen Zufall kommt der Prozeß der Wiedereingliederung in Gang. Aber er vollzieht sich sehr langsam. Das Wort „Kirche" ist nach wie vor für ihn äußerst belastet, aber gleichzeitig sehnt er sich nach Gemeinschaft und nach Austausch der Glaubenserfahrungen. Er ist in einen Prozeß eingetreten mit vielen Krisen, ein vorsichtiges Tasten, das immer verbunden ist mit einer deutlichen Angst, vereinnahmt zu werden. Er beginnt einen Weg in dem Gefühl, daß Kirche und Religiosität – hier nicht voneinander zu trennen –, Fragen sind, die mit seiner eigenen Identität zusammenhängen.

Bei aller Gemeinsamkeit gibt es einen deutlichen Unterschied zwischen denen, bei denen es zu einer Erstevangelisierung kommt und denen, die bei der Glaubens- und Kirchenerfahrung ihrer Kindheit und Jugend ansetzen können, auch wenn es diese neu aufzuarbeiten gilt.

4. Konsequenzen aus dem bisher Gesagten

a) Beratung und Begleitung sind nicht Antworten aus vorgegebenen Glaubenssystemen, sondern setzen zunächst bei den Lebenssituationen der Menschen an: Menschen ersehnen statt Sinnleere Hoffnung, statt Einsamkeit ein Zuhause, statt Angst Vertrauen, statt Frustration Erfüllung. Sie erfahren Streß und suchen zur Ruhe zu kommen; sie erleben Enge und suchen Offenheit. Sie erleben Unglaubwürdigkeit und suchen Wahrhaftigkeit. Sie erfahren Gesetzesdenken und suchen Freiheit. Vom Evangelium her gilt es im prozeßhaften Miteinander ihre Situation zu deuten und sie den nächsten Schritt finden zu lassen.

b) Das einzelne Beratungsgespräch steht im Zusammenhang mit einem interaktiven Kommunikationsprozeß der genannten Initiativen sowie der Information über Medien. Menschen müssen zunächst eine Kette von Impulsen erfahren, bis sie sich zur Verbindlichkeit eines persönlichen Gesprächs durchringen. Diese Impulse müssen glaubwürdig und einladend sein.

Die Gesprächsgruppen, in denen die Suchenden sich untereinander erfahren, sind eine wichtige Basis zur Vergewisserung der eigenen Fragen und der Erfahrung: Ich stehe mit meinen Fragen nicht allein. Von den in gleicher Weise „Betroffenen" geht oft mehr Ermutigung aus als von den „Fachleuten".

In Beratungsgesprächen stellt sich für den Seelsorger/die Seelsorgerin oft die Frage: Wohin kann man den „Klienten" entlassen? Es sind meist kritische, manchmal auch labile oder schwierige Menschen. Gemeindegruppen haben oft nicht die nötige Offenheit und Sensibilität, solche Menschen mit einem ganz anderen Lebens- und Glaubensgefühl aufzufangen. Dennoch brauchen Menschen auf der Suche gerade in der Anfangsphase erfahrbare Gemeinde, eine überschaubare Gruppe als Modell von Kirche, bis eine stärkere Verwurzelung gewachsen ist. Im Katholischen Forum entstanden auch aus diesem Grund „Selbsthilfegruppen", die sich regelmäßig treffen, um bestimmte Themen zu diskutieren, ohne daß eigens ein „Referent" nötig wäre. Aus einem ähnlichen Bedürfnis entstand auch der sogenannte „Sonntagstreffpunkt", in dem ein Stück Freizeit gemeinsam gestaltet wird.

c) Vom Beratenden ist verlangt, jeden so anzunehmen, wie er jetzt ist, aber zugleich daran zu glauben, daß jeder sich unter dem Wirken des Geistes Gottes ändern kann. Das ist nicht primär eine Frage pastoraler Methoden, sondern vielmehr eine Anfrage an die eigene Haltung. Viele Begegnungen kommen nicht wirklich zustande, weil bereits an den Anfang unnötige Bedingungen gesetzt werden. Dabei wird der Lebenskontext des Suchenden zu wenig akzeptiert, seine Lebensgeschichte nicht mit einbezogen. Es gibt in der Kirche die zwanghafte Fixierung auf eine einseitige Geberrolle, die die Wechselwirkung von Geben sund Nehmen übersieht, die nur „bekehren", aber sich nicht auch bekehren lassen will. Es geht darum, Berührungsängte zu überwinden und das kirchliche Denken und Fühlen zugunsten einer wirklichen Offenheit zu ändern.

d) Die Vielfalt der Formen bejahen: Bei religiös und kirchlich Desorientierten haben subjektive Erfahrungen zunächst ein größeres Gewicht als objektive Wertvorstellungen, das persönliche Gewissen spielt eine größere Rolle als christliche Traditionen.

Diese Subjektivität gilt es in besonderer Weise zu respektieren und die Vielfalt religiöser Formen zu bejahen, ohne damit die Einheit von Glaube und Kirche in Frage zu stellen. Wie der Glaube der Kirche in seiner Vollgestalt Ergebnis eines geschichtlichen Wachstums ist, so auch im Leben des einzelnen. Wachstum braucht Zeit und Geduld. Teilidentifikation ist erlaubt. Das Ideal soll verlocken, nicht verschrecken.

e) Mit desorientierten, aber suchenden Menschen kann man überraschend positive Erfahrungen machen, z. B.:
– daß es eine große Bereitschaft gibt, über Existenz- und Glaubensfragen zu sprechen;
– daß auch außerhalb der Kirche in intensiver Weise Werte gelebt werden;

- daß es immer noch ein Restvertrauen gibt, freilich vermischt ist einem gesunden Mißtrauen;
- daß hinter Ratlosigkeit oder Aggression immer noch eine große Erwartungshaltung steckt;
- daß der Beratende selber ein kritisches Verhältnis bekommt zu kirchlichen Phänomenen und Entwicklungen;
- daß er ganz neue Leute kennenlernt, die in der kirchlichen Landschaft normalerweise nicht mehr anzutreffen sind;
- daß die eigene Verwurzelung in Glaube und Kirche durch Offenheit und Toleranz nicht gefährdet werden, sondern vertieft werden können;
- daß er an sich selber erfährt, was er anderen vermitteln möchte: „Leben ist mehr".

Literatur

BÜHLMANN, WALBERT: Von der Kirche träumen. Ein Stück Apostelgeschichte im 20. Jahrhundert. Graz: Styria 1986.

DÖRNER KLAUS/PLOOG, URSULA: Irren ist menschlich oder Lehrbuch der Psychiatrie/Psychotherapie. Wunstorf bei Hannover: Psychiatrie-Verlag 1980.

EISENKOPF, PAUL/SCHMITT, HUGO: Lebendiger Glaube teilt sich mit. Christen und Chancen der Glaubensvermittlung heute. Limburg: Lahn 1989.

FRIEDBERGER, WALTER: Pastoral mit Distanzierten. Situation – Theologie – Kontaktaufnahme. München: Don Bosco 1981.

FUCHS, OTTMAR: Dableiben oder weggehen? Christen im Konflikt mit der Kirche. München: Kösel 1989.

Kath. Glaubens-Information (Hrsg.): Erfahrungen mit Randchristen. Neue Horizonte für die Seelsorge. Freiburg i. Br.: Herder 1985.

KÖSTER, FRITZ: Kirche im Koma? Der Mut zu einer ganz anderen. Frankfurt: Knecht 1989.

WIEH, HERMANN: Kirchenfremde Christen. Anregungen und Hilfen für die Pastoral. Würzburg: Echter 1984.

WINDISCH, HUBERT (Hrsg.): Mut zum Gewissen. Einladung zu einer riskanten Seelsorge. Regensburg: Pustet 1987.

ZERFASS, ROLF: Menschliche Seelsorge. Für eine Spiritualität von Priestern und Laien im Gemeindedienst. Freiburg i. Br.: Herder 1985.

ZULEHNER, PAUL M.: Pastoraltheologie. Band 1: Fundamental-Pastoral. Düsseldorf: Patmos 1989.

8. In existentiellen Glaubensfragen

HERMAN ANDRIESSEN

1. Was sind existentielle Glaubensfragen?

Menschen können angesichts des Glaubens viele Fragen stellen, die nicht existentiell sind. Existentiell wird eine Frage erst, wenn ich sie in der „Ich-Form" stelle. Es geht dann nicht darum, ob meine Pläne glücken oder ob ich im kommenden Jahr ein neues Auto kaufen kann; nicht einmal, ob wichtige Beziehungen auf dem Spiel stehen. Existentiell wird die Frage, wenn diese Dinge für mich die Bedeutung erhalten haben „ich stehe oder ich falle", oder, wie Hamlet es bei William Shakespeare ausdrückt: „to be or not to be". In einer existentiellen Frage stehe ich selbst mit dem, was mich zutiefst angeht, auf dem Spiel. „Existenz" ist der „Ort" in mir, an dem ich die wunderbare und erschreckende Erfahrung mache, daß *mein* Leben weder von mir selbst noch von anderen Menschen oder Dingen abhängt, sondern daß es aufsteigt aus einer „Quelle", die mir selbst entgeht und deren Strömen nicht in meiner eigenen Vollmacht liegt.

Eine Glaubensfrage wird existentiell, wenn es mir bewußt wird, daß mein Glaube mir gerade angesichts dieser Quelle Aufschluß gibt, oder keinen Aufschluß mehr gibt, Hoffnung oder keine Hoffnung mehr gibt, mich trägt oder nicht mehr trägt. Im christlichen Glauben hat diese Quelle einen Ursprung. Der Ursprung heißt Gott, Er, der die Welt und mich geschaffen hat, Vater Jesu Christi, Gott Abrahams, Isaaks, Jakobs und Adams. Ich kann angesichts des Glaubens intellektuelle Schwierigkeiten haben, ich kann mich auch fragen, wie ich mit dieser Glaubensschau in meiner Arbeit oder meinem Leben umzugehen habe. Ich kann mich fragen, ob die Kirche diesen Glauben in der Gesellschaft vertritt oder sich dort unangemessen verhält. Dies sind wichtige, aber keine existentiellen Glaubensfragen. Existentiell wird eine Glaubensfrage, wenn die Bedeutung *meines* Glaubens offen steht für all das, was mich zutiefst angeht, für das Fundament, auf dem alles andere aufbaut. Die Frage kann also eine sehr positive und eine sehr bedrohliche Wirkung haben. Sie wirkt positiv, wenn sie in uns das Erstaunen darüber weckt, daß Gott sich wirklich mit uns einlassen und uns einen Weg gehen lassen will, auf dem Er uns immer reiner erscheint. Sie wirkt sehr bedrohlich, wenn wir fürchten, daß all unser Glauben unter Umständen nicht mehr ist als die Illusion unserer Sehnsucht, ein Ausdruck unseres Bedürfnisses nach einem letzten Grund, eine Art und Weise, uns selbst in unserem Leben zu behaupten, weil wir sonst in den Abgrund fallen, der keinen Boden hat.

2. Beispiele

Nicht alle Menschen entdecken das existentielle Glaubensgewissen

Es ist anscheinend möglich, jahrelang, ja selbst ein Leben lang als Christ zu leben, ohne darauf zu stoßen.

Kierkegaard beschreibt in seinem Tagebuch, wie er „Sterne gucken" spielt. In Dänemark wird es an Weihnachten gespielt: Jeder muß ein Pfand abgeben und erhält dies erst zurück, wenn er sich in ein dunkles Zimmer wagt, um da „Sterne zu gucken". Dann wird gefragt: „Wessen Pfand ist dies?" – „Von Herrn H." – „Welche Strafe erhält er?" – „Er muß in ein dunkles Zimmer gehen und dort Sterne gucken." – Herr H. geht also hinein. Lassen wir ihn jetzt alles vergessen und mit aller Leidenschaft nur an *eine Sache denken:* daß er nicht allein im dunklen Zimmer ist, daß Gott zugegen ist. Der sagt zu ihm: „Bist du Christ? Antworte mir. Aber nicht das, was du antwortest, wird über das Ergebnis entscheiden, sondern die Art und Weise, wie du darauf antwortest: also die Aufrichtigkeit deiner Antwort. Denn wenn du nicht völlig aufrichtig antwortest, lasse Ich dich hier tot auf den Boden fallen. Du weißt, daß Ich als der Allmächtige das kann. Dann wirst du nie mehr das Weihnachtsspiel mitspielen oder Sterne zählen." Er antwortet: „Du Furchterregender, so tief hab ich nie über diese Frage nachgedacht. Ich gehe regelmäßig in die Kirche, wenn der Hofprediger predigt, das ist jeden sechsten Sonntag. Das ist mehr als etliche meiner Freunde. Ich lese ab und zu auch wohl mal ein religiöses Werk. Ich meinte wirklich, daß ich Glauben hätte und Christ wäre. Und das umso mehr als meine Freunde mich ärgerten und ihren Spott trieben mit dem Gelauf in die Kirche. Aber wenn es so ernst genommen werden muß, dann muß ich in aller Aufrichtigkeit zugeben: ich bin eigentlich kein Christ." Dann öffnet man die Tür und er wird wieder zur Gesellschaft zugelassen.

Herr H. wird in eine existentielle Situation gebracht, und zwar in eine, die mit seinem Glauben zu tun hat. Bislang fühlte er sich noch als guter Chrsit. Der „Furchterregende", Gott, flößt ihm Angst ein: Er kann ihn aus seinem Leben fallen lassen. Herr H. ist ehrlich und geht zurück. Die Krise kann vorübergehen. Nach einiger Zeit kann es sich herausstellen, daß er nichts gelernt und nichts vergessen hat. Aber er kann sich auch auf seinen geistlichen Weg besinnen und versuchen, etwas mit dieser existentiellen Glaubensfrage zu tun. Kierkegaard meint, daß sehr viele Menschen das nicht tun. Sie sind der Verzweiflung verfallen, sehr oft, ohne dies selbst zu wissen. Worin besteht diese Verzweiflung? Im Fehlen einer wirklichen und lebendigen Erfahrung Gottes als der Quelle des Lebens. In diesem Beispiel fällt keine deutliche Entscheidung. Der Schreiber ist sehr mild: Das einzige, worauf es ankommt, ist Ehrlichkeit. Von Herrn H. wird nicht gesagt, ob er mit seiner Erfahrung Konsequenzen verbindet. Auf jeden Fall wird er aufs neue zur Gesellschaft des Lebens zugelassen.

Es gibt viele Menschen, die mit solchen Erfahrungen sehr wohl Konsequenzen verbinden

Es geht um eine Frau, in deren Leben der Glaube eine entscheidende Rolle spielt. Nach und nach entdeckt sie, daß diese entscheidende Rolle möglicherweise aufs engste zusammenhängen könnte mit einem Mangel an Liebe und Anerkennung im Laufe ihres Lebens, vor allem in ihren Kinderjahren. Sie beginnt eine Psychotherapie, und diese bestätigt sie in ihrem Gefühl, daß ihr Bedürfnis nach Glaube und Religiosität in der Tat ein Ersatz für unerfüllte Liebesbedürfnisse ist. In einem mühsamen Prozeß lernt sie dies zu einem guten Teil zu akzeptieren, aber diese Annahme selbst ruft eine existentielle Glaubenskrise hervor: Ist dies etwa der einzige Sinn ihres Glaubens? Sie sucht geistliche Begleitung. Der Begleiter meint nach einiger Zeit, daß man ihr Problem doch eher durch Psychotherapie denn durch geistliche Begleitung angehen müsse. Sie setzt die Psychotherapie fort. Aber jetzt erfährt sie, daß sie darin nicht weiter kommt, und bittet jemand anderen inständig um geistliche Begleitung. Sie will keine Psychotherapie mehr.

In den sich anschließenden Gesprächen kann man folgende Etappen eines Weges sehen:

– Der Begleiter spricht mit ihr ab, daß ihr Kontakt in der Tat geistliche Begleitung und keine Psychotherapie sein wird. Er geht angesichts der bisherigen Psychotherapie davon aus, daß ihre Frage überwiegend eine religiöse Frage ist, und erkennt diese auch als existentiell im angegebenen Sinn.

– Zu Anfang scheint ein starkes religiöses Bedürfnis zu herrschen: Sie hat Gott nötig; sie sucht Ihn, aber Er läßt sich nicht erkennen. Sie will untersuchen, warum Gott abwesend bleibt. In dieser Selbstuntersuchung nimmt das Gespräch erneut eine therapeutische Wendung.

– Der Begleiter weigert sich, darauf einzugehen, und hält sich an die Absprache. Er regt sie an, an ihrer *religiösen* Sehnsucht festzuhalten, und die Leere und Frustration, die sie darin erfährt, durchzustehen. Diese Haltung erzeugt Spannungen in ihrem Verhältnis, aber der Begleiter hält an seinem Standpunkt fest.

– In der Folgezeit erkennt die Frau in einem schwierigen Prozeß, wieviel egozentrische Bedürfnisse sich in ihrer Sehnsucht nach Gott verstecken. Der Begleiter unterstützt sie bei dieser schmerzlichen Entdeckung, regt sie aber überdies an, sich selbst nicht fallenzulassen und auf ihre Sehnsucht zu vertrauen.

– In ihrem Leben mit all diesem lernt sie, ihre Sehnsucht zu reinigen, das heißt zu akzeptieren, daß in ihrer Gottessehnsucht viel persönliche unerfüllte Bedürfnisse mitspielen, *und* zu akzeptieren, daß Gott etwas anderes ist und sein muß als die Projektion ihrer Bedürfnisse. Beispiele aus der biblischen Geschichte und der christlichen Mystik unterstützen und leiten diese innerliche Veränderung.

– Nach und nach ergibt sich eine Entwicklung, in der sich das Bedürfnis in Gebet verwandelt, das sich wirklich an Gott als den Anderen richtet. Der Begleiter bestärkt dies, weil er eine Beziehung im Entstehen sieht, in der Gott nicht als Projektion unserer Sehnsucht gilt. Dies schließt zugleich ein, daß die fragliche Person sich selbst deutlicher in ihrem *eigenen* Dasein entdeckt. Zugleich entsteht bei der Frau Zweifel am Sinn dieses Gebets: Ist es eine von vielen Projektionen? Verschwindet es im luftleeren Raum? Gibt es wirklich jemanden, der sie hört? Der Begleiter hält all diese Möglichkeiten offen, spornt sie aber trotzdem an, ihre Sehnsucht nicht zu verleugnen. Außerdem stellt er die Frage, warum es eigentlich verboten sein solle, daß in unserer Gottesbeziehung *auch* menschliche Bedürfnisse eine Rolle spielen.

– Diese Frage lenkt die Aufmerksamkeit auf ein Apriori in ihrer eigenen Person. Sie meint in der Tat, daß ihr Glaube ganz „rein" sein muß, frei von allem Menschlichen und vor allem frei von so etwas Unreinem wie einem egozentrischen Bedürfnis. Der Begleiter geht tiefer auf dieses bislang unausgesprochene Selbstbild ein. Er fügt die Frage hinzu, warum sie meint, sie müsse diese Reinheit von Anfang an *selbst* bearbeiten. Eine Alternative wäre, den Weg der Sehnsucht zu gehen und diese Reinigung mehr dem Weg anzuvertrauen. Christen sind (nach ihrem ältesten Namen) „Anhänger des Weges". Auf der Suche nach einer Antwort auf diese Fragen kommen allerlei psychotherapeutische Einsichten zurück. Der Begleiter fragt sie, ob dies in der Tendenz ihrer religiösen und glaubensmäßigen Sehnsüchte liegt. Sie stellt dies in Abrede. Dann spornt er sie an, aus dieser Sehnsucht heraus zu leben, weniger auf ihre Erfüllung und mehr darauf zu achten, was diese Sehnsucht mit ihr tut.

– Bei der Fortsetzung des Weges meldet sie Augenblicke innerlichen Friedens und Stillseins (die übrigens schon eher aufgetreten waren). Diese beginnen jetzt zu dominieren. Zugleich leidet sie viel deutlicher am alten Mangel an Liebe und Anerkennung; sie ist viel sensibler hierfür, und der Kummer hierüber wird größer. Der Begleiter macht sie aufmerksam auf das „Offene" dieses Kummers. Es herrscht viel weniger Widerstand und Verkrampfung als früher; es ist jetzt mehr ein Ausdruck ihrer Sehnsucht als eine Forderung.

– Nach einiger Zeit breitet dieses positive Lebensgefühl sich aus. Sie entdeckt sich selbst als einen einzigartigen Menschen, der mehr ist als das Leben, das sie führt, als die Vergangenheit, die sie in vielen Punkten Mangel leiden ließ, und als eine Zukunft, die sie selbst nicht in Händen hält. Sie entdeckt sich selbst als ein „Dasein", das offen ist: In dieser Offenheit bricht wohl eine Grundorientierung auf das Göttliche durch, aber dafür gibt es im Dasein selbst keine Garantien. Sie gerät dadurch nicht in Verzweiflung. Der Begleiter bespricht mit ihr einige seiner eigenen, damit übereinstimmenden Daseinserfahrungen. In diesem Zusammenhang betont er den „Luxus" des Glaubens anstelle der Funktionalität: Glaube „dient zu nichts". Er ist Gabe, Einladung, eine Art des Daseins. Das Gespräch entwickelt sich dann zu einem gemeinsamen Glaubensgespräch. Hierin werden Daseinserfahrungen ausgetauscht im Licht des Glaubens. Es wird deutlich, daß Glaube keine selbstverständliche Projektion des Daseins ist; daß er durch Daseinserfahrungen sowohl angefochten wie gestärkt wird; und daß er schlußendlich nicht dazu dient, uns von unserer Daseinsproblematik zu entbinden; eher wirkt er so, daß er uns mit ihr gerade konfrontiert. Aber zugleich läßt er uns vermuten, daß es „mehr gibt zwischen Himmel und Erde" als all das, was wir über unser Dasein sagen können.

3. Glaube, Religion, Sinn, Existenz

Die beiden Beispiele haben uns im Hinblick auf unsere Fragestellung viel zu sagen. Es ist klar, daß es in beiden Situationen um den Sinn des Daseins geht. Es ist auch deutlich, daß es sowohl beim Glauben als auch beim Dasein wie beim Sinn um die geistliche Dimension geht.

Die Beispiele sprechen ausdrücklich von Gottesglauben. In der Einleitung zu diesem Kapitel ist dies zwar ebenso der Fall, aber weniger spezifisch: Es geht dort um Fragen, bei denen ich selbst mit „dem, was mich zutiefst betrifft", auf dem Spiel stehe. Für ein gutes Verständnis des Feldes, auf dem geistliche Begleitung sich bewegt, müssen wir dies erläutern.

In der Erfahrung vieler Menschen von heute kommt Gott, so wie Er sich offenbart hat und von der Kirche zu glauben vorgestellt wird, nicht oder kaum noch vor, wenn, dann oft nur mehr als ein Wort. Gott ist nicht mehr das Zentrum in der heutigen Erfahrung. Es ist heute schwierig geworden, das Dasein mit Gott zu verbinden, da die Abwesenheit Gottes um sich greift. Was in der Erfahrung mehr in den Vordergrund tritt, ist das menschliche Dasein selbst. Wenn der Bildhauer des Nordportals der Kathedrale von Chartres den Schöpfer abbildet, wie er den Menschen erschafft, liegt dieser mit seinem Haupt in Gottes Schoß und lächelt. Sein Lächeln zeigt alle Übereinstimmung mit dem, was auf dem Antlitz des Schöpfers spielt. *So* können viele Menschen von heute sich nicht mehr erfahren. Ihre Erfahrung wird eher gekennzeichnet durch ein tiefes und oft beunruhigendes Bewußtsein, „zu sein" ohne Verweis auf einen göttlichen Ursprung oder auf eine Zukunft, in der dieser Ursprung auf uns zukommt. Bewußter Glaube ist ohne diese Erfahrung für Menschen von heute kaum noch möglich. Wir nennen diese Dimension „Dasein". Sie umfaßt Daseinserfahrungen, Daseinsfragen, eine Daseinsrichtung, Daseinszuwendung und Daseinsabwendung (Hoffnungslosigkeit, Zynismus, Skepsis, Selbstmord).

8. Existentielle Glaubensfragen

Wenn solche Erfahrungen sich ergeben, ist es fast unmöglich, daß sie nicht vom Suchen nach Sinn begleitet werden. „Sinn" steht hier für „Lebensorientierung". Er betrifft uns ganz persönlich: unsere innere Ausrichtung, unsere Sinne, unsere Beziehungen, unsere Einsicht, unser Gemüt, unsere Wesensart. Im Sinn erfahren wir unser Dasein in einem bedeutungsvollen Raum (oder stellen es dort hinein), aus dem es Orientierung, Bestimmung und Erfüllung herleiten kann. In der heutigen Daseinserfahrung ist dieser Raum nicht dem Dasein selbst gegeben. Er muß erworben werden: durch Tradition, durch die Umgebung, durch eigene Erfahrung, durch Liebe, Nachdenken und Besinnung. Auffällig in der Etymologie des Wortes ist der Zusammenhang mit Bewegung. „Sinn" verweist ursprünglich unter anderem auf „Weg – Reise – gehen – streben". Darin kommt zur Sprache, daß unser Lebenssinn nicht entstehen kann, wenn wir nicht in Bewegung kommen, unser Dasein nicht „angehen". Niemand findet eine Richtung für seine Daseinserfahrungen, wenn er sich nicht beim Leben engagiert. Auffällig dabei ist, daß wir schon in Bewegung sind, *bevor wir uns dazu entschließen können*. Dasein bedeutet: *ex-sistere,* sich nach außen wenden, ausgerichtet stehen, aus-stehen. Plato nennt diese ursprüngliche Daseinsbewegung Eros. Diese ist – wie gefährlich, schlimm, unzuverlässig und sich selbst irreführend auch immer – im Grunde immer positiv gerichtet. Sinn ist die Bestätigung des Daseins, selbst wenn jemand sich das Leben nimmt. Soviel zur Dimension „Sinn".

Innerhalb der Erfahrung von und der Suche nach Sinn ist es eine menschliche Tatsache, daß das Religiöse darin eine Rolle spielt. Mit „religiös" wird hier die Dimension angesprochen, die wir erfahren als größer, umfassender und tiefer denn alles, was wir selbst zustande bringen können. R. Otto deutet sie an als „das Heilige". R. Guardini betont sehr stark, daß es sich hier um eine spezifisch menschliche Möglichkeit handelt, eine Tatsache, die auch durch religionspsychologische Untersuchung bestätigt wird. Aus der religiösen Erfahrung heraus entstehen Handlungsriten, Mythen als deren Exegese, Götter, große religiöse Erzählungen, Symbole und Bilder. Soviel zur religiösen Dimension. Innerhalb dieser Dimension werden religiöse Antworten gesucht auf die Fragen, die das Dasein bezüglich seiner Richtung stellt. Werden sie gefunden und bestätigt, dann sind es Quellen tiefen Sinns. Menschen von heute sind in diesem Punkt sehr kritisch, was nicht ausschließt, daß Reste religiöser Sinngebungen noch immer eine Rolle spielen.

Schlußendlich gibt es die Dimension des „Glaubens". Hierin bestätigen wir, daß es einen Gott gibt, der uns in unserem Dasein aus einem gänzlich eigenen göttlichen Sprechen und Handeln heraus begegnet. Christen akzeptieren dies; Juden und Moslems auch. Im christlichen Glauben herrscht hierüber bei aller Verschiedenheit in den Meinungen Übereinstimmung. Zurecht wird in der Gegenwart betont, daß dieser Glaube nicht pur erhältlich ist. Die Form, die er annimmt, hängt mit ab von unserer Daseinserfahrung (von daher sieht Glaube in verschiedenen Kulturen und Phasen der Geschichte jeweils anders aus). Sie wird auch dadurch bestimmt, wie Menschen die Frage nach Sinn stellen (deshalb glauben Jugendliche anders als Erwachsene und entwickelt sich unser Glaube im Laufe des Lebens). Sie wird außerdem bestimmt durch das religiöse „Rüstzeug", das unsere Psyche in sich trägt, und durch die Traditionen, in denen wir aufwachsen (von daher verbindet sich Glaube auf vielerlei Weise mit Religion). Und schließlich wird sie bestimmt durch das, was sich in einem Menschenleben an konkreter Glaubenserfahrung ergibt (von daher ist es unmöglich, daß jemand sich den gesamten Glaubensinhalt, wie er objektiv vorgetragen wird, aneignen kann; es entstehen vielmehr bestimmte „Spiritualitäten". Wenn jemand zum Glauben kommt, gibt dieser dem Dasein eine völlig neue Richtung. Er ist eine Quelle dessen, was klassisch „übernatürlicher" Sinn genannt wird. Es ist klar, daß, wenn dieser Sinn in eine Krise gerät, das ganze Dasein darin mitgeschleift wird.

Bei existentiellen Glaubensfragen spielen für gewöhnlich alle genannten Dimensionen mit. In der geistlichen Begleitung ist es von großer Wichtigkeit zu unterscheiden, welche Dimension in der Frage vorherrscht oder fehlt. Von ebenso großer Wichtigkeit ist es zu untersuchen, inwieweit jemand sich wirklich in der Frage engagiert. Ohne dieses Engagement kann man wohl über Dasein, Sinn, Religion und Glauben sprechen, sie werden aber nicht entdeckt. Schließlich ist aus dem bislang Gesagten deutlich, daß existentielle Glaubensfragen nicht einfach negativ sind. Im Gegenteil, sie sind eigentlich immer positiv gerichtet. Angesichts der Beziehung, die der konkrete Glaube von Menschen mit allerlei religiösen Bildern, Mythen, Archetypen, Symbolen und Verhaltensweisen eingeht, ist eine Klärung zwar bei jedem Menschen vonnöten; diese wird aber auf jeden Fall für jene unumgänglich, bei denen eine echte Glaubenskrise durchbricht. Die ganze Sinngebungs- und Daseinsunsicherheit kann in dieser Krise zur Frage werden.

Die biblische Geschichte verdeutlicht, wie der Glaube an den Gott Israels durch mannigfache Krisen fortwährend gereinigt wird. Bei einigen Propheten, und vor allem in Jesus Christus, kommt dies zu einem Höhepunkt: Der ursprüngliche Gottesname „Ich werde für euch da sein" leuchtet bei ihnen in aller Reinheit auf. Im individuellen Leben eines Christen, von Glaubensgemeinschaften und der Kirche als ganzer ist es nicht anders. Die existentielle Glaubensfrage setzt dann auch alles daran, daß dieser Gottesname reiner, freier, geistlicher und konkreter bestätigt wird. Dies kann dazu führen, daß Menschen aus der Kirchenorganisation austreten oder daß sie dort nicht eintreten (wie zum Beispiel Simone Weil) oder daß sie ihren Auffassungen Widerstand entgegensetzen. Denn der Glaube an diesen Namen braucht nicht mit dem identisch zu sein, was im Lauf der Jahrhunderte alles mit ihm verbunden worden ist.

4. Hinweise für die Praxis

Aus dem Vorhergehenden können einige Hinweise für die Praxis abgeleitet werden.

1. Existentielle Fragen füllen das ganze Gebiet des Daseins, des Sinns, der Religion und namentlich des christlichen Glaubens aus. Für gewöhnlich stellen sie sch *nicht als solche*. Sie tauchen in konkreten Lebenswiderfahrnissen auf: schwierige Erfahrungen, das Auftreten der Kirche, neue Einsichten, die bei Menschen durchbrechen. Man muß dann gut unterscheiden zwischen *primären* und *sekundären* Fragen. Die ersten handeln vom Sinn, von der Religion, vom Glauben überhaupt. Die zweiten haben zu tun mit Fragen, die sich wohl in die Form von Glaubensfragen kleiden, die aber eigentlich einen anderen Hintergrund haben. Bei primären Fragen ist es nötig, auf die Fragen selbst direkt einzugehen. Bei sekundären Fragen muß man mehr auf die Umstände eingehen, unter denen sie entstehen, zum Beispiel ein Verlust, ein Konflikt. Oft verschwindet dann die Glaubensfrage und wir die eigentliche Frage sichtbar. Wenn die Schwierigkeit verschwunden ist, kann man nachträglich schauen, ob trotzdem geistliche Begleitung vonnöten ist.

2. Lebensfragen werden oft *religiös verpackt"*. Dies kann zum Beispiel geschehen, weil der geistliche Begleiter eine religiöse Funktion hat. Der wahre Kern muß dann in einem Gespräch bloßgelegt werden. Oft wird dabei deutlich, daß keine geistliche Begleitung, sondern andersartige Hilfe nötig ist.

3. Man muß dem *Sprachgebrauch* der Person, mit der man spricht, große Aufmerksamkeit schenken. Man muß auf diesen Sprachgebrauch eingehen, weil es eine enge Beziehung gibt zwischen Sprache und Erfahrung. Theologische Sprache, „geistliche Sprache", ist eine abgeleitete Sprache. Sie braucht keineswegs der konkreten Erfahrungssprache zu entsprechen (und tut dies auch fast nie). Umgekehrt ist es vonnöten, theologisch umhüllte Fragen auf die Erfahrungssprache zurückzubringen. Ansonsten spricht man *über* das Geistliche. Es besteht ein großer Unterschied zwischen einem geistlichen Gespräch und einem Gespräch über das Geistliche.

4. Die Einwände des Begleiters müssen sich der *Erfahrungswelt* dessen, der um Rat nachsucht, anschließen. Dies schließt keineswegs Konfrontationen aus. Aber auch Konfrontation müssen so gerichtet werden, daß sie innerhalb der aktuellen Erfahrungsmöglichkeit des anderen bleiben.

5. Es ist eine deutliche Absprache vonnöten über die *Richtung* des Gesprächs: Es geht um *geistliche* Begleitung. Hält man sich nicht an diese Absprache, wird das Gespräch undeutlich und gleitet oft ab. Dies schließt keineswegs aus, daß allerhand konkrete Lebensumstände besprochen werden. Dasein, Sinn, Religion, Glaube realisieren sich in konkreten Ereignissen und konkreten Beziehungen. Die Kunst der geistlichen Begleitung besteht gerade darin, durch dies Konkrete hindurchzusehen, die eigentlichen Fra-

gen darin zu entdecken und dann anhand dieses Konkreten auf diese Fragen einzugehen.

6. Man muß der *Sehnsucht* desjenigen, der mit Fragen kommt, große Aufmerksamkeit schenken. Hier zu rationalisieren oder zu indoktrinieren bremst die Bewegung oder kapselt sie ein. Die Sehnsucht will nun einmal als solche anerkannt werden. Bremsen und Abkapseln verhindern das Finden von Sinn, auch von Glaubenssinn. Der geistliche Begleiter darf sich nicht vorstellen, er wisse, wie der Weg des anderen sein müsse, und sicherlich kennt er nicht Gottes Pläne mit einem Menschen. Er muß die Glaubensrichtung genau so wie derjenige, der zu ihm kommt, im Ereignis selbst belauschen. Großer Respekt vor der sich ankündigenden, entfaltenden, Umwege machenden und eventuell „irregehenden" Glaubensbewegung des anderen ist eine wesentliche Bedingung für ein fruchtbares Gespräch.

7. Man muß gut abschätzen, wo sachliche Information über Dasein, Sinn, Religion, Glaube nötig ist. Diese hat man *zu passender Zeit* und *im jetzt nötigen Maß* zu geben. Die Information muß so gegeben werden, daß sie nicht implizit Aufforderungscharakter besitzt, sondern nur informiert.

8. Im Geistlichen ist eine „problemlösende Haltung" für gewöhnlich nicht am Platz. Das Umgehen mit geistlichen Fragen erfordert eine *geistliche* Methode. Simone Weil umschreibt diese als einen fortwährenden Umgang mit der Frage oder dem Problem, ohne eine Lösung bieten zu wollen. Es geht um die Aufmerksamkeit für die Sache selbst, nicht um ihre Lösung. Oft ist es wichtiger festzustellen, was die Glaubensfrage mit jemandem tut, als sie zu „lösen". Manches Mal kostet es Zeit, diese freie, aufmerksam zugewandte Situation zu schaffen. Der Druck, den existentielle Fragen mit sich bringen, fordert eher Lösungen heraus. Trotzdem ist *Uneigennützigkeit* die einzige Situation, in der das Geistliche gedeihen kann.

9. Das alte Bild des *Weges* (das uns in allen Religionen begegnet) gibt der Begleitung und Beratung die Führung. Man „geht mit dem Weg mit"; er ist nicht von vornherein gegeben. Nur die Richtung ist angedeutet. Dies gilt auch für Modelle geistlicher Begleitung, die sehr konkret ausgearbeitet sind, wie zum Beispiel dasjenige des Ignatius von Loyola. Das Bild des Weges bringt in die konkreten Schicksale von Menschen eine Perspektive, die das Aktuelle betont und zugleich relativiert.

10. Geistliche Begleitung in *Gruppen* ist sehr fruchtbar. Abgesehen von allerhand gruppendynamischen Phänomenen bleibt die Aufmerksamkeit des Begleiters auf das Geistliche gerichtet. Auch hier muß man eine problemlösende Atmosphäre verhindern. Uneigennützigkeit gilt hier ebenso wie im individuellen Gespräch. Menschen haben einander auf den Gebieten von Dasein, Sinn, Religion, Glaube sehr viel zu bieten. Gruppenbegleitung ist eine Form der Kirchenstiftung, wofür im Augenblick ein großes Bedürfnis besteht.

Literatur

ANDRIESSEN, HERMAN: Wahrheit innerlich erfahren. Die Ehrfurcht vor dem Lernen und der gelebte Glaube. Lutherische Monatshefte 16 (1977) 502–505.
– : Lebensweg, Lebenssinn und pastorales Handeln. Düsseldorf 1982.
– : Glauben lernen an religiöser Erfahrung. In: W. Bruners-Schmitz (Hrsg.): Das Lernen des Seelsorgers. Mainz 1982, S. 50–60.
– /DERKSEN, N.: Lebendige Glaubensvermittlung im Bibliodrama. Mainz 1988.
BUYTENDIJK, FRITS J. J.: Phänomenologie der Begegnung. In: Das Menschliche. Wege zu seinem Verständnis. Stuttgart 1958.
FENTENER V. VLISSINGEN, JAN: Het Pad van de geestelijke begeleiding. Den Haag 1980.
FRÈRE JOHN DE TAIZÉ: Le Chemin de Dieu. Etude biblique sur la Foi comme Pélerinage. Taizé 1983.
KIERKEGAARD, SOREN: Die Krankheit zum Tode. Eine christliche psychologische Entwicklung zur Erbauung und Erweckung. In: Kierkegaards Werke in 5 Bänden, hrsg. von L. Richter, Hamburg 1960–64, Bd. 4 (1962).
– : Einübung im Christentum, übers. v. E. Hirsch. Düsseldorf/Köln ^{4}1971.
– : Tagebücher, übers. v. H. Gerdes. Düsseldorf/Köln 1962–74.
KÖSTER, PETER: Ich gebe euch ein neues Herz. Einführung und Hilfen zu den geistlichen Übungen des Ignatius von Loyola. Stuttgart 1978.
MÜLLER, WUNIBALD: Menschliche Nähe in der Seelsorge. Mainz ^{2}1989.
OTTO, RUDOLF: Das Heilige. Über das Irrationale in der Idee des Göttlichen und sein Verhältnis zum Rationalen. Marburg 1917 (^{30}1958).
PLATON: Das Gastmahl. In: Platon. Vier Dialoge, hrsg. v. B. Snell. Frankfurt 1953.
STEGGINK, OTGER u.a.: Mystik. Bd. 1: Ihre Struktur und Dynamik. Bd. 2: Ihre Aktualität. Düsseldorf 1983–84.
SUNDÈN, HJALMAR: Gott erfahren. Das Rollenangebot der Religionen. Gütersloh 1961 (^{4}1972).
VERGOTE, ANTOINE: Religie, Geloof en Ongeloof. Psychologische Studie. Antwerpen/Amsterdam 1984.
WEIL, SIMONE: Das Unglück und die Gottesliebe. München 1953.

TEIL V

SEELSORGLICHE BERATUNG UND BEGLEITUNG FÜR BESONDERE LEBENSSITUATIONEN

1. In Hoch-Zeiten des Lebens

HUBERT WINDISCH

1. Was sind Hoch-Zeiten?

Das Wortspiel „Hoch-Zeit" erinnert an ein menschliches Fest par excellence und öffnet gleichzeitig das seelsorgliche Anliegen der Beratung und Begleitung auf viele andere festliche Anlässe hin. Jede Hoch-Zeit stellt dann eine sich über das alltägliche, normale Lebensniveau erhebende Zeit dar, eine Unterbrechung nach oben hin sozusagen, ein Überschreiten (Transzendieren) des Gewöhnlichen und Eingefahrenen, einen Gegensatz zur Not-Zeit. Hoch-Zeiten sind für uns Menschen hohe Zeiten. Ihre Stimmung ist Freude und Dank.

Merkmale

Es gibt viele herausgehobene Anlässe, dankbar und froh eine hohe Zeit zu feiern: Geburts- oder Namenstage, besonders Lebensabschnitte, wie z.B. Schulbeginn oder -abschluß, eine Beförderung oder ein Jubiläum, die Feier der Sakramente und die Festtage im Rhythmus des Kirchenjahres. Die seelsorgliche Beratung/Begleitung in Hoch-Zeiten kann sich konzentrieren auf einzelne Personen, auf Paare oder Familien, auf Gruppen oder Vereine und auf die kirchliche oder politische Gemeinde. Folgende Aspekte einer Hoch-Zeit lassen sich festhalten:
– der geschöpflich-schöpferische Aspekt von Feier und Fest (ein Ja zur Schöpfung): Immer dann, wenn die Schöpfung Gottes im Menschen und durch den Menschen (christlich und außerchristlich) in den Zustand der Wahrheit und Freiheit erhoben wird, dürfen wir von einer Hoch-Zeit sprechen. Das mag durch ein Kunstwerk, durch körperliche oder geistige Arbeit oder z.B. durch umweltpolitische Sensibilität geschehen. Die Schöpfung möchte durch den Menschen feiern dürfen. Die Haltungen der Lebensbejahung, der Ehrfurcht, der Behutsamkeit und Zärtlichkeit, des Loben- und Dankenwollens sind menschliche Voraussetzungen dafür.
– der gemeinschaftlich-soziale Aspekt von Feier und Fest (ein Ja zum Du): Immer dann, wenn Beziehungen glücken, Freundschaften halten, wenn Mann und Frau sich in Herzlichkeit zugetan sind und die Familie oder Gruppe (Gemeinde) vom Band der Liebe zusammengehalten wird (vgl. Kol 3, 14), wenn im sozialen Verbund Gerechtigkeit und Friede sich küssen (vgl.

Ps 85,11), dann ist hohe Zeit. Sie will gemeinsam gefeiert werden. Eine echte Gemeinschaft findet sich im Fest, und das Fest stiftet zur Gemeinschaft an.

– der versöhnend-identitätsstiftende Aspekt von Feier und Fest (ein Ja zu sich selbst): Immer dann, wenn der Mensch zur Liebe (in ihrer dreidimensionalen Einheit von Gottes-, Nächsten- und Selbstliebe) umkehrt, kommt er zu sich. Wenn sich aber Umkehr zur Liebe ereignet, stellt sich Freude ein. „Wo Liebe sich freut, da ist ein Fest" (Chrysostomus). Bei einer Hoch-Zeit wird der Streit beendet, bleibt die Sünde vor der Tür. Im Fest darf der Mensch das Selbstvertrauen feiern.

Spannungen

Nun sticht allerdings die grundsätzliche Spannung ins Auge, daß die seelsorgliche Beratung/Begleitung auf Hoch-Zeiten hin für den Seelsorger selber meistens zur „Arbeit am Fest" ausartet. Das bewirkt bei ihm einen eigentümlichen Abstand zum Fest. Der Seelsorger distanziert sich durch die Mühe, die ihm die Feier bereitet. Wenn aber für die Seelsorger der Gang zum Fest Beschwernis ist, können sie dann überhaupt zu einer hohen Zeit führen? Ist vielleicht deshalb bei vielen Feiern die Sprache der Seelsorger so schwer und ihr Schritt so würdevoll-lastend? Ist vielleicht in diesem spannungsvollen Zusammenhang der Grund dafür zu finden, daß Friedrich Nietzsche behaupten konnte, ein Fest sei in sich Heidentum und allein die Gegenwart von Christen lasse jede Feststimmmung zum Teufel gehen (vgl. Trautwein 148)? In der Tat beginnen viele Feste oftmals erst dann ausgelassen zu werden, wenn der Seelsorger vom Festplatz verschwindet.

Andererseits kann diese grundsätzliche Spannung nicht einfach aufgehoben werden. Die Beratung/Begleitung in Hoch-Zeiten wird für den Seelsorger immer ein Stück Arbeit und Mühe bedeuten. Es bleibt nur zu fragen, *wie* durch den Seelsorger in dieser Spannung christliche Freude zu vermitteln ist und ausgestrahlt werden kann. Jedenfalls dürften die Seelsorger erlöster ausschauen, wenn es um's Feiern geht! Denn wir Christen können uns rühmen, die ersten Freigelassenen der Schöpfung zu sein (vgl. Moltmann). Ein großes, befreiendes Ja durchstimmt unser Leben (vgl. 2 Kor 1, 19–20).

2. Frohe Botschaften

Die Evangelien – zumal die lukanischen Schriften, in denen sich ein Viertel aller neutestamentlichen Freude- und Jubelworte nachweisen läßt – sind keine erbaulichen Traktate, keine pietistisch-puritanischen Andachtsbüchlein zum Trost des inneren Menschen, sondern Dokumente, in denen zur Verheißung der göttlichen Erlösung der Verweis auf einen Weltbezug hinzukommt, der durch Dankbarkeit und Zuversicht charakterisiert wird.

Verhaltenheit paart sich mit einem Pathos, das auch dramatische Akzente nicht scheut: Da hüpft ein Kind vor Freude im Leib seiner Mutter (vgl. Lk 1,41.44). Die schwangere Maria, Grund für diesen Freudenhüpfer, jubelt über Gott und preist sich selig in ihrer Niedrigkeit (vgl.Lk 1,46ff). Ein Engel vertreibt die Furcht und verkündet Freude und Frieden vom Himmel – für die Welt (vgl. Lk 2,9ff). Da jauchzt Jesus, vom Heiligen Geist erfüllt, in Freude auf (vgl. Lk 10,21)... Wohin man auch blickt, vergegenwärtigt sich der Jubel inmitten weltlicher Geschäftigkeit. Wenn der verlorene Sohn heimkehrt, läßt der Vater das beste Gewand, einen Ring und Schuhe herbeischaffen, befiehlt, ein gemästetes Kalb zu schlachten, und tröstet den älteren Sohn mit den Worten: „Wir müssen uns doch freuen und ein Fest feiern; denn dein Bruder war tot und lebt wieder; er war verloren und ist wiedergefunden worden" (Lk 15,32).

Freude mitten im Leben, Freude aber auch im Zeichen des Todes: „Dies habe ich zu euch gesagt, damit meine Freude in euch ist und damit eure Freude vollkommen wird" (Joh 15,11), bedeutet der zum Sterben bereite Jesus seinen Jüngern. Abschied nehmend betet Jesus im Hohenpriesterlichen Gebet: „Jetzt gehe ich zu dir. Doch dies rede ich noch in der Welt, damit sie meine Freude in Fülle in sich haben" (Joh 17,13). Das Neue Testament ist ein Buch der frohen Botschaften. Es zeigt Freude im Kleinsten und im Größten. Der Schäfer freut sich, wenn er das verlorene Schaf wiederfindet (vgl. Lk 15,3ff), und die Jünger frohlocken in einem Augenblick, da in Betanien Zeit und Ewigkeit sich berühren: Voll Freude kehren die Jünger nach der Himmelfahrt Jesu nach Jerusalem zurück (vgl. Lk 24, 50 – 53).

Zufriedenheit im Herzen, Geborgensein in Gott und laute, doch fern aller Überheblichkeit triumphierende Glückspräsentation in der Welt; beides zusammen ist Ausdruck jener Dankbarkeit, von denen die lukanischen Gleichnisse ebenso wie das paulinische Pathos getragen sind. Es ist die Manifestation jener Dankbarkeit, die um Gottes Wirken in allen drei Zeiten weiß: Freude im Hinblick auf die Vergangenheit, auf das Hier und Jetzt und das Künftige, von dem her das seit jeher Angelegte seine festliche Präsenz gewinnt: „Wir wollen uns freuen und jubeln und ihm die Ehre erweisen. Denn gekommen ist die Hochzeit des Lammes, und seine Frau hat sich bereit gemacht" (Offb 19,7).

In der Heiligen Schrift verbindet sich jüdische Apokalyptik mit einer Weltheiligung, die die Grenzen zwischen Innen und Außen sprengt. Das Individuum preist Gott in der Gemeinschaft. Seelisches Glück gewinnt Anschaulichkeit in Prozession, Tanz und liturgischem Kult. Das Mahl wird zur großen Festivität, das das Gottesgeschenk der Freude sinnenfällig macht. Gesang wird zum Lobpreis, den – verleiblicht in der Gemeinde der Erlösten – die gesamte Schöpfung anstimmt (vgl. Jes 61,10 – 11). Die biblische Freude ist erfüllt von hoher Spiritualität, aber auch von Sinnlichkeit, Daseinsfreude und einer Lust, die den ganzen Menschen ergreift. Das

Hohelied der Liebe wird nicht nur unter dem Himmel, sondern auch bei der Weinlese, am Brunnen und zuallererst auf jenem hochzeitlichen Bett angestimmt, das von saurer ehelicher Pflichterfüllung wenig, von Leidenschaft und Ekstase aber sehr viel weiß. Kopfschütteln stellt sich ein, wen man die Geschichte der Entleiblichung biblischer Freude verfolgt. Es scheint, daß die Freude dabei auf der Strecke blieb und im Laufe eines Gefechtes verloren ging, das die Christen mit (theologischem) Ingrimm gegen jene Weltkinder führten, die sie am Ende allein ließen mit ihrer Lust und ihrem Diesseitsrausch. Die darin waltende Grundstruktur der Opposition „niedere Lust contra Geistesglück" ist offenkundig. Ein Debakel christlicher Anthropologie? Ein Sieg puritanischer Askese? Ein Triumph des Biblizismus über die Bibel? Die freiwillige Preisgabe einer Leib-Geist-Struktur des Menschen? Eine Verkürzung der Freude auf das kleine (dazu sacerdotal zu bestimmende) Maß des Gaudium spirituale und damit die Infragestellung der biblischen Ganzheitsvorstellung von menschlichem Glück?

3. Nüchterne Hoffnung

Diese Fragen müssen wir uns gefallen lassen, selbst wenn christliche Freude in keiner Weise eine „Freude der geschlossenen Augen" ist. Hoch-Zeiten finden ja nicht neben der Wirklichkeit, sondern in der Realität statt. So darf bei aller frohen Botschaft der Bibel auch die berechtigte Frage mitklingen: Ist die Wirklichkeit, ist unsere Welt so, daß sie uns trotz allem Grund zur Freude gibt? Jedem kommt sofort ein „Aber" in den Sinn: das Schreckliche, das die Menschen einander, der Natur und dadurch wieder ihren Nachkommen antun; das Schreckliche, das der Menschheit bevorsteht, wenn sie so weitermacht; das Schreckliche, das die Welt aus heiterem Himmel schicksalshaft (in Katastrophen) treffen kann. Kann man da noch „ja" sagen? Vielleicht äußert sich der Glaube – so das Synodenbekenntnis „Unsere Hoffnung" (I, 7) – gerade in der „Bereitschaft, diese unsere tödliche, in sich verfeindete und leidvoll zerrissene Welt ohne Zynismus und schlechte Naivität als letztlich zustimmungsfähig anzuerkennen, als verborgenen Anlaß zur Dankbarkeit und zur Freude: als Schöpfung Gottes".

Diese Zustimmung gilt nicht allem, was wir erleben. Sie gilt dem Geschenk, das die Schöpfung allen Menschen sein soll, und ist zugleich der kampfbereite Widerspruch dagegen, daß die Menschen einander und ihren Nachkommen dieses Geschenk zum Fluch machen. Dem zerstörenden Menschenwerk ist zu widerstehen in der angefochtenen Hoffnung, daß am Ende doch nicht immer „das Nichts über die Freude siegt" (M. Horkheimer).

4. Realistische Freude

So dürfen um realistischer Freude willen, die dennoch zu hoffen und zu feiern weiß, auch die Texte der Bibel nicht einseitig ausgewählt werden. Die Heilige Schrift ist gerade deshalb Frohbotschaft, weil sie ein Buch des *ganzen* Lebens ist. Die ganzheitliche Freude der Bibel trägt die Klage genauso in sich, wie ihr Sinnenrausch um die Trockenheit der Wüste weiß. Neben Geburts- und Lebensfreude tauchen Kreuzesschmerz und Todespein auf, die biblische Ekstase kennt den Verzicht, der Jubel die Zurückhaltung. Wir sind als Glaubende und noch nicht als Schauende auf dem Weg zur vollen Freude. Die Theologie beschreibt in der Gefolgschaft des Apostels Paulus, aus der Mitte des Evangeliums selbst herkommend, all unser Denken, Fühlen, Wollen und Tun, all unsere Freude und Freuden unter dem Vorzeichen des eschatologischen Vorbehalts. Für den Christen ist aufgrund der Aussagen des Alten wie des Neuen Testaments gerade das folgende eine condition humaine: Wir leben in der Jetzt-Freude, ja, wir sollen es sogar, aber wir tun es auf Hoffnung hin. Alles, auch die sexuelle Freude, steht unter dem geschöpflich-sündigen Vorbehalt des Unerfüllten, Noch-zu-Erlösenden, mit einem Wort: unter dem Vorbehalt Gottes, des Schöpfers und Erlösers, selbst. Wer schon könnte behaupten, daß er in endgültiger Freude lebt? Waren Schiller und Beethoven, die der Freude unvergleichlichen Wort-Klang gaben, uneingeschränkt frohe Menschen?

Wer sich auf die ganzheitlichen Aussagen der Bibel über die Freude einläßt, wird davon berührt, wie sehr sich darin die Freude über das Feld der momentanen Ekstase hinaus weitet, indem sie sich nach innen in der Haltung des Maßes vergrößert. Es gibt für den Menschen hier und jetzt keine vollkommene, endgültige Ekstase, es gibt sie immer nur als Vor-Freude, die zwar unbenommen echte Freude bleibt, doch als Freude immer mit dem Keim der Sehnsucht in sich lebt.

Wo Freude hier und jetzt auf Ekstase reduziert und gleichzeitig endgültige Ekstase gesucht wird, wird Freude erzwungen. Sie entartet zu Krampf und Kampf, geht förmlich über Leichen. Das biblische Freudenmahl verkommt dann leicht zum großen Fressen, dem das große Kotzen folgt. Ist es denn zu übersehen, daß eine materialistische carpe-diem-Mentalität erschreckend und mit düsterem Ausschlag (bzw. Fall-out) ihren symbolischen Ausdruck findet in „Tschernobyl", in „Basel", im „Bayerischen Wald", in der „Nordsee" und auf den Aids-Stationen der Krankenhäuser?

Wie wohltuend dagegen Paulus, der ermutigt, zu besitzen (wirklich!), als besäße man nicht, und wir können fortfahren: zu genießen, als genieße man nicht, zu verbrauchen, als verbrauche man nicht... Wer diese Dialektik der Bibel nicht versteht, versteht die christliche Freude in der Welt nicht. Alles in ihr hat ein Maß – ausgenommen die Liebe. Sie, die nicht vergeht (vgl. 1 Kor 13,8), ist die Wurzel aller Freude: die Freude der Liebe, die sich zu Lust und Ekstase bekennt und sie doch nicht kurzschlüssig mit sich gleichschaltet; jene gelassene, duldsame, ehrliche, krampf- und kampflose, aus Fleisch und Blut, dem Weltstoff, gewirkte Freude, die dem Geist und mit ihm dem Glauben und Hoffen die Wohnung nicht versagt. Es ist jene zweckfreie, unprätentiöse, aktiv-demütige Freude, die aus der Liebe kommt. Ihre schönste Frucht ist, im wahrsten Sinn des Wortes, die Lust an der Liebe. Abgründe tun sich auf, wenn man das Spiel der Worte und damit die Wirklichkeit verkehrt: die Liebe zur Lust führt in den Irrgarten der Perversität.

So freut sich der Christ mit ganzem Herzen, mit Leib und Seele über Schöpfung und Erlösung. Er staunt froh und dankbar über Weihnachten, feiert freudetrunken den Ostermorgen, aber er sieht nicht über den Karfreitag hinweg. Er wird ein realistischer Ekstatiker bleiben. Viele Heilige, unter ihnen Franziskus, haben diese Spannung der Freude gelebt.

Wer als Christ das Kreuz (Jesu Christi) nicht nennt, wenn er hoch-zeitlich feiert, kleidet die Sehnsucht nach Freude in den Mantel grauer Weltbefriedigung. Es gibt keine Freude an der Wahrheit vorbei. Die Wahrheit des Menschen ist Gott als Liebe. Die Lust an Gott und seiner Liebe ist die Quelle aller Freude – auch zwischen den Menschen.

5. Pastorale Konsequenzen

Hoch-Zeiten sind Taborstunden, die sich über den Alltag erheben, um wieder für den Alltag zu rüsten. Als solche entziehen sie sich der Zweck-Mittel-Rationalität unseres Leistungsdenkens und werden als Geschenke (Gnade) erfahren, selbst wenn wir alles für ihre Feier „gemacht" haben. Wo Hoch-Zeiten (z. B. Erstkommunion oder Firmung) sich der Kategorie der Leistungsschau und -show unterwerfen, bleibt in vielfacher Hinsicht bei den Feiernden ein schaler Nachgeschmack (der sog. Party-Kater).

Für die in der Seelsorge Tätigen ergibt sich daraus die Aufgabe, bei der Beratung/Begleitung in Hoch-Zeiten prophetisch-kritisch ihre Tiefendimension zu eröffnen, die ein Transzendieren auf Gott hin bedeutet. Bei aller Freude an geschöpflicher Verkörperung eines Festes lebt eine Feier immer auch von der ihr eigenen Spiritualität. Seelsorger sind mitverantwortlich für den Logos, der in einer konkreten Situation festliches Fleisch annimmt. (Auch auf die Möglichkeit, sich unter bestimmten Voraussetzungen als Seelsorger zu verweigern, muß an dieser Stelle hingewiesen werden.)

Die Begleitung zu einer authentischen Spiritualität (nicht: Spiritualisierung) von Hoch-Zeiten wird die Augen der Feiernden für zwei Erfordernisse zu öffnen versuchen:
– „Nicht das Vielerlei sättigt die Seele, sondern das Verkosten der Dinge von innen her" (Ignatius von Loyola). Nicht das äußere Vielerlei macht demnach ein Fest wertvoll, sondern das Verkosten dessen, was der tiefere Grund des Feierns ist. Ein Fest ist also dann eine gelungene Hoch-Zeit,

wenn der innere Grund des Feierns erlebbar wird. Dazu sollte in unseren Gemeinden auch wieder die Kultur des Sonntags gepflegt werden. Nicht der Alltag soll zum Sonntag werden, sondern der Sonntag muß Sonntag bleiben.
– Wer die Dinge von innen her verkostet, wird entdecken, daß sie in Beziehung stehen. Ein wahres Fest wird immer ein Fest der Gemeinschaft sein, in dem die Freude darüber aufbricht, daß das festliche Sichmitteilen schon immer Communio des Daseins ist. Eine Spiritualität des Festes kann es nicht ohne Solidarität der Feiernden untereinander und über sie hinaus geben. Wenn im Fest die Liebe sich freut, dann will sie um ihrer Wahrheit willen, daß andere sich mitfreuen.

6. Hoch-zeitliche Kultur

Für die Seelsorge stellt sich nun abschließend die Frage, wie sich durch Beratung/Begleitung eine christlich-humane Kultur von Hoch-Zeiten fördern läßt. Die Antwort scheint grundsätzlich in zwei Richtungen zu weisen, die sich auf dialektische Weise gegenseitig ergänzen.

Mitsein

Durch die seelsorgliche Beratung/Begleitung in Hoch-Zeiten kann die sakramentale Bestimmung der Kirche (und der Gläubigen in ihr) gegenüber Welt und Leben zur Geltung kommen. Gerade in Hoch-Zeiten darf der Seelsorger Welt und Leben in seinem Amt zulassen, gleichsam eine Theologie der Welt (J. B. Metz) in die Pastoral umsetzen. Die Lebenserfahrungen der ihm Anvertrauten müssen auch seine eigenen Bewußtseinsstände werden (vgl. Gaudium et spes Nr. 1), damit durch sein Wirken der (sakrametale) Verweis auf die heilende Gegenwart Gottes in Jesus Christus für Welt und Leben gelingen kann. Nur durch Eingehen in die Wirklichkeit wird der Seelsorger kirchliches „sacramentum mundi". Bei diesem Eingehen wird er sich nicht als Herr des Glaubens, sondern als Diener der Freude aller Feiernden verstehen (vgl. 2 Kor 1,24). In diesem Sinne setzt sakramentales Deuten kirchliches Mitsein voraus.

Das prophetische Deuten und das tiefenbewußte Bejahen der Wirklichkeit hat im Geist von Alfred Delp zu geschehen, der mit gefesselten Händen aus der Gefängniszelle an seine Freunde schrieb: „Die Welt ist Gottes so voll. Aus allen Poren der Dinge quillt uns dies gleichsam entgegen. Wir aber sind oft blind. Wir bleiben in den schönen und in den bösen Stunden hängen. Wir erleben sie nicht durch bis zu dem Punkt, an dem sie aus Gott hervorströmen. Das gilt für das Schöne und auch für das Elend. In allem will Gott Begegnung feiern und fragt und will die anbetende, liebende Antwort."

Selbstsein

Die Fähigkeit zum Mitsein braucht die Erlaubnis zum Selbstsein. Ein Seelsorger, der bei sich selbst Welt und Leben nicht mehr wahrnimmt bzw. wahrnehmen darf, kann auch nicht zum Feiern führen. Im guten Sinn des Wortes soll der Seelsorger Welt-Priester sein. Als solchen wird sein Amts- und Selbstverständnis eine tiefe Verwurzelung in der Transzendenz aller Dinge prägen. Gott in allen Dingen suchen – und entdecken (vgl. Ignatius von Loyola), das gehört zu seinem vertikalen Selbstsein. Auch in horizontaler Richtung darf er offen sein für Wahrnehmungen aller Art. Diese Wahrnehmung und Wahrnehmungsbegleitung wächst beim Seelsorger in dem Maße, als er sich um kommunikative Kompetenz müht. Selbstsein verlangt Offenheit, Wahrheit den Dialog. Selbstsein ist die Kehrseite von Mitsein.

Offenheit anderen (und anderem) gegenüber braucht jedoch gesunde Selbstbejahung. Der Seelsorger darf sich also immer wieder aus der Begleitung zurückziehen und sich in seinem Amt zurücknehmen. Er hat Anspruch auf Freizeit, Urlaub, Erholung und auf sportliche und künstlerische Mußestunden. Er muß bei sich selbst den Sonntag pflegen, sonst kann er über kurz oder lang nicht mehr der Diener der Freude sein, sondern wird zum Knecht von Erwartungen werden.

Mit diesen Gedanken ist der inkarnatorische Grundzug jeglicher Pastoral auch in der Beratung/Begleitung in Hoch-Zeiten angedeutet. Es geht auch bei der Feier unserer Feste um die Menschwerdung aus dem Glauben an Gott in Jesus Christus heraus. Das verlangt freilich auch, daß eine persönliche Beratung/Begleitung in Hoch-Zeiten unter institutionellen und strukturellen kirchlichen Bedingungen geschehen kann, die selbst für Fest und Feier förderlich sind.

Ausblick

Auf der letzten Seite seines Buches „Der Gottesstaat" beschreibt Augustinus den Übergang von der sechsten Weltepoche, in der wir leben, in die siebte, letzte und vollendete:

„Danach wird Gott, gleichsam am siebenten Tag, ruhen, indem er diesen siebenten Tag, der wir sein werden, in sich, in Gott selbst wird zur Ruhe bringen. Von diesen Zeitaltern jetzt im einzelnen sorgfältig zu reden, würde zu weit führen: dieses siebente jedenfalls wird unser Sabbat sein. Sein Ende wird kein Abend sein, sonder der Herrentag als achter ewiger Tag, der durch Christi Auferstehung geheiligt ist, die nicht nur die ewige Ruhe des Geistes, sondern auch des Leibes vorausgebildet hat. Da werden wir feiern und schauen, schauen und lieben, lieben und preisen."

Teil V: Seelsorgliche Beratung und Begleitung für besondere Lebenssituationen

Literatur

Cox, Harvey: Das Fest der Narren. Das Gelächter ist der Hoffnung letzte Waffe. Stuttgart: Kreuz ⁴1972.
Feste und Feiertage, in: Theologische Realenzyklopädie. Berlin/New York: Walter de Gruyter 1983, Band XI, 93 – 143.
Hutter, Elfriede/Funiok, Rüdiger/Draf, Dieter: Zuhause feiern, spielen, beten. Innsbruck: Tyrolia 1984.
Koch, Kurt: Aufstand der Hoffnung. Die befreiende Lebenskraft christlicher Feste. Freiburg i. Br.: Christophorus 1986.
Lebendige Seelsorge 39 (1988), Heft 3/4: „Gefeierter Glaube".
Lebendige Seelsorge 40 (1989), Heft 3/4: „Feste und Feiern".
Moltmann, Jürgen: Die ersten Freigelassenen der Schöpfung. Versuche über die Freude an der Freiheit und das Wohlgefallen am Spiel. München: Kaiser ³1972.
Pieper, Josef: Muße und Kult. München: Kösel ⁶1961.
– : Zustimmung zur Welt. Eine Theorie des Festes. München: Kösel 1963.
Rahner, Hugo: Der spielende Mensch. Einsiedeln: Johannes ⁹1983.
Sartory, Gertrude und Thomas: Wenn Himmel und Erde sich begegnen. Feste und Zeiten im Jahreskreis. Freiburg i. Br.: Herder 1979.
Trautwein, Dieter: Fest und Feier, in: Gemeindepraxis in Grundbegriffen. Ökumenische Orientierungen und Perspektiven, hrsg. von Christof Bäumler und Norbert Mette. München/Düsseldorf: Kaiser/Patmos 1987, 147 – 156.
Werkheft für Gemeinschaften Christlichen Lebens, Heft 2 (1986): „Das Leben feiern/Zur Freude befreit/Leben in Fülle – aber anders".

2. Im Katechumenat

BÄRBEL BLATTNER

1. Mitsorge mit dem sorgenden Gott

Zu den vielen Impulsen, die nach dem II. Vatikanischen Konzil die Arbeit in den Gemeinden bereichern, gehört die Wiedereinführung des Katechumenats. Miteinander einen Katechumenatsweg zu gehen, ist eine sehr lebendige und bewegende Angelegenheit für alle Beteiligten. Eine ganze Gruppe von Menschen macht sich auf den Weg: der Katechumene, der Schritt für Schritt in den christlichen Glauben hineinwächst, seine Familie, haupt- und ehrenamtliche Seelsorger/innen und Begleiter/innen, die als Getaufte im Mitgehen ihren eigenen Glauben vertiefen und neu erfahren, in der Gewißheit, daß der Herr selbst mit ihnen geht.

Begleitende Seelsorge im Katechumenat ist kein einseitiger Prozeß der Unterweisung von Nichtgetauften durch Getaufte, sondern ein Austausch im wechselseitigen Geben und Nehmen. Alle, die miteinander auf dem Weg sind, dürfen darauf vertrauen, daß Gott in jedem Menschen längst am Werk ist, daß Menschen, getauft oder ungetauft, gläubige Erfahrungen längst gemacht haben und auch in der Lage sind, einander davon zu erzählen. Der Taufbewerber begegnet dem Seelsorger als Mensch, in dem die innere Heilsdynamik Gottes am Werk bleibt und sich durchsetzen kann (vgl. Zulehner 1984). Seelsorge ist, so verstanden, Mitsorge mit dem sorgenden Gott um das Heil des andern (vgl. Rahner 1956).

2. Der Katechumenat der Familie S.

Die Zahl derer, die nicht im Säuglingsalter getauft werden, nimmt seit einigen Jahren ständig zu. Daß Erwachsene und Jugendliche um die Taufe bitten, ist noch relativ selten. In den Gemeinden häufen sich jedoch die Fälle, daß Kinder im Schulalter getauft werden möchten, oft im Zusammenhang mit der Kommunionvorbereitung. Das ist auch bei Familie S. der Fall:

Familie S. meldet ihre beiden Kinder (7 und 8 Jahre alt) zur Taufe an. Die Kinder möchten mit ihren Klassenkameraden, mit denen sie auch den Religionsunterricht besuchen, Weißen Sonntag feiern. Die Eltern wollen ihnen diesen Wunsch nicht verwehren. Sie bezeichnen sich als nicht kirchlich und nicht religiös. Negative Erfahrungen in ihrer eigenen religiösen Erziehung haben sie veranlaßt, sich als Erwachsene von der Kirche zu distanzieren. Aus diesem Grund haben sie ihre Kinder nicht taufen lassen. Der 8jährige Junge wird im Rahmen des Kommunionkurses durch darin integrierte Taufkatechesen (vgl. Dt. Katechetenverein 1984) auf die Taufe vorbereitet. Seine 7jährige Schwester nimmt an diesen teil, soll aber auf Wunsch der Eltern erst ein Jahr später zur Kommunion gehen.

Eltern und Kinder der Kommuniongruppe bilden auch die Katechumenatsgruppe. Alle erleben die Taufvorbereitung mit und sind in Elterngesprächen und Taufkatechesen selbst einbezogen und beteiligt. Leiterin der Gruppe und neben den Eltern wichtigste Bezugsperson für die Kinder ist Frau H., selbst Mutter eines Kommunionkindes. Sie gehört mit ihrer Familie zur Kerngemeinde. Außerdem wird die Gruppe von der Gemeindekatechetin, Frau B., begleitet, die in der katechetischen Arbeit mit Erwachsenen und Kindern ehrenamtlich tätig ist. Der Pfarrer führt während der Vorbereitungszeit mehrere Gespräche, teils mit Familie S., teils mit der ganzen Gruppe. Herr und Frau S. lassen sich ihren Kindern zuliebe intensiv auf deren Katechumenatsweg ein, besuchen mit ihnen auch den Gottesdienst und sind in der Elterngruppe sehr kooperativ, wenngleich noch nicht sichtbar ist, inwieweit sie ihr eigenes Verhältnis zum Glauben überprüfen. Nach einer Vorbereitungszeit von sieben Monaten feiert die ganze Gruppe in der Osternacht mit der Familie S. die Taufe der beiden Kinder.

Soweit die Fakten eines Katechumenatsweges, wie er in ähnlicher Weise immer häufiger vorkommt. Wo ist auf einem solchen Weg Begleitung möglich, wie kann sie geschehen, was macht aus diesen Fakten ein lebendiges, bewegendes Ereignis? Jeder Katechumenatsweg ist für die Beteiligten eine spannende Geschichte, er bewirkt Veränderungen und hat Konsequenzen für den Glauben der einzelnen.

3. Der Katechumenat – ein Weg zum Glauben

Die Wiederherstellung eines mehrstufigen Katechumenats (für Erwachsene, Jugendliche und Kinder im Schulalter) durch das II. Vatikanische Konzil (Missionsdekret Nr. 14, Liturgiekonstitution Art. 64) ist eine Antwort auf die veränderte pastorale Situation der nicht mehr christentümlichen Gesellschaft, in der Kinder nicht mehr selbstverständlich getauft und im Glauben der Eltern erzogen werden. Sie berücksichtigt auch den Wandel, der sich seit dem Konzil im Verständnis des Glaubens und des Kirchenbildes vollzogen hat: Glaube als antwortende und vertrauende Hingabe an Gott, der sich uns in Jesus Christus geoffenbart hat; Kirche als wanderndes Gottesvolk, als Gemeinschaft der Glaubenden.

Die bisher gängige Form einer Taufvorbereitung im späteren Alter (Vorbereitung in Form von Unterrichtsstunden, Kontakt vorwiegend zwischen Seelsorger und Taufbewerber/in, oft unter Ausschluß der Gemeinde) erweist sich in der veränderten Situation als unzureichend. Die Einübung des Glaubens, das Hineinwachsen in die christliche Lebenspraxis wird nun als ganzheitlicher Prozeß verstanden, als Wachstumsvorgang, in dem der Taufbewerber mit seinem ganzen bisherigen Lebensweg Teilnehmer ist.

2. Katechumenat

Der erneuerte Katechumenat sieht einen gestuften Eingliederungsprozeß vor, in dem sich drei Phasen unterscheiden lassen:
– Die Phase der Erstverkündigung: Erste Erfahrungen mit dem christlichen Glauben führen zu dem Wunsch, der Gemeinschaft der Christen anzugehören, und damit zur Taufbitte.
– Die Phase des Katechumenats im engeren Sinne: Sie erstreckt sich über einen längeren Zeitraum (etwa ein Jahr). Im Katechumenat erfolgt eine umfassende und planmäßige Einführung in ein Leben als Christ.
– Die Phase der Vertiefung: In dieser Phase erfährt der/die Neugetaufte eine Vertiefung seines/ihres Glaubens in der Gemeinschaft der Glaubenden.

Der Übergang von einer Phase zur anderen wird jeweils durch eine liturgische Feier markiert, deren wichtigste die Feier der Taufe ist. Diese Strukturierung bildet den Rahmen, innerhalb dessen die Taufvorbereitung geschieht. Der Zeitraum der Vorbereitung, einzelne Inhalte und Elemente richten sich nach dem Taufbewerber selbst. So wird der konkrete Einzelkatechumenat in jedem Falle anders aussehen und andere Schwerpunkte haben. Das wichtigste Kriterium für die Gestaltung des Katechumenatsweges ist das Annehmen des Bewerbers mit seinen augenblicklichen Möglichkeiten, das Mitgehen auf dem jeweils eigenen Weg. Sieht man den Katechumenat als prozeßhaftes Geschehen, so stellt sich allerdings die Frage, inwieweit die Verknüpfung der Taufvorbereitung mit der Kommunion- oder Firmvorbereitung auf die Lebens- und Glaubenssituation Rücksicht nimmt. Sicher kann man auch hier eine Form der Begleitung finden, wie das Beispiel der Familie S. zeigt, jedoch ist diese Art der Taufvorbereitung problematisch, wie die Jahrgangskatechese mit dem feststehenden Termin der Sakramentenspendung überhaupt.

4. Seelsorgliche Begleitung im Gespräch und im Mit-leben

Die Begleitung im Katechumenat erfolgt sowohl im Einzelgespräch zwischen Seelsorger/in und Taufbewerber/in als auch durch die gemeinschaftliche Hilfe in der Gruppe. Am Beispiel des Taufmotivs sollen einige Kriterien für seelsorgliche Begleitung aufgezeigt werden.

Die Gründe, warum Kinder und Erwachsene um die Taufe bitten, sind sehr unterschiedlich. Oft wird zunächst ein äußerer Anlaß genannt. Es ist die Aufgabe der Seelsorger, genau hinzuhören und „dahinterzusehen", was den Taufbewerber wirklich zu seiner Bitte bewegt. Das seelsorgliche Gespräch wird ihm helfen, sich über die eigenen Motive klar zu werden. Es kann auch einmal nötig sein, von der Taufe abzuraten, wenn die äußeren Motive (z. B. Druck des katholischen Umfeldes in Familie und Beruf) derart überwiegen, daß ein eigentlicher Taufwunsch nicht zu erkennen ist. Vor einer vorschnellen Bewertung sollte man sich allerdings hüten, denn äußere Gründe sind selten der alleinige Anlaß für die Taufbitte.

Geduldige und einfühlsame Begleitung ermöglichen es dem Taufbewerber, sich zu öffnen und seine inneren Beweggründe auszusprechen. Dafür ein Beispiel.

Das Mädchen A., 10 Jahre alt, nicht christlich erzogen, führt zunächst rein äußere Gründe für seinen Taufwunsch an (getauft sein wie die anderen, bei einem Schulwechsel keinen Nachteil haben). Es ist für den Pfarrer und die Katechetin unklar, was hinter dem Wunsch steckt, ob ein Katechumenatsweg überhaupt begonnen werden soll, und wo die Taufkatechese ansetzen könnte. Nach mehreren Wochen, in denen sich langsam eine persönliche Beziehung zwischen der Katechetin, dem Mädchen und seiner Familie entwickelt, geschieht folgendes: Während einer Unterhaltung im Kinderzimmer des Mädchens meint die Katechetin: „Nun weiß ich eigentlich immer noch nicht, warum du getauft werden willst". A.: „Dann bin ich Gott näher". An diese überraschende Antwort schließt sich ein tiefes Gespräch an, in dem A. zu begreifen beginnt, daß Gott ihr schon immer nahe ist, und daß diese Zusage für sie ganz persönlich in der Taufe gefeiert wird.

Wenn Eltern schulpflichtiger Kinder für diese um die Taufe bitten, so stehen hinter dem äußeren Anlaß (Kommunionwunsch) oft die eigenen Fragen, die im seelsorglichen Gespräch geklärt werden können. Das Gespräch mit den Eltern ist oft der eigentliche Schwerpunkt im Katechumenat des Kindes. Wenn auch nicht immer zu erwarten ist, daß die Eltern sich auf einen eigenen katechumenalen Weg begeben, so erfahren sie doch die Kirche als verstehend und einladend. Familien, die ihre Kinder nicht im Säuglingsalter taufen ließen, spüren oft das Bedürfnis, sich zu rechtfertigen und sind unsicher in der Rolle der Bittenden. Es ist ja in der Regel keineswegs so, daß der Großteil der Gemeinde Taufbwerber herzlich aufnimmt, und die meisten Eltern und Kinder haben Vorbehalte und Kritik schon zu spüren bekommen.

Erwachsene und Jugendliche haben oft schon einen persönlichen Glaubensweg hinter sich, wenn sie sich zur Taufbitte entschließen. Sie sind Menschen begegnet, die ihnen zu ersten Zeugen des lebendigen Gottes wurden und haben Bekanntschaft mit christlicher Botschaft und Lebensweise gemacht. Sie haben das „Zeugnis des Lebens" erfahren und sind bereit, sich dem „Zeugnis des Wortes" zu öffnen (vgl. Paul VI. 1975). Im persönlichen Gespräch mit dem Seelsorger und im Austausch mit den Begleitern lernen die Katechumenen schrittweise im Glauben zu verstehen, was sie an sich und anderen erfahren und was sie leben.

Der Seelsorger seinerseits ist in einer Situation, die viel Fingerspitzengefühl verlangt. Er will sich in die Rolle der Menschen, die mit der Taufbitte zu ihm kommen, hineinversetzen und steht ihnen gleichzeitig als Institution gegenüber, die die Bedingungen für die Aufnahme in die Kirche stellt. Denn zunächst wird die Bewerberin oder der Bewerber nicht verstehen, warum die Taufe nicht baldmöglichst stattfinden soll. Der Seelsorger muß Mut machen und darum werben, sich auf einen längeren Weg einzulassen, er muß den Sinn des Katechumenats verständlich machen. Wenn er sich zunächst einmal einläßt auf den anderen, wenn er genau hinhört und hinsieht, wer da mit welcher Lebensgeschichte zu ihm gekommen ist, wird er seinem Gegenüber das Gefühl vermitteln, als Person ernst genommen zu sein, so daß dieser sich seinerseits öffnen kann für das Anliegen der Kirche, die das Sakrament der Taufe ebenfalls ernst genommen sehen will.

Nachdem im vertrauensvollen Gespräch die Situation und die Motive des Bewerbers erhellt sind, kann man gemeinsam – Seelsorger, Katecheten, Taufbewerber und seine Familie – den Katechumenatsweg strukturieren im Bewußtsein, daß ein solcher Weg nicht in allen Einzelheiten festgelegt werden kann.

5. Nicht allein auf dem Weg – Katechumenatsgruppen

„Nachdrücklich zu empfehlen ist die Bildung einer Katechumenatsgruppe, die den Bewerber während des Katechumenats begleitet und ihm hilft, in den Glauben und in die Glaubensgemeinschaft hineinzuwachsen" (Liturgische Institute 1986, S. 16). So wichtig der persönliche Kontakt zum (hauptamtlichen) Seelsorger und die geistliche Beratung und Begleitung durch ihn ist, das „Leben" spielt sich in der kleinen Gruppe ab, in welcher der Katechumene die Gemeinschaft als „Kirche im Kleinen" erfährt. Die kleine Gruppe übt patenschaftliche Funktion aus und bildet das Sozialisationsmilieu, in dem christliche Werte und Verhaltensweisen übernommen werden können (vgl. Zimmermann, in Probst u. a. 1976).

Die Mitglieder der Gruppe sind dabei ihrerseits einbezogen in den Lernprozeß. Sie werden herausgefordert, sich mit ihrem eigenen Glauben auseinanderzusetzen, sie lassen sich anfragen, ob sie mit ihrem Leben ein glaubwürdiges Zeugnis für die christliche Botschaft geben. So ist eine Katechumenatsgruppe selbst ein Stück „Kirche im Werden".

Wie eine Katechumenatsgruppe zusammengesetzt ist, hängt von der Einzelsituation ab. Vorab ist es wichtig, daß die Mitglieder in einer positiven emotionalen Beziehung zueinander stehen, die den Prozeß des Glaubenlernens begünstigt. So hat ein erwachsener Taufbewerber vielleicht schon menschlichen Kontakt zu einer Gruppe in der Gemeinde gefunden oder Verwandte und Freunde sind bereit, sich miteinander auf den Weg einzulassen. Ein Schulkind kann in seiner Kommuniongruppe Begleiter/innen finden, es sollte allerdings neben der Kindergruppe auch Begleitung durch Erwachsene, vor allem natürlich durch die Eltern, erfahren. Es ist keineswegs notwendig, daß alle Mitglieder einer Katechumenatsgruppe Christen sind, die sich zur Kerngemeinde zählen. Entscheidend ist allein, daß sie sich mit dem Taufbewerber oder der Bewerberin als Suchende verstehen, die bereit sind, ein Stück Lebens- und Glaubensgeschichte miteinander zu teilen.

Schauen wir hier noch einmal auf den Katechumenatsweg der Familie S.:

Zu der Katechumenatsgruppe, in der sich die Kinder der Familie S. auf die Taufe vorbereiten, gehören fünf Familien, bunt gemischt aus engagierten Gemeindegliedern und mehr oder weniger Fernstehenden. Frau H., die Leiterin der Kommuniongruppe, versteht es, eine Atmosphäre der gegenseitigen Annahme zu schaffen, in der die Teilnehmer einander stützen und akzeptieren. Die Gruppe trifft sich außerhalb der Elterngespräche und der Kinderarbeit auch zu gemeinsamen geselligen Unternehmungen.

Ein Jahr nach der Taufe der Kinder ist die Gruppe noch zusammen. Äußerer Anlaß dazu ist der dem Kommunionkurs folgende Bußkurs. Für den Jungen ist dies gleichzeitig die Phase der Vertiefung. Familie S. fühlt sich sehr wohl in der Gruppe. Herr S., immer noch sehr kritisch und teilweise distanziert, erlebt, daß er angenommen ist, daß er, so wie er ist, Teil der Kirche sein kann. Er ist dabei, seine negativen Erfahrungen aufzuarbeiten, und seine Kinder sind längst nicht mehr das Motiv, warum er sich „auf die Sache einläßt". Für Herrn und Frau S. ist der Katechumenat ihrer Kinder zu einem eigenen katechumenalen Weg geworden, und die, die ihn bisher begleitet haben, erleben sich neu auf dem lebenslangen Weg zu einem vertieften Glauben.

Wo menschliche Beziehungen wachsen, lassen sie sich nicht zeitlich und inhaltlich programmieren. Eine Katechumenatsgruppe wird im Idealfall mit der Taufe ihres Weggefährten nicht am Ziel ihres Weges sein. Sie hat sich als ein Stück „Kirche im Werden" erwiesen, die ihrerseits missionarisch in die Gemeinde hineinwirkt. Ein Beziehungsgeflecht hat sich gebildet, das über die Katechumenatsgruppe hinausstrahlt und Beheimatung in der Kirche bewirkt.

6. Mit großer Freude nimmt dich die christliche Gemeinde auf

Aufgabe der katechumenalen Wegbegleitung ist es, dem Katechumenen zu helfen, seine Lebensgeschichte aus dem Glauben zu deuten und dies in der Taufe zu feiern. Nun ist die Taufe nicht nur die Feier des persönlichen Glaubens, sondern auch Aufnahme in die konkrete christliche Gemeinde am Ort. Zur seelsorglichen Begleitung gehört daher auch die Vorbereitung der Gemeinde auf diesen neuen Weg der Pastoral, damit sie ihre Verantwortung den Taufbewerbern gegenüber in der rechten Weise wahrnehmen kann. Dies bedeutet Information, Abbau von Vorurteilen und die Einladung, die Katechumenen anzunehmen und auch von ihnen zu lernen. Im Verlauf des Katechumenats bieten sich genügend Gelegenheiten zum Kontakt mit der Gottesdienstgemeinde, z.B. bei den im Katechumenat vorgesehenen liturgischen Feiern. Bei der Säuglingstaufe wird dem Täufling zugesagt, daß die christliche Gemeinde ihn mit Freude aufnehme. Daß diese Aussage auch für ältere Kinder und Erwachsene wirklich wahr wird, dazu muß der Gemeindeleiter seiner Gemeinde helfen. Der Katechumenat trägt zur Tauferneuerung der Getauften bei, er bietet die Chance zur missionarischen Erneuerung der Gemeinde. „Eine vom Katechumenat gekennzeichnete Pastoral läßt sich als Pastoral der Annahme und des Verstehens, des Dialogs, der Glaubensweckung und -vertiefung, der Bekehrung, des Weges und der Begleitung kennzeichnen" (Zimmermann, in Bitter u. Miller 1986).

Literatur

BAUMGARTNER, KONRAD (Hrsg.): Das Seelsorgegespräch in der Gemeinde. Würzburg: Echter 1982.
– : Neue Wege der Taufpastoral. Taufgespräch – Taufkatechumenat – religiöse Elternarbeit. In: Baumgartner, Konrad u. a. (Hrsg.): Glauben lernen – leben lernen. St. Ottilien: Eos 1985, 439 – 471.
DEUTSCHER KATECHETENVEREIN (Hrsg.): Taufe und Erstkommunion. München 1984.
Lebendige Seelsorge, Heft 3 (1978): Eingliederung in die Kirche.
Liturgische Institute Salzburg, Trier, Zürich (Hrsg.): Die Feier der Eingliederung Erwachsener in die Kirche, Studienausgabe. Einsiedeln/Freiburg: Benziger/Herder 1975.
Liturgische Institute Salzburg, Trier, Zürich (Hrsg.): Die Eingliederung von Kindern im Schulalter in die Kirche, Studienausgabe. Einsiedeln/Freiburg: Benziger/Herder 1986.
PAPST PAUL VI.: Apostolisches Schreiben „Evangelii nuntiandi". Sekretariat der Deutschen Bischofskonferenz. Bonn 1975.
Sekretariat der Deutschen Bischofskonferenz (Hrsg.): Stufen auf dem Glaubensweg. Bonn 1982.
ZIMMERMANN, DIETRICH, in: Probst, Manfred u. a. (Hrsg.): Katechumenat heute. Einsiedeln/Freiburg: Benziger/Herder 1976.
– : Katechumenat, in: Bitter, Gottfried/Miller, Gabriele (Hrsg.): Handbuch religionspädagogischer Grundbegriffe. München: Kösel 1986.
ZULEHNER, PAUL M.: „Denn du kommst unserem Tun mit deiner Gnade zuvor...". Düsseldorf: Patmos 1984.

3. Im Krankenhaus

KARL JOSEF LUDWIG

"Denn Du bist bei mir!"
(Ps 23, 4)

1. Der eigene seelsorgliche Ansatz

Seit Beginn meiner Tätigkeitt als Priester und Seelsorger vor 25 Jahren treibt mich die grundlegende Intention, die immer wieder auch an mir selbst erfahrene Kraft der befreienden und heilenden Botschaft Gottes zu verkünden und zu vermitteln. In der Bibel ist der Auftrag Jesu an die Jünger ein doppelter: Das Evangelium zu verkünden und die Kranken zu heilen (Lk 9, 16; 10, 19; Mt 10, 58; 6, 7 – 13 u. a. m.). Was zunächst unverbunden nebeneinander zu stehen scheint, hat jedoch einen tiefen und ursprünglichen Zusammenhang: Gott will die durch den Menschen gestörte Beziehung zu ihm in allem, was geschaffen ist, nicht nur durch das Wort, sondern auch durch die Tat heil machen. Konkreter Ausdruck dafür ist die Menschwerdung seines Sohnes (Joh 1). Der Tat Gottes muß eine Antwort des Menschen im Glauben entsprechen, wenn das „Heil in der Heilung" wirksam werden soll.

Dieses „heilvolle" Zusammenwirken zu begleiten, war für mich als Klinikseelsorger Herausforderung und Auftrag zugleich. Es galt, in der Begleitung und Beratung von kranken Menschen die Kraft des Glaubens entdecken und entfalten zu helfen, aber auch die Ohnmacht mit ihnen auszuhalten. Denn Glaube heißt ja nicht nur festhalten, sondern auch loslassen können.

2. Das Wesen der seelsorglichen Begleitung in der Krankenhausseelsorge

Den Auftrag des Seelsorgers im Krankenhaus beschreibt Mayer-Scheu (1980, 74f.) kurz mit der Formel „Heil in der Heilung". diese zwei Begriffe stehen für eine einheitlich-ganzheitliche Sicht des Menschen im Heilungsprozeß, der die Anliegen der Seelsorge und der medizinischen Therapie zusammenführt. Das Bemühen des Seelsorgers zielt darauf hin, dem Patienten in der Krise der Krankheit durch eine intensive Begleitung zum Glauben zu verhelfen. Glauben meint hier Vertrauen als Grundakt des Menschen, das Sich-Einlassen auf eine undurchschaubare, nicht berechenbare und nicht kontrollierbare Wirklichkeit. Der Grund des Glaubens liegt im Vertrauen gegenüber anderen oder darin, daß einer mit sich selbst eins ist (= Selbstvertrauen). Selbstvertrauen fußt auf der Erfüllung des gewagten Fremdvertrauens (d. h. der Erfahrung des Angenommen- und Aufgefangenseins = der Liebe) und der Herausforderung, den nächsten Schritt selbst, d. h. ohne fremde Hilfe zu wagen. In solchen wagenden Schritten liegt die Hoffnungsstruktur des Glaubens. Glaube im Sinne von Vertrauen ist also ein unverzichtbarer Grundakt.

Im Alten und Neuen Testament finden wir Verhaltensmuster und Modelle vor, die den dargelegten Weisen menschlicher Daseinsbewältigung entsprechen. Von diesem bibeltheologischen Ansatz sollte Krankenhausseelsorge ausgehen. Denn gerade im Krankenhaus brauchen Ärzte und Pfleger den Theologen als Helfer des Patienten in der Stärkung jener wichtigen Fähigkeiten, damit der Kranke seine Wirklichkeit annehmen und sich seiner Krise stellen kann.

Konkret bedeutet dies ein Sich-Einlassen des Patienten auf den Grund seiner Krise, die immer auch mit seiner Lebensgeschichte zusammenhängt. Dabei muß ihm geholfen werden, sein Kranksein nicht als einen menschenunwürdigen Zustand zu empfinden, sondern aus seiner bisherigen Lebensgeschichte heraus das Hier und Jetzt als Gabe und Aufgabe für die Zukunft anzunehmen. Solches Sich-Einlassen auf die Wirklichkeit als hoffendes Vertrauen setzt einen Prozeß der Identitätsfindung beim Kranken voraus (vgl. Ludwig 1988, 32 – 51).

Wenn es dem Seelsorger gelingt, diese Grundakte mit dem Patienten anhand seiner Erlebnisse des Krankseins und seiner Krankheit zu erarbeiten, dann wird dieser tiefer die Botschaft des mitgehenden Gottes, die Chance des schöpferischen Glaubens und das Eingehen in das Schicksal Jesu an seinem eigenen Leib als Sinnerfüllung erfahren können.

Aber selbst, wenn einem diese ausdrücklich theologische Dimension verschlossen bleibt, so hat doch die seelsorgliche Begleitung in der Erarbeitung dieser Schritte und in dem konkreten Glaubensvollzug des einzelnen in seiner Situation seine Erfüllung gefunden. Das Sich-Einlassen auf die Wirklichkeit muß auch die Realität von Sterben und Tod als Aufgabe in den Blick nehmen.

3. „Ich bin da, ich gehe mit dir"

Es geht also um die Botschaft des mitgehenden Gottes, der uns an unseren Grenzen herausruft, der den, der glauben und vertrauen kann, zum Transzendieren befähigt, d. h. zur Grenzüberschreitung und zum Akzeptieren endgültiger Grenzen, z. B. im Sterben und im Tod. Es ist der Gott, dessen ursprüngliche Botschaft heißt: Ich bin da, ich gehe mit dir (vgl. Ex 3, 14-17). Es ist das Gottesbild des Abraham und Mose.

Mayer-Scheu hat diesen alttestamentlichen Ansatz (1977) durch seine neutestamentliche Grundlegung zum Thema „Heilen" — orientiert am Heilen Jesu — um einen grundsätzlichen und wesentlichen Beitrag erweitert (1980, 138-156). So sieht er z. B. bei der Heilung der blutflüssigen Frau (Mk 5, 25 - 34 und Lk 8, 43 - 48) oder des blinden Bartimäus (Mk 10, 46 bis 52 und Lk 18, 35 - 43) und noch vielen anderen Heilungen Jesus als den am Werk, in dem Gott den ganzen Menschen heil macht.

Hier wird der eigentliche Unterschied zum heute üblichen Behandeln des Kranken durch die Medizin, aber auch durch eine zu kurz ansetzende Seelsorge deutlich. Der Beitrag einer am ganzen Menschen orientierten Theologie und Seelsorge zum Heilen im Krankenhaus versteht sich demnach einmal als kritische Ergänzung zum medizinischen Handeln, das sich über weite Strecken nur einzelnen Symptomen zuwendet, zum anderen aber auch als Hilfe zur Umkehr, die Leib, Seele und Geist des Menschen betrifft. In Anbetracht der Aussonderung sowohl der Sünder wie der Kranken aus der Gesellschaft — heute wie vor 2000 Jahren — und der durch Jesus vermittelten Umkehr und Rückkehr wird erkennbar, daß tatsächlich nur eine den ganzen Menschen in Blick nehmende Therapie und Seelsorge Heilung bringen kann, wie eine ganze Reihe von Heilungsgeschichten Jesu zeigen. Was das in der konkreten Begleitung von kranken Menschen bedeutet, soll an drei Beispielen aufgewiesen werden.

4. Erfahrungsbericht: Die Begleitung eines elfjährigen Jungen

Eines Tages begegnete ich auf der Kinderstation einem elfjährigen Jungen. Seit seinem vierten Lebensjahr war er krank und mit kleineren oder größeren Unterbrechungen immer wieder in der Klinik. Er litt an einer der Leukämie ähnlichen Blutkrankheit. Ich habe ihn fast ein Jahr begleitet. Er hat mich am meisten und als erster gelehrt, was Leiden und Sterben heißt. Sein Fragen und Suchen waren von großem Ernst und starker Intensität, denn aus jahrelanger Erfahrung kannte er seine lebensbedrohende Krankheit. Dadurch war er in seiner seelischen und geistigen Entwicklung weiter als die gleichaltrigen Kinder. Im Zusammenhang mit seiner Erkrankung und deren krisenhafter Entwicklung durchlitt und durchlebte er in seinen Gefühlen Angst und Hoffnung, Zuversicht und Traurigkeit. Dementsprechend formulierte er seine Fragen: Wie er mit der Angst umgehen könne, was es mit Himmel, Hölle und Fegfeuer auf sich habe, und was das für ihn heiße. Er war aus einem gut katholischen Elternhaus, weshalb ihm diese Begrifflichkeiten vertraut waren. Es waren Bilder und Vorstellungen, die seine Empfindungen und sein Verstehenwollen zum Ausdruck brachten. Was auch immer er auf diese Weise formulierte, es war für ihn wichtig, daß er persönliche Nähe und Echtheit in der Antwort spürte. Annehmen konnte er nur, was ihm erlebnismäßig nachvollziehbar war, also nicht intellektuelle Erklärungen, sondern Bewältigungsmuster, die er an mir oder anderen ablesen konnte.

Da seine Fragen von seiner jeweiligen Befindlichkeit ausgingen und an mich dann oft auch zu Fragen nach der Hilfe aus dem Glauben wurden, war es nicht schwer, ihm die Bedeutung von Kommunion, Firmung und Krankensalbung sinnfällig und helfend als „Zeichen des Heiles" näherzubringen und zu spenden. Meine ständige Erreichbarkeit über ein Funkgerät, die verläßliche Nähe, die Regelmäßigkeit der Besuche, das Standhalten und Mitsuchen im Auf und Ab seiner Krankheit, aber auch mein Versuch, aus dem eigenen gelebten und vom Glauben geprägten Leben ihm zu antworten und somit ihm Zeugnis aber auch Halt und Stütze zu geben, ließen ihn tapfer und aufrecht seinen Weg bis zum Ende gehen. Dabei halfen aber auch andere, ihm wichtige Menschen: die Eltern, die Schwestern, die Ärztin, die Krankengymnastin, die Beschäftigungstherapeutin und die Kindergärtnerin. Offensichtlich war es uns gelungen, in der Begleitung ihm den nahen und mitgehenden Gott, vermittelt durch nahe und mitgehende Menschen, erfahrbar zu machen.

5. Seelsorgliche Begleitung von Kindern im Krankenhaus

Obgleich dieses Kind auf ungewöhnlich deutliche Weise seine Krankheit und sein Sterben erleben und ausdrücken konnte, so steht es doch für viele Kinder, die sich nicht so bewußt und sprachlich äußern können. Darum seien auch im folgenden noch kurz einige Anmerkungen zur Begleitung der Kinder im Krankenhaus angefügt.

Wichtig ist zunächst eine kindgemäße Kontaktnahme, die Vertrauen und Beziehung aufbaut. So ist das Singen von Liedern und Betrachten von Bildern, aber auch das Vorlesen von biblischen Geschichten und anderen Erzählungen eine gute Möglichkeit, die Situation der Kinder zu reflektieren und ihnen damit zu helfen, ihr belastetes Leben zu meistern. Ein hervorragendes Mittel ist aber auch das Malen von Bildern und das anschließende Gespräch darüber. Es gibt kaum eine bessere Zugangsmöglichkeit zum jeweiligen Kind und seiner Befindlichkeit. Wichtig ist es aber auch, die Kinder teilhaben zu lassen am normalen Leben ihrer Altersgenossen. So habe ich ihnen immer wieder auf ihren eigenen Wunsch anhand von Dias aus Sommer- und Winterfreizeiten gezeigt, wie andere Kinder zu der jeweiligen Jahreszeit leben und was sie tun. Aber auch die kirchlichen Feste, zu denen Kinder besonderen Zugang haben, wie St. Martin, Nikolaus, die Sternsinger-Aktion, Weihnachten und Ostern, wurden auf vielfältige Weise gestaltet, oft auch unter Beteiligung einer Familiengruppe, die sich in die Klinikgemeinde integriert hatte. Ein Nebeneffekt war dabei auch, daß die kranken Kinder untereinander sich kennenlernten und in der Folge sich gegenseitig besuchten, miteinander redeten, spielten und sich gegenseitig in ihren Nöten halfen. Zu einem besonderen Ausdruck kam dies immer wieder in den kleinen Gottesdienstfeiern, die kindgerecht und ihrer Situation entsprechend gestaltet waren.

In diesen Gesprächen und Zusammenkünften kam aber auch eine ganze Reihe von Themen zutage, mit denen sich die Kinder beschäftigten. Nicht nur der Erwachsene, den die Krankheit vielleicht zum ersten Mal seit vielen Jahren zwingt, über sein Leben nachzudenken, sondern auch die Kinder beschäftigen sich intensiv mit ihrem Zuhause, der Schule oder schwierigen Situationen, die sie zu bestehen hatten. So sagte z. B. das genannte Kind: „Wenn meine Eltern kommen, muß ich mich immer sehr zusammennehmen, sonst halten die das nicht aus. Mein Vater weint nämlich immer, wenn er an meinem Bett steht, und ich habe Angst, daß er zusammenbricht." Aber auch durch die Krankheit bedingte Themen kommen zur Sprache. So z. B. in der Frage: „Was machen Sie, wenn Sie Angst haben?" Oder: „Ich glaube, ich komme in die Hölle, weil ich nicht mehr so lieb bin zu den Schwestern, wie ich das früher konnte, als es mir noch nicht so schlecht ging." Oder wenn die Bedrohung nicht so schwer und angstauslösend empfunden wurde, kam oft die Frage nach der Hoffnung: „Kann ich mich eigentlich auf den Himmel freuen? Hier weiß ich doch wenigstens, was ich habe und was mir gut tut." Die Bitte nach Nähe, Zuwendung und Geborgenheit wurde ebenso geäußert wie der Wunsch, nicht allein gelassen zu werden, wenn die Schmerzen schlimmer werden oder die Kinder ihr Sterben fühlen.

Es ist offensichtlich, daß ein Kind den Schrecken des Todes und die Angst vor dem Tod nicht als so bedrohlich empfindet wie die Erwachsenen. Es spricht dann darüber wie von etwas ganz normalem, z. B. wie von einem Ausflug. Es ist jedoch zu vermuten, daß die Angst vor dem Tod trotzdem latent vorhanden ist, wenn auch nicht so stark ausgeprägt wie die Ängste, die ein Kind durch die Krankheit ertragen muß. Diese geringere Angst vor dem Sterben läßt sich nur so erklären, daß das Kind seine geschwächte Situation oft unmittelbarer und selbstverständlicher annimmt, weil es auf die Wahrnehmung seiner Befindlichkeit meist direkter antwortet und sich verhält. Auf der anderen Seite nimmt es aber auch Tröstungen und Hilfen aus dem christlichen Glauben oft noch ganz kritiklos und wie selbstverständlich an.

Natürlich ist die Weise der Zuwendung durch den Seelsorger bei verschiedenen Erkrankungen der Kinder unterschiedlich. Ob es sich um einen Beinbruch oder um eine tödliche Leukämie-Erkrankung handelt, ist dabei bestimmend. Mehr als bei Erwachsenen ist hier das Zusammenspiel im „therapeutischen" Team notwendig. Nicht zu übersehen ist auch die Situation der Eltern bei schweren Erkrankungen oder beim Sterben ihrer Kinder. Sie brauchen manchmal mehr Zuwendung als die kleinen Patienten. So gibt es z. B. Selbsthilfegruppen verwaister Eltern, die diese Problematik und den Verlust miteinander aufarbeiten können. Ebenfalls gibt es Selbsthilfegruppen von Eltern chronisch kranker und behinderter Kinder. Da dieser ganze Bereich von unserer Gesellschaft tabuisiert und leicht übersehen wird, bedarf es sicherlich einer ganz besonderen Zuwendung auch durch den Seelsorger.

6. Seelsorgliche Begleitung von erwachsenen Patienten

Was bei dem oben genannten Kind wegen seiner Direktheit, Offenheit und Unmittelbarkeit offenbar gelingen konnte, ist bei Erwachsenen im allgemeinen wegen ihrer vielfältigen Bindungen, Abhängigkeiten und Lebensvorstellungen aber auch größerer Differenziertheit und Bewußtheit schwieriger (vgl. Kübler-Ross 1984, Brocher 1988). So erinnere ich mich an einen älteren Mann, der gerade vom Arzt die Mitteilung bekommen hatte, daß er einen inoperablen Krebs habe. Auf den eindringlich geäußerten Wunsch des Mannes hin, doch bald operiert zu werden, sah der Arzt sich genötigt, ihm in aller Offenheit, aber doch auch einfühlsam diese Mitteilung zu machen. Diese Endgültigkeit hatte der Patient nicht vermutet. In den folgenden Tagen lebte er in einer ständig wechselnden Flut von Gefühlen. Von tiefster Depression, in der er sich oft weinend zurückzog, bis hin zu aufbegehrendem Zorn, in dem er „die Puppen tanzen ließ" (wie die Schwestern sagten) durchlebte er die ganze Bandbreite seiner Empfindungen. Das konnte oft blitzschnell wechseln, je nachdem, wer ihm begegnete.

Ich fand ihn bei unserer ersten Begegnung in einer tiefen Depression vor. Er fühlte sich hilflos ausgeliefert und weinte. Ich ließ ihn, saß still bei ihm und reichte ihm am Ende unseres Miteinanders auf seinen Wunsch die Krankenkommunion. In den folgenden Gesprächen konnte er auf Grund der ersten gelungenen Begegnung klagen und weinen, Hoffnung äußern, nächste kleine Schritte planen, räsonieren über Gott und die Welt, den eigenen Lebensweg immer wieder betrachten, ohne bewertet, beurteilt, zurechtgewiesen, ermahnt oder eingegrenzt zu werden. Er fand dabei seine Lösungen und Ansätze, um diese Situation aus eigenem Vermögen durchzustehen. Kurz vor seiner Entlassung sagte er beim Abschied auf Grund seiner inneren Entwicklung folgenden Satz: „Auf Wiedersehen, Herr Pfarrer! Wenn wir uns nicht mehr sehen in diesem Leben, so doch in einem anderen". Er hatte mit den Worten der Totenpräfation seine Situation ausgedrückt und wohl auch annehmen können. Bis zu diesem Punkt zu kommen, war nicht einfach für ihn und für mich. Oft blieb er stecken in Zorn oder Trauer, was ihn selbst, aber auch mich, hilflos und ohnmächtig machte. Die Tatsache jedoch, daß ich mit ihm gehen konnte in seinem Klagen in die Tiefe seiner Krise hinein, ermutigte ihn immer wieder, nächste Schritte zu tun, herauszukommen aus dem Dunkel und das Unabänderliche annehmen zu lernen. Er hatte zunächst gegen alles gewettert, was ihm in die Quere kam, konnte aber am Ende wohl doch aus der Kraft eines gewachsenen Glaubens standhalten und auch loslassen.

7. Ohnmachts-Erfahrungen des Glaubens

Eine dritte Begegnung soll deutlich machen, wie sehr ein Mensch aber auch unfertig steckenbleiben kann in seinem eigenen Ich bzw. der Unmöglichkeit, mit der aufgegebenen Situation fertig zu werden. Häufig begegnen wir Seelsorger dem Glauben auch in seiner Ohnmachtsgestalt bei Kranken und Sterbenden. Dies ist sogar häufiger der Fall als umgekehrt. Die Frau, von der ich jetzt erzähle, nenne ich in meiner Erinnerung „die Generalin". Sie war eine ältere Patientin in einem Gipskorsett bis unter das Kinn. Langgestreckt lag sie in ihrem Bett, konnte sich kaum bewegen und wirkte auf mich wie ein alter preußischer Soldat. Sie hatte einen ganz eigenen Lebensweg hinter sich, über den sie mit mir öfters sprach, wobei auch ihr Glaube an Christus zum Ausdruck kam. Es war ihr anzumerken, wie sehr sie darum gerungen hatte und immer noch rang. Ihre Vorstellungen von sich selbst waren auch jetzt noch wirksam. Sie wollte z. B. während der ganzen Krankheit im Bett liegend nicht die Kommunion empfangen, weil sie befürchtete, ihre Haltung zu verlieren und emotional zusammenzubrechen. Sie wünschte meinen Besuch immer wieder, auch knappe und gute Gebete. Sie starb wie „ein alter Indianer, der hinter einen Felsen geht, sein Feuerchen macht und auf den Tod wartet".

Ich habe eine tiefe Achtung vor dieser Frau und ihrem Sterben bewahrt. Wegen ihrer Beherrschtheit war es nur schwer erkennbar, daß ihre emotionale Situation zwischen Zorn und Depression wechselte. Sie versuchte, beides zu verbergen. Getreu ihrer Haltung lehnte sie es noch am Morgen ihres Todestages ab, Sakramente zu empfangen. Sie ist, soweit ich es sehen konnte, im Hader mit ihrem Gott, wenn auch nicht ohne Glauben, gestorben. Jeder Mensch hat ein Recht auf seinen eigenen Tod, wie Rilke sagt, und darum verbietet sich jede Bewertung.

8. Das emotionale Erleben der Patienten

Es ließen sich noch eine ganze Reihe differenzierter Situationen schildern, in denen die Begleitung durch den Seelsorger in Krankheit und Sterben sichtbar gemacht werden könnte. Die konkreten Beispiele können aber deutlich machen, in welcher Weise der Seelsorger begleiten und helfen kann, wobei die enge Verflechtung von psychosozialer und religiös-existentieller Situation der kranken Menschen erkennbar wird (vgl. Simon 1985, 186). Es wird zwar nicht das ganze Spektrum seelsorgerlicher Begleitung dargelegt, jedoch in wesentlichen Punkten zur Sprache gebracht. Stets geht es um stark ambivalente Gefühlssituationen, um Zorn oder Trauer, beim einen offener, beim anderen versteckter. Solche starken emotionalen Äußerungen werden von den meisten Begleitern, ob aus dem medizinischen oder seelsorglichen Bereich, abgewehrt oder vermieden, wobei oft nicht gesehen wird, daß sie gerade die fruchtbarsten und hilfreichsten Momente für eine Begleitung darstellen (vgl. Schuchardt 1985, 21 f.).

Ohne im folgenden noch einmal weiter das Erleben und Erleiden von Krankheit (vgl. Piper 1974), die Bedeutung der Trauer (vgl. Spiegel 1973) oder den Weg und die Phasen des Sterbens (vgl. Sporken 1972) darzustellen, soll noch auf einen zentralen Punkt hingewiesen werden, der ein Schlüssel in der Begleitung von Kranken und Sterbenden sein kann. Mayer-Scheu (1977 u. 1980) macht darauf aufmerksam, daß in der krisenhaften Situation von Krankheit und Sterben drei Grundfragen vom betroffenen Menschen gestellt werden. Einmal die Frage nach sich selbst: Wer bin ich jetzt? Zweitens die Frage: Wer bin ich für die anderen? Und drittens die Frage nach Sinn und Bedeutung des Lebens und Sterbens. In diesem Kontext ist Begleitung durch den Seelsorger zu sehen und wahrzunehmen.

9. Aufgaben und Haltungen des Seelsorgers bei der Begleitung

In Analogie zum Gott des Exodus, zum mitgehenden Gott Israels, sieht der Seelsorger sein Ziel darin, Menschen in der durch die Krankheit ausgelösten Krise zu begleiten. Ein erster Gedanke, der sich dabei nahelegt, ist, daß Begleiten eine Art von Hilfeleistung ist. Das ist richtig, aber beide Begriffe sind sicherlich nicht identisch. Begleiten betont den Aspekt der Hilfe zur Selbsthilfe, will dabei den anderen nicht allein lassen auf seinem Weg durch die Nacht und die Not. Es heißt also nicht, die Probleme für den anderen zu lösen und seine Last zu tragen, sondern ihn so zu unterstützen, daß er sein eigenes Leben leben und seinen Tod sterben kann. Die Verhaltensweisen und Haltungen Jesu gegenüber der Krankheit und gegenüber den Kranken sind auch für den Seelsorger richtungweisend:
— Sein Heilen war immer auf den ganzen Menschen bezogen.
— Er bekämpfte nicht Symptome und Syndrome, sondern er wollte die Aussonderung des Kranken durch Kontakt, Nähe und heilende Begegnung überwinden.
— Bei aller Betroffenheit und Nähe zum kranken Menschen zeigte er auch kritische Distanz, die sich oft in nüchterner Gegenüberstellung und gelegentlich in Konfrontation äußert. So kommt es vor, daß er den Heilung Suchenden mit dem Hinweis konfrontierte, hierfür sei ein großer Glaube vonnöten: Die Fähigkeit, der Wirklichkeit ins Auge zu sehen, so wie sie ist, mit ihren Licht- und Schattenseiten, und sich dann dem zu überlassen, der uns trägt.
— Jesus entließ seine Patienten immer wieder in eine größere Freiheit und Eigenverantwortlichkeit. Er wollte den Kranken nicht an sich binden. Darin ist er ein Gegenbild zu der Menge der hilflosen Helfer, die sich über allzulange Zeit für ihre Kranken unentbehrlich machen, meist ohne es zu merken oder sich einzugestehen.

Diese Grundzüge des heilenden Handelns Jesu bestimmen die Aufgabe des Krankenhausseelsorgers und finden sich wieder in den Formen der Krankenhausseelsorge: Der Begleitung kranker Menschen, ihrer Verwandten und darüber hinaus auch derer, die sie behandeln.

Der Ausgangspunkt für die Begleitung/Beratung am Krankenbett ist eine ganzheitliche Sicht des Menschen, d.h. der Seelsorger muß sich um den ganzen Menschen sorgen. Soll das Heilen im biblischen Sinn wirksam werden, so darf auch der den ganzen Menschen betreffende Aspekt der Umkehr nicht außer acht gelassen werden. Davon bestimmt sind – über das begleitende Gespräch hinaus – alle konkreten kirchlichen Handlungen am kranken Menschen in Verkündigung. Gebet und Sakramentenspendung (vgl. Engelke 1980).

Literatur

BROCHER, TOBIAS: Wenn Kinder trauern. Reinbek: Rowolt 1988.
ENGELKE, ERNST: Sterbenskranke und ihre Kirche. München/Mainz: Kaiser/Grünewald 1980.
KÜBLER-ROSS, ELISABETH: Kinder und Tod. Stuttgart: Kreuz-Verlag 1984.
LUDWIG, KARL JOSEF: Kraft und Ohnmacht des Glaubens; Seelsorgliche Begleitung in der Krise der Krankheit. Mainz: Grünewald 1988.
MAYER-SCHEU, JOSEF: Seelsorge im Krankenhaus. Mainz: Grünewald 1977.
– : Vom Behandeln zum Heilen. Freiburg/Göttingen: Herder/Vandenhoeck & Ruprecht 1980.
PIPER, HANS-CHRISTOPH: Kranksein – Erleben und Lernen. München/Mainz: Kaiser/Grünewald 1974.
SCHUCHARDT, ERIKA: Warum gerade ich...? Behinderung und Glaube. Offenbach: Burckhardthaus-Laetare 1985.
SIMON, LUDGER: Einstellungen und Erwartungen der Patienten im Krankenhaus. Frankfurt: Peter Lang 1985.
SPIEGEL, YORICK: Der Prozeß des Trauerns. Mainz: Grünewald 1973.
SPORKEN, PAUL: Umgang mit Sterbenden. Düsseldorf: Patmos 1975.

4. Bei Abhängigkeit von Suchtmitteln

HEINZ BRUNNER

1. Wir alle sind „abhängig"

Wir alle sind abhängig von physikalischen Erfordernissen wie beispielsweise der Atemluft, von der Nahrung als unserer biologischen Grundlage und, nicht zuletzt, von familiärer Geborgenheit, von Freiheit und Entfaltungsräumen, wenn es um unsere psychischen Bedürfnisse geht. Wir haben gelernt, bei Hunger zu essen und bei Durst zu trinken. Aber was tun, wenn es nichts zu essen und zu trinken gibt? Und außerdem, nicht alles, was sättigt, ist auch schon nahrhaft.

Mit der Psyche ist es nicht anders. Wir bedürfen seelischer Nahrung, um nicht innerlich wie äußerlich zu darben. Am deutlichsten zeigt sich dies in einer Krankheit, die in erschreckendem Maße um sich greift, der Hungersucht (Anorexia nervosa). Die Betroffenen haben von klein auf so wenig Liebe empfangen, daß sie nicht mehr essen können, selbst wenn sie dem Tode nahe sind.

Weniger dramatisch, eher schleichend und im Verborgenen, entwickelt sich die Abhängigkeit von Alkohol und Drogen. Auch hier – gerade hier – haben wir es mit seelischen Mangelzuständen zu tun. Um psychisch nicht zu verhungern und nach außen hin den Schein von Wohlgeordnetheit zu verbreiten, wird zum Ersatz gegriffen, zum Ersatz für echte Zuwendung und Liebe.

Nun ist der Gebrauch von Ersatzmitteln für sich gesehen noch nichts Problematisches. Wir müssen im Leben vielfach auf Ersatz zurückgreifen, weil wir nicht alles bekommen können, was wir gerne hätten. Aber Ersatz darf nicht zu Selbstschädigung führen. Und genau darin liegt der Kern des Problems: Alkohol- und Drogenabhängigkeit stellt eine Selbstschädigung dar, die zum Tode führen und anderen wie der Gemeinschaft überhaupt größte soziale und materielle Schäden zufügen kann (so die Definition der Weltgesundheitsbehörde).

Suchtmittelabhängige brauchen Hilfe, Hilfe von jedermann. Aber diese Hilfe ist nicht aufs geradewohl zu leisten. Es muß bedacht werden, daß die Persönlichkeit des Abhängigen aufgrund seiner Krankheit Veränderungen unterliegt, die den Helfer selber rasch hilflos machen können. Das Wesen von Abhängigkeit besteht ja gerade darin, daß der Betroffene sein Heil und seinen Halt ausschließlich im Suchtmittel zu finden meint. Alles andere, was früher wichtig war, verliert demgegenüber seine Bedeutung. Menschliche Beziehhungen zerbrechen; Normen und Wertmaßstäbe lösen sich auf bis hin zum blanken Egoismus; Fähigkeiten und Interessen verkümmern. Es erscheint also notwendig, als Helfer so wenig Erwartungen wie möglich an den Betroffenen zu richten. Dies erfordert Geduld, Gelassenheit und eine Riesenportion Vertrauen in die kleinen Schritte – übrigens auf beiden Seiten. Die Abhängigkeit ist nicht schon dann besiegt, wenn kein Suchtmittel mehr genommen wird. Dies ist ein erster Schritt. Abhängigkeit ist eine langgeübte psychische Fixierung, aus der erst ein langsamer Prozeß der menschlichen Wiederannäherung und inneren Stabilisierung herausführt. Dies erfordert auch, daß Perspektiven eröffnet werden, Sinn gesucht und gefunden wird. Ein solcher Prozeß braucht Zeit.

2. Peter B. – ein verpfuschtes Leben?

Ein Beispiel: Peter ist 28 Jahre alt, ledig, Vater einer 6jährigen Tochter und von Beruf diplomierter Krankenpfleger. Er bezeichnet sich als Schlüsselkind. Die Eltern waren beide berufstätig, sie als Ärztin, er als freier Architekt. Mit der Mutter verstand er sich am besten. Sie war aber nur selten da. Wenn sie da war, verwöhnte sie ihn „nach Strich und Faden". Umso schlimmer war es dann für ihn, wenn sie wieder weg mußte. Als die Eltern sich scheiden ließen, bekam Peter erstmals Asthma. Er wurde mit Medikamenten behandelt, gewöhnte sich an Tabletten. Es schien für jede Krankheit ein Mittel zu geben. Nur nicht für die innere Leere. Bis auf das Asthma war er ein pflegeleichtes Kind. Er hatte gelernt, ruhig und brav zu sein, um die Eltern nicht zu provozieren. Aggressionen schluckte er. In der Schule tat er sich leicht, kam aufs Gymnasium und hielt dort locker mit. Doch dann gab es einen Knick. Er sackte in seiner Leistung ab. Also runter auf die Realschule. Als es auch dort nicht klappen wollte, ging es zurück auf die Hauptschule. Leistung war gefragt, nicht wie es ihm ging. Bei der Mutter war er unten durch. Selbstkritisch war sie noch nie gewesen. Peter verbrachte nun die meiste Zeit in seiner Clique. Er war der Jüngste, also mußte er immer ein wenig kecker sein als die anderen. Er hatte den ersten Rausch, er beschaffte den ersten Schnee (Kokain), er ließ sich von einer ‚Freundin' den ersten Schuß (Heroin) setzen. Als er mitbekam, daß sich die ‚Freundin' totgespritzt hatte, ließ er das Fixen bleiben. Er kam nur noch selten nach Hause, trieb sich rum, entwickelte die typische ‚Saure-Trauben-Mentalität': nur kein Spießbürger werden. Er war richtig gespalten. Einersuchts suchte er Sicherheit und Geborgenheit sowohl in der Familie wie im Beruf, andererseits haßte er das alles – so wie die Eltern werden, nein danke! In seiner Unentschlossenheit schlitterte er weiter, stieg ganz auf Alkohol um, weil er billiger war. Es gab für ihn nur oberflächliche Beziehungen zu Frauen, im gleichen Maß wuchs sein Haß auf alle, die anders waren als er. Längst reichte die Sozialhilfe nicht mehr, um den Alkoholkonsum zu bewältigen. So nahm er jeden aus, der sich ausnehmen ließ. Die jeweilige ‚Freundin' mußte ihn beherbergen.

Eines Tages brach er ohnmächtig auf der Straße zusammen. Im Krankenhaus hing er drei Tage am Tropf. Keinen Alkohol in dieser Zeit. Er zitterte wie Espenlaub, all seine Gedanken kreisten um Schnaps. Schließlich riß er die Kanüle heraus und flüchtete. Im Supermarkt klaute er einige Flachmänner und trank sie an Ort und Stelle aus. Als es ihm wieder besser ging, wußte er, daß er Alkoholiker war. Natürlich hatte er es schon längst gewußt, aber jetzt war es tiefste innere Wahrheit, unverrückbar. Die Konsequenz für ihn war: Das Spiel ist aus, jetzt ist alles egal, weitermachen bis zum bitteren Ende. Und so trieb er es noch um einen Gang chaotischer. Da ging es eines Tages nicht mehr im Bett. Entsetzlich! Alkoholiker sein und impotent dazu, das hielt er nicht aus. So kam es zu seinem ersten Selbstmordversuch. Im Krankenhaus wieder dasselbe wie früher. Kein Alkohol weit und breit. Aber er mußte wenigstens nicht zittern. Kein Wunder auch, er bekam ja Distraneurin, ein Mittel, das selber abhängig macht, aber wenigstens die Entzugserscheinungen beseitigt.

Er war noch zu müde, um dem Krankenhauspfarrer zu sagen, daß er nichts von ihm wissen wolle, als der ihn besuchte. So kam der Pfarrer wieder, saß ruhig neben ihm, unaufdringlich. Peter wollte nicht unhöflich sein und ließ ihn gewähren. Irgendwie fand er es ganz gut, daß er Besuch bekam. Sollte der nur wiederkommen, „solange er mich nicht missioniert", dachte er. Schließlich wartete er förmlich darauf, daß der Pfarrer wiederkam. Gespräche ergaben sich, kurze meist. Keine Beschuldigungen, nichts von Sünde und Schuld. Und doch bekam Peter Gewissensbisse. Es war wirklich ein Chaos, das er angerichtet hatte. Er mochte gar nicht daran denken. Da war es ganz gut, daß ihn der Pfarrer beruhigte. Und Peter lernte Schwester Ilona kennen, die ihn von anfang an betreut hatte. Mit ihr besuchte er eine christliche Teestube. Die Leute interessierten ihn. Aber als das Distraneurin alle war, griff er wieder zum Alkohol. Bald versank er wieder im alten Morast. Als er Geld brauchte, meldete er sich wieder bei Ilona. Die gab ihm aber nichts. Entweder – oder. Er entschied sich für ‚oder' und tauchte wieder ab.

Das alte Leben hielt ihn fest. Doch in der Teestube gefiel es ihm. Ab und an schaute er vorbei. Bei der Gelegenheit traf er Judit. Judit hatte Kummer mit ihrem Freund gehabt, sagte aber, daß sie da durch müsse. Schließlich sei sie Christin und vertraue auf die Hilfe Gottes. Er mußte lächeln über so viel Naivität. Und weil sie ihm gefiel, ging er mit ihr in einen Gottesdienst. Er wußte nicht, daß es ein charismatischer Gottesdienst war. Jedenfalls war ihm nicht wohl bei der Sache. Plötzlich schrie hinter ihm jemand. Er schrie auch, wußte nicht, warum. Dann mußte er heulen. Judit sagte nichts, hielt ihn einfach fest. Hinterher schüttete er ihr sein Herz aus. Wie ein Dammbruch kam es ihm vor. Zum erstenmal merkte er, daß nicht nur Alkohol erleichtert. So überrascht war er von diesem Erlebnis, daß er spontan beschloß, mit dem Trinken aufzuhören. Und es war ihm klar, daß dies auch seine Gedanken, sein Verhalten, sein Fühlen betraf. Von alleine ging das nicht, das begriff er. Aber Judit war ja da. Er übernachtete bei ihr. Am nächsten Tag bereute er seinen Entschluß. Seelenmassage. Er ging zum Entzug ins Krankenhaus. Judit begleitete ihn. Alles ging glatt. Bloß seine Gedanken kreisten immer ums Gleiche: Alkohol! Ohne einen Beistand war das nicht auszuhalten. Judit schleppte ihn zu einem Gruppenabend des Kreuzbundes, einer Selbsthilfegruppe für Alkoholiker.

Einen Tag später begleitete er Judit zu ihrem Hauskreis. Nur nicht allein bleiben. Wenigstens jetzt nicht. Er wunderte sich über die Atmosphäre im Gebetskreis. Man sprach über die Erfahrungen mit Gott im Alltag, las in der Bibel, sang Loblieder und machte Fürbitten. Judit betete offen für ihn. Er kannte so etwas nicht und war ganz angerührt. Beten konnte tatsächlich schön sein. Und er bewunderte Judit, wie selbstverständlich sie von Gott sprach. Er selber genierte sich ungeheuer. Bis er regelmäßig die Bibel aufschlug. Er lernte beten wie ein Kind, Schritt um Schritt. Und jedesmal, wenn seine Gedanken sich am Alkohol festbissen, konzentrierte er sich auf Gottes Wort. Deshalb trug er immer eine Taschenbibel mit sich herum. In der Kreuzbundgruppe wie im Gebetskreis tauchte er nun regelmäßig auf. Langsam setzte sich in ihm die Gewißheit durch, daß Gott ein Interesse an seinem Leben habe. Also mußte er selber auch das Seine dazutun. So ging er zum Arbeitsamt. Bald fand sich ein Ausbildungsplatz als Krankenpfleger. Er wußte, daß er die Ausbildung nur ohne Alkohol würde schaffen können. Aber er traute sich wieder etwas zu, war zuverlässig geworden, hatte auch Vertrauen zu den Menschen gewonnen. Judit sah er nicht mehr so oft, auch im Gebetskreis war er nur mehr hie und da. Sein religiöses Interesse schlief wieder ein.

Nach dem Staatsexamen wurde gefeiert. Peter feierte mit, zuerst mit Orangensaft, dann mit Wein. Er trank vorsichtig. Als er aber merkte, daß ihm das gar nichts ausmachte, redete er sich ein, er könne wieder normal trinken. Eine Woche später genehmigte er sich zum Essen ein Glas Bier. Aus einem Glas wurden zwei, dann drei. Innerhalb von vier Wochen trank er schlimmer als zuvor. Die Pflegedienstleitung redete ihm ins Gewissen. Er probierte, alleine aufzuhören. Es ging nicht. Dann rief er Judit an. Sie blieb die ganze Nacht bei ihm. Am nächsten Tag war er zuhause. Leute vom Kreuzbund besuchten ihn. Judit hatte sie alarmiert. Später schlug er die Bibel auf. Da begriff er endlich, auf wen er setzen mußte.

Peter lebt jetzt seit drei Jahren abstinent. In dieser Zeit ist sein Verhältnis zu Gott immer enger geworden. Er sieht in seiner Abhängigkeit einen tiefen Sinn. Ohne sie wäre er Gott nicht begegnet. Deshalb macht es ihm keine Schwierigkeit, sich als Alkoholiker zu bekennen. Er steht dem Leben positiv gegenüber.

3. Was man über die Krankheit „Abhängigkeit" wissen sollte

Der Fachmann unterscheidet körperliche und psychische Abhängigkeit. Körperliche Abhängigkeit meint, daß der Körper sich so an das Suchtmittel gewöhnt hat, es physiologisch so integriert hat, daß beim Absetzen des Mittels der Körper nicht mehr wie bisher funktionieren kann. Das Ergebnis sind mehr oder weniger heftige und zeitlich unterschiedliche Entzugserscheinungen. In erster Linie handelt es sich um Kreislaufprobleme, Zittern, Brechreiz, Schwäche in den Gliedern, Krämpfe, Schmerzen. Als Schwerstformen können in einem geringen Prozentsatz Delirs auftreten. Deshalb ist es ratsam, körperliche Entzüge in Krankenhäusern vornehmen zu lassen. Die Einweisung findet über den Hausarzt statt.

Unter psychischer Abhängigkeit versteht man, daß regelmäßig miese Stimmungen, Probleme, Alltagssituationen mit dem Suchtmittel aufgehellt und scheinbar verändert werden. Oder man muß sich regelmäßig mit dem Suchtmittel ‚belohnen'. Der Einstieg geschieht schleichend. Damit entsteht eine immer festere Bindung an das Mittel, bis alles Tun und Denken von ihm durchsetzt wird. Am Ende gerät die Einnahme des Suchtmittels zum Selbstzweck. Das Suchtmittel schafft sich seine eigenen Anlässe. So produzieren Abhängige vielfach Streit, um sich anschließend dem

4. Abhängigkeit von Suchtmitteln

Suchtmittel hingeben zu können. Die frühere Reihenfolge wurde einfach umgedreht.

Die Bewältigung der psychischen Abhängigkeit dauert meist das ganze Leben lang. Sie bedarf der inneren und äußeren Unterstützung all derer, die fähig und bereit sind, dem Abhängigen zu helfen. Dies können Einzelpersonen sein, Selbsthilfegruppen und Institutionen, sogenannte Therapieeinrichtungen. Wer einen Therapieplatz beantragen möchte, muß sich in der Regel mit einer kirchlichen oder staatlichen Beratungsstelle in Verbindung setzen (Caritas, Diakonisches Werk, Gesundheitsamt).

Die Frage, wann körperliche und/oder psychische Abhängigkeit einsetzt, läßt sich relativ einfach beantworten: Von Abhängigkeit kann immer dann gesprochen werden, wenn nach Absetzen des Mittels innerhalb eines Zeitraumes von zwei bis vier Wochen körperliche und/oder psychische Entzugserscheinungen auftreten. Es ist aber nicht möglich, eine genaue Dosierung anzugeben, die mit Sicherheit zur Abhängigkeit führt – zumindest nicht im Bereich des Alkohols. Bei harten Drogen ist der Spielraum enger. Man geht davon aus, daß bei einem Konsum von mehr als einem halben Liter Bier oder einem drittel Liter Wein pro Tag – regelmäßig und über mehrere Jahre hinweg genommen – die Wahrscheinlichkeit steil ansteigt, abhängig zu werden. Frauen tragen bei dieser Menge noch ein höheres Abhängigkeitsrisiko, weil bei ihnen aus genetischen Gründen die Abbaufähigkeit von Alkohol durch die Leber geringer ist als bei Männern.

Wer einmal abhängig ist, kann auf Dauer nie mehr normal trinken. Maßgeblich dafür sind unumkehrbare Prozesse in der Leber sowie latente Auslösemechanismen des psychischen Apparates. Diese Beobachtungen wurden in den letzten Jahren eindeutig erhärtet. Wenn kontrolliertes Trinken, so der terminus technicus, nicht mehr möglich ist, stellt bereits der erste Schluck oder das erste Gramm eines Suchtmittels, in bewußter Absicht verabreicht, einen Rückfall dar. Rückfall bedeutet nicht, daß nun alles wieder von vorne beginnen muß. Wenn es dem Rückfälligen gelingt, sofort mit der Einnahme aufzuhören, ergeben sich keine weiteren gravierenden Folgen.

Eines allerdings muß in aller Deutlichkeit gesagt werden: Abhängigkeit ist keine Erbkrankheit. Wenn in Familien über Generationen immer wieder Fälle von Abhängigkeit auftreten, dann liegt das an Lerneffekten der Kinder durch die Erwachsenen. Abhängigkeit ist auch kein moralisches Problem. Abhängige sind nicht besser oder schlechter als andere Menschen; Wille und Charakter sind so normal wie bei anderen. Im Verlauf der Abhängigkeitsentwicklung ist aber mit Verhaltensveränderungen zu rechnen, die als typisch für die Abhängigkeitserkrankung gelten können. Gemeint sind die Abwehrmechanismen von Abhängigen, denen jeder Helfer auf Schritt und Tritt beggenen wird.

4. Typische Abwehrmechanismen von Abhängigen

Abwehrmechanismen schützen die Psyche vor Überlastung. Ein Abhängiger ist permanent überlastet. Also umgibt er sich mit einer Mauer. Daß diese Mauer voller Illusionen ist, tut zunächst nichts zur Sache. Die Fähigkeit zur Selbstüberlistung scheint dem Menschen jedenfalls angeboren. Dem Abhängigen geht es darum, sich und anderen einzureden, daß alles normal sei, daß er kontrolliert mit dem Suchtmittel umgehen könne, wenn er nur wolle. Je mehr der Betroffene an sich selber zweifelt, umso höher zieht er die Mauer. Daraus läßt sich fast schon ein Gesetz zimmern: Je stabiler die Abwehr, desto schlimmer die Abhängigkeit. Den folgenden fünf Abwehrstrategien kann man am häufigsten begegnen. Auf sie sollte man sich rechtzeitig einstellen.

Verleugnung: Die Abhängigkeit, obwohl sie bereits offenkundig besteht, wird schlichtweg abgestritten. Der Abhängige sieht sich von Lügnern und Verrätern umgeben. Daß er dabei selber zu Lug und Trug greift, entgeht ihm völlig. Freilich müssen Lug und Trug bei Abhängigen anders gewertet werden als bei Nichtabhängigen. Das Suchtmittel hat alle moralischen Entscheidungs- und Bewertungskriterien durcheinandergebracht, die Suchtinteressen herrschen vor. Dies kann im Einzelfall so weit gehen, daß die Verantwortung des einzelnen für sein Verhalten aufgehoben ist.

Verharmlosung: Fakten und Tatsachen im Zusammenhang mit dem Suchtmittelgebrauch werden heruntergespielt. Aus zehn Flaschen Bier werden „höchstens zwei"; Schwierigkeiten in der Ehe seien normal, welcher Partner rege sich nicht schon mal über den anderen auf etc. Es hat wenig Sinn, dem Abhängigen Vorhaltungen zu machen. Wer verharmlost, hat einen Grund dafür und ist sich hinter seiner Mauer meist der schärfste Kritiker.

Projektion: Dieses Verhalten zielt darauf ab, Schuldige für das eigene Fehlverhalten zu finden. Als Schuldige gelten meist Gesellschaft, familiäre Verhältnisse, tatsächliche oder vermeintliche Ungerechtigkeiten von Vorgesetzten etc. Die Fähigkeit, Gründe für die momentane Situation zu finden (Ausreden), ist in der Regel umso stärker ausgeprägt, als das Bewußtsein eigenen Versagens sich tiefer und tiefer einprägt. Es gilt demnach, besser den Weg zu diesem Bewußtsein zu finden als sich den Projektionen zu widersetzen.

Kaspern und zynisches Reden: Diese Spielart benutzt Gag, Witzelei und Lächerlichmachen zur Abwehr von Hilfsangeboten. Meist ist der Helfer das Objekt des Kasperns. Es handelt sich also um oftmals sehr differenzierte Formen der Aggressivität („Oh, der Herr Pfarrer persönlich, läßt er sich auch einmal bei den schwarzen Schafen der Gemeinde sehen!" – „Reine Nächstenliebe, ich liebe meinen schärfsten Feind, den Alkohol." – „Sie Betschwester, Sie..." usw.). Es ist unklug, darauf mit Gegenangriffen zu antworten. Vielmehr sollte man ruhig auf die innere Verfassung des Gegenübers eingehen.

Rationalisieren: Rationalisieren heißt, scheinbar logische Begründungen zu finden, die erklären, warum etwas auf die gegebene Weise getan werden muß. Dem Abhängigen erscheinen diese Begründungen zwingend. Dem Außenstehenden kommen die Konstruktionen oftmals absurd vor. Manchmal sind rationalisierende Begründungen in Statements verpackt wie: „Ein leerer Sack steht nicht." – „Auf einem Bein kann man nicht stehen." – „Man wird sich doch wohl noch was gönnen dürfen." – „Wer arbeitet, darf auch trinken." – „Wenn einem Gutes widerfährt..." etc. Es erscheint sinnvoll, derartige Rationalisierungen zu erkennen und gar nicht darauf einzugehen.

5. Seelsorge und Therapie bei Abhängigen – ein Widerspruch?

All diese Hinweise können nur einen vereinfachten Eindruck über die Komplexität der Interaktion mit Abhängigen geben. Lange Zeit war man der Auffassung, daß dem nur eigens geschultes Fachpersonal „gewachsen" wäre. Man glaubte, daß nur Menschen, die selber durch die Abhängigkeit hindurchgegangen waren, wirksam helfen könnten. Darauf basierte die Idee von Selbsthilfegruppen – Hilfe von Abhängigen für Abhängige. Die gesammelten Erfahrungen in Verbindung mit psychotherapeutischen Verfahren führten schließlich zu Therapieprogrammen, die stationär angewandt wurden. Es entstanden Fachkliniken für Abhängige. Heutzutage werden mehr Abhängige über Kliniken trocken oder sauber als über Selbsthilfegruppen. Diese haben inzwischen vielfach eine neue Aufgabe als Therapievorbereitung, Festigung und Nachbetreuung der Rehabilitanden innerhalb der Therapiekette bekommen.

Wenn man nun eine der gängigen verhaltenstherapeutischen oder tiefenpsychologischen Abstinenztherapien näher unter die Lupe nimmt, dann zeigt sich rasch, daß dort einer seelsorgerlichen Mitwirkung kaum Bedeutung beigemessen wird. Selbst dort, wo Seelsorge angeboten wird, erscheint sie meist als Anhängsel ohne Verankerung im Gesamt des Therapiekontextes. Denn fast alle psychotherapeutischen Schulen, so unterschiedlich sie sonst auch sein mögen, treffen sich in dem einen Punkt: Die eigene Kraft, der Glaube an sich selbst, an die Fähigkeiten und Kompetenzen, innere wie äußere Konflikte erfolgreich zu bewältigen, besiegen die Abhängigkeit. Psychotherapie geht im letzten vom Menschen aus und verharrt in ihm.

Seelsorge hingegen zielt auf Gott und von Gott her auf den Menschen. Dies bedeutet, daß der Mensch nicht aus sich selber lebt, daß er nicht wirklich heil an Leib und Seele werden kann, wenn er ohne oder gegen Gott lebt. Diese Auffassung aber wird von vielen psychologischen Therapeuten als Schwächung der Selbstmobilisierung angesehen, die entweder zur Entmündigung des Abhängigen führt oder dazu, daß er sich zu Drückebergerei oder zum Abschieben von Problemen verleiten läßt. Freilich, Mißbrauch ist grundsätzlich möglich – nicht nur in Glaubensdingen. Ohne nun näher auf diesen Grundkonflikt einzugehen, lassen mittlerweile einige wichtige Erkenntnisse der Therapieforschung aufhorchen:

a) Die Erfolgsquote in der stationären Suchtkrankentherapie hat sich bei Alkohol zwischen 40 und 50 % eingependelt. Höhere Quoten sind mit den heutigen therapeutischen Mitteln kaum zu erreichen. Auch eine Vorselektion der Kranken bezüglich Sekundärschäden, Alter, Geschlecht, sozialer Status etc. bringt, abgesehen von der moralischen Fragwürdigkeit des Vorgehens, keine relevant besseren Ergebnisse. In der Therapie der harten Drogen liegt der Erfolg nachwievor bei 5 bis 15 %. Dies ist mehr als noch vor 20 Jahren. Dennoch sind die Zahlen insgesamt wenig berauschend.

Wo liegen die Gründe für die Stagnation? Abhängigkeit führt zur Erfahrung der Sinnlosigkeit des Daseins. Der Abhängige lebt ja am Ende nur mehr dafür, Entzugserscheinungen zu verhindern. Er braucht das Suchtmittel, um nicht vom Suchtmittel bzw. dessen Wirkungsverlust gepeinigt zu werden. Er muß sich das Suchtmittel verschaffen, obwohl er weiß, daß eben dieses Mittel das Leben zur Hölle macht. Den Kern von Abhängigkeit bildet demnach die Erfahrung der Absurdität dieser Welt. Diese Erfahrung prägt das Weltbild vieler Abhängiger, stellt die geistige Schablone dar, der alle neuen Erfahrungen untergeordnet werden. Dieser geistigen Orientierungslosigkeit haben die gängigen Therapien kaum etwas entgegenzusetzen. Sie bewegen sich im innerweltlichen Bereich. Dieser Bereich aber gerade ist es, der zu der Erfahrung der Sinnlosigkeit geführt hat. Was die stationäre Therapie also verbessern könnte, wäre eine Auseinandersetzung über Sinn und Sinnfindung sowie das Angebot existentieller Lebensentwürfe.

b) Die „Streetwork-Bewegung" in Amerika, von amerikanischen Pfarrern wie David Wilkerson in den 60er Jahren organisiert, machte deutlich, daß es mit Hilfe des Wortes Gottes möglich ist, Abhängige nicht nur von der Straße wegzuholen, sondern sie auch von der Abhängigkeit zu befreien. Dabei zeigte sich, daß es letztlich gleichgültig war, von welcher Art Abhängigkeit die Betroffenen befallen waren. Die Therapie bestand darin, auf existentielle Weise die Jesus-Botschaft zu verkünden. In Deutschland gibt es zur Zeit 33 Einrichtungen (Stand 1990), die eine solche christliche ‚Therapie' nach dem Streetworkprinzip anbieten. Diese Therapie ist auch inzwischen von den offiziellen Leistungsträgern anerkannt und kassenrechtlich integriert. Denn obwohl das Klientel oft polytoxikoman (gemischtabhängig) ist, gibt der Erfolg dieser Therapie recht. Die Erfolgsquote scheint selbst bei Drogenabhängigen bei 50 % und mehr zu liegen.

Dies bedeutet: Seelsorge muß kein bloßes Anhängsel von Therapie sein. Sie kann selber zur Therapie werden.

c) Um aber keine Mißverständnisse aufkommen zu lassen: Seelsorge und Psychologie dürfen nicht voneinander getrennt werden. Seelsorge muß Gott zum Inhalt haben. Aber Gott ist Herr aller Erkenntnis. Er hat unsere psychischen Befindlichkeiten geschaffen. Sie zu erkennen ist ein Stück Erkennen des Willens und Handelns Gottes. Man könnte auch sagen, daß Gott sich der Psychologie bedient, um – auch wenn es heute noch vielfach anders gehandhabt wird – sich finden und sich von ihm und seiner Liebe helfen zu lassen. Daher ist es notwendig, daß sich der Seelsorger auch psychologisch schult, um Abhängigen wirksame Hilfe anbieten zu können.

6. Hinweise für den seelsorglichen Umgang mit Abhängigen

Unter „Umgang" ist jede Form von Begleitung, Betreuung, Beratung und Therapie gemeint. Jede Form für sich hat ihren eigenen Stellenwert. Dennoch zielt das ganze Spektrum von „Umgang", in welcher Repräsentationsform auch immer, darauf hin, einen Beitrag zur Besiegung der Abhängigkeit zu leisten. Jeder „Umgang" will also in seinem innersten Kern Therapie sein. Was bedeutet es für einen seelsorglichen Therapeuten, dieser schwierigen Aufgabe gerecht zu werden? Welche Voraussetzungen benötigt er?

a) Da Abhängigkeit mit Sinnlosigkeit und Vertrauensverlust zu den Menschen bis hin zu sich selber gekoppelt ist, kommt es beim Helfer entscheidend darauf an, ob er selber zu einem sinn- und vertrauensvollen Leben aus Gott fähig ist. Daß dies im Seelsorgebereich nicht selbstverständlich ist, zeigt die große Zahl von abhängigen und anderweitig psychisch erkrankten Seelsorgern. So herrschen oft Menschenscheu, Mißtrauen und Isolation dort, wo Aufeinanderzugehen, Vertrauen und gemeinsames Handeln gefordert wären. Wahre seelsorgliche Therapeuten zeichnen sich durch ein hohes Maß an lebendigem Glauben und Gottesliebe aus, durch ein reiches existentielles Gebetsleben und durch die Fähigkeit, auch Unmögliches im Vertrauen auf Gott zu wagen.

b) Aufgrund der vielfältigen Abwehrmechanismen, derer sich Abhängige bedienen, kommt es zu einer Verwischung von Sein und Schein. Deshalb bedürfen seelsorgliche Therapeuten der besonderen Klarheit in ihren Entscheidungen. Dabei ist der Grat zwischen Barmherzigkeit und falschem Nachgeben schmal. Der Abhängige muß zu seiner Orientierung aber wissen, woran er ist, denn er selber hat die Orientierung ja längst verloren. Wenn hier im Geben und Nehmen, insbesondere in Fragen, die mit der Einnahme des Suchtmittels zusammenhängen, keine Eindeutigkeit und Offenheit erzielt wird, führt „ein Blinder den anderen".

c) Seelsorgliche Therapeuten werden sich nicht scheuen, mit dem Abhängigen offen über Jesus, den Vater und den Geist zu sprechen, mit dem Abhängigen in der Hl. Schrift zu lesen, für ihn zu beten, eigene Erfahrungen im Umgang mit der Hilfe Gottes einzubringen. Dabei vermeiden sie jeden missionarischen Eifer und Druck, indem sie auf den Kenntnisstand und die Verfaßtheit des Gegenübers achten. Sie machen dabei vielfach die Erfahrung, daß nur ein ganz geringer Prozentsatz von Abhängigen dem Gottesglauben ablehnend gegenübersteht und sich weigert, darauf einzugehen.

d) Viele Abhängige sind an einem Tiefpunkt ihrer sozialen Kontakte und Möglichkeiten angekommen. Sie benötigen Rat auf vielerlei Fachgebieten. Deshalb verfügen seelsorgliche Therapeuten über eine Liste weiterer Hilfsstellen, angefangen von Gesprächskreisen, Selbsthilfegruppen, Beratungsstellen bis hin zu stationären Therapieeinrichtungen. So können sie situationsgerecht handeln. Sie binden den Betroffenen nicht an sich, verwöhnen ihn aber auch nicht, sondern ermutigen ihn, Dinge, die er selber regeln kann, in die eigene Hand zu nehmen.

e) Entscheidet sich ein Seelsorger, die Führung eines Abhängigen ganz allein zu übernehmen, was aus bestimmten zeitlichen, örtlichen oder persönlichen Gründen notwendig werden kann, wird er dies immer in Kontakt mit einem erfahrenen Berater tun. Damit mindert er die Gefahr, co-abhängig zu werden. Coabhängigkeit meint, so mit dem anderen zusammenzuwachsen, daß man selber blind wird für eigene abhängigkeitsverstärkende Verhaltensweisen des anderen.

f) Wer vor hat, mit Abhängigen zu arbeiten, sollte sich nicht scheuen, entsprechende psychologische Fortbildungskurse (wie sie beispielsweise vom Referat Gefährdetenhilfe der Caritas in Freiburg als Sozialtherapiewochen angeboten werden) zu besuchen. Auf jeden Fall erscheint es günstig, im Zweifel bei kompetenten Fachleuten Rat zu suchen.

g) Allgemeines Ziel ambulanter Abhängigkeitsseelsorge sollte es sein, den Abhängigen auf eine stationäre Therapie vorzubereiten, ihn zu motivieren und alles zu tun, damit der Betroffene fähig wird, vielleicht sogar eine stationäre christliche Therapie zu durchlaufen.

Gerade für die Seelsorge bei Abhängigen gilt das Wort Jesu: „Nicht die Gesunden brauchen den Arzt, sondern die Kranken. Ich bin gekommen, um die Sünder zu rufen, nicht die Gerechten" (Mk 2, 17).

Literatur

BRUNNER, HEINZ: Seelsorge mit Alkoholabhängigen. Begleitung, Beratung, Therapie. Mainz: Grünewald 1990.
DREES, LUDWIG: Erleben der Sucht (praerezidivisches Syndrom) und Gemeinschaft. In: Engel, Hasso (Hrsg.): Probleme und Ergebnisse der Psychotherapie bei Alkoholkranken. Dresden: Selbstverlag 1986, 1 – 17.
DUVAL, AIMÉ: Warum war die Nacht so lang? Freiburg i. Br.: Herder 1984.
FEUERLEIN, WILHELM: Alkoholismus – Mißbrauch und Abhängigkeit. Stuttgart: Klett 1979.
FUCHTMANN, ENGELBERT: Identität und Sexualität. Süchtige zwischen Selbstheilung und Selbstzerstörung. Freiburg i. Br.: Lambertus 1988.
„Jugend & Drogen von A – Z". Köln: Bundeszentrale für gesundheitliche Aufklärung 1986.
„Mein Name ist Adam . . ." Ein anonymer Alkoholiker berichtet. München: Mosaik 1980.
VILLIEZ, THOMAS VON: Sucht und Familie. Heidelberg: Springer 1986.
VÖLGER, GISELA / WELCK, KARIN VON (Hrsg.): Rausch und Realität. Drogen im Kulturvergleich, 3 Bände. Hamburg: rororo 1982.
WILKERSON, DAVID: Das Kreuz und die Messerhelden. Erzhausen: Leuchter 1989.
WINTER, ERIK / STOIBER, ILONA / ENGEL, HASSO: Schicksal Abhängigkeit? Berlin: VEB Deutscher Verlag der Wissenschaften 1987.

5. Bei Suizidgefährdung

Artur Reiner

Alle in der Seelsorge Tätigen werden gelegentlich in der Beratung Menschen begegnen, die suizidgefährdet sind. Deshalb ist es wichtig, ein Gespür für solche Gefährdungen zu entwickeln. Vielleicht scheint der Anlaß eines entsprechenden Gesprächs vordergründig und gar nicht so bedrängend zu sein. Bei näherem Hinhören wird jedoch deutlich, daß der (die) Ratsuchende am Ende seiner (ihrer) Kräfte ist, überhaupt nicht mehr weiß, wie es weitergehen soll und vielleicht schon an Suizid denkt.

Meine ersten Erfahrungen im Umgang mit Suizidgefährdeten habe ich Anfang der 60er Jahre als Klinikpfarrer gemacht. Bei meinen kursorischen Krankenbesuchen traf ich mehr oder weniger zufällig gelegentlich auch Suizidpatienten. Dabei fiel mir auf, daß von ärztlicher Seite aus alles getan wurde, um die Suizidpatienten körperlich wieder gesund zu machen. Eine psychische Nachbetreuung hingegen gab es kaum. Zwar hatte Mitte der 60er Jahre eine Arbeitsgruppe von Ärzten zum ersten Mal eine psychosoziale Nachbetreuung aufgebaut, die jedoch nach ca. 2 Jahren wieder aufgelöst wurde. Diese Erfahrung hat mich nicht mehr in Ruhe gelassen, ich fing an, mich mit dem Thema „Suizid und Suizidversuch" intensiv zu beschäftigen. Aus diesem Bemühen entstand 1973 eine pastoraltheologische Doktorarbeit, die inzwischen in dritter Auflage in Zusammenarbeit mit einem Psychiater und Psychotherapeuten unter dem Titel „Ich sehe keinen Ausweg mehr – Suizid und Suizidverhütung, Konsequenzen für die Seelsorge" erschienen ist. 1974 wurde von einem medizinisch-theologischen Arbeitskreis eine interdisziplinäre Arbeitsgruppe – bestehend aus zwei Psychiatern bzw. einem Psychiater und einem Psychologen, einer Sozialarbeiterin und dem katholischen und evangelischen Klinikpfarrer – initiiert. Nach einigen Anfangsschwierigkeiten wurde noch im selben Jahr diese Arbeitsgruppe in der Medizinischen Universitätsklinik errichtet, die sich um die psychosoziale-seelsorgerliche Nachbetreuung der Suizidpatienten kümmert. In dieser Arbeitsgruppe bin ich bis zum heutigen Tag tätig.

Jährlich kommen ca. 900 Patienten mit Vergiftungen in die Klinik. Das sind etwa 10% der stationären Gesamtaufnahmen in die Medizinische Klinik der Universität Heidelberg. Knapp die Hälfte der ca. 900 Vergiftungen kommt in suizidaler Absicht, der Rest zählt zu den Suchtkranken (Alkoholiker, Tabletten- und Drogenabhängige). Die Zahl der in suizidaler Absicht Vergifteten hat in den letzten Jahren abgenommen, während die Anzahl der Suchtkranken angestiegen ist.

1. Wie kann man Suizidgefährdung rechtzeitig erkennen?

Da die meisten in der Seelsorge Tätigen keine spezielle Ausbildung für Krisenintervention haben, soll im folgenden aufgezeigt werden, was helfen kann, Suizidgefährdung zu erkennen und konkrete Hilfe zur Verhinderung einer Suizidhandlung anzubieten. Zur Erkennung der Suizidgefährdung hat Erwin Ringel ein sehr brauchbares Modell entwickelt, das er als „Präsuizidales Syndrom" bezeichnet (Ringel, 1969). Dieses Modell kann auch in der seelsorglichen Beratung eine gute Hilfe sein, um eine Suizidgefährdung zu erkennen – der erste Schritt, um eine Suizidhandlung zu verhindern.

Was meint Ringel mit „Präsuizidalem Syndrom"? Im medizinischen Bereich ist der Begriff „Syndrom" als Zusammentreffen verschiedener einzelner Symptome zu verstehen. In unserem Modell kommen folgende drei Symptome zusammen: Einengung, Aggressionshemmung mit Aggressionsumkehr und Suizidphantasien. Dazu folgendes Schaubild:

Das Symptom „Einengung" läßt sich unter verschiedenen Aspekten beobachten:

Als *situative Einengung,* d.h. als Situation, die von außen her die Lebensmöglichkeiten erschwert, begrenzt, einengt (z.B. Verlust eines Menschen durch Trennung oder Tod, Krankheit, Arbeitslosigkeit, Konflikt zwischen Eltern und Kindern u.a.m.).

Als *dynamische Einengung:* Der Zustand, den jemand erleidet, wird unerträglich und blockiert so sehr, daß nur noch der Konflikt im Blickfeld bleibt. Alles andere verschwindet und wird nicht mehr gesehen und gehört.

Als *Einengung im zwischenmenschlichen Bereich:* Lebenswichtige Kontakte kommen nicht mehr zustande oder gehen verloren (z.B. kontaktschwache Menschen bleiben allein, alte Menschen werden mehr und mehr isoliert, Randgruppen werden von der Gesellschaft nicht akzeptiPT und ausgeschlossen).

Als *Einengung der Wertwelt:* jedwedes Interesse an irgendetwas schwindet dahin, und es bleibt nur noch das Motto „Mir ist alles egal". Für das

Symptom der Einengung ist charakteristisch, daß dieser Konflikt so stark erlebt wird, daß alles andere daneben verblaßt. Für den „eingeengten" Menschen gibt es nur noch *ein* Thema, das ihn beschäftigt: der unbewältigte Konflikt. Als typisches Beispiel kann der Verlust eines Menschen durch Trennung oder Tod gesehen werden: Das einzige, was den Hinterbliebenen gedanklich und gefühlsmäßig beschäftigt, ist das Thema „Verlust". Alles andere, z. B. Beziehung, Beruf, Hobbies ... tritt dahinter zurück.

Das Symptom der Aggressionshemmung und Aggressionsumkehr

Das Symptom der Aggressionshemmung und Aggressionsumkehr sieht folgendermaßen aus: Obwohl der Konflikt starke Aggressionen weckt, fühlt der (die) Betroffene sich nicht in der Lage, Aggressionen zuzulassen und zu äußern. Das hängt meistens mit der persönlichen Lebensgeschichte zusammen. Bei näherem Hinschauen sind es oft Menschen, denen es in ihrer Erziehung nicht erlaubt war, aggressiv zu sein. Aggression galt als etwas Schlechtes und Verwerfliches, das einem glaubenden Menschen erst recht verboten war. Deshalb haben diese Menschen nie gelernt, sich adäquat zu wehren. Aber die Aggressionen sind da, auch wenn sie unterdrückt werden. Wird der Druck unerträglich stark, können sich die Aggressionen gegen die eigene Person entladen, in unserem Fall in Aggressionen gegen das eigene Leben, in der Selbstzerstörung durch eine Suizidhandlung.

Ein typisches Beispiel für Aggressionshemmung begegnet uns im seelsorglichen Gespräch häufig beim Problem der Trennung. Der verlassene Partner (oder die verlassene Partnerin) erzählt ausschließlich von schönen gemeinsamen Erlebnissen der Vergangenheit. Es werden z. B. Fotos aus dem Urlaub gezeigt, der noch so schön war, und klagend gefragt, warum denn jetzt alles so anders ist. Für das seelsorglich-therapeutische Gespräch ist es sehr wichtig, auch zu fragen, was denn früher *nicht* schön und was enttäuschend in der Beziehung war. Erst wenn es gelingt, den Hilfesuchenden auch an die Schattenseite der bisherigen Beziehung heranzuführen, kann die aggressive Seite Raum gewinnen und die Aggressionshemmung aufgelöst werden. Solange das nicht möglich ist, bleibt der Aggressionsstau und somit die Gefahr der Aggressionsumkehr in Richtung Selbstzerstörung.

Das Symptom Suizidphantasien

Das Symptom „Suizidphantasien" kann beschrieben werden als Flucht aus der unerträglichen Wirklichkeit in die Phantasiewelt. Dabei kommt meist zuerst der Gedanke oder Wunsch, nicht mehr da sein zu müssen. Diese Idee steigert sich in die Vorstellung, etwas aktiv tun zu können, um der unerträglichen Situation des Lebens selbst ein Ende zu setzen bis hin zu konkreten Vorstellungen, wie man das machen könnte. Eine höchst gefährliche

Phase tritt ein, wenn praktische Vorbereitungen zu einer möglichen Suizidhandlung getroffen werden, z. B. die dazu notwendige Anzahl von Tabletten gesammelt und bereitgestellt wird. Eine geringfügige neue Belastung kann dann Anlaß sein, die Tabletten einzunehmen. Deshalb ist es beim seelsorglichen Gespräch wichtig zu fragen, ob jemand in dieser seiner Situation auch schon daran gedacht hat, mit seinem Leben Schluß zu machen. Wird diese Frage bejaht, kann durchaus weitergefragt werden, ob er (sie) sich schon Gedanken gemacht hat, wie er (sie) „Schluß machen" will, und dazu irgendwelche Vorbereitungen getroffen hat. Durch eine derartige Frage wird die Gefahr zu einer Suizidhandlung nicht verstärkt, im Gegenteil: dem Betroffenen wird das Gefühl vermittelt, daß man darüber sprechen kann. Dadurch wird er aus der Isolierung solcher Gedanken befreit und erlangt dadurch Entlastung. Suizidalität kann nämlich als Abbruch der Beziehungen verstanden werden. Wird das Gespräch auf dieses Problemfeld gelenkt, wird die Isolation aufgelöst, kann gerade in diesem Konflikt Kontakt zum Gesprächspartner aufgenommen und die Gefahr zu einer Suizidhandlung vermindert werden.

In diesem Zusammenhang ist es wichtig zu wissen, daß erst dann akute Gefahr zu einer Suizidhandlung besteht, wenn alle drei Symptome zugleich vorhanden sind. Erst dann liegt das „Präsuizidale Syndrom" vor.

2. Wie kommt es zu einer Suizidhandlung?

Hauptmotive, die zu Suizidhandlungen führen

Motiv – also auslösender Faktor – zu einer Suizidhandlung kann alles werden, was für den einzelnen zu einem unlösbaren Konflikt wird. Dabei spielen Persönlichkeitsstruktur, Lebensgeschichte und das daraus resultierende Maß an persönlicher Belastbarkeit eine Rolle. Trotzdem gibt es bestimmte Belastungssituationen, die immer wieder als (Haupt)motiv für eine Suizidhandlung genannt werden. Das sind vor allem: Partnerkonflikte; Eltern-Kind-Probleme; Lebenskrisen (z. B. Pubertät, Trauerreaktionen); Schulprobleme; Arbeitslosigkeit; hohe Verschuldung; soziale Isolation (z. B. bei alten Menschen, bei Randgruppen wie beispielsweise Homosexuellen); Suchtprobleme (Alkohol, Medikamente, Drogen); chronische Erkrankung, wobei zumeist nicht die Krankheit als solche auslösender Faktor für eine Suizidhandlung ist, sondern die erlebte Kränkung durch Schwinden der mitmenschlichen Zuwendung infolge einer chronischen Erkrankung.

Psychodynamische Faktoren

Suizid und Suizidversuch sind von der inneren Dynamik her unterschiedlich. Beim *erfolgten* Suizid kann man in der Regel davon ausgehen, daß ein

Mensch seinem Leben ein Ende gesetzt hat, weil er sterben wollte. Beim Suizid*versuch* hingegen spielen sehr häufig andere Motive mit eine Rolle: Hilferuf als Appell an die anderen, Erpressung und gelegentlich auch Bestrafung eines anderen.

Da jedoch Suizidhandlungen als Ausdruck für eine unerträgliche Konfliktsituation zu verstehen sind, ist das Motiv, das zur Suizidhandlung geführt hat, nicht immer eindeutig klar. „Die meisten Menschen, die Selbstmordhandlungen begehen, wollen nicht entweder sterben oder leben. Sie wollen beides gleichzeitig, gewöhnlich das eine mehr – oder viel mehr – als das andere. Es ist ganz unpsychologisch, von Menschen in Krisenzuständen zu erwarten, daß sie genau wissen, was sie wollen und entsprechend handeln. Das gilt vor allem für besonders verletzbare und labile Individuen, die die Mehrzahl der zu Selbstmordhandlungen neigenden Menschen darstellen" (Stengel 1969, 74). Eine gute Hilfe zur Unterscheidung der Hauptmotive beim Suizidversuch hat Feuerlein (1971, 1973) gegeben. Dazu folgendes Schaubild:

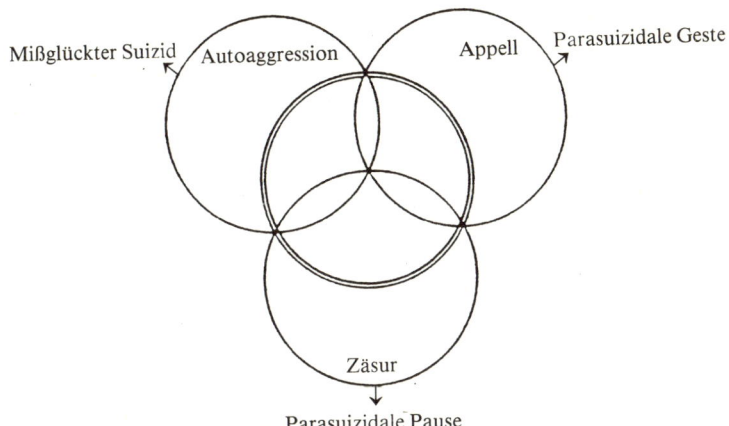

Stadien der suizidalen Entwicklung (Pöldinger 1968)

– Phase der Erwägung: Jeder Mensch lernt im Laufe seines Lebens, mit Konflikten umzugehen, und entwickelt dadurch seine „Konfliktlösungsstrategien". Gerät nun jemand in einen Konflikt, der für ihn völlig neu oder so groß ist, daß bisherige bekannte Lösungsversuche nicht mehr ausreichen, kann er in eine ausweglose Situation geraten. In diesem Zustand drängt sich häufig der Gedanke auf, die ausweglose Situation durch eine Suizidhandlung zu beenden. Dabei spielen „psychodynamische Faktoren", wie Aggressionshemmung der Persönlichkeit und soziale Isolierung, eine Rolle. Andererseits begünstigen „suggestive Momente", wie Suizide in der

Familie und Umgebung, Pressemeldungen über Suizide, Literatur und Film, den Gedanken an Suizid. Die suggestiven Momente sind als beispielhafte, mögliche Lösungsversuche in ausweglosen Situationen zu verstehen.

– Phase der Ambivalenz: Hat sich einmal der Gedanke an eine Suizidhandlung als möglicher Lösungsversuch in einer erlebten unlösbaren Konfliktsituation eingestellt, folgt eine Phase der Ambivalenz, in der ein einzelner mit sich ringt, ob er (sie) sich um weitere Lösungsversuche bemühen will oder den Konflikt durch eine Suizidhandlung beenden soll. In dieser Phase der Ambivalenz werden in der Regel direkte Suizidankündigungen gemacht, die als Hilferuf zu verstehen sind. Häufig werden jedoch diese Hilferufe vom Adressaten nicht verstanden, da dieser sich dadurch bedroht oder angegriffen fühlt. Das zeigt schon die Wortwahl für eine „Suizidankündigung". In der täglichen Umgangssprache wird kaum jemand den Begriff „Suizidankündigung" gebrauchen, sondern von „Suiziddrohung sprechen. Der Adressat fühlt sich durch eine Suizidankündigung in Mitverantwortung gezogen, die Mitteilung macht ihm Angst, er fühlt sich bedroht, an dem möglichen Tod mitschuldig zu werden. Dadurch kann er nicht mehr unvoreingenommen den Hilferuf hören und sich darauf einlassen. Er wird vielmehr das Bedürfnis haben, sich zu schützen und sich möglichst herauszuhalten. Suizidankündigungen werden besonders dann nicht mehr gehört und ernst genommen, wenn sich diese Phase über Monate oder gar Jahre hinzieht. Das gilt gerade dann, wenn der Betroffene zudem durch seine Lebensführung, wie z. B. bei Alkoholismus, seine Gesundheit permanent massiv belastet und durch die psychologischen Folgen sein Umfeld verärgert und hilflos macht.

Werden Suizidankündigungen als Hilferuf nicht angenommen, wird den Suizidgefährdeten das Gefühl vermittelt, nicht verstanden zu werden und im erlebten auswegslosen Konflikt allein zu bleiben.

– Entschluß zur Suizidhandlung: Genau an diesem Punkt fällt die tragische Entscheidung: die Entscheidung zu einer Suizidhandlung. Ist diese Entscheidung gefallen, wird der im Konflikt Lebende nicht mehr oder kaum noch über seine Probleme sprechen. Er wird vielmehr nach außen hin ruhig erscheinen. Pöldinger hat diesen Zustand als „Ruhe vor dem Sturm" bezeichnet. In dieser letzten Phase werden höchstens noch „indirekte Suizidankündigungen" gemacht, etwa in der Form, daß jemand über seine Zukunftspläne (z. B. Beruf, Urlaub usw.) befragt, nur noch die Antwort hat: „Das ist mir alles egal". Diesen inneren Weg zur Suizidhandlung hin hat Pöldinger (1968) in einem Schaubild eindrucksvoll dargestellt:

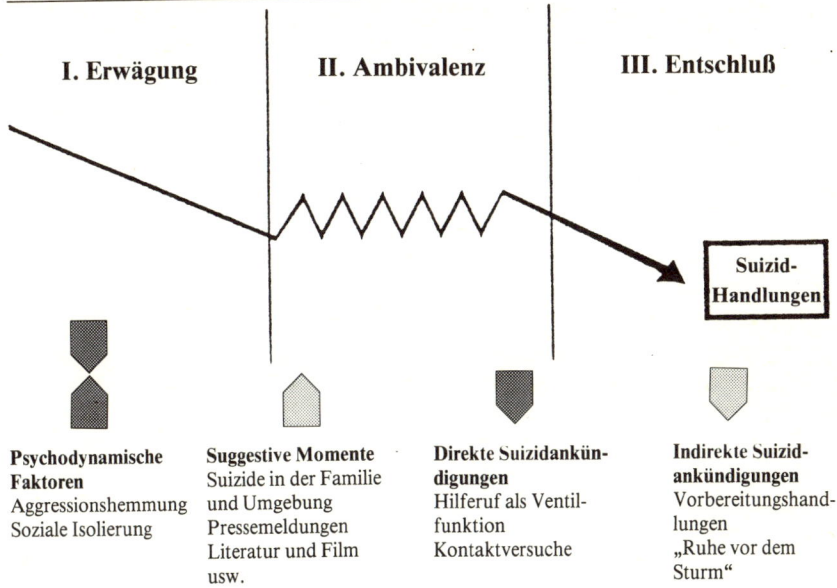

3. Das seelsorgliche Gespräch mit Suizidgefährdeten

Die meisten Menschen, die sich in einer Krise an den Seelsorger oder die Seelsorgerin wenden, sind gesprächsbereit. Ebenso Patienten nach einem Suizidversuch. Das Thema des Gesprächs ist in erster Linie der Konflikt, der das Leben so schwer macht bzw. zu einem Suizidversuch geführt hat. Wenn das Gespräch von seiten des Seelsorgers „unideologisch" geführt wird, d.h., wenn der Seelsorger von den Bedürfnissen und Möglichkeiten des (der) Ratsuchenden und nicht von seinen (ihren) eigenen ausgeht, kann ein Gespräch für gefährdete Personen entlastend und stabilisierend wirken. Ist der bestehende Konflikt genügend besprochen und geklärt, zeigen sich neue Möglichkeiten zur Konfliktbewältigung, dann ist die akute Gefahr der Suizidaltität zumeist überwunden. Wenn jedoch der erlebte Konflikt nicht zu lösen ist, muß der Seelsorger unbedingt Hilfe bei einem professionellen Helfer (z.B. Psychotherapeuten, Psychologen, Psychiater) suchen. Ansonsten bleibt beim ungelösten Konflikt die akute Suizidgefahr bestehen. Hier wäre das seelsorgliche Gespräch erst dann beendet, wenn der (die) Suizidgefährdete an einen kompetenten Helfer vermittelt und angenommen ist.

Für Menschen *nach* einem Suizidversuch sind neben den Fragen nach einer möglichen Konfliktbewältigung folgende Themen zusätzlich gefragt und damit wichtig: die Frage nach dem Sinn des Lebens, die Frage nach Sterben und Tod und die Schuldproblematik.

Die Sinnfrage

Patienten nach einem Suizidversuch stellen oft die Frage nach dem Sinn des Lebens, meistens in der negativen Formulierung, daß sie selbst keinen Sinn mehr in ihrem Leben sehen. Für den Seelsorger ist es wichtig herauszuhören, was der Patient mit dieser Frage meint. Denn den meisten geht es nicht um eine theoretisch-philosophische oder theologische Problematik, sondern um den Verlust, den sie erlitten haben. Das zeigt sich besonders deutlich bei Äußerungen wie z. B. „wenn mich mein Mann verläßt, hat das Leben für mich keinen Sinn mehr". Somit ist die Sinnfrage auf der Beziehungsebene zu verstehen: Wenn die Suizidhandlung als Abbruch der Beziehungen verstanden werden kann, dann ist die Sinnfrage konsequenterweise eine Anfrage auf der Beziehungsebene, zunächst gerichtet auf die Beziehung zum Berater. Hier gilt das Wort von Kierkegaard: „Der Helfer ist die Hilfe". Insofern ist die Sinnfrage des Patienten ein Appell nach Zuwendung.

Dieser Appell hat aber auch seine eigene Problematik. Wer durch mangelnde Liebe und Zuwendung in der frühen Kindheit geschädigt ist, wird auch im späteren Leben schwerlich fähig sein, angebotene Zuwendung und Liebe unvoreingenommen anzunehmen. Eine solchermaßen zu kurz gekommene Persönlichkeit kann in ihrer Erwartung so maßlos sein, daß ihr Liebeshunger nicht zu stillen ist bzw. sie Beziehungen nur symbiotisch eingehen kann. Hier genügt das seelsorgliche Gespräch allein sicher nicht, nur eine langfristige Therapie kann Versäumtes aufarbeiten. Deshalb muß sich trotz angebotener Zuwendung der Seelsorger auch abgrenzen, damit er sich nicht in die Rolle von Substituten, also zu einem Ersatz für fehlenden Vater, Mutter, Partner/in oder Freund/in drängen läßt. Sonst kann der Konflikt nicht verarbeitet, sondern nur wiederholt werden, da der Berater diese Rolle irgendwann nicht mehr weiter übernehmen will oder kann. Häufig kündigt sich diese Problematik bei Suizidpatienten/-patientinnen gleich zu Beginn des Gesprächs an. Wenn ich mich als Seelsorger vorstelle und frage, was denn der Grund für die Tabletteneinnahme war, bekomme ich nicht selten zur Antwort, daß sie (er) nicht darüber sprechen wolle, da ich sie (ihn) ja nicht besuche, weil mir persönlich daran liegt, sondern weil das mein Job ist. Damit liegt die Vermutung nahe, daß es sich hier um jemanden handelt, der Beziehungen nur symbiotisch eingehen kann. Nach dem Motto „Alles oder Nichts", das als Verhaltensmuster eingeübt ist, werde ich als Seelsorger getestet, ob ich mich so auf Beziehungen einzulassen bereit bin, wie es mein(e) Gesprächspartner(in) will. Deshalb ist der erste Schritt bei einem solchen Gespräch, den augenblicklichen akuten Konflikt zwischen mir und dem Gesprächspartner anzusprechen und zu bearbeiten. Ansonsten werde ich als Seelsorger mit dem Gesprächspartner entweder nicht zusammenfinden oder ich begebe mich in die Rolle einer Ersatzfigur, die den grundlegenden Konflikt, der zum Suizidversuch geführt hat, nicht verarbeiten, sondern wiederholen wird. Dazu folgendes Beispiel:

Eine junge Frau (ca. 28 Jahre alt), die als Reaktion auf die Trennung ihres Partners einen Suizidversuch gemacht hatte, fragte mich gleich zu Beginn des Gesprächs, ob ich bereit wäre, für sie ein Vater zu sein. Überrascht über dieses Angebot, brauchte ich erst einmal Zeit für mich. Danach sagte ich der Frau, daß ich das nicht will und nicht kann. Es kam dann zu einer heftigen Auseinandersetzung, weil sie immer wieder betonte, daß dies die einzige Möglichkeit wäre, am Leben wieder Freude zu finden. Schon immer habe sie sich einen guten Vater gewünscht – ihr eigener war früh verstorben – und jetzt sei unsere Begegnung eine Möglichkeit für sie, endlich diesen Wunsch erfüllt zu bekommen. Es hat viel Kraft gekostet, bis sie begreifen konnte, daß dies nicht die Lösung des Problems ist, höchstens eine Verschiebung, die irgendwann mit Sicherheit erneut zu einem unerträglichen Konflikt führen wird. Meine Krisenintervention für diese Frau bestand darin, ihr den Grundkonflikt einsichtig zu machen und sie zu einer langfristigen Psychotherapie zu motivieren, was dann auch gelungen ist. Es ist ein schmaler Grat zwischen Nähe und Distanz, auf dem sich jeder bewegt, der einerseits Zuwendung und Liebe vermitteln will, andererseits sich abgrenzen muß, um den Patienten zur Realität hinzuführen.

Die Frage nach dem Sinn des Lebens in ihrem ganzen Umfang, also auch die Frage nach der Transzendenz, ist damit noch nicht beantwortet. Aber Theologie beginnt nicht erst dort, wo ein Wort aus der Bibel ausgesprochen, ein theologischer Begriff verwendet oder ein Sakrament gespendet wird. Vielmehr öffnet sich eine theologische Dimension schon dort, wo sich z. B. das ereignet, was Jesus in der vorurteilsfreien Zuwendung zum Menschen gelebt und verkündet hat. Wer Hunger hat, braucht zuerst Brot und dann erst ein Wort der Bibel oder ein Sakrament. Wenn die Suizidhandlung vieler Menschen als Hilferuf nach Kommunikation und Angenommensein verstanden wird, können die Botschaft von einem liebenden Gott und die Sakramente als Zeichen der Nähe Gottes erst verstanden werden, wenn der (die) Hilfesuchende Liebe und Zuwendung von denen erfährt, die ihm (ihr) nach einem Suizidversuch begegnen. Ob und dann der Zeitpunkt für ein weiterführendes deutendes Wort aus dem Glauben gekommen ist, kann nur im Einzelfall entschieden werden.

Einstellung zum Tod

Die meisten Menschen haben sich – entgegen „landläufiger Meinung" – vor ihrem Suizidversuch mit Sterben und Tod nicht auseinandergesetzt, da in der Mehrzahl der Fälle der Suizidversuch als parasuizidale Handlung ohne Sterbewille zu verstehen ist (Feuerlein 1971). Deshalb ist von seiten der Betroffenen beim seelsorglichen Gespräch nach einem Suizidversuch Sterben und Tod meistens kein Thema. Die Suizidhandlung ist bei den meisten Menschen als letzte Möglichkeit zu verstehen, einem ausweglos erscheinenden Konflikt dadurch zu entrinnen, daß die Betroffenen mit der

Suizidhandlung die Verantwortung für ihr Leben abzugeben versuchen und Hilfe für die Lösung des Konflikts von außen erwarten (Appellfunktion). Zwar unternehmen sie eine Handlung, die den Charakter einer Selbstvernichtung trägt, dennoch möchten sie nicht sterben, sondern *so* nicht mehr weiterleben. Von daher wird verständlich, daß sie sich nicht mit Sterben und Tod auseinandersetzen, sondern häufig als einziges Thema im seelsorglichen Gespräch immer wieder ihren unbewältigten Konflikt anbieten. Trotzdem kann es therapeutisch wichtig sein, daß der Seelsorger im Gespräch mit Suizidpatienten Sterben und Tod thematisiert, um sie darauf aufmerksam zu machen, daß ein Suizidversuch ein gefährliches und letztlich untaugliches Mittel zur erhofften Lösung scheinbar unlösbarer Konflikte ist.

Anders ist es bei Menschen zu sehen, bei deren Suizidhandlung Sterbewille vorhanden war, obwohl sie gerettet wurden. Hier haben wir es mit Suizidversuchen im strengen Sinn des Wortes zu tun (Feuerlein 1971). Diese Menschen sprechen meistens von sich aus das Thema Sterben und Tod an. Ähnliches läßt sich auch aus dem Nachlaß von Suizidtoten feststellen. In Tagebuchnotizen und Abschiedsbriefen wird dann das Thema Sterben und Tod meistens ausführlich behandelt.

Suizidhandlung und Schulderleben

Nach dem eben Gesagten ist es eigentlich nur konsequent, daß für die meisten Menschen nach einem Suizidversuch beim seelsorglichen Gespräch Verantwortung oder Schuld Menschen oder Gott gegenüber kein Thema sind. Selbst religiös erzogene und religiös lebende Menschen bringen von sich aus dieses Thema meistens nicht ein. Wenn sie nicht sterben, sondern *so* nicht mehr weiterleben wollten, war das Motiv der Suizidhandlung nicht Sterbewille, sondern Appell an die anderen. Insofern ist es auch verständlich, daß Schulderleben vordergründig kein Thema für sie ist. Es ist nicht Aufgabe des Seelsorgers, diesen Menschen Schuldgefühle zu machen. Aber vielleicht könnte ein Gespräch über die Auswirkung des Suizidversuches auf den Partner oder die Partnerin, bzw. das soziale Umfeld, dem der Appell gegolten hat, für die Verarbeitung der Krise und für die Zukunft wichtig sein. Denn in vielen Fällen wird der Appell vom Gegenüber nicht verstanden und so die mit dem Suizidversuch gewünschte Kommunikatikon erst recht erschwert.

Wenn sich in Einzelfällen Menschen wegen ihres Suizidversuches schuldig fühlen − oder Schuldgefühle Mitursache des Suizidversuches waren −, ist es wichtig, daß der Seelsorger das Thema Schuld aufgreift, um mit ihnen daran zu arbeiten. Häufig leiten Patienten das Gespräch damit ein, daß sie sich selber anklagen, sich für ihren Suizidversuch entschuldigen und beteuern, so etwas nie mehr tun zu wollen. Eine Verharmlosung von seiten des Seelsorgers wäre für die Betroffenen lediglich eine kurzfristige Entlastung, jedoch keine tragfähige Hilfe auf Dauer. Nur wenn sie der Seelsorger in ihrem Schulderleben ernst nimmt, kann er Zugang zu ihnen finden und mit ihnen an ihrer möglichen Schuld arbeiten. Deshalb empfiehlt sich als erster Schritt die Bestätigung, daß mit dem Suizidversuch etwas Belastendes geschehen ist. In einem zweiten Schritt kann daran gearbeitet werden, den Suizidversuch jetzt als zum Leben gehörend zu akzeptieren; es ist wichtig, daß man dazu steht, damit man aus dem, was geschehen ist, für die Zukunft lernt.

Für religiös offene Menschen kann in diesem Prozeß befreiend erlebt werden, was Vergebung heißt: nicht Auslöschen der Vergangenheit oder Rückgängig-machen-Wollen des Geschehenen, sondern Angenommensein im Hier und Jetzt (Zulehner 1979). Diese Erfahrung kann den, der sich schuldig weiß und fühlt, ermutigen, sich selbst mit seiner konkreten Lebensgeschichte und Schuld anzunehmen und so neue Möglichkeiten für die Zukunft zu eröffnen.

Eine Sonderstellung nehmen die Patienten ein, die unter starken Depressionen leiden. Bei dieser Gruppe spielen krankhafte Schuldgefühle eine große Rolle, die bekanntermaßen als Teil-Symptom der erlebten Depression gelten. Unsere Erfahrungen legen sogar den Verdacht nahe, daß eine Depression dann vorliegt, wenn ein Suizidpatient den Seelsorger *als erstes* um die Beichte bittet (vgl. zu diesem Themenkreis Hole 1977).

Literatur

FEUERLEIN WILHELM: Selbstmordversuch oder parasuizidale Handlung. In: Der Nervenarzt 42 (1971) 127–130.
– : Selbstmord und Selbstmordversuch. In: Medizinische Klinik 68 (1973) 1717–1721.
HOLDEREGGER ADRIAN: Die Verantwortung vor dem eigenen Leben: Das Problem des Suizides. In: Handbuch der Christlichen Ethik, Bd. III, Freiburg i. Br.: Herder 1982.
– : Ein Recht auf den freigewählten Tod? Theologische Überlegungen. In: Concilium 21 (1985) 223–229.
HOLE GÜNTER: Der Glaube bei Depressiven. Stuttgart: Ferdinand Enke 1977.
PÖLDINGER WALTER: Die Abschätzung der Suizidalität. Bern/Stuttgart: Hans Huber 1968.
REINER ARTUR / KULESSA CHRISTOPH: Ich sehe keinen Ausweg mehr. Mainz/München: Grünewald/Kaiser ³1981.
RINGEL ERWIN (Hrsg.): Selbstmordverhütung. Bern/Stuttgart/Wien: Hans Huber 1969.
STENGEL ERWIN: Selbstmord und Selbstmordversuch. Stuttgart: S. Fischer 1969.
ZULEHNER PAUL: Umkehr: Prinzip und Verwirklichung. Am Beispiel Beichte. Frankfurt: Knecht 1979.

Personenregister

Aguilera, Donna C. 100
Alexander, Franz G. 168, 175
Andriessen, Herman 186, 274, 283
Aronson, Elliot 159, 164
Auer, Alfons 257
Augustinus 293

Bach, Ulrich 35, 40
Bachmann, Claus H. 91
Bacht, Heinrich 119
Bakker, Leo 196
Bärenz, Reinhold 66, 72, 240
Bartholomäus, Wolfgang 265
Baumgartner, Isidor 66, 70, 72, 209
Baumgartner, Jakob 227
Baumgartner, Konrad 12, 19, 29, 111, 118, 119, 232, 248, 301
Baumgartner, Michael 19, 29
Bäumler, Christof 19, 294
Beavin, Janet H. 73
Beinert, Wolfgang 146
Benedetti, Gaetano 170, 175
Benedikt von Nursia 101, 110
Benesch, Hellmuth 63, 64, 65, 66, 72
Berg, Hans G. 186
Berger, Peter L. 128
Biser, Eugen 42, 50
Bitter, Gottfried 301
Blanck, Gertrud 200, 209
Blattner, Bärbel 295
Blattner, Jürgen 42, 43, 46, 50
Böckle, Franz 258, 265
Bogensberger, Hugo 129
Boss, Medard 265
Braune-Kricka, Michael 66, 72
Brocher, Tobias 230, 307, 310
Bruners, Wilhelm 209, 283
Brunner, Heinz 170, 311, 320
Buber, Martin 23, 29, 32, 40, 78, 81, 242, 248
Bühler, Pierre 225, 226, 230
Bühlmann, Walbert 273
Bühringer, Gerhard 73
Burton, Arthur 91
Buytendijk, Frits J. J. 283

Chardin, Teilhard de 46, 220
Chrysostomus 287
Clinebell, Howard J. 29, 70, 72
Cohn, Ruth 91
Condrau, Gion 100, 265
Cowan, Michael 215, 216, 217, 220

Cox, Harvey 294
Cremer, Inés 41

David, Jakob 142, 143, 146
Delp, Alfred 292
Derksen, Nico 283
Devonshire, Charles M. 88, 91
Diergarten, Friedrich 201, 209
Dieterich, Michael 19
Dilling, Horst 175
Dörner, Klaus 160, 164, 168, 175, 273
Draf, Dieter 294
Drees, Ludwig 320
Drewermann, Eugen 26, 29, 34, 40, 128, 129, 199, 206, 209
Dufner, Meinrad 110
Dunde, Siegfried R. 264, 265, 265
Duval, Aimé 320

Egan, Gerard 215, 216, 217, 220
Eicher, Peter 200, 209
Eisenkopf, Paul 273
Eisenstein, Georg M. 53, 59
Engel, Hasso 320
Engelke, Ernst 310
Erikson, Erik H. 156, 162, 164, 191, 192, 196, 214, 217, 220, 225, 230
Ernst, Wilhelm 146

Falkner, Andreas 115, 119
Feifel, Erich 231
Feuerlein, Wilhelm 320, 325, 329, 330, 331
Fowler, James W. 219, 220
Franke, Thomas 41
Frankl, Viktor E. 55
Frère John de Taizé 283
Freud, Sigmund 199
Friedberger, Walter 13, 273
Frielingsdorf, Karl 196, 201, 209
Friemel, Franz-Georg 116, 118
Fries, Heinrich 238
Frör, Hans 100
Fuchs, Gotthard 53, 59
Fuchs, Ottmar 164, 273
Fuchtmann, Engelbert 320
Funiok, Rüdiger 294
Funke, Dieter 41, 198, 200, 208, 209, 258

Gadamer, Hans 46, 50
Ganoczy, Alexandre 41
Garcia-Monge, Josef 118

Garhammer, Erich 19, 248
Gärtner, Hans W. 34, 40
Gerkin, Charles 29
Gestrich, Reinhold 12, 19
Glaser, Barney G. 159, 164
Goldbrunner, Josef 18, 19, 57, 60, 119
Greshake, Gisbert 220
Griesinger, Wilhelm 167
Gruen, Arno 206, 209
Grün, Anselm 101, 110, 230
Guardini, Romano 123, 213, 220, 230, 279
Guggenbühl-Craig, Adolf 129
Gutl, Martin 11

Hagenmaier, Martin 165, 171, 175
Häring, Bernhard 137
Harsch, Helmut 171, 175
Hauser, Theresia 221, 224, 228, 231
Heidegger, Martin 253
Heinroth, Johann C. 167
Helas, Irene 73
Heller, Andreas 146
Herms, Eilert 60
Herr, John J. 159, 164
Heyer, Josefine 92, 94, 95, 100
Hillenbrand, Karl 30
Hilpert, Konrad 146, 257
Hiltner, Seward 20
Hobelsberger, Hans 19
Holderegger, Adrian 331
Hölderlin, Friedrich 128
Hole, Günter 169, 175, 331
Hollander, Walther von 223, 231
Hollenbach, Johannes 253, 257
Hoppe, Klaus D. 205, 206, 209
Horkheimer, Max 289
Hutter, Elfriede 294

Ignatius von Loyola 189, 194, 196, 282, 291, 293
Irenäus von Lyon 54
Irle, Gerhard 175

Jackson, Don D. 73, 122, 129
Jacobi, Jolande 110, 162, 164
Jakowski, Peter 91
Jaschke, Helmut 60
Johannes Paul II. 144, 146
Josuttis, Manfred 237
Jung, Carl G. 69, 72, 100, 110, 128, 246, 254

332

Kabitz, Maria 152, 155
Kafry, Ditsa 159, 164
Kahlefeld, Heinrich 53, 60
Kaiser, Matthäus 137
Kalbfuß, Heinrich 40
Karrer, Leo 201, 209
Kaspar, Peter P. 239, 240
Kassel, Maria 223, 231
Kast, Verena 66, 72, 99, 100, 240
Katharina von Siena 106
Katte, Dieter 146
Kautzky, Rudolf 50
Keller, Edeltraut 146
Kellner, Hansfried 128
Kennedy, Eugen 30, 64, 72
Kierkegaard, Søren 78, 275, 328
Kirchschläger, Walter 137
Klein, Irene 186
Klinger, Elmar 40, 41
Kneer, Waltraud 155
Knobling, Cornelia 156, 159, 163, 164
Koch, Kurt 294
Koenning, Konstanze 167, 175
Kohut, Heinz 205, 209
Köster, Fritz 273
Köster, Peter 283
Kramer, Hans 146
Kretschmer, Ernst 66
Kroeger, Matthias 81
Krusche, Peter 236, 237, 238, 240
Kübler-Ross, Elisabeth 307, 310
Kulessa, Christoph 331
Künzel-Schön, Marianne 159, 164
Küsow, Ernst-Rüdiger 13
Kutter, Peter 202, 209

Lade, Eckard 30
Ladenhauf, Karl H. 191, 196
Lambert, Willi 196
Lange, Josef 129
Langmaack, Barbara 66, 72
Lao-tse 81
Lederer, William J. 122, 129
Lehmann, Karl 20, 23, 24, 30, 140, 141, 146, 264, 265
Lehr, Ursula 156, 164, 231
Levinson, Daniel 220
Lies, Lothar 189, 190, 196
Lippert, Peter 239
Liss, Bernhard 130, 137, 146
Lorenzer, Alfred 208, 209
Louf, André 110
Ludwig, Karl J. 302, 303, 310

Mackscheidt, Elisabeth 154, 155

Mayer-Scheu, Josef 34, 41, 43, 50, 302, 309, 310
Mearns, Dave 81
Meister Eckart 43, 44, 49, 50, 106
Mente, Arnold 91
Merry, Tony 81
Messick, Janice M. 100
Mette, Norbert 19, 294
Metz, Johann B. 292
Mieth, Dietmar 44, 50, 257, 265
Miethner, Reinhard 186
Miller, Gabriele 301
Moltmann, Jürgen 287, 294
Morgenthaler, Christoph 97, 100
Müller, Heinz J. 138
Müller, Ilse K. 175
Müller, Wunibald 20, 22, 25, 26, 27, 28, 30, 90, 91, 100, 158, 164, 175, 186, 212, 220, 260, 265, 283

Nelson, Carl E. 257
Neuhaus, Ingritt 128, 129
Neysters, Peter 146
Nidetzky, Werner 51, 60
Nietzsche, Friedrich 287
Niggl, Gilbert 152, 153
Nipkow, Karl E. 181, 186
Nohl, Paul G. 175
Nouwen, Henri J. M. 22, 27, 30, 57, 60

Oates, Wayne 234, 240
Oglesby, William 22, 24, 30
Osmer, Richard 220
Otto, Rudolf 279, 283

Paul VI. 40, 298, 301
Peck, Robert 224, 225, 231
Pervin, Lawrence A. 67, 72
Peuschel, Gertrud 155
Pfister, Oskar 48, 49, 50
Pieper, Josef 294
Piper, Hans-Christoph 308, 310
Pindar 78
Pines, Ayalla M. 34, 41, 159, 164
Plank, Maria 147
Platon 279, 283
Ploog, Ursula 160, 164, 273
Pohlmeier, Hermann 64, 72
Pöldinger, Walter 64, 72, 325, 326, 331
Pompey, Heinrich 30, 54, 60
Pongratz, Ludwig J. 65, 72
Probst, Manfred 299, 301
Progoff, Ira 195, 196

Quint, Josef 50

Rabbi Hirsch 32, 40
Rahner, Hugo 294
Rahner, Karl 53, 59, 60, 118, 119, 196, 253, 257, 295
Ratzinger, Joseph 26, 30
Rauchfleisch, Udo 258, 263, 265
Rebell, Walter 66, 72
Reiner, Artur 64, 321, 331
Richter, Horst E. 65, 73
Ricœur, Paul 248
Riemann, Fritz 49, 50, 65, 66, 73
Rilke, Rainer M. 308
Ringel, Erwin 64, 73, 321, 331
Rogers, Carl 20, 27, 54, 57, 69, 76, 77, 79, 81, 82, 85, 86, 87, 91
Rotter, Hans 141, 146
Rulla, Luigi M. 196

Sailer, Johann Michael 13
Sartory, Gertrude 294
Sartre, Jean P. 57
Scharfenberg, Joachim 68, 73, 205, 209
Scharfetter, Christian 170, 175
Schaupp, Klemens 187, 191, 192, 197
Schibilsky, Michael 240
Schillebeeckx, Edward 53
Schilling, Hans 116, 119
Schiwy, Günther 220
Schlund, Robert 257
Schmalbrock, Gertrud 164
Schmatz, Franz 119
Schmid, Peter F. 30, 54, 74, 79, 81, 82, 83, 88, 91
Schmidbauer, Wolfgang 34, 41
Schmidt, Eva R. 186
Schmidtobreick, Bernhard 73
Schmitt, Hugo 273
Schmitz, Josef 209
Schmitz, Philipp 249, 254, 257, 283
Schneewind, Klaus A. 66, 73
Schneider-Harpprecht, Christoph 240
Schoißwohl, Veronika 164
Schreiber, Hermann 155
Schuchardt, Erika 308, 310
Schütz, Christian 19, 119
Schwarz, Andrea 176
Schwermer, Josef 66, 70, 71, 73
Selesnick, Sheldon T. 168, 175
Senn, Hans 175
Sheely, Gail 213, 220
Sheldon, William F. 66
Simon, Roland 71, 73, 308
Sölle, Dorothee 246

333

Spiegel, Yorick 73, 234, 235, 236, 240, 308, 310
Spittler, Horst-Dietmar 91
Sporken, Paul 309, 310
Steggink, Otger 283
Steiner, Anton 51, 52, 60
Stengel, Erwin 325, 331
Stenger, Hermann 16, 19, 26, 30, 116, 186, 197, 208, 209, 214, 216, 218, 220
Stich, Helmut 56, 60, 82
Stoiber, Ilona 320
Stollberg, Dietrich 18, 19. 76, 82, 91, 116, 119
Strauß, Anselm 159, 164
Strozka, Hans 100
Sudbrack, Josef 34, 41, 115, 119
Sundén, Hjalmar 283
Switek, Günther 196
Switzer, David K. 70, 73, 100, 237

Tauler, Johannes 106
Teresa von Avila 106
Thomae, Hans 197, 231

Thomas, Hobart F. 91
Thorne, Brian 81
Tillich, Paul 253
Tölle, Rainer 64, 73, 169, 175
Trautwein, Dieter 287, 294
Trüb, Hans 29

Valentin, Karl 214
Van der Geest, Hans 19
Vergote, Antoine 283
Vetter, August 222, 223, 231
Villiez, Thomas von 320
Vogel, Gustav L. 64, 73
Völger, Gisela 320

Wachinger, Lorenz 122, 129, 241, 244, 248
Watzlawick, Paul 67, 73
Weakland, John 159, 164
Weber, Maximilian 67, 73
Weil, Simone 280, 283
Weinstock, Comilda S. 231
Welck, Karin von 320
Wessel, Werenfried 266
Weymann, Volker 51, 52, 240

Whitbourne, Susan K. 231
Wicks, Robert 30, 220
Wieh, Hermann 273
Wilkerson, David 318, 320
Willms, Wilhelm 59
Windisch, Hubert 19, 57, 58, 82, 60, 119, 273, 286
Winkler, Eberhard 240
Winkler, Klaus 100
Winnicott, Donald W. 202, 204, 209
- Winter, Erik 320
Wood, John K. 86, 91
Wulf, Friedrich 196

Zauner, Wilhelm 129
Zerfaß, Rolf 14, 17, 19, 24, 30, 31, 39, 40, 41, 53, 54, 57, 58, 60, 248, 273
Ziegler, Herbert 73
Zimmermann, Dietrich 299, 301
Zulehner, Paul M. 59, 60, 137, 148, 151, 155, 240, 273, 295, 301, 331
Zwingmann, Charles 231

Sachregister

Abhängigkeit 311, 312, 314, 315, 319
Abstinenztherapien 317
Abwehrmechanismen 24, 234, 316, 317, 319
Aggression 66, 124, 174, 322, 323
AIDS-Kranke 263 – 265
Aktualisierungstendenz 77
Akzeptanz 20, 26, 27, 79, 88, 132, 153, 301, 329
Alleinerziehende 147 – 155
Alltag 17, 101, 109, 140, 181
Alter 127f, 156 – 164, 171
Altern 156f
Anamnese 63
Angst 47, 48, 49, 124, 140, 152, 174, 241, 247
– Typen der 66
Annehmen, s. Akzeptanz
Anthropologie 76
Arme 34, 35
Arzt 25
Ausbildung 81, 87
– theologische 16

Begegnung 57, 77, 78, 83

Begleitung, s. auch Geistliche Begleitung 17, 18, 20, 51 – 60, 114f, 282, 298
– personzentrierte 74 – 91
– seelsorgliche 12, 21, 37, 309
– Ziel 51 – 60
Beichte 104, 108, 111 – 119, 173, 241, 339
Beratung 18, 20, 178, 182, 183
– personzentrierte 74 – 82, 83 – 91
– theologische Legitimation 33
– seelsorgliche 21, 24
– Ziel 51 – 60
Beratungsführer 71
Berufung 35
Beten 28, 34, 158
– Gebetsgruppen 89
Beziehung 57, 74, 78, 85, 98, 224, 302, 328
– Gottesbeziehung 28, 29, 57, 277
– symbiotische 328
Beziehungsstörungen 263
Bezugsrahmen 80
Biographie, s. Lebensgeschichte
Borderline-Fälle 66

Caritas 16, 29 – 40
Charismen 13, 16, 38
Christsein
– Lebensprinzip des 17

Daseinserfahrung 279
Depression 169, 206, 207, 331
Desorientierung, religiös-kirchliche 266 – 273
Diagnose 18, 62 – 73, 75
Diakonie 15, 237
– diakonein 14, 15
– diakonisches Handeln 14
Dialog 116, 301
Distanzierte Christen 18

Echtheit, s. Selbstkongruenz
Ehe 122 – 129, 139f, 242
– sexuelle Probleme 262f
Eheberatung 134
Ehemoral, kirchliche 142
Ehepastoral 38, 89, 224
Ehrenamtliche 35, 176 – 186
Eifersucht 126
Einengung 322
Einfühlen, s. Empathie
Einsamkeit 127, 243, 246

334

Sachregister

Einzelgespräch 74 – 82, 104, 108, 109, 173, 226, 271, 272, 297
Eltern 126 f, 143 – 146
Empathie 20, 26, 27, 79, 88, 100
Encounter-Group 83, 85
Entscheidung 187 – 195
- moralische 249 – 257
Entwicklungskrisen 126, 156, 212 – 220
Erinnerung 57, 246
Erlösung 77, 246
Erwachsenenbildung 89
Erwachsenentaufe 295
Eutonie 103
Evangelisierung 40
Exerzitien 13, 28, 34, 115, 117
Existenzgewissen 223
Exploration 63
Extraversion 66

Familie 122 – 129, 141
Familienberatung 134
Familienpastoral 89
Familiensoziologie 125
Fest/Feier 286
Fortbildung 38, 320
- theologische 16
Frauen 13, 147
Freiheit/Freimut 47 – 50, 253 – 257
Freude, christliche 289 – 291
Frustration 66, 94, 276

Gastfreundschaft 14, 57
Gebet, s. Beten
Gegenabhängigkeit 88
Geistliche Begleitung, s. auch Begleitung 24, 101 – 110, 276, 280, 281, 282
Geistliche Interaktion 115 – 117
Geistliches Gespräch 111 – 119
Geistliches Leben 102
Gelassenheit 43, 44
Gemeinde 16, 29, 83, 87, 88, 89, 90, 150, 151, 152, 154, 159, 163, 165, 172, 173, 183, 219, 239, 300
- Ehren-/Hauptamtliche Mitarbeiter 176 – 186
Gemeindeberatung 185 f
Gesprächstraining 132
Gewissen 134, 136, 142, 145, 223, 251 – 254
Glaube 43, 44, 57, 105, 142, 162, 163, 169, 208, 278, 279, 280, 281, 303, 307, 308
Glaubensbegleitung 276 – 278
Glaubensentwicklung 219
Glaubenserfahrung 116

Glaubensfragen, existentielle 274 – 283
Glaubensgeschichte 194
Glaubensgespräche 28
Glaubensgewissen 275 f
Glaubensvertiefung 301
Glaubensweg 17, 301
Glaubenswelt 28
Gleichgültigkeit 127
Gott 27, 33, 34, 108, 109
- Begegnung 128
- Bund 27
- Gottesbilder 108
- Herrschaft 14
Grunderfahrungen, existentielle 26
Grundfunktionen der Kirche 15
Grundhaltungen, personzentrierte 78 – 80
Gruppe 18, 85, 107, 173, 180 – 183, 297
- Begegnungsgruppe 260
- Begleitung 83 – 91, 282
- Beratung 27, 184
- Gespräch 127, 226 – 230, 272
- Leiter 87 – 89
Gruppendynamik 84, 86, 87, 88

Heil 28
Heiliger Geist 34, 116
Heilung/Heilen 246, 302, 304
Herz 27, 28
Hilfe zur Selbsthilfe 80, 153
Hoffnung 46, 47, 58, 303

Ich 214
Ichdifferenzierung 225
Ichintegrität 226
Identifikation 213, 214
Identität 18, 28, 29, 94, 124, 125, 172, 188, 190 f, 213, 214, 215, 217, 218, 228, 243, 249, 303
Identitätsbildung 213
Identitätsfindung 212, 214, 216, 217, 218, 219, 220, 223, 225, 228
Identitätsverwirrung 216
Individuation, s. auch Selbstwerdung 163, 201
Integration 226
Integrität 162
Interaktion 86, 160
- geistliche 14
Intimität 89
Introversion 66

Jesus als Seelsorger 168
Jesusbegegnungen 51

Katechumenat 295 – 301

Kinder im Krankenhaus 305, 306
Kirchliche Berufe 187 – 197
- psychotherapeutischer Beratungsdienst für 198
Kleriker 35
- Begleitung von 198 – 209
Klinisch-pastorales Training (CPT) 81
Kommunikation 26, 27, 85, 116, 243, 329, 330
Kompetenz
- beraterische 29, 182
- geistliche 16, 18
- menschlich-psychologische 18
- personal-redemptive 16
- sozial-kommunikative 17
Konflikt 17, 124, 187, 192, 227, 244, 245
Konfrontation 56
Kontemplation 27
Konzil, II. Vatikanisches 12, 34, 80, 296
Kranke/Krankenpastoral 158, 159
Krankenhausseelsorge 302 bis 310
Krankheit 302, 308
Krise 123, 212, 213, 214, 215
Krisenintervention 17, 92 – 100, 180, 227
Krisensituationen 17

Lebensalter 213
Lebenserfahrung 124, 148
Lebensfragen 281
Lebensgeschichte 122 – 124, 162, 218, 299
Lebensmitte 221 – 231
Lebensphasen 156
Lebensprozesse 124, 125, 227
Lebenssituation 17, 156, 271
Lebenstraum 213, 217
Lebenszyklen 122
Leib 102, 104, 106, 108, 118
Lernen 80, 90
- Lernmodelle 225, 226
Liebe 47 – 49, 140 f, 142, 303
Loslassen 43

Macht 88, 123, 124, 127
Manie 169
Meditation 28, 102 f, 104, 106, 109
Menschenbild 76, 77
Menschwerdung 201 – 208, 293
Mitarbeiter, kirchliche 17, 176 – 186
Mobilität 124

335

Sachregister

Moratorium 216
Motivation 37, 178, 187
Mystik 28, 105, 106, 110, 277

Nachfolge 14, 16, 17
Nähe 24, 25
Narzißmus 170, 205
Neurose 65
Nichteheliche Lebensgemeinschaften 138 – 146
Nondirektive Haltung 33
Nonverbales Verhalten 118
Normen 142, 145, 147, 254 – 257
Not 32, 33, 35, 36, 157, 160

Offenheit 24, 28
Omnipotenzwünsche 170
Ordensleute, Begleitung von 198 – 209
Ostererfahrung 58

Partnerschaft 140
Passageriten 236
Pastoral counseling 21, 76
Person 27, 76, 85
– Mitte der 23, 28, 29
Persönlichkeitsentwicklung 76, 77, 80, 87
Persönlichkeitsstruktur 202
Persönlichkeitstypologien 66
Polarität 124
Praxisbegleitung 39
Praxisberatung 184
Praxisreflexion 193
Priester, Begleitung von 198 – 209
Problemzentrierung 75
Professionalität 34, 35, 37
Psyche und Religion 198 f, 200
Psychiatrie 20
– gemeindenahe 167
Psychische Erkrankungen 57, 165 – 175
Psychodiagnostik 66
Psychohygiene 203
Psychose 64, 65
Psychotherapeut 25, 26, 27
Psychotherapie 20, 22, 24, 198, 317
– personzentrierte 54
– und Seelsorge 198 f

Rechtfertigung 169
Regression 98
Religion und Psyche 198 f, 200

Rentner-Ehen 146
Resignation 34
Rolle 177

Sakramente 89, 158, 329
Scheidung 122, 149
Scheitern 128
Schizophrenie 170
Schuld 113, 152, 207, 241 – 248, 250, 327, 330, 331
– gefühle 135, 207, 241 – 248, 251
Schwachheit 26
Schweigen 34, 106, 109
Seelenführung 114
Seelsorge 12, 13, 17, 18, 23, 34, 78, 90, 178, 317 – 321
– Alltag 233
– Auftrag 28
– durch die Gruppe 18
– heilende 15
– Leitbilder 12, 34
– Mitarbeiter 89
Segnen 174
Selbst 204 – 206, 217, 224
Selbstannahme 69
Selbstbewußtsein 224
Selbsteinschätzung 223
Selbsterfahrung 83, 85, 104, 105
Selbsterfahrungsgruppe 85
Selbstexploration 80
Selbstfindung 157
Selbsthilfegruppe 240, 306, 320
Selbstkongruenz 20, 24, 26, 27, 237
Selbstorganisation 182
Selbstverwirklichung 53
Selbstwahrnehmung 85, 102
Selbstwerdung 162
Selbstwertgefühl 223, 242
Sendung 16
Sensitivity-Training 85
Setting 202
Sexualität 141, 258 – 265
– jugendliche 261, 262
Sexualmoral, kirchliche 142, 145
Sinnfrage 29, 54, 55, 188 f, 279, 319, 327, 328
Sinnsorge 54
Solidarität 14, 86, 88, 89, 126
Sorge 20, 23, 25, 26
Sozialarbeit 16
Sozialisation, kirchliche 202 f
Spezialisierung, berufliche 35
Spiritualität 105, 122, 291

Sprache 34, 226
Stabilität 124
Sterben 158, 309, 327, 329, 330
– soziales 233
Störung, psychische 25
Streetwork-Bewegung 318
Subjektwerdung 200
Sucht 170, 311 – 320
Suizid 64, 237, 321 – 331
Supervision 39, 118, 184, 193
Symbol 200, 208, 228
Synode, Würzburger 13, 139 f, 141 f

Therapie 20, 23, 198
– mehrdimensionale 169
– personbezogene 20
Tod 233, 234, 329
Transzendenz 329
Trauer 33, 66, 152, 158, 232 – 240, 308
Trösten 28, 237, 238 – 240

Über-Ich 206 f, 213
Übertragung/Gegenübertragung 70, 99, 118
Überweisung 63, 70
Umkehr 85
Unterscheidung der Geister 189

Verantwortung 115
Verdrängung 245
Vergebung 28, 247, 331
Vergessen 244
Verlustsituationen 232 – 240
Versöhnung 16, 79, 115, 174, 247, 250
Verstehen 81, 301
Vertrauen 46
Vertrautheit 24, 27
Verzweiflung 246

Wachstum 27, 123, 153 f, 162
Wahrhaftigkeit 78, 85, 88
Wahrheit 250
Wahrnehmung 67
Weltdienst 37
Weltverantwortung
– Spiritualität der 13
Werte 144
Wertschätzung 27, 79
Wiederverheiratete Geschiedene 130 – 137

Zuhören, aktives 27, 79, 88, 107, 124, 152, 247
Zuständigkeit 62 – 73